百衲本

梁書

（唐）姚思廉撰

國家圖書館出版社

圖書在版編目(CIP)數據

百衲本梁書/(唐)姚思廉撰.—北京:國家圖書館出版社,2014.9(2024.6重印)

(百衲本二十四史)

ISBN 978-7-5013-5403-0

Ⅰ.①百… Ⅱ.①姚… Ⅲ.①中國歷史—梁國(502~557)—紀傳體

Ⅳ.①K239.130.42

中國版本圖書館 CIP 數據核字(2014)第 148382 號

書　　名　百衲本梁書
著　　者　(唐)姚思廉撰
叢 書 名　百衲本二十四史
責任編輯　陳　卓
重印編輯　張珂卿

出版發行　國家圖書館出版社(北京市西城區文津街 7 號　100034)
　　　　　(原書目文獻出版社　北京圖書館出版社)
　　　　　010-66114536　63802249　nlcpress@nlc.cn(郵購)

網　　址　http://www.nlcpress.com
印　　裝　河北三河弘翰印務有限公司
版次印次　2014 年 9 月第 1 版　2024 年 6 月第 3 次印刷

開　　本　710×1000　1/16
印　　張　31.25
書　　號　ISBN 978-7-5013-5403-0
定　　價　100.00 圓

百衲本二十四史影印出版説明

『二十四史』是中國古代各朝被政府納爲正統的二十四部史書的總稱，其上起《史記》，下迄《明史》，記載了從傳説中的五帝時代到清朝初年約四千餘年中政治、經濟、文化等諸多方面的歷史，是我國古代最權威、最詳細的史學著作。

清代最通行的『二十四史』，是乾隆年間刊行的『欽定武英殿本二十四史』，即『殿本』。殿本版式疏朗，刻印精良，但是校勘不够審慎，存在誤字、衍字、缺字甚至整段文字脱失的情况。而且，由於殿本的編纂官皆屬御用史官，不得不爲帝王所左右，史實記録上存在竄改等原因造成的缺憾。晚清時，又出現了由各省官書局刊刻的局本，廣爲流傳，但仍以殿本爲依據，存在不少問題。

二十世紀二十年代起，張元濟先生耗費巨資搜訪宋元善本，通過采用當時最先進的攝影製版技術，歷經多年努力，至一九三六年，終於出齊了整套影印版的『二十四史』。因各書底本多殘缺不全，不得不通過許多版本相互參校、補綴而成，猶如僧侶之『百衲衣』，故名之曰『百衲本二十四史』。其中除《舊五代史》《元史》《明史》以明清時的版本作爲底本外，均以宋元版爲主要底本。百衲本對殿本、局本中的謬誤多有匡正，其對歷史研究的功績有目共睹，影響深巨，被史學界一致公認爲『中國最佳

全本正史』，是中國史學史上的一座豐碑，具有極高的版本價值、研究價值和收藏價值。

百衲本二十四史自問世以來，曾數次被影印出版，其中的宣紙綫裝本，因價格不菲，不便學者購藏利用。而縮印本則多存在質量問題，其中質量較好的，當數二十世紀五十年代北京商務印書館的精裝二十四册本。但年代既久，流傳亦少，已屬罕見。爲滿足文史工作者的研究需求，也讓更多的文史愛好者接觸到百衲本二十四史，我社決定將之再度影印出版。

本次影印，將每部正史單獨製作，采取每頁分上下雙欄的形式印製，并爲每部正史編製了分卷目録。需要説明的是，此次我社在編製目録時，爲更好地反映百衲本原貌，充分體現其與殿本、局本等其他系統傳本的差異，原則上均依原書卷端著録，部分保留了原書中使用的簡體字、俗體字及異體字等。對原書中有目無傳或有傳無目等情況，不予改動，僅對極個別處出現的明顯衍、漏、誤字等情況進行了修改。不當之處，請讀者批評指正。

國家圖書館出版社

二〇一四年七月

二

百衲本梁書目録

梁書目録 …………………………………… 一

卷一 本紀第一 ………………………… 七

武帝上

卷二 本紀第二 ………………………… 二六

武帝中

卷三 本紀第三 ………………………… 四一

武帝下

卷四 本紀第四 ………………………… 六一

簡文帝

卷五 本紀第五 ………………………… 六五

元帝

卷六 本紀第六 ………………………… 八一

敬帝

卷七 列傳第一 ………………………… 八七

太祖張皇后 高祖郗皇后 太宗

王皇后 高祖丁貴嬪 高祖阮脩

容 世祖徐妃

卷八 列傳第二 ………………………… 九三

昭明太子 哀太子 愍懷太子

卷九 列傳第三 ………………………… 九八

王茂 曹景宗 柳慶遠

卷十 列傳第四 ………………………… 一〇四

蕭穎達 夏侯詳 蔡道恭 楊公則

鄧元起

卷十一 列傳第五 ……………………… 一一四

張弘策庾域 鄭紹叔 呂僧珍

卷十二 列傳第六 ……………………… 一二一

柳惔弟忱 席闡文 韋睿族弟愛

卷十三 列傳第七 ……………………… 一二八

范雲 沈約

一

卷十四 列傳第八 …………… 一三八
江淹 任昉

卷十五 列傳第九 …………… 一四六
謝朓 弟子覽

卷十六 列傳第十 …………… 一五〇
王亮 張稷 王瑩

卷十七 列傳第十一 …………… 一五五
王珍國 馬仙琕 張齊

卷十八 列傳第十二 …………… 一五九
張惠紹 馮道根 康絢 昌義之

卷十九 列傳第十三 …………… 一六七
宗史 劉坦 樂藹

卷二十 列傳第十四 …………… 一七〇
劉季連 陳伯之

卷二十一 列傳第十五 …………… 一七六
王瞻 王志 王峻 王暕子訓 王泰
王份孫錫僉 張充 柳惲 蔡撙
江蒨

卷二十二 列傳第十六 …………… 一八八
太祖五王

卷二十三 列傳第十七 …………… 二〇〇
長沙嗣王業 永陽嗣王伯游 衡
陽嗣王元簡 桂陽嗣王象

卷二十四 列傳第十八 …………… 二〇四
蕭景弟昌 昂 昱

卷二十五 列傳第十九 …………… 二〇八
周捨 徐勉

卷二十六 列傳第二十 …………… 二一七
范岫 傅昭弟映 蕭琛 陸杲

卷二十七 列傳第二十一 …………… 二二三
陸倕 到洽 明山賓 殷鈞 陸襄

卷二十八 列傳第二十二 …………… 二三〇
裴邃兄子之高 之平之橫 夏侯亶弟夔

卷二十九 列傳第二十三 …………… 二三八
高祖三王
魚弘 韋放

卷三十　列傳第二十四 …………………………… 二四五
　裴子野　顧協　徐摛　鮑泉

卷三十一　列傳第二十五 …………………………… 二五一
　袁昂子君正

卷三十二　列傳第二十六 …………………………… 二五六
　陳慶之　蘭欽

卷三十三　列傳第二十七 …………………………… 二六二
　王僧孺　張率　劉孝綽　王筠

卷三十四　列傳第二十八 …………………………… 二七四
　張緬弟纘綰

卷三十五　列傳第二十九 …………………………… 二八四
　蕭子恪弟子範　子顯　子雲

卷三十六　列傳第三十 ……………………………… 二九〇
　孔休源　江革

卷三十七　列傳第三十一 …………………………… 二九六
　謝舉　何敬容

卷三十八　列傳第三十二 …………………………… 三〇〇
　朱异　賀琛

卷三十九　列傳第三十三 …………………………… 三〇九
　元法僧　元樹　元願達　王神念楊華

卷四十　列傳第三十四 ……………………………… 三一七
　羊侃子鶤　羊鴉仁

卷四十一　列傳第三十五 …………………………… 三二五
　司馬褎　到溉　劉顯　劉之遴弟之亨　許懋

卷四十二　列傳第三十六 …………………………… 三二五
　王規劉毅宗懍　王承　褚翔　蕭介從父兄洽　褚球　劉孺弟覽遵　劉潜弟孝勝孝威孝先　殷芸　蕭幾

卷四十三　列傳第三十七 …………………………… 三二八
　臧盾弟厥　傅岐

卷四十四　列傳第三十八 …………………………… 三四三
　韋粲　江子一弟子四子五　張嵊　沈浚　柳敬禮

卷四十五　列傳第三十九 …………………………… 三四八
　太宗十一王　世祖二子

三

王僧辯

卷四十六 列傳第四十 ………… 三五八

胡僧祐 徐文盛 杜崱兄岸 弟幼安

兄子龕 陰子春

卷四十七 列傳第四十一 ………… 三六三

孝行

滕曇恭 沈崇傃 荀匠 庾黔婁 吉

翂 甄恬 韓懷明 劉曇淨 何炯 庾

沙彌 江紑 劉霽 褚脩 謝藺

卷四十八 列傳第四十二 ………… 三七〇

儒林

伏曼容 何佟之 范縝 嚴植之 賀

瑒 司馬筠 卞華 崔靈恩 孔僉 盧

廣 沈峻太史叔明 孔子祛 皇侃

卷四十九 列傳第四十三 ………… 三八三

文學上

到沆 丘遲 劉苞 袁峻 庾於陵弟

肩吾 劉昭 何遜 鍾嶸 周興嗣

吳均

卷五十 列傳第四十四 ………… 三九二

文學下

劉峻 劉沼 謝幾卿 劉勰 王籍 何

思澄 劉杳 謝徵 臧嚴 伏挺 庾仲

容 陸雲公 任孝恭 顏協

卷五十一 列傳第四十五 ………… 四〇九

處士

何點弟胤 阮孝緒 陶弘景 諸葛璩

沈顗 劉惠斐 范元琰 劉訏 劉歊

庾詵 張孝秀 庾承先

卷五十二 列傳第四十六 ………… 四二四

止足

顧憲之 陶季直 蕭眎素

卷五十三 列傳第四十七 ………… 四二八

良吏

庾蓽 沈瑀 范述曾 丘仲孚 孫謙

伏暅 何遠

卷五十四　列傳第四十八 …………………………………… 四三七

　諸夷

　海南　東夷　西北諸戎

卷五十五　列傳第四十九 ……………………………………… 四六一

　豫章王綜　武陵王紀　臨賀王正

　德　河東王譽

卷五十六　列傳第五十 ………………………………………… 四六六

　矦景

百衲本梁書跋　張元濟 ………………………………………… 四八六

梁書目錄

共五十六卷
本紀六卷
列傳五十卷

本紀第一　武帝上　梁書一
本紀第二　武帝中　梁書二
本紀第三　武帝下　梁書三

梁書目錄　一

本紀第四　簡文皇帝　梁書四
本紀第五　元帝　梁書五
本紀第六　敬帝　梁書六
列傳第一　皇后　梁書七

太祖張皇后　高祖郗皇后
太宗王皇后
高祖阮脩容　世祖徐妃
高祖丁貴嬪
列傳第二　梁書八
昭明太子　哀太子
愍懷太子
列傳第三　梁書九
王茂　曹景宗
柳慶遠
列傳第四　梁書十
蕭穎達　夏侯詳
蔡道恭　楊公則
鄧元起

梁書目錄　二

列傳第五　梁書十一
張弘策　庚域
鄭紹叔　呂僧珍
列傳第六　梁書十二
柳惔弟忱　席闡文

列傳第七　韋叡　族弟愛

列傳第八　范雲　沈約　梁書十三

列傳第九　江淹　任昉　梁書十四

列傳第十　謝朏　弟子覽　梁書十五

王亮　張稷　梁書十六

列傳第十一　王瑩　梁書十七

王珍國

馬仙琕

張齊

列傳第十二　張惠紹　梁書十八

馮道根

康絢

八十四　梁書目録　三

列傳第十三　昌義之　梁書十九

宗史　劉坦

樂藹

列傳第十四　劉季連　陳伯之　梁書二十

列傳第十五　王瞻　王志　梁書二十一

王峻　王暕　子訓

王泰　王份　孫錫　僉

張充　柳惲

蔡撙　江蒨

列傳第十六　世祖五王　梁書二十二

臨川王宏　安成王秀

南平王偉　鄱陽王恢

始興王憺

列傳第十七　梁書二十三

百三十五　梁書目録　四

長沙嗣王業　永陽嗣王伯游
衡陽嗣王元簡　桂陽嗣王象
列傳第十八　蕭景〔弟昌 昺 昱〕　梁書二十四
列傳第十九　周捨　徐勉　梁書二十五
列傳第二十　范岫　傅昭〔弟映〕　蕭琛　陸杲　梁書二十六

列傳第二十一　陸倕　到洽　明山賓　殷鈞　陸襄　梁書二十七
列傳第二十二　裴邃〔兄子之高 之平〕　夏侯亶〔弟夔 魚弘〕　韋放　梁書二十八
列傳第二十三　梁書二十九

高祖三王
南康王績　廬陵王續　邵陵王綸
列傳第二十四　裴子野　顧協　梁書三十
列傳第二十五　徐摛　鮑泉　袁昂〔子君正〕　梁書三十一

列傳第二十六　陳慶之　蘭欽　梁書三十二
列傳第二十七　王僧孺　張率　劉孝綽　王筠　梁書三十三
列傳第二十八　張緬〔弟纘 綰〕　梁書三十四
列傳第二十九　蕭子恪〔弟子範 子顯 子雲〕　梁書三十五

列傳第三十　孔休源　　　　　　　　　梁書三十六

列傳第三十一　謝舉　　　　江革

列傳第三十二　朱异　　　　　梁書三十七　何敬容

列傳第三十三　元法僧　　　　　梁書三十八　賀琛

　　　　　　　元願達　　　　　元樹
　　　　　　　　　　　　　　　王神念　楊華

列傳第三十四　羊侃　子鷤　　　梁書三十九

　　　　　　　羊鴉仁

　　　　　　　司馬褧　　　　梁書四十　到溉

列傳第三十五　劉顯　　　　　　劉之遴　弟之亨

　　　　　　　許懋

　　　　　　　王規　劉瀞　宗懍　梁書四十一

　　　　　　　王承

梁書目錄　　　　　　　　七

褚翔　　　　　蕭介　兄孚兄胤

褚球

劉潛　弟孺　劉孺　弟孝勝　孝先

殷芸　　　　　蕭幾

列傳第三十六　臧盾　弟厥　　　梁書四十二　傅岐

列傳第三十七　張綰　沈浚　　　梁書四十三

　　　　　　　韋粲　江子一　柳敬禮

列傳第三十八　太宗十一王　　　梁書四十四

　　　　　　　哀太子大器　南郡王大連

　　　　　　　尋陽王大心　南海王大臨

　　　　　　　安陸王大春　瀏陽公大雅

　　　　　　　新興王大壯　西陽王大鈞

　　　　　　　武寧王大威　建平王大球

　　　　　　　義安王大昕　綏建王大挈

　　　　　　　世祖二子

梁書目錄　　　　　　　　八

忠壯世子方等　貞惠世子方諸

列傳第三十九　　　　　　　　梁書四十五
王僧辯

列傳第四十　　　　　　　　　梁書四十六
胡僧祐　徐文盛

列傳第四十一　孝行　　　　　梁書四十七
陰子春
杜崱（兄岸　弟幼安　兄子龕）
滕曇恭　沈崇傃

▲梁書目録　九　　鍾

荀匠　庾黔婁
吉翂　甄恬
韋懷明　劉曇靜
何烱　庾沙彌
褚脩　劉雲霽
江紑　謝藺

列傳第四十二　儒林　　　　　梁書四十八
伏曼容　何佟之
范縝　嚴植之

賀瑒（子革）　司馬褧
卜華　崔靈恩
孔僉　盧廣

列傳第四十三　文學上　　　　梁書四十九
沈峻（本史載明）　孔子袪
皇侃
到沆　劉杳
庾於陵（弟肩吾）　劉昭
袁峻
劉苞　丘遲

▲梁書目録　十

何遜　鍾嶸
周興嗣　吳均

列傳第四十四　文學下　　　　梁書五十
劉峻　劉沼
謝幾卿　劉勰
王籍　何思澄
劉香　謝徵
臧嚴　伏挺
庾仲容　陸雲公

任孝恭　顏協

列傳第四十五　　　梁書五十一
何點 弟胤　阮孝緒
陶弘景　諸葛璩
沈顗　劉惠斐
范元琰　庾詵
張孝秀　庾承先

列傳第四十六 止足　　梁書五十二
顧憲之　陶季直
劉歊 弟訏
蕭眎素

列傳第四十七 良吏　　梁書五十三
庾蓽　沈瑀
范述曾　丘仲孚
孫謙　伏暅
何遠

列傳第四十八 諸夷　　梁書五十四
海南

東夷　西北諸戎

列傳第四十九　　　梁書五十五
豫章王綜　武陵王紀
臨賀王正德　河東王譽

列傳第五十
侯景

紀第一　　　　武帝上　　　梁書一

散騎常侍姚　思廉　撰

高祖武皇帝諱衍字叔達小字練兒南蘭陵中
都里人漢相國何之後也何生鄞定居延陵中
侍中彪彪生公府掾章章生皓皓生仰仰生太
傅望之望之生光光祿大夫章育生御史中丞紹
紹生光祿勳閎閎生濟陰太守闡闡生吳郡太
守冰冰生中山相苞苞生博士周周生蛇丘長
喬喬生皇考諱順之齊高帝族弟也參預佐
命封臨湘縣族歷官侍中衛尉太子詹事領軍
將軍丹陽尹贈鎮北將軍高祖以宋孝武大明
八年甲辰歲生于秣陵縣同夏里三橋宅生而
有奇異兩髀駢骨頂上隆起有文在右手曰武
帝及長博學多通好籌略有文武幹時流名

二九五　梁書紀　一　　　　李子忠

輩咸推許焉所居室常雲氣人或過者體輒
蕭然起家巴陵王南中郎法曹行參軍遷衛將
軍竟陵王儉東閤祭酒儉一見深相器異謂廬江何
憲曰此蕭郎三十內當作侍中出此則貴不可
言竟陵王子良開西邸招文學高祖與沈約謝
朓王融蕭琛范雲任昉陸倕等並遊焉號曰八
友融俊爽識鑒過人尤敬異高祖每謂所親曰
宰制天下必在此人累遷隨王鎮西諮議參軍
尋以皇考艱去職隆昌初明帝輔政起高祖爲
寧朔將軍鎮壽春服闋除太子庶子給事黃門
侍郎入直殿省預蕭諶等定策勳封建陽縣男
邑三百戶建武二年魏遣將軍劉昶王肅帥衆寇
司州以高祖爲冠軍將軍軍主隸江州刺史王
廣爲援距義陽百餘里衆以魏軍盛莫敢
前高祖請爲先啓廣即分麾下精兵配高祖
爾夜便進去魏軍數里遷上眠首山魏軍不測
多少未敢逼黎明城內見援至因出軍攻魏柵
高祖帥所領自外進戰魏軍表裏受敵乃棄重

三三六　梁書紀　二　　　　王明

圍退走軍罷以高祖為右軍音安王司馬淮陵
太守還為太子中庶子領羽林監頃之出鎮石
頭四年魏帝自率大衆寇雍州明帝令高祖赴
援十月至襄陽詔又遣左民尚書崔慧景總督
諸軍高祖及雍州刺史曹武等並受節度明年
三月慧景與高祖進行鄧城魏主帥十萬餘騎
奄至慧景失色欲引退高祖固止之不從乃狼
狽自拔魏騎乘之於是大敗高祖獨帥衆距戰
殺數十百人魏騎稍卻因得結陣斷後至夕得
下船慧景軍死傷略盡惟高祖全師而歸俄以
高祖行雍州府事七月仍授持節都督雍南
北秦四州郢州之竟陵司州之隨郡諸軍事輔
國將軍雍州刺史其月明帝崩東昏即位揚州
刺史始安王遙光尚書令徐孝嗣尚書右僕射
江柘右將軍蕭坦之侍中江祀衛尉劉暄更直
內省分日帖敕高祖聞之謂從舅張弘策曰政
出多門亂其階矣詩云一國三公吾誰適從況
今有六而可得乎嫌隙若成方相誅滅當今避

禍惟有此地勤行仁義可坐作西伯但諸弟在
都恐羅世惠須與益州圖之耳時高祖長兄懿
罷益州還仍行郢州事乃使弘策詣郢陳計於
懿曰昔晉惠庸主諸王爭權遂內難九興外寇
三作今六貴爭權人握王憲制畫敕各欲專
威眈眈成憾理相屠滅且嗣主在東宮本無令
譽虛坐主諸委政朝臣積相猜貳必大誅戮始
肯虛媟近左右蜂目忍人一總機恣其所欲且
安欲為趙倫形迹已見寒人上天信無此理且
性甚猜狹徒取亂機所可當軸惟有江劉而已
柘怯而無斷暄弱而不才折鼎覆餗翹足可待
蕭坦之闇懷忌動言相傷徐孝嗣嗣子非柱石
聽人穿鼻若隙開釁動必中外土崩今得守外
藩幸圖身計智者見機不俟終日及今猜防未
生宜召諸弟以時聚集後相防禦旣足無郢郢
州控帶荊湘西注漢沔雍州士馬呼吸數萬戰
際其閒以觀天下代化則竭誠本朝時亂則為
國翦暴取可得與時進退此蓋萬全之策如不早

圖悔無及也懿聞之變色心弗之許弘策還高
祖乃啟迎弟偉及懍是歲至襄陽於是潛造器
械多伐竹木沈於檀溪密為舟裝之備時所住
齋常有五色回轉狀若蟠龍其上紫氣騰起形
如纖蓋望者莫不異焉若永元二年冬懿被害
至高祖密召長史王茂中兵呂僧珍別駕柳慶
遠功曹佐集吉士臨等謀之既定以十一月乙巳
召僚佐集於廳事謂曰昔武王會孟津皆曰紂
可伐今昏主惡稔窮虐極暴誅殺朝賢罕有遺

育生人塗炭天命殛之卿等同心疾惡共興義
寨公威名素著在茲日各盡勳効我不食言是
日建牙於是收集得甲士萬餘人馬千餘四船
三千艘出檀溪竹木裝艦先是東昏以劉山陽
為巴陵太守配精兵三千使過荊州就行事蕭
穎胄以襲襄陽高祖知其謀乃遣參軍王天虎
龐慶國詣江陵遍與州府書及山陽西上高祖
謂諸將曰荊州本畏襄陽人如唇亡齒寒自有
傷弦之急寧不闇同邪我若總荊雍之兵掃定

東夏韓白重出不能為計況以無芋之民主役
御刀應敕之徒哉我能使山陽至荊便即授首
諸若試觀何如及山陽至巴陵高祖後令天虎
齎圍書與穎冑兄弟去後高祖謂張弘策曰用
兵之道攻心為上攻城次之心戰為上兵戰次
之今日是也近遣天虎往州府人皆有書令段
乘驛甚急止有兩封與行事兄弟云天虎口具
及問天虎而口無所說行事不得相聞不容妄
有所道天虎是行事心旅彼聞必謂行事與天

獸共隱其事則人人生疑山陽惑於眾口判相
嫌貳則行事進退無以自明必漏吾謀內是馳
兩空函定一州矣山陽至江安聞之果疑不上
穎冑大懼乃斬天虎送首山陽信之將數
十人馳入穎乃斬天虎送首山陽山陽疑數
王尊號之議來告且時月未利當須來年二
月遠便進兵來恐非關籌義心一時驍銳高祖答曰今坐甲十萬二
糧用自竭況所籍義心一時驍銳事事相接摛
恐疑息若頓兵十旬必生悔吝童兒立異便大

9

事不成今太白出西方杖義而動天時人謀有
何不利慮分已定安可中息昔武王伐紂行逆
太歲復須待年月平竟陵太守曹景宗遣杜思
沖勸高祖迎南康王都襄陽待正尊號然後進
軍高祖不從王茂又私於張弘策曰我奉事節
下義無進退然今者以南康置人手中彼便挾
天子以令諸侯言之高祖曰若使前途大事不捷
故自蘭艾同焚若功業克建威龍言四海號令天
下誰敢不從當豈是碌碌受人麾命分待至石城當
面曉王茂曹景宗也於沔南立新野郡以集新
附三年二月南康王為相國以高祖為征東將
軍給鼓吹一部戊申高祖發襄陽留弟偉守襄
陽城總州府事弟憺守鹽城府司馬莊立黑守
樊城總功曹史吉士詞兼長史黃嗣祖
兼司馬郡令杜永兼別駕小府錄事郭儼知轉
漕移檄京邑曰夫道不常夷時無永化險泰故
汎晦明非一皆屯困而後耳資多難以啟聖故

寒之計弘策曰

昌邑悖德宣孝事與海西亂政簡文升歷並拓
緒開基紹隆寶命理驗前經事昭往策獨夫授
亂天常毀弃君德姦回淫縱歲月流甚挺虐人
驍勇翦之年植險於黔州之日猜忌呂毒躅途而
著暴庶昏荒與萬而發自大行告漸喜容奇見
梓宮在殯覩莫辨掩庭有禪販之名姬姜被千父
異衣更極誇麗至於選采妃媵遊宴無別招侍
巾櫛姑姪莫辨掩庭有禪
之服至乃形體宣露褻衣顛斬蔪其間以為
懽笑騁肆淫放驅舟郊邑老弱波流士女塗炭
行產盈路輿尸音道毋不及曾抱子不遑要劫掠
剽劫賈爐邸寵恣愚聚畫伏竇遊卵淫酗嘗肆
酣歌壚邸寵恣愚聚亂惑妖孽梅蟲蛜茹法珍
藏獲廝所小專制威柄誅翦忠良屠滅鄉宰劉鎮
軍舅氏之尊盡忠奉國江僕射外戚之重蝎誠
事上蘭領軍葭莩之宗志存柱石徐司空洗樸
穆或誠著艱難或劬勞王室竝受父遺託同參顧
射捃紳冠冕人荃收歸或渭陽餘感或動廣九

命遷往事居俱竭心力宜其慶溢當年祚隆後
商而一朝齏粉孩稚無遺人神怨結行路嗟憤
蕭令君忠公幹代誠貫幽顯往年冠賊遊魂南
鄭危逼拔刃飛泉孤城獨振及中流逆命憑陵
京邑謀歙其省指授羣師徒電梅殭敵兒殲
崔慧景奇鋒迅驟負糧景從愚智競赴殱
譬旅江甸奮不顧身獎厲義夫度
螢投名遜款比屋交融兵象義徒電梅殭敵兒殲
密構規見掩襲蕭右軍夏族征虜忠命潛圖
懷毒乃遣劉山陽驅扇通逃招逼亡命潛圖
酷遍及預稟精靈執不冤痛而羣醜放命蜂薑
己事昭心迹遂功身退不祈榮滿敢賞未聞禍

大憝以固皇基功出桓文勳超伊呂而勞謙省
形於色奇謀宏振應手梟懸天道禍淫鳳舉義
戮至於悸禮違教傷化虐人射天彈路比之猶
善劊胎翦脛方之非酷盡寓縣之竹未足紀其
過窮山澤之兔不能書其罪自草昧以來圖謀
所記辱君暴后未有若斯之甚者也既人神之

主宗稷阽危海內沸騰垠庶板蕩百姓懍懍如
崩厥角蒼生喁喁至府荷香前朝義
均休戚上懷委付之重下惟在原之痛豈可臥
薪引火坐觀傾覆至尊寵富舊楚三靈
征虜將軍夏族詳迸同心翼戴即宮舊作鎮陝
藩化流西夏謳歌迸奉萬有樂推右軍蕭穎冑
再朗日月粹昭啟元龜符驗始康肉
在平奴日然帝德雖彰區宇大定元惡未黜天
邑猶梗仰稟宸規率前啟路即日遣冠軍音陵
內史西曹京宗年三十一軍主長期泰五萬驪驟益羣
驂視爭先龍驤並驅步出橫江直指朱雀長史
冠軍將軍襄陽太守王茂率三千軍王戈船七
萬乘流電激推鋒扼險斜趨白城南中郎諮議
壹水旗鼓八萬炎集石頭南中郎諮議參軍
余軍軍主蕭蘭僖率四十二軍主熊羆之士甲槍十萬汰
波驅牒擔據新亭益州刺史劉至連梁州刺史

柳惔司州刺史王景魏興太守裴師仁上庸
太守韋叡新城太守崔僧季並稟明謀識龍行
天罰蜀漢果銳沿流而下淮汝勁卒波邁為
幕府總率雄豼驍勇百萬緒甲燕旗中兵寫馬
千里駱驛係進蕭右軍許護上才兼資文武英
略峻遠執鈞巨世擁荊南之衆四方之師宣
讚中權表衛輿薄旅所指威陵無外龍間掃
步並集建業黠放愚民廓清神甸

三千四　■梁紀一　十一　何旦

定京寧譬猶朋泰山而壓蟻壤決懸河而注熛
燧豈有不殄滅者哉全資斉所加止梅愚姑
法珍而巳諸君或世胄羽儀書勳王府皆俛眉
姦僞受制凶威若能因變立功轉禍為福並普
河岳求紆青紫執迷不悟距逆王師大衆一
臨刑茲赦所謂火烈高原此蘭同泯勣求多
福無貽後悔賞罰之科有如白水高祖至貢陵
命長史王茂與太守曹景宗為前軍中兵參
軍張法安守貢陵城茂等至漢口輕兵濟江逼

郢城其刺史張沖置陣擴石橋浦義師與戰不
利軍主朱僧起死之諸將議欲併軍圍郢分兵
以襲西陽武昌高祖曰漢口不闢一里削道交
至房僧寄以重兵固守為郢城人擒角若委要前
進賊必絶我軍後一朝繼則悔無所及今欲
遣王曹諸軍濟江與荊州軍相會以逼賊壘吾
自後圍魯山以通沔漢郢城資糧間粟方舟而
下圍守兩城不攻自拔天下之事即取之耳諸

三百此　■梁紀一　十二　何旦

將皆曰善乃命王茂曹景宗帥衆濟岸進頓九
里其日張沖出軍迎戰茂等邀擊大破之皆升
甲奔走荊州遣冠軍將軍鄧元起軍主王世興
田安等數千人會大軍於夏首高祖軍主王世
以守魯山命水軍主張惠紹朱思遠等遊遒江
中絶郢魯二城信使三月乃命元起進據南堂
西喭田安之頓城比王世興頓曲水故城是時
張沖死其衆復推軍主薛元嗣及長史程茂
為主乙巳南康王即帝位於江陵改永元三年

— 12 —

為中興元年遙廢東昏為涪陵王以高祖為尚
書左僕射加征東大將軍都督征討諸軍事假
黃鉞西臺又遣冠軍將軍蕭穎胄荷數千兵會子
軍是日元嗣軍主沈難當率輕舸數千亂流來
戰張惠紹等艤輕破盡擒之四月高祖出沔命王
茂蕭穎達等進軍遍郢城元嗣戰頗疲因不敢
出諸將欲攻之高祖不許五月東昏遣寧朔將
軍吳子陽軍主光子衿等十三軍救郢州進據
巴口六月西臺遣衛尉席闡文勞軍齎蕭穎胄
等議謂高祖曰今頓兵兩岸不併軍圍郢定西

陽武昌取江州此機已失莫若請救於魏與北
連和猶為上策高祖謂闡文曰漢口路通荊雍
控引秦梁糧運資儲聽此氣息所以兵厭漢口
連絡數州今若併軍圍城又分兵前進魚山必
阻沔路所謂樞喉若糧運不通自然離散若謂
陽武昌取江州此機...故非三千能下
然悟鄧元起近欲以三千兵往定尋陽彼若懼
進退無據未見其可西陽武昌取便得耳得便

應鎮守守兩城不滅萬人糧儲稱是卒無所出
脫賊軍有上者萬人攻一城兩城勢不得相救
若我分軍應援則首尾俱弱如其不遣孤城必
陷一城既没諸城相次沿流西陽武昌自然風靡
矣若郢州既拔席卷沿流西陽武昌自然風前
何遽分兵散眾自貽其憂且丈夫舉動言靜天
步況擁數州之兵以誅羣豎堅懸河注火奚有不
滅嘗容此面請救以自示弱彼未必能信徒貽
我醜聲此之下計何謂上策卿為我白鎮軍前

途攻取但以見付事在目中無患不捷特鎮軍
靖鎮之耳吳子陽等進軍武口高祖乃命軍主
梁天惠蔡道祐擾漁湖城唐僧期道曼屯白
陽壘夾兩岸而待之子陽又進據加湖去郢三
十里傍山帶水築壘柵以自固魯山城主房僧
寄死眾復推助防張樂祖代之七月高祖命王
茂師軍主曹仲宗康絢武會超等潛師襲加湖
將遍子陽水潤不通艦其夜暴長眾軍乘流齊
進鼓譟攻之賊俄而大潰子陽等寬走眾盡溺

子江王茂虜其餘而旋於是鄖魯二城相視奪
氣先是東昏遣冠軍將軍陳伯之鎮江州為子陽
等聲援高祖乃謂諸將曰夫征討未必須身
力所聽威聲耳今加歸彼間人情理當悃懼我謂
即伯之子狼狽奔歸湖之敗誰不弗服陳獸牙
九江傳檄可定也因命搜所獲俘囚得伯之幢
將佐文武男女口十餘萬人疾疫流腫死者十
主蘇隆之厚加賞賜使致命為鄖山城主張樂
祖鄖城主程茂薛元嗣相繼請降初鄖城之閉
先是汝南人胡文超起義於瀗陽求討義陽安
陸等郡以自効高祖又遣軍主唐僧期攻隨
郡並克之司州刺史王僧景遣子貞孫入質司
部悉平陳伯之遣蘇隆之命求未便進軍高
祖曰伯之此言意懷首鼠及其猶豫急進通之
計無所出勢不得暴乃命鄧元起率衆即命
流八月天子遣黃門郎蘇回勞軍高祖登舟命
諸將以次進路留上庸太守韋叡守鄖城行州

事鄧元起將至尋陽陳伯之猶猶懼乃收兵退
保湖口留其子獸牙守盆城及高祖並至乃束甲
請罪九月天子詔高祖平定東夏並以便宜從
事是月留少府長史鄭紹叔守江州城前軍
次蕪湖南豫州刺史申胄奔姑熟走至是時大
軍進據之仍遣曹景宗蕭領達領馬步進頓
江寧東昏遣征虜將軍李居士率步軍迎戰景
宗擊走之於是王茂鄧元起呂僧珍進據赤鼻
邏曹景宗陳伯之為遊兵是日新亭城主江道
林率兵出戰衆軍擒之於陣大軍次新林命王
茂進據越城曹景宗擁皇茨橋鄧元起據道
墩陳伯之據籬門道林餘衆退屯航南義軍迎
之因復散走退保朱爵憑淮以自固時李居士
猶據新亭豐諸東昏燒南岸邑屋以開戰場自
大航以西新亭以北蕩然矣十月東昏又遣征虜
主朱僧勇率水軍二千人歸降東昏石頭軍
將軍王珍國率軍主胡獸牙等列陣於航南大
路悉以精手利器尚十餘萬人閹人王張子持

白虎幡督率諸軍文開航背水以絕歸路王茂
曹景宗等犄角奔之將士皆殊死戰無不一當
百鼓噪震天地珍國之眾一時土崩投淮死者
積尸與航等後至者乘之以濟於是朱爵諸軍
望之皆潰義軍追至宣陽門李居士以新亭諸軍
午高祖鎮石頭命眾軍圍六門東昏焚燒門
徐元瑜以東府城降石頭白下諸軍並宵潰壬
內驅過臺署官府並入城有眾二十萬青州刺
史植和給東昏出戰因以其眾來降高祖命諸
軍築長圍初義師之過東昬遣軍主左僧慶鎮
京口常僧景鎮廣陵李叔獻屯瓜步及申冑自
姑孰奔歸又使屯破墩以為東北聲援至是高
祖遣使曉喻並率眾乃遣弟輔國將軍秀
鎮京口輔國將軍恢屯破墩從弟輔國將軍景
鎮廣陵吳郡太守蔡寅弃郡赴義師十二月景
鎮廣衛尉張稷北徐州刺史王珍國斬東昏
寅旦兼義師高祖命呂僧珍勒兵封府庫及圖籍
收輿姜潘妃及凶黨王咺之以下四十一人屬吏

誅之宣德皇后令廢涪陵王為東昏侯依漢海
昏侯故事授高祖中書監都督揚南徐二州諸
軍事大司馬錄尚書驃騎大將軍揚州刺史封
建安郡公食邑萬戶給班劍四十人黃鉞侍中
征討諸軍事並如故依晉武陵王遵承制故
事已卯高祖挺入屯武堂下令曰皇家未造遭
此昏凶禍挺植虐被人甿社廟之危春鼎萬里
綴吾身籍皇宗曲荷先顧受任邊疆推轂萬志
眷言瞻烏痛心在目故率其志
生之志雖寶曆重昉明命有紹而獨夫醜縱方
熾京邑投袂援戈克殄多難虐政橫流為日既
久同惡相濟諒非一族仰暨咸與惟新可大赦
播皇澤被之率土凡厭負之率四十一人不在赦
天下唯王咺之等四十一人不在赦例又令曰以
樹以司牧非役常自絕宗廟窮凶極悖畫契以來有
縱虐廢主弄常以養生視人如傷草
征賦不一苛酷滋章緹繡土木荐粟犬馬徵發
閭左以充繕築流離寒暑繼必沒瘼轉死溝渠

曾敕恤朽肉枯骸烏弋是厭加以天災人火
屢禁呂掠官府臺寺尺祿無遺悲甚秦離痛兼
爽秀遂使億兆離心疆埸侵弱斯人何辜離此
涂炭今明民遞運大道公行思治之甿羲來蘇茲
日懇以實薄屬當大寵雖運距中興覲同草昧
思闡皇休與之更始凡民制課賦淫濫役外
可詳檢前源悉皆除蕩其主守散失諸所損耗
精立科條咸從原例又曰永元之季乾維落紐
政實多門有殊衛文之代權移於下事等曹茶
之時遂使闇尹有翁媼之稱高安有法堯之旨
蘭獄販官鍘山護澤開塞之機奏成小醜直道
正義擁抑彌年懷冤抱理莫知誰訴姦吏因之
筆削自已豈直賈生流涕許伯哭時而已哉今
理運惟新政刑得所矯革流弊實在茲日可通
檢尚書衆曹東昏時諸譖議奏又下令以義
不時施行者精加詳辨依事議奏又下令以義
師臨陣致命及疾病死亡者並加葬斂收恤遺
孤又令曰朱爵之捷迤徒选死者特許家人殯

葬若無親屬或有貧苦二縣長尉即為埋掩建
康城內不達天命自取淪滅亦同此科二年正
月天子遺兼侍中席闡文兼黃門侍郎樂法才
慰勞京邑追贈高祖祖散騎常侍左光祿大夫
若侍中丞相高祖下令曰夫在上化下草偃風
從世之澆淳悒由此作自永元失德書僵宮內
窮凶極悖焉可勝言既而琁室外構傾宮內積
哥技異服彈所未見上慢下暴淫佟競馳國帑
朝權政移近習販官鬻爵賄貨公行並甲第康
麗相高至乃市井之家貂狐在御工商之子綺
繡是龍日入之次夜分未反昧爽之朝期之濟
旦聖明肇運屬惟精惟始雖日纘戎殆同剙革且
同伐冰之家愚人因之侵以成俗驕豔競藥奪
衡漸臺高廣室長袖低昂等和戎之賜珍羞一百品
淫費之後繼以興師巨橋鹿臺凋蔽不一孤承
荷大寵務在澄清思所以仰述皇朝大帛之旨
俯屬微躬鹿裘之義解而更張斲雕為樸自非
可以奉菜盛脩紱冕習禮樂之容繕甲兵之備

此外衆費一皆禁絕御府中署量宜罷省掖庭
備御妾之數大子絕鄭衞之音其中有可以率
先鄉士准的眇庶非食薄衣請自孤始加羣才
並軌九官咸事若能人務退食競存約己移風
易俗庶事魏武若月有成皆毛珎在朝士大夫不敢靡
衣偷食任重先達實密多士得其此心以外可詳
謝往賢格戊宣德皇后臨朝入居內殿拜帝大
爲條承制百僚致敬如前詔進高祖都督
司馬解承制百僚致敬如前詔進高祖都督大

外諸軍事劒履復上殿入朝不趨贊拜不名加前
後部羽葆鼓吹置左右長史司馬從事中郎掾
屬各四人並依舊辟士餘並如故詔曰夫日月
麗天高明所以表德出岳題地柔博所以成功
故能庶物出而資始河海振而不洩三象貞觀
代之者人是以七輔四叔致無爲於軒昊韋彭
肅晉靖乘亂於殷周大司馬收縱自天體茲齊
聖文洽九功武苞七德欽欽性歡始徽猷早樹誠
第有親難功參惟慎錫賦開壞式表歟庸建武外

歷邊隙屢岳公釋書輯講經營四方司豫懸切
樊漢危殆覆彊寇於沔濵胡馬於鄧洞永元
肇號難紆群覯重感擅虐毒被含靈薄天怵怵新
命懸尅刻無終有期神謨載挺夏大策惟新
鼎祚投秩勤王泓流電與魚城雲撤夏洞取新
加湖群盜一鼓殄技姑熟連塵霆外駭省圖
其如抪外撲朱驄其猶掃修爲冰泮取新
內傾餘扑自纖螽蜮必盡援彼已溺解此倒懸
塗權里扑自近及遠識夷稜方外蕭雪宵

虐網被以寬政積獎弟昏一朝載廓墓教返渝
無恩不被雖伊尹之執茲壹德姬旦之光于四
海方斯茂如也昔呂望佐周享四復之
命文癸立功平后尚荷二弓之錫況於盛德元
勳超邁自古黔首慊慊待以爲命故其已然而
莫其授眷言前訓無忘終食便宜命升大
其有親難進位相國總百揆揚州刺史封十郡爲
群望備其進位相國總百揆揚州刺史封十郡爲
梁公備九錫之禮加璽綬遠遊冠位在諸王上

加相國綠綬其驂騑大將軍如故依舊置梁

百司策曰二儀叙寶由寒暑而代行三才並用

資立人以爲寶故能流形品物仰代天工允妓

元輔應期挺秀裁成天地之功幽恊神明之德

撥亂反正濟俗寧人盛烈光於有道大勳振於

無外雖伊陟之保乂王家姬公之有此丕訓方

之蔑如也今將授公典策以休明早崩簡文以

嗣高宗襲統宸居弗永雖鳳侭劬勞而隆平不

洽嗣君昏暴曹契弗覩朝權國柄委之群孽勳

忠賢誅殘含冤抱痛嚱類彌餐寔繁非

一雖專國命嚬笑致災睚眦及禍嚴科毒賦載

離比屋溥天鷔鷔宣身無所冤頸引決道樹相

望無近塞此實公紉大造皇家之期因兆人

之願援帥聖后翊成中興宗社之危已固天人

明季年邊隙大啓荊河連率招引戎荒江淮擾

邁勢同展虎公受言本朝輕兵赴襲廉以長箠

五三

制之環中排危冒險彊柔遞用坦然一方遍成

藩服此又公之功也在昔隆昌洪基已謝高宗

慮深社稷將行權道公定策帷帳激揚大節廢

帝立王謀深籌此公之功也建武闡業歌

獸雖遠戎狄內償憑陵關塞司部危遍淪陷指

期公治兵外討卷甲長驅接距交綏電激風掃

摧堅覆銳咽水塗原也執俘象魏獻戡海渚焚廬

毀帳虜哭言歸此又公之功也樊漢胡切羽青

續至公星言翰旅寔命徂征而軍機戎統事非

己出善策嘉謀抑而莫允鄧城之役胡馬卒至

元帥潛及不相告報弃甲捐師朗之虎口公全甬

收兵糧荼關器甲全衆方軌枲路徐歸拯我邊

危重獲安堵此又公之功也漢南迴弱咫尺勃

寇兵糧荼關器甲遺公作藩爰始因資廉記

整兵訓卒萬狩有序俾我危城飜爲彊鎮此又

公之功也永元紀號膽烏已及雖廢民昏有典勳

伊霍稱難公首建大策羑立明聖義蹟邑編勳

高代入易亂以化俾民昏作明此又公之功也文

二十四 王

王之風雖被江漢京邑蠢動運為洪流句吳於
越巢幕匪踰公投袂萬里事惟拯溺義聲所覃
無思不騁此又公之功也魯城夏汭梗中流
乘山置壘滎川自固公御此烏集陵茲地險頓
兵坐甲寒往暑移又士志歸顧經以遠
圖御以長策費無遺矢戰未窮兵踐華之固相
望俱甲蟻聚此又公之功也茲羣凶同惡相濟緣
江負險蟻聚此又公之功也英襲震皇復懷舉一
臨應時禊潰此又公之功也

斧蒙兵九派用擬勤王公稜威直指勢踰風電
旌斾未臨全州稽服此又公之功也姑熟衝要
密通京畿凶徒熾聚斷塞津路公偏師啟塗排
方繼及兵威所震望旗自駭焚舟委轡卷甲宵
遁此又公之功也羣豎狷狂志在惜一豕突淮
浍武騎如雲公爰命英勇因機騁銳氣冠版泉
勢踰洹水追奔逐北奄有通津熊耳此峻未足
云擬雎水不流曷其能及此又公之功也琅邪
首襟帶岨固新疆東壃金湯是埒濃險作守

兵食兼資負風激電駭莫不震疊城復于陸於是
平在此又公之功也獨夫昏凶憑城靡懼鼓鍾
鞞鼓懷若有餘狃是邪孽已斯凶校初之徒得
將逞奴孥殺公奇謀密運盛略潛通忠勇之徒
申厥劾白旗宣室未之或比此又公之功也公有
拯億兆之勳重之以明德爰初厲志服道儒業
濯纓來仕清猷映代時運艱宗社危殆崛岡
已燎玉石同焚驅率貔貅抑揚霆電義等南巢
功齊牧野若夫禹功叙漢微管誰嗣拯其將魚

驅其被髮解茲亂網理此棼絲復禮祉席反樂
河海永平故事聞之者歎息司隸舊章見之者
隕涕請我民命還之斗極憫懵搢紳重荷戴天
之慶哀哀黔首復蒙覆地之恩德踰高岱功隆
造物超逾矢越無得而言焉朕承大寶聞之疇庸
命德建侯茲永久如燬既及吾鄭靡依惟公經綸
二南流化九伯斯征王道淳洽刑措囹圄覆政
弗興歷茲永久如燬既及吾鄭靡依惟公經綸
天地寧濟區夏道冠乎伊穰責薄於桓文豈所

以憲章齊魯曼戀乎宙敬惟前列朕甚懼焉今
進授相國改揚州刺史為牧以豫州之梁郡歷
陽南徐州之義興揚州之淮南宣城吳興會稽
新安東陽十郡封公為梁公錫茲玄土苴以白
茅爰定爾邦用建冢社在昔旦奭入居保佑逮
于畢毛亦作卿士任兼内外禮實宜之今命使
持節兼太尉王亮授相國揚州牧印綬梁公璽
綬使持節兼司空王志授揚州牧印綬梁公重

梁書紀一　二十七　李正

一至第五左竹使符第一至第十左相國位冠
臺后任總百司恂典舜數宣典事章其以相國
總百揆去錄尚書之號上所假節侍中貂蟬中
書監印中外都督大司馬印綬建安公印策驥
騎大將軍如故又加公九錫其敬聽後命以公
禮律兼修刑德備舉哀矜折獄困不用情是用
錫公大輅戎輅各一玄牡二駟公勞心稼穡念
在人天不崇本務惟穀是實風以雅易俗陶民
服赤舄副焉公鎔鈞所被變風以雅易俗陶民
和邦國是用錫公軒懸之樂六佾之舞公文
載

德廣覃義聲遠洽推琮琚首夷歌請吏是用
錫公朱戶以居公揚清抑濁宮方有序多士率
與械模流詠是用錫公納陛惟遠以登公正色御下
以身軌物式過不虞折衝惟遠是用錫公虎賁
之士三百人公威同夏旦忌折衝惟遠攻命比族刑
茲固赦是用錫公鈇鉞各一公跨蹕嵩湄屬
矢百盧弓十盧矢千公永言惟孝至感通神茲
嚴祀典祭有餘飲是用錫公秬鬯一卣圭瓚副
焉梁國置丞相以下一遵舊式欽哉其敬循往
策祗服大禮對揚天眷用膺多福以弘我太祖
之休命高祖固辭府僚勸進日伏承嘉命顯至
佇策明公遠巡盛禮斯實國命人主寡蔑為
之致何者嗣君并常自絕宗社旨未窮遠大
仇讎折棟橈壓焉自及卿士懷脯斯之痛黔
首懼比屋之誅明公亮格天之功拯水火之切
再罹日月重緝爰辰反龜玉於塗泥濟斯民於
阮岸使夫匹婦二見羞言伊呂鄉校里塾恥談

梁書紀一　二十八　王

其未洽夫大寶之器非要非距至公至平當仁
誰讓明公宜祇奉天人允膺大禮無使後子之
歌同彼胥怨重請曰近以朝命蘊策冒奏丹誠奉
辛酉府僚重請曰近以朝命蘊策冒奏丹誠奉
被還令未蒙虛受撝紳顒顒深所未達蓋聞受
金於府通人弘致高蹈海隅四夫小節是必履
乘石而周公不以為疑贈玉璜而太公不以為
讓況代哲繼軌先德在人經綸草昧歎深微管

【梁書紀一　羊
三冊　二十九

加以朱方之役荊河是依班師振旅大造臺閣
雖復景翩救宋重胝存楚居今觀古魯何足云
而惑甚盜鍾功疑不賞皇天后土不勝其酷是
以玉馬駿奔表微子之去金板出地告龍逢之冤
明公櫜鞬鞍轍哭厲三軍之志獨居梅澗激義士
之心故能使海若登祇礜圖効祉風戎孤竹束
馬景從代罪弔人一匡靜亂匪叩天功實勤雅
足且明公本自諸生取樂名教道風素論坐鎮雅
俗不習孫吳薄茲神武驅畫誅之氓濟必封之

俗龜玉不毀誰之功與獨為君子將使伊周何
地於是始受相國梁公之命是日焚東昏淫奢何
異服六十二種於都街湘東王寶晊謀反賜死
詔追贈梁公故夫人為梁妃乙丑南兗州隊主
陳文興於桓城內鑿井得玉鎮騏驎金鎮玉璧
水精環各二枚又建康令羊瞻解刜鳳皇見縣
之桐下里宣德皇后稱美符瑞歸于相國府景
寅詔梁國初建宜須綜理可依舊選諸要職悉
依天朝之制高祖上表曰臣聞以言取士士飾

【梁書紀一
三百二十　三十

其言以行取人人鶩其行所謂干生於代窮達
惟時而風流遂往馳騖成俗媒孽奉衡利盡錐
刀逐使官人之門肴摩轂擊策風兩必至良由
避寒暑遂乃戢屢杖策風兩必至良由鄉舉里
選不師古始稱肉度骨遺之管庫加以山河梁
畢關興徵之恩金張許史忘舊業之替吁可傷
哉且夫譜諜訛誤詐偽多緒人物雅俗莫肯留
心是以冒襲良家即成冠族妄修邊幅便為雅
士負俗深累遂遭寵擢墓木已拱方被徵榮故

前代選官皆立選簿應在實魚皆有銓次冒籍
弁降行能瑕不或素定懷抱或得之餘論故得
簡通貢客無事掃門頁代陵夷九流兼失其有
勇退用或有晦質抱真者選部或以未經朝謁難
迫退廉攜獎成澆競愚謂目今選曹宜精隱括依
於進攜其附緒必須畫刺投狀然後彈冠則其驅
舊立薄使冠履無襄名實不達庶人識崖淡進
請自息且聞中間立格甲族以二十登仕後門

以過立試吏求之愚懷抑有未達何者設官分
職惟才是務若八元立年居卑隸而見抑四凶
弱冠處鼎族而宜甄足則世祿之富無意為善
布衣之士肆心為惡豈不然將使周人有路傍
進此賣員巨蠹尤宜刊革不然將啓風流向後
之泣晉臣與漁獵之歎且俗長浮競人寡退情
若限咸登朝必增年就官總實貪童華臼已踰
立滓藏名教於斯為甚臣總司內外憂責是任
朝政得失義不容隱伏願陛下垂聖淑之姿降

梁書紀一 三十二 剛片

聽覽見之末則彝倫自穆憲章惟允貽怪高祖業
施行景戌詔曰昔高惟岳配天所以流稱大啓
南陽霸德所以光闡忠誠簡帝番君膺上爵之
尊勤勞王室娷公增附庸推設作藩則諸
方策長祚字毗罔不由此相國梁公體茲上哲
齊聖廣淵文教內洽武功外暢推設作藩則威
懷被於殊俗治兵教戰則雷赫於萬里道喪
時民謗邪熾孔熾且徒宗社如綴神器莫主而已
哉至於兆庶殲亡袁冠殄滅餘類殘喘指命業

梁書紀一 三十二 剛片

朝含生業業投及無所逢乃山川及覆草未堂
地與夫仁被行葦之時信及豚魚之日何其遊
尊相去之速歟公命師鞠旅指景長麾自姑熟
危切樂鄧追遠凶徒磐據術陸相望夏首姑熟
屆于夏首嚴城勁卒憑川為固公沿漢浮江電
激風掃卅徒水覆地險雲傾籍義勇剪無彊
於此屋悠悠兆庶清我帝鑒樸既煉於原火免將誅
賜臣俗正本人不失職仁信並行禮樂同暢伊

周木足方軌桓文遠有勳德而爵後藩收地終
秦藝非所以式酬光烈允答元勳是由公履謙
為本形於造次嘉數未申晦朔增佇便宜崇斯
禮秩允副退通之塹可進梁公爵為王以豫州
之南譙廬江江州之尋陽鄱陽揚州之武昌西陽南
徐州之南琅邪南東海晉陵揚州之臨海永嘉
十郡益梁國升前為二十郡甘相國左長史
騎大將軍梁國丼故公回辭有詔斷表相國揚州牧驃
王瑩等率百僚敦請三月辛卯延陵縣華陽邏

[梁書紀一]　三十二

主戴車轐稱云十二月乙酉甘露降茅山彌漫
主正月己酉邏將潘道蓋於山石穴中得毛
龜二月辛酉邏將徐靈符又於山東見白麞
一日京平旦山上雲霧四合須臾更有玄黃之色
狀如龍形長十餘丈乍隱乍顯又乃從西北升
天丁卯兗州刺史馬元和籤所領東平郡壽張
縣見驎虞一祭巳受梁王之命令曰孤以虛昧
任託國鈞雖風夜勤止念在興治而育德振民
遡然尚遠聖朝永言舊式隆此眷命庶伯盛典

方軌前烈壹嘉錫隆被禮數昭宗徒廿願節終隔
體諒羣后百司重茲敦獎勉荔厚顏當此休祚
望昆彭以長想欽桓文而歎息思弘政塗莫知
津濟邦甸初啟藩宇惟新思覃嘉慶被以前一皆
國國內殊死以下今月十五日昧爽以前一皆
原赦鰥寡孤獨不能自存者賜穀五斛府所
統亦同蠲蕩景午命王冕十有二旒建天子
旗出警入蹕乘金根車駕六馬備五時副車置
旄頭雲罕樂舞八佾設鍾虡宮縣王妃王子王
女爵命之號一依舊儀皇辰齊帝禪位于梁王

[梁書紀一]　三十四

詔曰夫五德更始三正迭興馭物資賢登庸啟
聖故帝跡所以代昌王度所以改耀革晦以明
由來尚矣齊德淪微危亡荐臻隆昌以崖晷達
天地永元昏暴取亂人神三光再沈七廟如綴
鼎業幾移含識知泯我高明之祚焉將墜如綴
惟屯難水谷載懷相國梁王天誕睿哲神縱靈
武德格玄祇功均造物止宗杜之橫流反生人
之塗炭扶傾頹櫃之下拯溺逝川之中九區重

緝四維更紐絕禮還紀崩樂復張文館盈紳戎
亭息鑾言浹海寓以馳風啓輪寰朝八表呈
祥五靈效祉豆止麟羽禎奇雲星瑞色而已哉
勳茂於百王道昭平萬代固以明配上天光華
日月者也河嶽表革命之符圖讖紀代終之運
樂推之心幽顯雖庸闇于大道束臨金宗贊為
政既微哲木德升緒天之曆數宴是有所歸握鏡琰
樞几集明哲雖庸蔽闇于大道束之高義人祇之至願平今便
日已久敢忘列代之高義人祇之至願平今便
敬禪于梁即安姑執徒唐虞普宋故事四月辛
西宣德皇后令曰西詔至于帝憲章前代敬禪神
器于梁明可臨軒遣使授璽綬未六人便歸
于別宮壬戌策曰谷爾梁王惟昔邃古之載肇
有生人皇雄大庚之辟赫爭尊之世固無得而詳焉龍
圖鳥跡以前慌忽杳冥之后莫不以大道
平農軒火熙之代放勳重華之主莫不以大道
君萬姓公器御八紘居之如執朽索去之若泊
重貞一駕汾陽便有窅然之志慙適箕嶺即動

讓王之心故知戴黃屋服玉璽非所以示貴稱
尊乘大輅建旌旄雄非欲令歸趣有地是故忘已
而宇兆人殉物而君四海又於精華內竭番撓
外勞則撫茲歸運惟能是勖況兼平空管姜文
威圖啓瑞攝提朗煥光發者哉或四百告終
有漢所以高揖黃德既謝魏氏所以樂推姜及
晉宋亦弘斯典嗣君喪德昏弃紀度戮殺天
葉重光三聖係茫茫九域剸為凶饉薄天相顧命
綱凋絕地絓茫九域剸為凶饉薄天相顧命
懸恩刻斯涉剄孕於事已輕求難徵校曾何足
壁晉是以谷滿川拊山飛凫哭七廟巳危人神無
主惟王體兹上哲明聖在躬稟靈五緯明立日
月尋九倫序則端晃而協邕熙時澤無不漸仁
鋒而拯塗炭功固運造物德濟蒼苓生澤無不漸仁
無不被上達蒼旻下及川泉文教與鵬翼喬華
武功與日車並運固以幽顯宅心謳訟斯屬豈
徒桿鼓播地卿雲叢天而巳哉至如晝觀爭明
夜飛狂旺天王淪彗刺日旣星士隳舊之徵必顯

更姓之符允集是以義師初踐芳露凝甘仁風
既被素文自擾北闕藁街之使風車火徹之民
膜拜稽首願為臣妾鍾石畢變事表於遷虞皎
魚泣出義彰於事夏若夫長人御眾為之司牧
帝位于爾躬大祚克窮天祿永終於戲王允執
王非一族今仰祗乾象俯藉人願敬禪神器命授
其中式文祖遵前典以副昊天之望極上帝而臨億
兆格文祖而膺大業以傳無疆之祚豈不盛歟

【梁書紀】 三十七 徐

又彌言書曰夫生者天地之大德人者含生之通
稱並首同本未知所以異也而禀靈造化賢愚
之情不一託性五常彊弱舛羣后歷一
爭犯交興是故建君立長司牧非謂尊驕
在上以天下為私者也兼以三正迭改五運相
遷綠文亦字徽河豢洛在昔勛華深慈義眷
化為周實愛受命於蒼昊魏岡不率由降
求明哲授以蒸人遷虞事夏本因心於百姓殷
及晉宋亦遵斯典我高皇所以格文祖而撫歸

運長上天而恭寶歷者也至于叔世禍亂莽臻
王度紛紜姦回熾積億兆夷人刀俎為命已然
之遍若綫之危踠天蹐地逃形無所羣凶彼煽
志逞殘戮將欲先殄衣冠次剪自惟王崇遠圖
仁為己任則鴟梟鳫鷃方此非切及惟英聖遠
天博厚儀地鎔鑄六合陶甄萬有惟王崇遠召
靈武以趩雲雷方扇鞭義斾以勤王揚旆
於遠路戮姦究於魏闕德冠二弘初功無與

【梁書紀一】 三十八 張生

濟艱難緝熙王道懷柔萬姓經營四方舉直措
枉較如畫一待旦同平殷后日昊過於周文風
化畫穆禮樂交暢加以赦過宥罪神武不殺盛
德昭於景緯至義感於鬼神若夫納彼大麓膺
此歸於既運列風不迷樂推攸在治五蹕於巳亂重
謳吟玄德澤九山滅棧四瀆安流祥風扇起淫雨
九鼎於既輕自聲教所及車書所至華面回首
靜息玄甲遊於芳苹素文馴於郊苑躍九川於
清漢鳴六象於高岡靈瑞雜沓省玄符昭箸至於

星孛紫宮水劾孟月飛鴻滿野長轡天取新
之應既昭革故之徵必顯加以天表秀特軒狀
堯姿君臨之符諒非一揆書云天鑒厥德用集
大命詩云文王在上於昭于天所以二儀乃眷
幽明允叶豈惟宅是萬邦緝茲謳訟而已哉朕
是用攄琁沈首屬懷聖哲肯水行告獻我太祖
既受命代終在日天祿云謝亦以木德而傳于

梁書紀一 三十九 本忠

梁遠尋前典惟降惟近代百辟遜通莫達朕心今
遣使持節兼太保侍中中書監兼尚書令汝南
縣開國侯亮兼太尉散騎常侍中書令新吳縣
開國侯志奉皇帝璽綬受終之禮一依唐虞故
事王其陟兹元后君臨萬方式傳洪烈以答上
天之休命高祖抗表陳讓表不獲通於是齊百
官豫章王元琳等八百十九人及梁臺侍中
雲等一百二十七人並上表勸進高祖謙讓
臣不受是日太史令蔣道秀陳天文符讖六十四
條並明箸群臣重表固請乃從之

紀第二

梁書二 武帝 中

散騎常侍姚
思廉 撰

天監元年夏四月景寅高祖即皇帝位於南郊
設壇柴燎告類于天曰皇帝臣諱敢用玄牡昭
告于皇天后帝齊氏以歷運四終則享欽若
天應以命于諱夫任是司牧惟能是授天命
不于常帝王非一族唐謝虞受漢替魏升爰及
晉宋憲章在昔咸以君德馭四海元功子萬姓

梁書紀二 一 道良

故能大庇黎元光宅區宇齊代云季世主昏凶
狡焉羣慝是崇是長肆厥姦回暴亂以播虐于
我有邦伊溥天慌慌將墜于深整九服八荒之
内連率廉訴譖投袂星言推鋒萬里屬其掛冠
然援天庫赳兆民之切銜膽菩衆覆銳屠堅建立
之情用趙兆民之切來宰司邦國濟民康世
人主克荗屠亂遂因特來宰司邦國濟民康世
實有厥勞而暴緯呈祥川岳效祉朝夕炯牧日
月郊讖代終之待既顯革運之期巳萃殊俗百

蠻重譯獻款人神遠邇週固不和會於是羣公卿士咸致厥誠竝以皇乾降命難以謙拒齊帝脫屣萬邦授以神器諱自惟匪德辭不獲許仰迫上玄之眷俯惟億兆之心宸極不可久曠民神不可乏主遂藉樂推膺此嘉祚祗惕休祉以弘盛茲烈大禮萬方顧求風志永言祗惕元辰恭茲臨御升壇受禪告類上帝克播惟明靈是饗禮畢法厥後用永保于我有梁駕即建康宮臨太極前殿詔曰五精遞蒙皇王

▲梁書紀二 二 趙良 三二一

所以受命四海樂推殷周所以改物雖禪代相舜遭會興時而微明迭用其流遠矣莫不振民屬當期運乘此時來因心萬物遂振厥弛大造區夏永言前蹤義均懃德齊氏以代終有徵歷數去改欽若前載集大命于朕躬顧惟菲德辭不獲命寅畏上靈用應景業執禮柴之禮當與能之祚繼迹百王君臨四海若涉大川罔知攸濟洪基初兆萬品權輿思俾慶澤覃被率土

可大赦天下改齊中興二年為天監元年賜民爵二級文武加位二等鰥寡孤獨不能自存者人穀五斛通布口錢宿債勿復收其犯鄉論清議贓汙淫盜一皆蕩滌洗除註唯之更始封齊帝為巴陵王全食一郡載天子旌旗乘五時副車行齊正朔郊祀天地禮樂制度皆用齊典齊宣德皇后為齊文帝妃承齊世王氏為巴陵王妃詔曰與運外降前代章齊世王氏封爵悉皆降省其有效箸艱難者別有後命唯宋汝陰

▲梁書紀二 三 邵吉

王不在例又詔曰大運龜升嘉慶惟始劫賊餘口沒在臺府者悉可蠲放諸流徙之家並聽還本追贈皇考為文皇帝廟曰太祖皇妣為獻皇后追諡妃郗氏為德皇后追封兄太傅懿為長沙郡王諡曰宣武承德後軍諮議數為永陽郡王諡曰昭弟齊太常暢為衡陽郡王諡曰宣給事黃門侍郎融為桂陽郡王諡曰簡是日詔齊封文武功臣新除車騎將軍夏侯詳等十五人為公侯食邑各有差以弟中護軍宏為揚州刺

史封爲臨川郡王南徐州刺史秀安成郡王雅
州刺史偉建安郡王左衛將軍鄱陽郡王荆
州刺史憺始興郡王恢爲將軍將軍王茂鎭
軍將軍以中書監王亮爲尚書令中軍將軍相
國左長史王瑩爲中書監王亮爲尚書令中書
侍吏部尚書王詔曰宋氏以來並恣淫侈傾宮之
富遂盈數千推筭五都愁窮四海並垂嬰罹冤橫
拘逼不一撫紉命管良家不被繝織室繡房幽
厄猶見役敝國傷和莫斯爲甚凡後宮樂府西
解暴室諸如此例一皆放遣若表老不能自存
官給廩食戊辰車騎將軍高句驪王高雲進號
車騎大將軍安西將軍百濟王餘大進號征
東大將軍倭王武進號鎭西
將軍鎭東大將軍宕昌王梁彌頜進號鎭西
將軍河南王吐谷渾休留代進號征西將軍巴
陵王薨于始熟追諡爲齊和帝終禮一依故事
已巳以光祿大夫張瓌爲右光祿大夫庚午鎭

三百二　四　襄戍

南將軍江州刺史陳伯之進號征南將軍詔曰
觀風省俗哲后弘規狩岳巡方明王盛軌所以
重華在上五品聿脩文命肇基四載斯履故能
物色幽微耳目屠釣致王業於緝熙被淳風於
遐邇朕以寡薄昧于治方藉代終之運當符命
之重取監前古懷若馭朽思所以振民育德於
殺勝殘解網更張置之仁壽而明懇照遠智不
周物兼以歲之不易未遑下征輿言夕惕無志
藍寐可分道內侍周省四方觀政聽謠訪賢擧
滯其有田野不闢獄訟無章忘公殉私侵漁是
務者悉隨事以聞若懷寶迷邦蘊奇待價蓍軒
所屆如朕親覽莅名騰寶奏又詔曰金作贖刑
藏眞不求聞達依中代民悦法行莫尚乎此永言
入練以免施於中代民悦法行莫尚乎此永言
叔世偷薄成風要須入罪塗匪一斷弊之書
日纏於聽覽鉗鈇之刑歲積於牢犴死者不可
復生生者無因自返由此而望滋實庸可致乎
朕夕惕思治念崇政術斟酌前王祥其令典有

三百九四　梁書紀二　五　何升

可以憲章邦國固不由之庶愧心於四海昭情
素然萬物俗傷日久禁網彌繁漢文四百邈焉
巴遠雖省事清心無忘日用而委衢歷策事未
樓從可依周漢舊典有罪入贖外詳為條格以
新除謝沐縣公蕭寶義為巴陵王以奉齊祀復
時奏聞辛未以中領軍蔡道恭為司州刺史以
南蘭陵武進縣依前代之科徵謝朏為左光禄
大夫開府儀同三司何胤為右光禄大夫光禄
東海為蘭陵郡土斷南徐州諸僑郡縣癸酉詔

日商儒用移道風尚熾下不上達由來遠矣井
中敢索增其懍然可於公車府謗木肺石傍各
置一函若肉食莫言山阿欲有橫議投謗木函
若從我江漢功在可策犀兒徒弊龍地方縣次
身才高妙擯壓莫通懷傅呂之術抱屈賈之歎
其理有皦然受困包匭夫大政侵小豪門陵賤
甲戌已窮九重莫達若欲自申並可投肺石函
四民已窮九重莫達若欲自申並可投肺石函
甲戌詔斷遠近上慶禮又詔曰禮閫文閣宜率
舊章貴賤既位各有差等俯仰拜伏以明王度

濟濟洋洋具瞻斯在頃多難治綱施落官非
積及榮由辛至六軍戶四品之職青紫治白簿
之勞振衣朝伍長揖卿相趨步廣闥趨丞郎
遂冠履倒錯艱莫辨鄉言疚懷思返流弊且
平議務盡歟理斷趾相國府職吏可依資勞
楚申威蓋代斷罰以常科終未懲革夫科共
酖法情官動成通弛罰癸未詔相國府職吏可賜
度臺若職限已盈所度之餘及驃騎府並可賜
滿閏月丁酉以行宕昌王梁彌邑為安西將軍

河凉二州刺史正封宕昌王壬寅以車騎將軍
夏族詳為右光禄大夫詔曰成務弘風蕭鷹內
外寔由設官分職互相懲糾而頃壹拘常式
見失方奏多容違情莫青執咎憲網日施漸以
為俗令端右可以風聞奏事依元熙舊制五月
乙亥夜盜入南北掖燒神獸門摠章觀雲衞尉
卿張弘策戊子江州刺史陳伯之舉兵反以領
軍將軍王茂為征南將軍江州刺史楊紹先為北秦州
六月庚戌以行北秦州刺史楊紹先為北秦州

刺史武都王是月陳伯之奔魏江州平前益州
刺史劉季連據成都反八月戊戌置建康三官
乙巳平北將軍西涼州刺史泉彭進號安西
將軍封鄧至王丁未詔中書監王瑩姿寺八人參
定律令是月詔尚書曹郎依晉奏事林邑千陁
利國各遣使獻方物冬十一月己未立小廟甲
子立皇子統為皇太子十二月景申以國子奈
酒張稷禮為護軍將軍護軍將軍張稷免是
歲大旱米斗五千人多餓死

二年春正月甲寅朔詔曰三詐五聽著自聖典
哀矜折獄蓋兼前誥蓋所以明慎用刑深戒疑
枉成功致治閭不由茲自藩部常躬訊求
理得情洪細必盡末運施綱斯政又闕牢犴沈
雍申許糜從細屬當期運君臨斯兆億雖復承
宜由許廢斯聽斷而九牧遐荒無因臨覿深懼懷
寃就鞠匪惟一方可申敕諸州月一臨訊博詞
擇善務在詳審貝乙卯以尚書僕射沈約為尚書
左僕射吏部尚書范雲為尚書右僕射前將軍

鄱陽王恢為南徐州刺史尚書令王亮為左光
祿大夫右衛將軍柳慶遠為中領軍景展尚書
令新除左光祿大夫王亮免夏四月癸卯尚書
刪定郎蔡法度上梁律二十卷令三十卷科四
十卷五月丁巳尚書右僕射范雲卒壬申益州
刺史鄧元起克成都赦益州曲赦諸郡縣
獻奉二宮惟諸州及會稽職惟藏牧許薦任土
若非地產亦不得貢六月丁亥詔以東陽信安
豐安三縣水潦漂损居民資業遣使周履量鋤
課調是夏多癘疫以新除左光祿大夫謝朏為
司徒尚書令甲午以中書監王瑩為尚書右僕
射秋七月扶南龜茲中天竺國各遣使獻方物
冬十月魏寇司州十一月乙卯雷電大雨晦是
夜又雷乙亥尚書左僕射沈約以母憂去職
三年春正月戊申後將軍癸丑以尚書揚州刺史臨川王宏
進號中軍將軍太子詹事柳慘為尚書右僕射前尚
書左僕射沈約為鎮軍將軍二月魏陷梁州三

月隕霜殺草五月丁巳以扶南國王憍陳如聞
耶跋摩為安南將軍六月景子詔曰昔哲王之
宰世也每歲卜征躬事巡省民俗政刑固不必
遠末代風洞父聽茲典雖欲肆遠忘勞究臨而
又而居全行古事未易從所以曰晏興興情同
老疾懷冤抱屈曠茲遠近民庶或川路幽遐或貧羸
邦國西土孤魂登樓請訴念此干懷中夜太息
可分將命巡行州部其有深冤鉅害柳榮無歸
聽詣使者依源自列庶以衿隱之念昭被四方
湯聽遠聞事均親覽癸未大赦天下秋七月丁
未以光祿大夫夏侯詳為軍騎將軍湘州刺史
湘州刺史楊公則為中護軍申子立皇子綜為
豫章郡王八月魏陷司州詔以南義陽置司州
九月壬子河南王世子伏連籌為鎮西將軍西
秦河二州刺史河南王二比天竺二國遣使獻方物
冬十一月甲子詔曰設教因時淳薄異政刑以
世革輕重殊風昔問俗未移民散父矢嬰網陷

辟日夜相尋若悉加正法則赭衣塞路拉申弘
宥則難用為國故使有罪入贖以往庶幾刑措
退邇知禁圄狂稀虛率斯以往庶幾刑措金作
權典宜在蠲息可除贖罪之科是歲多疾疫
四年春正月癸卯朔詔曰今九流常選年末三
十不通一經一經不得解褐若有才同甘顏未限年
次置五經博士各一人以鎮北將軍雍州刺史建
安王偉為南徐州刺史南徐州刺史郡陽王恢
為郢州刺史中領軍柳慶遠為雍州刺史丙午
省鳳皇街書使戊申詔曰天禋郊饗帝至敬收
亥輿駕親祠南郊赦天下二月壬午道衛尉卿
在致誠盡悉猶懼有違而往代多令宮人縱
茲禮帷宮廣設軒輅耀路非所以仰虔蒼旻昭
感上靈屬車之間見識前世便可自今停止辛
楊公則率宿衛兵塞洛口壬辰交州刺史李凱
郢州刺史長史曹景宗為中護軍是月立建興苑於
擾州反長史曹景宗討平之曲赦交州戊戌以前
秣陵建興里夏四月丁巳以行宕昌王梁彌博

為安西將軍河涼二州刺史宕昌王是月自甲
寅至壬戌甘露連降華林園五月辛卯建康縣
朔陰里生嘉禾一莖十二穗六月庚戌立孔子
廟壬戌歲星晝見秋七月辛卯右光祿大夫張
環辛八月庚子老人星見冬十月丙午北伐以
中軍將軍揚州刺史臨川王宏都督北討諸軍
事尚書右僕射柳惔為副是歲以興師費用王
公以下各上國租及田穀以助軍資十一月平
未以都官尚書張稷為領軍將軍甲午天晴即
西南有電光聞如雷聲三十二月司徒尚書令
謝胐以所生毋憂去職是歲大穰米斛三十
五年春正月丁卯朔詔曰在昔周漢取士方國
頃代凋訛幽仄罕被人孤地絕用隔聽覽士操
淪胥因茲靡勸豈其岳瀆縱靈偏有厚薄寒由
知與不知不用與不用耳朕以菲德君此北民而
兼明廣照屈於堂戶飛耳長目不及四方永言
愧懷無忘旦凡諸郡國舊族邦內無在朝位
者選官搜括使郡有一人乙亥以前司徒謝胐

為中書監司徒衛將軍鎮軍將軍沈約為右光
祿大夫豫章王綜為南徐州刺史丁丑以尚書
左僕射王瑩為護軍將軍僕射如故甲申立皇
子譽為晉安郡王丁亥太白晝見二月庚戌以
太常張充為吏部尚書三月景寅朔日有餓之
癸未魏宣武帝從弟翼率其諸弟來降輔國將
軍劉思效破魏青州刺史元繁於胊水丁亥陳
伯之自壽陽率眾歸降夏四月丙申廬陵高昌
之仁山獲銅劍二始豐縣獲八目龜一甲寅詔
曰朕昧旦齊居惟刑是恤三辟五聽寢興載懷
故陳肺石於都街增官司於詔獄勳親覽小
大以情而明慎未洽圖囹擁永言納隍在予
有枉滯以時秦聞五月辛未太子左衛率張惠
紹克魏宿預城乙亥臨川王宏前軍克梁城辛
巳豫州刺史韋叡克合肥城丁亥虜江夷守裴
邃克羊石城庚寅又克霍丘城辛卯太白晝見
六月庚子青冀二州刺史桓和前軍克胊山城

秋七月乙丑鄧至國遣使獻方物八月戊戌老
人星見辛酉作太子宮冬十一月甲子京師地
震乙丑以師出淹時大赦天下魏冦鐘離遣右
衛將軍曹景宗率衆赴援十二月癸卯司徒謝
朏薨

六年春正月辛酉朔詔曰徑寸之寶或隱沙泥
以人廢言朕聽朝晏罷思聞政術雖
百辟卿士有懷必聞而蓄響邊遐未臻魏闕或
屈以貧陋或間以山川頓足延首無因奏達宣
以聞己卯詔曰夫有天下者義非為己凶荒疾
癘兵革水火有一於此責元首今申採大小
可各詮條布想於朕身當之永使災害不及萬姓俾
欲陳言刑政益國利民淪碳幽遠不能自通者
所以沈浮靡漏遐通兼得者乎四方士民若有
繼諸不善以朕躬寧息不得為朕祈福以增其過時
茲下民稍蒙寧息不得為朕祈福以增其過時
班遠邇咸令遵奉二月甲辰老人星見三月庚
申朔隕霜殺草是月有三象入京師夏四月壬

辰置左右驍騎左右游擊將軍官癸巳曹景宗
韋叡等破魏軍於邵陽洲斬獲萬計癸卯以右
衛將軍曹景宗為領軍將軍徐州刺史己酉以
江州刺史王茂為尚書右僕射中書令安成王
秀為平南將軍江州刺史分湘廣二州置衡州
丁巳以中軍將軍揚州刺史臨川王宏為驃騎
將軍開府儀同三司撫軍將軍建安王偉為揚
州刺史右光祿大夫沈約為尚書左僕射尚書
左僕射王瑩為中軍將軍五月己未以新除左
驍騎將軍長沙王深業為中護軍癸亥以侍中
袁昂為吏部尚書己置中衛中權將軍改驍
騎為雲騎游擊為游騎辛未右將軍揚州刺史
建安王偉進號中權將軍六月庚戌車騎將
軍湘州刺史夏侯詳為左光祿大夫新除金紫
光祿大夫柳惔為安南將軍湘州刺史新吳縣
獲四目龜一秋七月甲子太白晝見景寅分廣
州置桂州丁亥以新除尚書右僕射王茂為中
衛將軍八月戊子赦天下戊戌大風折木京師

大水因壽入加御道七尺九月嘉禾一莖九穗
生江陵縣丁亥改閱武堂為德陽堂聽訟堂為
儀賢堂景戌以左衛將軍呂僧珍為平北將軍為
南兗州刺史豫章內史華蕭昌為廣州刺史冬十
月壬寅以五兵尚書袁勉為吏部尚書閏月乙
丑以驃騎將軍開府儀同三司臨川王宏為司
徒行太子太傅尚書左僕射沈約為尚書令行
太子少傅吏部尚書袁昂為左僕射戊寅平西
將軍荊州刺史始興王憺進號安西將軍甲申
以光祿大夫夏侯詳為尚書左僕射十二月丙
辰尚書左僕射夏侯詳卒乙丑魏淮陽鎮都軍
主常邑和以城內屬分豫州置霍州
七年春正月乙酉朔詔曰建國君民立教為首
不學將落況植靡由朕壅基明命光宅區宇
雖耕耘業傍闡藝文而成器未廣志本循閥
非所以鎔範貴遊納諸軌度思欲式敦讓齒自
家刑國令聲訓所漸戎夏同風宜大啟庠序博
延青子務彼十倫弘此三德使陶鈞遠被微言

載表中衛將軍領太子詹事王茂進號車騎將
軍戊戌作神龍仁獸闕於端門大司馬門外壬
子以領軍將軍曹景宗為中衛將軍衛尉蕭
景兼領軍將軍二月乙卯盧江潯縣獲銅鐘二
新作國門于越城南乙丑增置鎮鄉高家各
各有差庚午詔於州郡縣置其望
一人專掌搜薦乙亥以車騎大將軍高麗王高
雲為撫軍大將軍開府儀同三司平北將軍南
兗州刺史呂僧珍為領軍將軍景子以中護軍長沙
王深業為南兗州刺史兼領軍將軍蕭昌為雍
州刺史雍州刺史柳慶遠為護軍將軍夏四月
乙卯皇太子納妃赦大辟以下頒賜朝臣及近
侍各有差辛未秣陵縣獲靈龜一戊寅餘姚縣
獲古銅劍二五月己亥詔復置宗正太僕大匠
鴻臚又增太府卿仍先為十二卿癸卯以平
南將軍江州刺史安成王秀為平西將軍荊州
刺史安西將軍荊州刺史始興王憺為護軍將
軍中衛將軍曹景宗為安南將軍江州刺史六

月辛酉復建修二陵周回五里內居民改陵監
為令秋七月丁亥月犯氐八月癸丑安南將軍
江州刺史曹景宗卒丁巳赦大辟以下未結正
者甲戌平西將軍荊州刺史安成王秀進號安
西將軍雲麾將軍郢州刺史鄱陽王恢進號平
西將軍老人星見九月丁亥詔曰朕以眇躬往姬
文垂則雉兔有刑姜宣致貶歎澤山林毓材是
出斧斤之用比屋所資而頃世相承並加封固
豈所謂與民同利茲黔首凡公家諸屯成見

梁書紀二 十八

封熯者可悉開常禁壬辰置童子奉車郎癸巳
立皇子績為南康郡王己亥月犯東井冬十月
景寅以吳興太守張稷為尚書左僕射景字魏
陽關主許敬珍以城內附詔大舉北伐以護軍
將軍始與王憺為平北將軍率衆入清車騎將
軍司州刺史胡遜以城內屬以阜生為鎮北將
生豫州刺史以卓生為鎮北將
軍向宿預丁丑魏縣瓠鎮軍主白阜
辛巳鄲縣言甘露降

八年春正月辛巳輿駕親祠南郊赦天下內外
文武各賜勞一年壬辰魏鎮東參軍成景儁斬
宿潁城主嚴仲賓以城內屬二月壬戌老人星
見夏四月以此巳西郡置南梁州戊申以護軍
將軍始與王憺為中衞將軍領太子太傅
臨川王宏為司空揚州刺史車騎將軍領太子
詹事王茂即本號開府儀同三司丁卯魏楚王
城主李國興以城內附景子以中軍將軍丹陽
尹王瑩為右光祿大夫五月壬午詔曰學以從

梁書紀二 十九 王

政殷勤往哲非在其中抑亦前事朕思闡治網
每敦儒術軾間關館造次以之故負帙成風甲
科間出方當置諸周行飾以青紫其有能通一
經始末無倦者策實之後選可量加敘錄雖復
牛監羊肆寒品後門並隨才試吏勿有遺隔秋
七月癸巳陵王蕭寶義薨八月戊午老人星
見冬十月乙巳以中軍將軍南兗州刺史蕭
軍南兗州刺史始與王憺為鎮北
將軍南兗州刺史南兗州刺史長沙王深業為
護軍將軍

九年春正月乙亥以尚書令行太子少傅沈約
為左光祿大夫行少傅如故右光祿大夫王瑩
為尚書令行中撫將軍建安王偉領護軍將軍
鎮北將軍南兖州刺史始興王憺為鎮西將軍
益州刺史南兖州太常卿王份為中書監景子以輕車
將軍晉安王譚為南兖州刺史庚寅新作緣淮
塘北岸起石頭起為國子祭酒後還清離門迄
橋三月己丑車駕幸國子學親臨講肆賜國子
祭酒以下帛各有差乙未詔曰王子從學等目
禮經貴遊咸在實惟前誥所以式廣義方克隆
敕道今成均大啓元良齒讓目斯以降並宜隸
業皇太子及王侯之子年在從師者可令入學
于闐國遣使獻方物夏四月丁巳革選尚書五
都令史用寒流林邑國遣使獻白猴一五月己
亥詔曰朕以聽覽恩治無忘旦吳而百司羣務其
途不一隨時適用各有攸宜若非總會衆言無
以備效親覽自今臺閣省府州郡鎮戍應有職
僚之所時共集議各陳損益具以奏聞中書監

王克卒六月癸丑盜殺宣城太守朱僧勇癸酉
以中撫將軍領護軍建安王偉為鎮南將軍江
州刺史宣城盜轉寇吳興縣太守蔡
搏討平之秋七月己巳老人星見冬十二月癸
未輿駕幸國子學策試胄子賜訓授之司各有差
十年春正月辛丑輿駕親祠南郊大赦天下居
局治軍賜勞二年癸卯以尚書左僕射張稷為
安北將軍青冀二州刺史郢州刺史鄱陽王恢為
為護軍將軍甲辰以南徐州刺史豫章王綜為
戊申鄱虞一見荊州華容縣以左民尚書王暕
為吏部尚書東與駕親祠明堂三月辛丑盜
殺東莞琅邪二郡太守鄧昕以胸山引魏軍遣
振遠將軍馬仙理討之是月魏徐州刺史盧昶
帥衆赴胸山夏五月癸酉以國子祭酒張充為
丁丑領軍將軍呂僧珍卒已卯以國子祭酒張充為
尚書左僕射太子詹事柳慶遠為領軍將軍乙
酉昌昜蓮一莖三花生藥遊苑秋七月景辰詔曰

昔公卿面陳載在前史令僕陛奏列代明文所
以鑒彼庶績成茲羣務晉氏陵替虛誕爲風自
此相因其失彌遠遂使武帳空勞無汲公之奏
丹墀徒闃闃郎生之履三槐八座應有務之百
官宜有所論可入陳啟庶籍周爰少匡寡簿九
月景申天西北陰隆有聲赤氣下至地冬十二
三重樓及開二道宕昌國遣使獻方物

軍斬識十餘萬剋復胷山城是歲初作宮城門
月癸酉山車見于臨成縣庚辰馬仙琕大破魏
十一年春正月壬辰詔曰夫刑法悼毫罪不收
肇禮著明文史彰前軍蓋所以申其哀矜故罰
有弗及近代相因歐網彌峻髫年華髮同坐入
譽雖懲勸善宜窮其制而老幼流離良亦可
愍自今通謫之家及罪應質作若年有老小可
停自今通加左光祿大夫行太子少傅沈約特進
鎮南將軍江州刺史建安王偉儀同三司司空
揚州刺史臨川王宏進位爲太尉驃騎將軍王
茂爲司空尚書令雲麾將軍王瑩進號安左將

二十二　益良

軍安北將軍青冀二州刺史張稷進號領北將
軍二月戊辰新昌濟陽二郡野蠶成繭三月丁
已曲赦揚徐二州築西靜壇於鍾山庚申高麗
國遣使獻方物四月戊子詔曰去歲予民皇王大獵
醜類宜爲京觀用雄武功旬伐罪弔民悉使收百
濟扶南林邑國竝遣使獻方物六月辛巳以司
空王茂爲領中權將軍九月辛亥宕昌國遣使獻
方物冬十一月乙未以吳郡太守袁昂兼尚書

右僕射已酉降太尉楊州刺史臨川王宏爲驃
騎將軍開府同三司之儀癸丑齊宣德太妃王
氏薨十二月已未以安西將軍荊州刺史安成
王秀爲中衛將軍護軍將軍鄱陽王恢爲平西
將軍荊州刺史
十二年春正月辛酉以兼尚書右僕射袁昂爲
下二月寅詔曰以兼尚書右僕射袁昂爲尚書左
僕射景寅詔曰以梅骼埋瘞義重周經櫝槓有加
事美漢策朕向隅載懷每勤造次收藏之命亟

二十三　趙良

哀矜而寓縣退深遵奉未洽競然路隅往往
而有言慇沈枯彌勞傷惻可明下遠近各巡境
界若委骸不葬或除衣莫改即就收斂量給棺
具庶夜哭之魂斯慰霜露之骨有歸辛巳新作
太極殿改為十三閏三月乙丑特進以湘州刺史王
珍國為護軍將軍閏月乙丑戊午以鎮南將
軍開府儀同三司江州刺史建安王偉為撫軍
基九尺庚子太極殿成秋九月戊午以鎮南將
約辛夏四月京邑大水六月九月戊午冬十月
州刺史臨川王宏為司空領中權將軍王茂為
驃騎將軍開府儀同三司之儀江州刺史沈
丁亥詔曰明堂地勢單濕未稱乃心外可量就
埣起以盡誠敬
十三年春正月壬戌以丹陽尹晉安王諱為荊
州刺史癸亥以平西將軍荊州刺史鄱陽王恢
為鎮西將軍益州刺史景寅以翊右將軍安成
王秀方為安西將軍郢州刺史二月丁亥輿駕親

耕籍田赦天下孝悌力田賜爵一級老人星見
三月辛亥以新除中撫將軍開府儀同三司建
安王偉為左光祿大夫夏四月辛卯林邑國遣
使獻方物壬辰以郢州刺史豫章王綜為安右
將軍五月辛亥以通直散騎常侍韋叡為中護
軍六月己亥以南兗州刺史蕭景為領軍將
領軍將軍柳慶遠為安北將軍雍州刺史秋七
月乙亥立皇子綸為邵陵郡王繹為湘東郡王
紀為武陵郡王八月癸卯扶南于闐國各遣使
獻方物是歲作浮山堰
十四年春正月乙巳朔皇太子冠赦天下賜為
父後者爵一級王公以下班賚各有差停遠近
上慶禮爵午安左將軍尚書令王瑩進號中權
將軍以鎮西將軍始興王憺為中撫將軍辛亥
輿駕親祠南郊詔曰朕恭祗明祀上靈臨
竹宮而登泰壇服袞冕而奉蒼璧柴望既升誠
敬克展思所以對越乾元弘宣德教而缺于治
道政法多昧實俟羣才用康庶績可班下遠近

博採英異若有確然鄉黨獨行州閭肥遯丘園
不求聞達藏器待時未加收採或賢良方正孝
悌力田並即騰奏具以名上當擢彼周行試以
邦邑庶百司咸事北民無隱又世輕世重隨時
約法前以剗墨用代重辟猶念改悔其路已塑
並可省除景寅汝陰王劉偕薨二月庚寅芮芮
國遣使爲平北將軍老人星見辛丑以中護軍
韋叡爲荊州刺史新除中撫將軍始
興王憺爲荊州遣使獻方物
府同三司之儀江州刺史王茂薨五月丁巳以
荊州刺史晉安王諱爲江州刺史秋八月乙未
老人星見九月癸亥以長沙王深業爲護軍將
軍狼牙脩國遣使獻方物
十五年春正月己巳詔曰觀時設教王政所先
兼而利之寔惟務本移風致治咸由此作頃年
革之令隨事必下而張弛之要未臻厥宜民瘼
猶繁廉平尚寘所以竚旒纊而載懷朝玉帛而
興歎可申下四方政有不便於民者所在具條

以聞守宰若清潔可稱或侵漁爲蠹蟲分別奏上
將行黜陟長吏勸課躬履堤防勿有不脩致妨
農事關市之賦或有未允外時參量優減舊格
三月戊辰朝日有蝕之夏四月丁未以安右將
軍豫章王綜兼護軍高麗國遣使獻方物五月
癸未以司空揚州刺史臨川王宏爲中書監五月
騎大將軍刺史如故六月景申改作小廟畢庚
子以尚書令王坐堅爲左光祿大夫開府儀同三
司尚書右僕射表昂爲尚書左僕射吏部尚書
同三司王坐薨壬辰救天下冬十月戊午以丹
陽尹長沙王深業爲湘州刺史十一月丁卯以
兼護軍豫章王綜爲安前將軍交州刺史李戁
斬交州反者阮宗孝傳首京師曲赦交州壬午
以雍州刺史韋叡爲護軍將軍
南遣使獻方物九月辛巳左光祿大夫開府儀
王暕爲尚書右僕射秋八月老人星見芮芮河
十六年春正月辛未興駕親祠南郊詔曰朕當
辰思治政道未明昧且勉勞驅移星紀今太皡

御氣句芒首卽卯中就陽禋敬克展務承天休
布茲和澤尤貧乏之家勿收今年三調其無田業
者所在量宜賦給若民有產子卽依格優蠲孤
老鰥寡不能自存咸加賑卹班下四方諸州郡
縣時理獄訟可使寬加親覽二月庚戌老
人星見甲寅以安前將軍豫章王綜爲南徐州
刺史三月景子河南王遣使獻方物夏四月甲
子初去宗廟牲潮溝獲白雀一六月戊申以盧
陵王績爲江州刺史七月丁丑以郢州刺史安

廟薦脩始用蔬果
成王秀爲鎮北將軍雍州刺史八月辛丑老人
星見扶南婆利國各遣使獻方物冬十月去宗

十七年春正月丁巳朔詔曰夫樂所自生舍識
之常性厚下安宅馭世之略每布寬恤而庶氓無
忘待且砥弘生聚之略每布寬恤而編戶

未滋遷徙尚有輕去故鄉豈其本志資業殆闕
自返莫由巢南之心亦何能弭今開元發歲品
物惟新思俾黔黎各安舊所將使郡無曠土邑

梁書紀二

二十八

許亨

靡游之民鷄犬相聞桑柘交畛凡天下之民有流
移他境在天監十七年正月一日以前可開恩
半歲悉聽還本鄉課三年其流寓過遠者量加
程日若有不樂還者卽使等土籍爲民准舊課
輸若流移之後本鄉無復居宅者村司三老及
餘親屬卽爲詣縣占請凡舊居宅地官宅令相容
受使戀本者還有所託凡坐村是爲市埭諸職割盜
衰滅應被封籍者其田宅車牛是民生之具不
得悉以沒入皆優量分留使得自此其商賈富
室亦不得頓相兼併遁叛之身罪無輕重並許
首出還復民伍若有拘限自還本役並爲條格咸

三十四

梁書紀二

二十九

章東

使知聞二月癸巳鎮北將軍雍州刺史安康
王秀薨甲辰大赦天下乙卯以領石頭戌事南康
王績爲南兗州刺史三月壬寅
改封建安王偉爲南平王夏五月戊寅老人星見景申
將軍揚州刺史臨川王宏免已卯干隨利國遣
使獻方物以領軍將軍蕭蘭景爲安右將軍臨揚
州辛巳以臨川王宏爲中軍將軍中書監六月

乙酉以益州刺史鄱陽王恢爲領軍將軍中軍
將軍中書監臨川王宏以本號行司徒癸卯以
國子祭酒蔡撙爲吏部尚書秋八月壬寅老人
星見詔以兵驛奴婢男年登六十女年登五十
免爲平民冬十月乙亥以中軍將軍行司徒臨
川王宏爲中書監司徒十一月辛亥以南平王
偉爲左光祿大夫開府儀同三司
十八年春正月甲申以領軍將軍鄱陽王恢爲
征西將軍開府儀同三司荊州刺史荊州刺史

始興王憺爲中撫將軍開府儀同三司領軍以
尚書左僕射袁昂爲尚書令尚書右僕射王暕
爲尚書左僕射太子詹事徐勉爲尚書右僕射
辛卯輿駕親祠南郊孝悌力田賜爵一級二月
戊午老人星見四月丁巳大赦天下秋七月甲
申老人星見于闕扶南國各遣使獻方物

紀第二

紀第三　　武帝　　　梁書三

散騎常侍姚　思廉　撰

普通元年春正月乙亥朔改元大赦天下賜文
武勢位孝悌力田晉爵一級尤貧之家勿收常調
鰥寡孤獨並加賑血景子日有蝕之己卯以司
徒臨川王宏爲太尉揚州刺史安右將軍監揚
州蕭景爲安西將軍郢州刺史尚書左僕射
王暕以母憂去職金紫光祿大夫王份爲尚書

左僕射庚子扶南高麗國各遣使獻方物二月
壬子老人星見癸丑以高麗王世子安爲寧東
將軍高麗王三月景戌滑國遣使獻方物夏
四月甲午河南王遣使獻方物六月丁未以護
軍將軍韋叡爲車騎將軍邵陵王綸爲江州
刺史並溢辛卯以信威將軍邵陵王綸爲江州
海並溢辛卯以信威將軍邵陵王綸爲江州
韋叡八月庚戌老人星見甲子新除車騎將軍
刺史叡九月乙亥有星晨見東方光爛如火冬
十月辛亥以宣惠將軍長沙王深業爲護軍將

軍辛酉以丹陽尹晉安王譚為平西將軍益州
刺史

二年春正月甲戌以南徐州刺史晉安王譚改為徐州
刺史辛巳輿駕親祠南郊詔曰春司御氣庶廓恭
報祀陶匏克誠蒼璧禮備乾思隨覆布茲亭
育凡民有單老孤稚不能自存主者郡縣咸加
收養贍給衣食每令周足以終其身又於京師
置孤獨園孤切有歸華髮不匱若終年命厚加
料理尤窮之家勿收租賦戊子大赦天下二月
辛丑輿駕親祠明堂三月庚寅大雪平地三尺
夏四月乙卯改作南北郊景辰詔曰夫欽若昊
天歷象無違躬執耒耜盡力致敬上協星鳥俯
訓民時秩東作義不在南前代因襲有兆禮
制可於震方簡求汏野具茲千畝庶允舊章五
月癸卯琭琭殿火延燒後宮屋三千閒丁巳詔曰
三公卿士大拜麥賀瑞雖則百辟咸之誠朕
懷良有多愧若其澤漏川泉仁被動植氣調望

燭治致太平愛降嘉祥可無慙德而政道多缺
淳化未疑何以仰叶和遠臻真貺此乃更彰
寡薄重增其尤自今可悽賀瑞六月丁卯信威
將軍義州刺史文僧明以州叛入于魏秋七月
丁酉假大匠卿裴遂節督衆師方討甲寅老人星
見魏荊州刺史桓叔興帥衆降八月丁亥始平
郡中石鼓村地自開成井方六尺六寸深三十
二丈冬十一月百濟新羅國各遣使獻方物十
二月戊辰以鎮東大將軍百濟王餘隆為寧東
大將軍

三年春正月庚子以尚書令袁昂為中書監吳
郡太守王暕為尚書左僕射尚書左僕射王份
為右光祿大夫庚戌京師地震巳未以宣毅將
軍廬陵王續為雍州刺史三月巳卯巴陵王蕭
屏薨夏四月丁卯汏陰王劉端薨五月壬辰朔
日有蝕之既癸巳赦天下并班下四方民所疾苦咸
即以聞公卿百僚各上封事連率郡國舉賢良
方正直言之士秋八月辛酉作二郊及耤田並

畢班賜工匠各有差甲子老人星見氐婆利白題
國各遣使獻方物冬十月景子加中書監袁昂
中衞將軍十一月甲午撫軍將軍開府儀同三
司領軍將軍始興王憺薨辛丑以太子詹事蕭
深藻為領軍將軍
四年春正月辛卯輿駕親祠南郊大赦天下應
諸窮疾咸加賑邮弁班下四方時理獄訟景午
輿駕親祠明堂二月庚午老人星見乙亥躬耕
藉田詔曰夫耕藉之義大矣哉姿盛由之而興

禮即因之以著古者哲王咸用此作卷三言八政
致茲千畝公卿百辟佫恭其儀九推畢禮馨香
靡替兼以風雲叶律氣象光華屬覽休辰思
加獎勸可班下遠近廣關艮疇公私畋畝務盡
地利若欲附農而糧種有之亦如貸邮每使優
月壬寅以鎮右將軍豫章王綜為平北將軍南
遍孝悌力田賜爵一級預耕之司尅日勞酒三
兗州刺史六月乙丑分益州置信州分交州置
州分廣州置成州南定州合州建州分霍州置義

州秋八月丁卯老人星見冬十月庚午以中書
監中衞將軍袁昂為尚書令即本號開府儀
同三司已卯護軍將軍昌義之卒十一月癸未
朝日有蝕之太白晝見甲辰尚書左僕射王暕
卒十二月戊午始鑄鐵錢狼牙脩國遣使獻
方物
五年春正月以左光祿大夫開府儀同三司南
平王偉為鎮衞大將軍改領右光祿大夫儀同
三司如故征西將軍開府儀同三司荊州刺史

鄱陽王恢進號驃騎大將軍太府卿夏矦亶為
中護軍右光祿大夫王份為左光祿大夫加特
進辛卯平北將軍南兗州刺史晉安王綱進號
鎮北將軍平西將軍雍州刺史豫章王綜進號
安北將軍二月庚午特進左光祿大夫王份卒
丁丑老人星見三月甲戌分揚州江州置東揚
州夏四月乙未以雲麾將軍南康王績為江州
刺史夏六月乙酉龍鬭于曲阿王陂因西行至建
陵城所經麎樹木倒折開地數十丈戊子以會

稽太守武陵王紀爲東揚州刺史庚子以貟外散
騎常侍元樹爲平北將軍北青兗二州刺史率
衆北伐秋七月辛未賜北討義客位一階八月
庚寅徐州刺史成景儁尅魏童棧九月戊申又
尅睢陵城戊午北兗州刺史趙景悅圍荊山王
成宣毅將軍裴邃襲壽陽人羅城弗尅冬十月
戊寅裴邃破魏建陵城破之辛巳又破曲
木掃虜將軍彭寶孫尅琅邪甲申又尅檀丘城
辛卯裴邃破狄城景申又尅黎城遂進屯黎漿

壬寅魏東海太守韋敬欣以司吾城降定遠將
軍　太守曹世宗破魏曲陽城甲辰又尅彭
墟魏郁潘溪守悉皆來城走十一月景辰尅
孫尅東莞城王戌裴邃攻壽陽之安城尅之景
寅魏馬頭安城並來降十二月戊寅魏荊山城
降乙巳武勇將軍李國興攻平靜關尅之辛丑
信威長史楊法乾攻武陽關壬寅攻峴關並尅之
六年春正月景午安北將軍晉安王譚遣長史
柳津破魏南鄉郡司馬董當門破魏晉城庚戌

又破馬彫陽二城辛亥與駕親祠南郊大赦
天下庚申魏鎮東將軍徐州刺史元法僧以彭
城內附己巳雍州前軍刺尅魏新蔡郡詔曰廟謨可
巳定王略方舉侍中領軍將軍西昌侯深藻可
便親戎以前啟行鎮北將軍兗州刺史豫章
王綜馭雄筑風朕當六軍雲勦龍舟濟江南徐
初中後師善得嚴辦其餘衆軍計目差道
癸酉尅魏鎮城甲戌以魏鎮東將軍徐州刺史
元法僧爲司空二月丁丑老人星見庚辰南徐

州刺史盧陵王續還朝票承我略乙未賜趙景悅
下魏尢城三月景午歲星見南斗賜新附民
長復除應諸罪失一無所問己酉行幸白下城
履行六軍頓所乙丑鎮北將軍徐南兗州刺史豫
章王綜權頓彭城惣督衆軍并攝徐州事己
巳以魏假平東將軍元景隆爲衡州刺史魏征
虜將軍元景仲爲廣州刺史夏五月巳酉築宿
頒堰又修曹公堰於濟陰太白晝見壬子遣中
護軍夏侯亶督壽陽諸軍事北伐六月庚辰豫

章王綜奔于魏魏復據彭城秋七月壬戌大赦
天下八月景子以散騎常侍曹仲宗兼領軍壬
午老人星見十二月戊子邵陵王綸有罪免官
削爵土壬辰京師地震
七年春正月辛丑朔赦殊死以下丁卯滑國遣
使獻方物二月甲戌北伐衆軍解嚴河南王遣
使獻方物丁亥老人星見三月乙卯高麗國遣
使獻方物夏四月乙酉太尉臨川王宏薨南州改
置校尉增加倈秋詔在位羣臣各舉所知九是
清東咸使薦聞州年舉二人大郡一人六月已卯
林邑國道使獻方物秋九月已酉驃騎大將軍
開府儀同三司荊州刺史郡陽王恢薨冬十月
辛未以丹陽尹湘東王詧爲荊州刺史十一月庚
辰大赦天下是日丁貴嬪薨辛巳夏侯亶置湖龍
牙元樹曹世宗等衆軍剋壽陽城丁亥放魏揚
州刺史李憲還北以壽陽置豫州合肥改爲南
豫州以中護軍夏侯亶置爲豫南豫二州刺史平
西將軍鄱州刺史元樹進號安西將軍魏新野

太守以郡降
大通元年春正月乙丑以尚書左僕射徐勉爲
尚書僕射中衞將軍詔曰朕思利兆民惟日不
足氣象環回每弘優簡百官俸祿本有定數前
代以來皆多評准頃者因循未遑改革見自今已
後可長給見錢依時即出勿令遲緩見散失官
物不問多少並從原宥惟事涉軍儲取公私見
物不在此例辛未興駕親祠南郊
事虔薦犬者壁思承天德惠此下民凡因事去王
流移他境者並聽復宅業繼俊五年九貧之家
勿收三調孝悌力田賜爵一級是月司州刺史夏
族藝進軍三關所至皆剋三月辛未興駕幸
同泰寺拾身甲戌還宮赦天下改元以左衞將
軍蕭深藻爲中護軍林邑師子國象遣使獻方
物夏五月景寅成景雋舊剋魏臨潼竹邑秋八月
壬辰老人星見冬十月庚戌赦東豫州刺史元
慶和以渦陽內屬景午曲赦東豫州十一月丁卯
以中護軍蕭深藻爲北討都督征北大將軍鎮

渦陽戊辰加尚書令中衞將軍開府儀同三司
袁昂中書監以渦陽置西徐州高麗國遣使獻
方物
二年春正月庚申司空元法僧以本官領中軍
將軍中書監尚書令中衞將軍開府儀同三司
袁昂進號中撫大將軍衞尉卿蕭昂爲中領軍
乙酉芮芮國遣使獻方物三月甲午老人星見
是月築寒山堰三月壬戌以江州刺史南康王
績爲安右將軍夏四月辛丑魏鄴州刺史南康王

達以義陽內附置北司州時魏大亂其北海王
元顥臨淮王元彧並來奔其北青
州刺史元世儁南荊州刺史李志亦以地降六
月丁亥魏臨淮王元彧或求還本國許之冬十
月丁亥魏北海王元顥爲魏主遣東宮直閣將
軍陳慶之衞送還北魏豫州刺史鄧獻以地
內屬
中大通元年正月辛酉輿駕親祠南郊大赦天
下孝悌力田賜爵一級甲子魏汝南王元悅求

還本國許之辛巳輿駕親祠明堂三月甲申以
丹陽尹武陵王紀爲江州刺史阿羅眞爲寧西
將軍西秦河沙三州刺史夏四月癸巳以安西
藻爲中權將軍癸巳陳慶之攻魏梁城剋之
進屠考城擒魏濟陰王元暉業五月戊辰大
梁棨酉剋武牢城魏主元子攸棄洛陽走河北
乙亥元顥入洛陽六月壬午大赦天下辛亥魏
淮陰太守晉鴻以湖陽城內屬閏月巳未安右
將軍護軍南康王績薨巳卯魏爾朱榮攻元
顥復據洛陽秋九月辛巳朱雀航華表災以
安北將軍羊侃爲青冀二州刺史癸巳輿駕幸
同泰寺設四部無遮大會因捨身公卿以下
錢一億萬奉贖冬十月巳酉輿駕還宮大赦改
元十二月景戌加中撫大將軍開府儀同三司
袁昂中書監加鎮衞大將軍開府儀同三司
南平王偉太子少傅加金紫光祿大夫蕭琛陸杲

並特進司空中軍將軍元法僧進號車騎將軍
中權將軍蕭深藻為中護軍中領軍將軍蕭
昂為領軍將軍戊子盤盤國遣使獻方
騎大將軍揚州刺史南徐州刺史嚴始欣以城
降十二月丁巳盤盤國遣使獻方物
二年春正月戊寅以雍州刺史晉安王為驃
平北大將軍雍州刺史南徐州刺史盧陵王續為
申大雨電壬申以河南王佛輔為寧西將軍庚
秦河二州刺史六月丁巳遣魏太保汝南王元悅
還北為魏王庚申以魏尚書左僕射范遵為安
北將軍司州牧隨元悅北討林邑國遣使獻方
物壬申扶南國道使獻方物秋八月庚戌興駕
幸德陽堂設絲竹會祖送魏王元悅山賊聚結
冠會稽郡所部縣九月壬午假昭武將軍湛海
珍節以討之
三年春正月辛巳興駕親祠南郊大赦天下孝
悌力田賜爵一級景申以魏尚書僕射鄭先護
為征北大將軍二月辛丑興駕親祠明堂甲寅

十二 趙良

老人星見乙卯特進蕭琛卒乙丑以廣州刺史
元景隆為安右將軍軍夏四月乙巳皇太子統薨
六月丁未以前太子詹事蕭深猷為中護軍尚
書僕射徐勉加特進右光祿大夫丹國遣使
獻方物癸丑昭明太子子南徐州刺史華容
公懽為豫章郡王秋江公與為河東郡王曲阿
公慧為岳陽郡王秋七月乙亥立晉安王為
皇太子大赦天下賜父後者及出嫡忠孝文武
清勤並賜爵一級乙酉以侍中五兵尚書謝舉
為吏部尚書庚寅詔曰推恩六親義彰九族班
以疏爵亦曰惟九凡是宗戚有服屬者並可賜
沐食鄉亭侯各隨遠近以為差次其有職親自
依舊章壬辰以吏部尚書何敬容為尚書右僕
射癸巳老人星見九月庚午以太子詹事蕭深
藻為征北將軍南兗州刺史南兗狼牙修國奉
表獻方物冬十月乙酉行幸同泰寺高祖升法
座為四部眾說大般涅盤經義迄子乙卯前樂
山縣族蕭正則有罪流徙至是招誘亡命欲冦

十三 趙良

廣州在所討平之十一月乙未行幸同泰寺高
祖升法座為四部眾說摩訶般若波羅蜜經義
訖于十二月辛丑是歲吳興郡生野穀堪食
四年春正月景寅朔以鎮衞大將軍開府儀同
三司南平王偉進位大司馬司空大將軍開府儀同
太尉尚書令中權大將軍開府儀同三司
進位司空立臨川王宏子正德為臨賀郡
王戊辰以丹陽尹邵陵王綸為揚州刺史司州牧衞
右衞率薛法護為平北將軍司州牧衞送元悅
入洛庚午立嫡皇孫大器為宣城郡王癸未魏
南兗州刺史劉世明以城降敗魏南兗州為譙
州以世明為刺史二月壬寅老人星見新除太
尉元法僧還北將軍楊侃為安
為征北將軍兗州刺史徐州刺史雲麾將軍楊侃為安
北將軍兗州刺史散騎常侍元樹有罪免為庶
軍庚戌新除揚州刺史邵陵王綸有罪免為庶
人壬子以江州刺史武陵王紀為揚州刺史領
軍將軍蕭旦印為江州刺史景辰邵陵縣獲白鹿

三月庚午侍中領國子博士蕭子顯上表置
制旨孝經助教一人生十人專通高祖所釋孝
經義夏四月壬申盤盤國道使獻方物秋七月乙
甲辰星隕如雨八月景子特進陸杲卒九月乙
巳以太子詹事南平王偉為平西將軍司州平
北將軍雍州刺史廬陵王續為安北將軍西中
郎將荊州刺史湘東王諱為平西將軍司空袁
昂領尚書令十月巳酉高麗國道使獻方物
十二月庚辰以太尉元法僧為驃騎大將軍開
封同三司之儀郢州刺史
五年春正月辛卯輿駕親祠南郊大赦天下孝
惇力田賜爵一級先是一日東南郊令解滌之
等到郊所履行忽閒空中有異香三醰風至及
將行事奏樂迎神畢有神光滿壇上來紫黃白
雜色食頃方滅兼太宰武陵王紀等以聞戊申
京師地震巳酉長星見辛亥輿駕親祠明堂癸
丑以宣城王大器為中軍將軍河南國道使獻
方物二月癸未行幸同泰寺設四部大會高祖

升法座發金字摩訶波若經題訖于巳丑老人
星見三月景辰大司馬南平王偉薨夏四月癸
酉以御史中丞藏盾兼領軍五月戊子京邑大
水御道通船六月巳卯以魏建義城主蘭寶殺魏
東徐州刺史巳下邳城降秋七月辛卯改下邳
為武州老人星見甲子波斯國遣使獻方物甲
右將軍蕭深叡卒九月甲寅以輕車將軍甲
申中護軍蕭子顯為吏部尚書
賀王正德為中護軍甲寅以尚書令司空王袁昂
為特進右光祿大夫司空如故盤盤國遣使獻
方物冬十月庚申以尚書右僕射何敬容為尚
書左僕射吏部尚書謝舉為尚書右僕射侍
中國子祭酒蕭興駕親耕藉田大赦天下孝
六年春二月癸交興駕親耕藉田大赦天下孝
惊力田賜爵一級三月巳亥以行河南王可咨
振為西秦河五州刺史河南王甲辰百濟國遣
使獻方物夏四月十卯熒惑在南斗秋七月甲
辰林邑國遣使獻方物八月巳未以南梁州刺

三〇五　　十六

史武興王楊紹先為秦南秦二州刺史冬十月
丁卯以信武將軍元慶和為鎮北將軍率衆北
伐閏十二月景午西南有雷聲二
大同元年春正月戊申朔改元大赦天下二月
巳卯老人星見巳與駕親祠明堂丁亥興駕
耕藉田辛丑高麗國丹丹國遣使獻方物夏
三月庚子波斯國獻方物甲辰以魏鎮東將軍
郭耕藉田辛未滑國安樂薩丹王遣使獻方物
四月老人星見壬戌以安北將軍廬陵王續
劉濟為徐州刺史壬戌以安北將軍廬陵王續
為安南將軍江州刺史秋七月乙卯老人星見
辛卯扶南國遣使獻方物冬十月辛卯以前南
兗州刺史蕭深藻為護軍將軍十一月丁未中
衛將軍蘭欽南漢中刺之魏梁州刺史元羅降
刺史蘭欽攻漢中刺之魏梁州刺史元羅降癸
亥賜復除有差甲子蕭勉卒壬戌北梁州刺
益州刺史渙州歸附者復除有差甲子雄勇將軍月行
左角星十二月乙酉以魏北徐州刺史羊徽逸
為平北將軍十二月戊戌以平西將軍秦南

三二四五　　十七

二州刺史武興王楊紹先進號車騎將軍平北
將軍北益州刺史陰平王楊法深進號驃騎將
軍辛丑平西將軍荊州刺史湘東王諱進號安
西將軍
二年春正月甲辰以兼領軍臧盾為中領軍二
月乙亥興駕躬耕藉田景小成老人星見三月庚
申詔曰政在養民德存被物上令如風民應如
草朕以寡德運屬時來撥亂反正惓惓為三紀不
能使重門不閉守在海外疆場多阻車書一

沈攸

民疲轉輸士勞邊防徹田為粮未得頓止治道
不明政用多辟百辟無沃心之言四聰飛耳
之聽州轂刺舉郡忘共治致使失理負謗無由
聞達悔文弄法因事生姦肺石空陳縣鍾徒設
書不去平股肱惟聖寔賴賢佐臣其可
不及凡厥在朝各獻讜言政治不便於民者可
悉陳之若在四遠刺史二千石長吏並以奏聞
細民有言事者咸為申達朕將親覽以紓其過
文武在位興爾所知公卿將相隨才權用拾遺

補闕勿有所隱夏四月乙未以驃騎大將軍開
府同三司之儀元法僧為太尉領軍師將軍先
是尚書右丞江子四上封事極言政治得失五
月癸卯詔曰古人有言屋漏在上知之在下朕
所鍾過不能自覺江子四等封事在上可
時加檢括於民有蠹患者便即勤停宜速詳啟
勿致淹緩乙巳以魏前梁州刺史元羅為征虜
大將軍青冀二州刺史六月丁亥詔曰南郊明堂
陵廟等今與朝請同班於事為輕可改視散騎

阮帝

十九

侍郎冬十月乙亥詔大舉北伐十一月巳亥詔
北伐衆軍班師辛亥京師地震十二月壬申魏請
通和詔許之丁酉以吳興太守駟馬都尉利其字
族張續為吏部尚書
三年春正月辛丑興駕親祠南郊大赦天下孝
悌力田賜爵一級是夜朱雀門災壬寅天無雲
兩灰黃色癸卯以中書令邵陵王綸為江州刺
史二月乙酉老人星見丁亥興駕親耕藉田巳
丑以尚書左僕射何敬容為中權將軍護軍將

軍蕭深藻為安右將軍尚書左僕射以尚書右僕射謝舉為右光祿大夫庚寅以安南將軍廬陵王續為中衛將軍護軍將軍三月戊戌立昭明太子子譽為武昌郡王詧為義陽郡王夏四月丁卯以南琅邪彭城二郡太守河東王譽為南徐州刺史五月景申以前揚州刺史臨賀王紀復為揚州刺史六月景申青州境陷霜秋七月癸卯魏遣使來聘己酉義陽王臨薨是月青州雪害苗稼八月甲申老人星見辛卯輿駕幸阿育王寺赦天下九月南兖州大飢是月北徐州境內旅生稻稗二千許頃閏月甲子安西將軍荊州刺史湘東王諱進號鎮西將軍揚州刺史武陵王紀為安西將軍益州刺史冬十月景辰京師地震是歲飢

四年春正月庚辰以中軍將軍宣城王天器為中軍大將軍揚州刺史二月己亥輿駕親耕籍田三月戊寅河南國遣使獻方物癸未芮芮國遣使獻方物五月甲戌魏遣使來聘秋七月己

未以南琅邪彭城二郡太守岳陽王詧為東揚州刺史癸亥詔以東治徒李胤之降如來真形舍利大赦天下八月甲辰詔南兖北徐西東徐青冀南北青武仁潼雎等十二州既經飢饉曲赦通租宿責物收今年三調冬十二月丁亥兼國子助教皇侃表上所撰禮記義疏五十卷五年春正月乙卯以護軍將軍盧陵王續為驃騎將軍開府儀同三司安右將軍尚書左僕射蕭深藻為中衛將軍開府儀同三司中權將軍丹陽尹何敬容以本號為尚書令吏部尚書張纘為尚書僕射都官尚書劉孺為吏部尚書丁巳御史中丞參禮儀事賀琛奏今南北二郊及藉田往還並宜御輦不復乘輅二郊請用素輦藉田往還乘玉輦辛未興駕親祠南郊詔孝悌力太僕詔何敬容以侍中陪乘傅大同輦及祀宗廟鄉黨稱為善人者各賜爵一級并勒田及州閭鄉黨稱為善人者各賜爵一級并勒屬所以時騰上三月己未詔曰朕四聰既闕五

識多舛畫可外牒或致紕繆凡是政事不便於
民者州郡縣即時皆言勿得欺隱如使怨訟當
境任失而今而後以為永准秋七月己卯以驃騎
將軍開府儀同三司盧陵王續為荊州刺史湘
東王譯為護軍將軍安右將軍八月乙酉扶南
國遣使獻生犀及方物九月庚申以都官尚書
到溉為吏部尚書冬十月乙亥親遣使來聘
十二月癸未以吳郡太守謝舉為中書監新除
中書令鄱陽王範為中領軍　　二十二　陳壽

梁書紀三

六年春正月庚戌朔曲赦司豫徐兗四州二月
己亥輿駕親耕藉田景午以江州刺史郡陵王
綸為平西將軍郢州刺史雲麾將軍章王懽
為江州刺史秦郡獻白鹿一夏四月癸未詔曰
命世興王嗣賢傳業聲稱不朽人代徂遷三賢
以位三恪義在時事浸遠宿陵有職司屯懷
言念惻然晉宋齊三代諸陵有職司者勒加守
護勿令細民姦相侵毀作丘尹少補使充足前無
中視並可量絵五月戊寅以前青冀二州刺史

元羅為右光禄大夫己卯河南王遣使獻馬及
方物六月丁未平陽縣獻白鹿一秋七月丁亥
魏遣使來聘八月戊午赦天下辛未詔曰經國
有體必詢諸朝所以尚書置令僕丞郎旦曰上
言便是是故放勛之聖猶咨四岳重華之叡亦
待多士且朕寡德所能獨斷自今尚書中有疑
朝以議時事前共等懷然後奏聞頃者不爾每
有疑事倚立求決古人有云王非亮舜何得發
言便於朝堂參議然後啓聞不得習常其軍
事前多於朝堂參議然後啓聞不得習常其軍

梁書紀三　二十三

機要切前須諮審自依舊典盤盤國遣使獻方
物九月移安州置定遠郡受北徐州都督定遠
郡改屬安州始平太守崔碩表獻嘉禾一莖十
二穗戊戌曲赦京邑十二月壬子江州刺史豫章
王懽薨以護軍將軍湘東王譯為鎮南將軍
江州刺史置桂州於湘州始安郡授湘州督省
南桂林等二十四郡悉改屬桂州
七年春正月辛巳輿駕親祠南郊赦天下其有

流移及失桑梓者各還田宅蠲課五年辛丑輿
駕親祠明堂三月乙巳以行宕昌王梁彌嵯為
平西將軍河梁二州刺史宕昌王辛亥輿駕躬為
耕藉田乙卯京師地震丁巳以中領軍鄱陽王
範為鎮北將軍雍州刺史三月乙亥宕昌王遣
使獻馬及方物高麗百濟滑國各遣使獻方物
康王會理兼領軍秋九月戊寅芮芮國遣使獻
夏四月戊申景午以侍中劉孺為吏部尚書十
方物冬十月景午以侍中

一月景子詔停在所役使女丁丁丑詔曰民之
多幸國之不幸恩澤屢加彌長姦盜朕亦知
此之為病矢如不憂赦非仁之心凡厭憚耗
通貢起今七年十一月九日昧爽以前在民間
無問多少言上尚書督所未入者皆赦除之又
詔曰用天之道分地之利蓋先聖之格訓也又
是田桑廢宅没人者公剬之外悉以分給貧民
皆使量其所能以受田分如聞頃者豪家富室
多占取公田貴價儻稅以與貧民傷時害政

為蠹已其百今公田悉不得假與豪家已假者
特聽不追其若富室給貧民種粮共營作者
不在禁例已丑以金紫光祿大夫藏盾為領軍
將軍十二月壬寅詔曰古人云一物失所如納諸
隍未是切言也朕寒心消志每旦又矣每當食
投著方眼徹枕獨坐懷憂慎申旦非良于守宰獸
萬姓故耳牧多非良于守宰獸而傳與異楊
阜是故憂慎賈誼所以流沸至於民間謀來
萬端或供廚帳或供廄庫或遣使命或待賓客
皆無自費取給於民又後多遣遊軍稱為過防
姦盜不止暴掠多或求供設或責脚步又行
劫縱更相枉逼良人命盡富室財殫此為怨酷
非止一事亦頻禁斷猶自未已外司明加聽採
隨事舉奏又復公私傳屯冶愛至僧尼當其
地界止應依限中視乃至廣加封固越界分
斷水陸採捕及以樵蘇遂致細民措手無所
凡自今有越界禁斷者禁斷之身比以軍法從
事若是公家剬內止不得輒自立屯與公競作

以收私利至百姓憔採以供煙爨者乖不得禁

及以探捕亦勿訶問若不遵承皆以死罪延集學

親遣使來聘景於宮城西立士林館延集學

者是歲交州土民李賁攻刺史蕭諮諮輸賂得

還越州

八年春正月安城郡民劉敬躬據郡進攻盧陵取豫

史蕭說委郡東奔敬躬據郡進攻盧陵取豫

州妖黨送至數萬削通新淦柴桑二月戊戌江

章妖黨送至數萬削通新淦柴桑二月戊戌江

州刺史蕭湘東遣中兵曹子郢討之三月戊

辰大破之擒敬躬送京師斬于建康市是月於江

州新蔡高壤立頌平屯墾作蠻田遣越州刺史

陳侯羅州刺史桓巨安州刺史李智愛州刺史

阮漢同征李賁於交州

九年春閏月景申地震生毛二月甲戌使江州

民三十家出奴婢一戶配送司州三月以太子詹

事謝舉為尚書僕射夏四月林邑王於九德林邑王攻

李賁貴將范脩又破林邑王於德林邑王敗

走冬十二月辛丑安西將軍益州刺史武陵王

紀進號征西將軍開府儀同三司十二月壬戌

領軍將軍臧盾卒以輕車將軍河東王譽為領

軍將軍

十年春正月李賁自稱於交阯竊位號署置百官三

月甲午輿駕幸蘭陵謁建寧陵辛丑至脩陵壬

寅詔曰朕自違桑梓五十餘載刀春東顧靡日

不思今四方款關海外有截獄訟稍簡國務小

閒始獲展敬園陵但增感慟故鄉老少接踵遠

至情貌孜孜若歸于父宜有以慰其此心並可

錫位一階并加頒賚所經縣邑無出今年租賦

監所責民繿復二年并普賚內外從官軍主

左右錢米各有差因作還舊鄉詩癸卯詔園陵

職司恭事勤勞並錫位一階升加沾賚丁未仁

威將軍南徐州刺史臨川王正義進號安東將

軍己酉幸京口城北固樓改名北顧庚戌幸回

賓寧宴帝鄉故老及所經近縣奉迎候者少長

數千人各賚錢二千夏四月乙卯輿駕至自蘭

陵詔鰥寡孤獨尤貧者賑廩各有差五月丁酉

尚書令何敬容免秋九月己丑詔曰今兹遠近
兩澤調適其穫已及異必萬箱宜使百姓因斯
安樂凡天下罪無輕重已發覺未發覺計捕未
擒者皆赦宥之侵割耗官物無問多少亦悉
原除田者荒廢水旱不作無當時文列應追
者幷作田不登公格者並停各備臺州以文悉聽
通殿罪悉從原其有因飢逐食離鄉去土悉聽
復業蠲課五年冬十二月大雪平地三尺
十一年春三月庚辰詔曰皇王在昔澤風未遠
故端居方尾拱默嚴廊自大道既淪澆波斯近
動競日滋情偽彌作朕負扆君臨百年將半宵
漏未分躬勞政事白日西浮不遑飯退居猶
於布素含咀匪過藜藿寧以萬乘為貴四海
為富唯欲拱默兆康寧下民安又雖復三恩行事
而百慮多失遠近分置內外條流四方所立
比傳郎冶市塌桁渡津稅州田圍新舊守宰遊軍
言除省以卹民惠夏四月觀道使來聘冬十月
成遷有不便於民者尚書州郡各速條上當隨

己未詔曰堯舜以來便開贖刑中年依古許罪
身入贖支下因此不無姦猾所以一日復勑禁
斷川流難雍入心惟危既垂內典慈悲之義又
傷外教好生之德書云與殺不享寧失不經可
復開罪身皆聽入贖
中大同元年春正月丁未曲阿縣建陵隧口石
騏驎動有大蛇鬭墜中其一被傷奔走癸丑交
州刺史楊晒剋交趾嘉寧城李賁竄入獠洞
交州平三月乙巳大赦天下凡主守割盜放散
官物及以軍粮器下凡是赦所不原者起十一
年正月以前皆悉從恩十一年正月已後悉原加
責其或為事逃叛流移因飢役其後云鄉失土可
聽復業蠲課五年停其徭役其被拘之身各還
本郡舊業君在皆悉還之庚戌法駕出同泰寺
同泰寺解講設法會大赦改元夏四月景戌於
大會停寺省金字三慧經
後者賜爵一級資宿衛文武各有差是夜同泰
寺災六月辛巳竟天有聲如風雨相擊薄秋七

月辛酉以武昌王諮議為東揚州刺史甲子詔曰

禽獸知每而不知父無賴子弟過於禽獸至於

父母並皆不知多觸王憲致及老人耆年禁執

大可傷愍自今有犯罪者父母祖父母勿坐唯

大逆不預今恩景寅詔曰朝四而暮三衆狙皆

喜名實未虧而喜怒為用頃聞外間多用九陌

錢陌減則物貴陌非物有貴賤乃政乃

有頹倒至於遠方日更滋甚直國有異政乃

至家有殊俗徒亂王制無益民射自今可通用足

陌錢令書行後百日為期若猶有犯男子謫運

女子質作並同三年八月丁丑東揚州刺史武

昌王懿即本號東揚州刺史南徐州刺史臨川王正

義即本號東揚州刺史丹陽尹邵陵王綸為鎮

東將軍南徐州刺史甲午渴槃陀國遣使獻方

物又十月癸酉汝陰王劉哲薨乙亥以前東揚

州刺史岳陽王詧為雍州刺史

太清元年正月壬寅驃騎大將軍開府儀同三

司荊州刺史盧陵王續薨以鎮南將軍江州刺

史湘東王諱繹為鎮西將軍荊州刺史辛酉輿駕

親祠南郊詔曰天行彌綸覆燾之功博施

化資高標太一大禮克遂感慶兼懷思與德非同

燎高標太一大禮克遂感慶兼懷思與德非同

其福惠可大赦天下九窮者無出即年租調清

議禁錮並皆宥釋所討通叛巧籍隱年間丁

匿口開恩百日各自首不問往近博採英異或德

治事賞勞二年辛悑力田賜爵一級居局

聽復宅業鍋課五年辛悑力田賜爵一級居局

言上以時招聘甲子輿駕親祠明堂二月巳卯

白虹貫日庚辰魏司徒侯景求以豫章廣潁洛

西揚東荊北荊襄東豫南兗齊等十三州

內屬壬午以景為大將軍封河南王大行臺承

制如鄧禹故事十一月典駕郊耕藉田三月庚子

高祖幸同泰寺設無遮大會捨身公卿等以錢

一億萬奉贖甲辰遣司州刺史辛鴉仁兗州刺

史桓和仁二州刺史湛海珍等應接北豫州夏四

月丁亥輿駕還宮大赦天下改元孝悌力田為
父後者賜爵一級在朝羣臣宿衞文武並加頒
賚五月丁酉輿駕幸德陽堂宴羣臣設絲竹
樂六月戊辰以前雍州刺史郡陽王範為征北將
軍總督漢北征討諸軍事秋七月庚申中牟鴉仁
入懸瓠城甲子詔曰二豫分置其來久矣今汝
潁剋定可依前代故事以懸瓠為豫州壽春
為南豫改合肥為合州以廣陵為淮州項城為
殷州合州為南合州八月乙丑王師北伐以南豫
州刺史蕭深明為大都督詔曰今汝南新復高
潁戴清瞻言遺黎有勞鹽寐宜覃寬惠與之更
始應是緣邊初附諸州部內百姓先有負罪流
亡迸叛入比一皆曠蕩不問往偪并不得挾以
私讎而相報復若有犯者嚴加裁問戊子以大
將軍庶景錄行臺尚書事九月癸卯王遊苑成
庚戌興駕辛苑冬十一月魏遣大將軍慕容紹
宗等至寒山景午大戰深明敗績及比兗州刺
史胡貴孫等並陷魏紹宗進圍潼州十二月戊辰

遣太子舍人元身還比為魏主辛已以前征比
將軍郡陽王範為安比將軍南豫州刺史
二年春正月戊戌詔以在位各舉所知已亥魏陷
渦陽辛丑以尚書僕射謝舉為尚書令守吏部
尚書刺史羊思達並棄城走魏進擄之乙卯以
大將軍庶景為南豫州牧安比將軍南豫州刺
史郡陽王範為合州刺史三月甲辰撫東將軍
高麗王高延辛以其息為寧東將軍高麗王藥
浪公已未以鎮東將軍南徐州刺史邵陵王綸
為平南將軍湘州刺史同三司之儀中衞將軍
開府儀同三司蕭深藻為征東將軍南徐州刺
史是日屈獠洞斬李賁傳首京師夏四月景子
詔在朝及州郡各舉清人任治民者皆以禮
送京師戊寅以護軍將軍河東王譽為湘州刺
史五月辛丑以新除中書令邵陵王綸為安前
將軍開府儀同三司前湘州刺史張續為領軍
將軍辛亥曲赦交愛德三州癸丑詔曰為國在

於多士寧邛于得人朕暗於行事尤闕沿道
孤立在上如臨深涊谷凡爾在朝咸思匡救獻替
可否用相啟沃班下方岳傍求俊乂窮其屠
釣盡其嚴穴以時奏聞是月兩月夜見秋八月
乙未以右衛將軍朱异為中領軍戊戌疾景舉
兵反擅攻馬頭木柵荊山等戍甲辰以安前將
軍開府儀同三司邵陵王綸都督眾軍討景曲
赦南豫州九月景寅加左光祿大夫元羅鎮石將
軍冬十月癸襲譙州執刺史蕭泰于未景進
攻歷陽太守莊鐵降之戊申以新除光祿大夫
臨賀王正德為平北將軍都督京師諸軍屯丹
陽郡巳酉景自橫江濟于採石辛亥景師至京
臨賀王正德率眾附戊十一月辛酉賊攻陷東
府城賀王正德率眾推中軍司馬揚暾庚辰
陵王綸帥武州刺史華開弄璋前譙州刺史趙
伯超等入援京師頓鍾山愛敬寺乙酉綸進軍
湖頭與賊戰敗績景景成安比將軍都陽王範遣
世子嗣雄信將軍裴之高等帥眾入援次于張

公洲十二月戊申天西北中裂有光如火尚書
令謝舉卒景辰司州刺史柳仲禮前衡州刺史
韋粲高州刺史李遷仕前司州刺史羊鴉仁等
並帥軍入援推仲禮為大都督
三年春正月丁巳朔柳仲禮帥眾分據南岸是
日賊濟軍於青塘龍襲破韋粲營粲拒戰死庚
申邵陵王綸成爻連等帥兵集
南岸乙卯中領軍朱异卒景寅以司農卿傅岐
為中領軍戊辰高州刺史李遷仕天門太守樊
文皎進軍青溪東為賊所破夾歧死之壬午癸
惑守心乙酉太白晝見二月丁未南兗州刺史
南康王會理前青冀二州刺史湘潭疾蕭退
帥江州之眾頓于蘭亭苑庚戌安北將軍合州
刺史鄱陽王範以本號開府儀同三司三月戊午
前司州刺史羊鴉仁等進軍東府北與賊戰大
敗巳未皇太子妃王氏薨丁卯賊攻陷宮城縱
兵大掠巳巳賊矯詔遣石城公大款解外援
軍庚午癸景自為都督中外諸軍事大丞相錄

尚書辛未援軍各退散景子熒惑守心壬午新
除中領軍傳岐卒夏四月巳丑京師地震丙申
地又震巳酉高祖以所求不供憂憤寢疾是月
青些異二州刺史明少退東徐州刺史湛海珍北
青州刺史王奉伯各舉州附于魏五月巳京景辰
帝祥宮于淨居殿時年八十六辛巳追算為武皇
祖朋于淨居殿冬十一月殿高祖生知淳孝年六歲
曰高祖乙卯葬于脩陵高祖追算為武皇帝廟
獻皇太后崩水將水不入口三日哭泣哀苦有過

成人內外親戚咸加敬異又丁文皇帝憂時為
齊隨王諮議隨府在荊鎮聞奔奉聞便投列
星馳不復寢食倍道就路憤風驚浪不暫低正
高祖形容本壯及遠至京都銷毀骨立親表士
友不復識焉望宅奉諱氣絕久之每哭輒歐血
數外服內不復嘗米惟資大麥日止二溢拜掃
山陵沸淚所灑松草變色及居帝位即於鍾山
造大愛敬寺青溪邊造智度寺又於臺內立
至敬等殿又立七廟堂月中冊過設淨饌每至

展拜恒涕洒滂池哀動左右加以文思欽明能
事畢究少而篤學洞達儒玄雖萬機多務猶
卷不輟手燃燭側光常至戊夜造制旨孝經義
周易講疏及六十四卦二繫文言序卦等義樂
社義毛詩答問春秋苔問尚書大義中庸講
疏孔子正言各老子講疏凡二百餘卷並正先儒
之迷開古聖之旨王侯朝臣皆奉表質疑高祖
皆為解釋悟飾國學增廣生員立五館置五
經博士天監初則何佟之賀場嚴植之明山賓

等覆述制旨并撰吉凶軍賓嘉五禮凡一千餘
卷高祖稱制斷疑於是穆穆恂恂家知禮節大
同中於臺西立士林館領軍朱昪太府卿賀琛
舍人孔子袪等遞相講述皇太子宣城王亦於東
宮宣猷堂及揚州解開講於是四方郡國趨
學向風雲集於京師吳兼篤信正法尤長釋典
制涅盤大品淨名三慧諸經義記復數百卷
聽覽餘閒即於重雲殿及同泰寺講說名僧碩
學四部聽眾常萬餘人又造通史躬製讚序凡

六百卷天情睿敏下筆成章千賦百詩直疏便
就皆文質彬彬超邁今古詔銘贊誄箴頌牋奏
爰初在田洎登寶歷凡諸文集文百二十卷六
藝備閑棊登逸品陰陽緯候卜筮占決並悉稱
善又撰金策三十卷草隸尺牘騎射弓馬莫不
奇妙勤於政務孜孜無怠每至冬月四更竟即
敦把燭看事執筆觸寒手為皸裂紃綩摘伏
洞盡物情常哀矜涕泣然後可奏日止一食膳
無鮮腴惟豆羹糲食而已庶事繁擁日儻移
中便嗽口以過身衣木縣皂帳一冠三載
一被二年常克儉於身凡此類五十外便斷
房室後宮職司貴妃以下六宮禕褕三翟之外
皆衣不曳地傍無錦綺不飲酒不聽音聲非
宗廟祭祀大會饗宴及諸法事未嘗作樂性
方正雖居小殿暗室恒理公冠小坐押褾盛夏
暑月未嘗袒袵不正容止不與人相見雖觀內
豎小臣亦如遇大賓也歷觀古昔帝王人君恭
儉莊敬藝能博學罕或有焉

史臣曰齊季告終君臨昏虐天棄神怒眾叛親
離高祖英武睿哲義起樊鄧杖旗建號濡足救
焚拯茲昏兒之師翼龍豹之陣雲驤雷駭前暴夷
凶萬邦樂推三靈改卜於是御鳳曆握龍圖闢四
門弘招賢之路納十亂引諒直之規興文學脩
祀治五禮定六律四聰既達萬機斯理治定功
成遠安邇肅加以天祥地瑞無絕歲時征賦所
及之鄉賦軌傍通之地南超萬里西拓五千其
中璇財重寶千夫百族莫不充軔王府蹻角闢
庭三四十年斯為盛矣自魏晉以降未或有焉
及平壽年委事羣倖然朱異之徒作威作福
挾朋樹黨政以賄成晃乘軒由其掌握是以朝
經混亂賞罰無章小人道長抑此之謂也賈誼
云可為慟哭者矣遂使湎天翾寇承間掩襲驚
羽流王屋金契乘輿途炭黎元黍離宮室嗚
呼天道何其酷焉雖曆數斯窮蓋亦人事然也

紀第四

簡文帝

散騎常侍姚 思廉 撰

太宗簡文皇帝諱綱字世纘小字六通高祖第
三子昭明太子母弟也天監二年十月丁未生
于顯陽殿五年封晉安王食邑八千戶八年遷使
持節都督南兗青徐冀五州諸軍事宣毅
將軍南兗州刺史十二年入爲宣惠將軍丹陽
尹十三年出爲使持節都督荊雍梁南北秦益
寧七州諸軍事南蠻校尉荊州刺史將軍如故
十四年徙爲都督江州諸軍事雲麾將軍江州
刺史持節如故十七年徵爲西中郎將領石頭
戍軍事尋復爲宣惠將軍丹陽尹加侍中普通
元年出爲使持節都督益州刺史未拜改授雲麾將軍南徐
州諸軍事益州刺史未拜改授雍梁南北秦四
州刺史四年徙爲使持節都督雍梁南北秦四
州郢州之竟陵司州之隨郡諸軍事平西將軍

寧蠻校尉雍州刺史南梁北梁二州諸軍事五年進號安北將軍七年
權進都督荊益南梁三州諸軍事是歲丁所生
穆貴嬪喪上表陳鮮詔還攝本任中大通元年
詔依先給鼓吹一部二年徵爲都督南揚徐二
州諸軍事驃騎將軍揚州刺史三年四月乙巳
昭明太子薨五月景申詔曰非至公無以主天
下非博愛無以臨四海所以堯舜克讓惟德是
與丈王舍伯邑考而立武王格于上下光于四
表今以代宗宇落天步艱難淳風猶鬱黎民未乂
自非克明克哲允武允文豈能荷神器之重嗣
龍圖之尊晉安王綱文義生知孝敬自然威惠
外宣德行內敏君后歸美率士宅心可立爲皇
太子七月乙亥臨軒策拜以脩繕東宮權居東
府四年九月移還東宮太清三年五月景辰高
祖崩辛巳即皇帝位詔曰朕以不造凤闧凶
大行皇帝奄棄萬國攀慕躄踊身首分離以
宜德越居民上煢煢在疚罔知所託方賴藩輔
社稷用安謹遵先旨顧命遺澤宜加億兆可大

敕天下壬午詔曰肯物惟寬馭民惟惠道箸與
王本非隸役或開奉國便致擄虜或在邊疆濫
被抄劫二邦是競黎元何罪朕欲使彼寡昧創承鴻
業既臨軍土化行宇宙豈欲使彼獨爲匪民諸
州見在此人爲奴婢有者并及妻見悉可原放笑
未追諡妃王氏爲簡皇后六月戊戌以南康嗣
王會理爲司空丁亥立宣城王大器爲皇太子
壬辰封當陽公大心爲尋陽郡王石城公大欵
爲江夏郡王寧國公大臨爲南海郡王臨城公

三

大連爲南郡王西豐公大春爲安陸郡王新渝
公大成爲山陽郡王臨湘公大封爲宜都郡王
秋七月甲寅廣州刺史元景仲謀應霸先西江
督護陳霸先起兵攻之景仲自殺霸先迎定州
刺史蕭勃爲刺史戊辰以吳郡置吳州以安陸
王大春爲刺史庚午以司空南康嗣王會理兼
尚書令南海王大臨爲揚州刺史是月九江大饑人相食十四五
爲南徐州刺史庚午定月
八月癸卯征東大將軍開府儀同三司南徐州

刺史蕭深藻薨十月丁未地震十二月百濟
國遣使獻方物
大寶元年春正月辛亥朔以國哀不朝會詔曰
蓋天下至公之神器在昔三五不獲已而臨
莊之故帝王之功聖人之餘事軒冕西伯之基
之一物太祖文皇帝道洽二儀智周萬物屬齊季薦瘥
高祖武皇帝道洽二儀智周萬物屬齊季薦瘥
彝倫剝喪同氣離入苑之禍元首懷無猒之欲
舜當樂推之運因億兆之心承彼掎角雪茲讎

三十

四

恥事非爲已義寔從民故功成弗居甲宮非食
大慈之業益焄汾陽下千祀四紀無得
而稱朕以寡昧哀縈孔棘生靈巳盡志不圖全
僶俛視陰企承鴻緒旌履薄未足去瘉痛甚
道未直諒闇彌切方當玄黓在朝栖心事外即王
號抑惟舊章可大赦天下改以弘麻政履端建
元年丁未天雨黃沙巳未太清四年爲大寶
西魏冠安陸執同州刺史柳仲禮盡沒漢東之

地丙寅晝見癸酉前江都令祖皓起義襲廣
陵斬賊南兖州刺史董紹先侯景自帥水步軍
擊皓二月癸未景攻陷廣陵皓等並見害景戕
以安陸王大春為東揚州刺史省吳州如先為
郡詔曰近東垂擾亂江陽縱逸上宰運謀猛士
雄奮曾天會肅清渦滍澄盪京師籤內無事戎衣
朝廷達官齋內左右並可以解嚴乙巳以尚書僕
射王克為左僕射是月邵陵王綸自尋陽至于
夏口鄱州刺史南平王恪以州讓綸景午侯景

遍太宗幸西州夏五月庚午征北將軍開府儀
同三司鄱陽嗣王範薨自春迄夏大飢人相食
京師尤甚六月辛巳以南郡王大連行揚州事
庚子前司州刺史辛鴉仁自尚書省出奔西州
秋七月戊辰賊行臺任約冠江州刺史尋陽王
大心以州降約是月以南郡王大連為江州刺
史八月甲午湘東王譚遣領軍將軍王僧辯率
衆遍鄱州乙亥侯景自進位相國封二十郡為
漢王邵陵王綸棄鄱州走冬十月乙未侯景又

遍太宗幸西州曲宴自加宇宙大將軍都督六
合諸軍事立皇子大鈞為西陽郡王大威為武
寧郡王大球為建安郡王大昕為義安郡王大
摯為綏建郡王大圓為樂梁郡王大寅景害南
康嗣王會理十一月任約進據西陽分兵為前
昌執衡陽王獻送京師害之湘東王譚遣前中兵
州刺史徐文盛督衆軍拒約南郡王前
彪起義於會稽若邪山攻破浙東諸縣

二年春二月邵陵王綸走至安陸董城平西魏
所攻軍敗死三月侯景自帥衆西冠丁未發京
師自石頭至新林舳艫相接四月至西陽乙亥
景分遣偏將宋子仙任約襲鄱州景子執刺史
蕭方諸閏月甲子景進冠巴陵湘東王譚所遣
領軍將軍王僧辯連戰不能剋五月癸未湘東
王譚遣游擊將軍胡僧祐信州刺史陸法和援
巴陵景遣任約帥衆拒援軍六月甲辰朔僧祐
等擊破任約擒之乙巳景解圍遁走湘東
衆軍追景庚申攻魯山城剋之獲魏司徒張

仁儀同明洪慶辛酉進圍郢州下之獲賊帥宋
子仙等鄱陽王故將侯瑱起兵龍襄偽儀同千慶
于豫章慶敗走秋七月丁亥侯景還至京師辛
丑王僧辯軍次溢城賊行江州事苑希榮棄城
走八月景午晉熙人王僧振鄭寵起兵襲郡城
僞晉州刺史夏侯威生儀同任延遵走戊午侯
景遣衞尉卿彭儁廂公王僧貴率兵入殿廢太
宗爲晉安王幽于永福省害皇太子大哭尋陽
王大心西陽王諸子二十人矯爲太宗詔禪于豫章

及尋陽王大鈞武寧王大球義安王大昕
嗣王棟大赦改年遣使害南海王大臨於吳郡
南郡王大連於姑熟安陸王大春於會稽新興
王大壯於京口冬十月壬寅帝謂舍人殷不害
曰吾昨夜夢呑土卿試爲我思之不害曰昔重
耳饟塊卒還晉國陛下所夢得非平及王偉
等進觴於帝帝曰壯哉此平於是並賫酒餚曲
項琵琶與帝飮帝知不免乃盡酣曰不圖爲樂

一至於斯旣醉寢土偉彭儁進土囊王偉篡坐
其上於是太宗崩於永福省時年四十九賊僞
謚曰明皇帝廟稱高宗明年三月癸丑王僧辯
率前百官奉梓宮升朝堂世祖追崇爲簡文皇
帝廟曰太宗四月乙丑葬莊陵初太宗見幽
題壁自序云有梁正士蘭陵蕭世續立身行道
終始如一風兩如晦雞鳴不巳弗欺暗室豈況
三光數至於此命也如何又爲連珠二首文甚
悽愴太宗幼而敏睿識悟過人六歲便屬文高

祖驚爲其早就弗之信也乃於御前面試辭彩
美高祖歎曰此子吾家之東阿旣長器宇寬弘
未嘗見愠喜色方頰豐下鬚鬢如畫眄睞則目光
燭人讀書十行俱下九流百氏經目必記篇章
辭賦操筆立成博綜儒書善言玄理自年十一
便能親庶務歷試蕃政所在有稱在穆貴賤憂
哀殿骨立晝夜號泣江不絕聲所坐之席沾濕盡
爛在襄陽拜表北伐遺長史柳津司馬董當門
壯武將軍杜懷寶振遠將軍曹義宗等衆軍進

討剋平南陽新野等郡魏南荊州刺史李志據
安昌城降拓地千餘里及居監撫多所弘宥文
案簿領纖毫不可欺引納文學之士賞接無倦
恒討論篇籍繼以文章高祖所製五經講疏嘗
於玄圃奉述聽者傾朝野雅好題贊當時號曰
七歲有詩癖長而不倦然傷於輕艷其序云余
宮體所著昭明太子傳五卷諸王傳三十卷禮
大義二十卷老子義二十卷莊子義二十卷長
春義記二百卷法寶連璧三百卷並行於世焉

史臣曰太宗幼年聰睿令問鳳標天方縱逸冠
於今古文則時以輕華為累君子所不取焉及
二百四十二
養德東朝聲被夷夏洎乎繼統寔有人君之識
矣方符文景運鍾屯剝受制賊臣弗展
雁懷愍之酷哀哉

紀第四　　梁書四

終

紀第五　　　　梁書五

散騎常侍姚思廉　撰

元帝

世祖孝元皇帝諱繹字世誠小字七符高祖第
七子也天監七年八月丁巳生十三年封湘東
郡王邑二千戶初為寧遠將軍會稽太守入為
侍中宣威將軍丹陽尹普通七年出為使持節
都督荊湘郢益寧南梁六州諸軍事西中郎將
荊州刺史中大通四年進號平西將軍大同元

年進號安西將軍三年進號鎮西將軍五年入
為安右將軍護軍將軍領石頭戍軍事六年出
為使持節都督江州諸軍事鎮南將軍江州刺
史太清元年徙為使持節都督荊雍湘司郢寧
梁南北秦九州諸軍事鎮西將軍荊州刺史三
年三月侯景沒京師四月太子舍人蕭歆至
江陵宣密詔以世祖承制餘如故是月世祖勒兵於
外諸軍事司薦承制餘為侍中假黃鉞大都督中
湘州湘州刺史河東王譽拒不遣十月景午遣

世子方等帥衆討與戰所敗死是月又遣鎮兵
將軍鮑泉代討與九月丁卯雍州刺史岳陽王
詧舉兵反寇江陵世祖嬰城拒守乙丑詧言將
杜崱與其兄弟及楊混各率其衆來降景軍言
遁走鮑泉攻湘州不克又遣左衛將軍王僧辯
代將
戊衛陽內史周弘直表言鳳皇見郡界夏五月
太寶元年世祖猶稱太清四年正月辛亥朔左
衛將軍王僧辯獲橘三十子共蔕以獻二月甲

■梁紀五　　　二

辛未王僧辯克湘州斬河東王譽湘州平六月
江夏王大款出陽王大成宣都王大封目信安
閏道來奔九月辛酉以前郢州刺史南平王恪
爲中衛將軍尚書令開府儀同三司中撫軍將
軍世子方諸封大款爲鄖州刺史左衛將軍僧
辯爲領軍將軍改封大款爲臨川郡王大成爲桂陽
郡王大封爲汝南郡王是月任約進寇西陽武
昌遣左衛將軍徐文盛右衛將軍陰子春太子
右衛率蕭慧正權荊州刺史席文獻等下武昌

拒約以中衛將軍尚書令開府儀同三司南平
王恪爲荊州刺史鎮武陵十一月甲子南平王
恪侍中臨川王大款桂陽王大成散騎常侍江
安侯圓正侍中左衛將軍張纉司徒左長史雲
等府州國一千人奉牋曰竊以嵩岳既峻山川
出雲大國有蕃申甫惟翰豈非皇帝建極以
伍爲寶聖敷方春名與器是知太尉佐帝重
華表黃五之符司空相土伯禹降玆錫伏
惟明公大王殿下命世應期挺生將聖忠爲令

■梁紀五　　　三

德孝實天經地切應韓等深旦襄五品斯劭七
政以齊志存社稷功濟屯險夷狄內侵枕戈泣
血鯨鯢未掃投袂勤王能使遊魂請盟以風滕
醴徒衝壁而龍鬥氣親善外叛費均殊義討申
威兵不血刃湘波自息非築杜弢之壘峴山雉
貳不代劉表之城九江致梗二別殊瓜縵命戈
船底定滄洲沂流窮討路絕窺覦胡兵侵界鐵
馬霧合神規獨運皆即梟懸翻同翅折迷修職
貢梁漢合契肆犀利之兵巴漢俱下蝁虓勇之

陳南通五嶺北出力原東夷不怨西戎即序可
謂上流千里持戟百萬天下之主貫四海之所推
也今海水飛雲昆山起焰魏文悲樂推之威雙
宜歆成禮之日陽臺之下獨有冠蓋相趨夢水
之傍尚致車轝結轍變麥兩穗出於南平之邦
甘露泥枝降平當賜之境野麓自穗何謝歐絲
開田生稻墅兩粟莫非品物咸嘗是稱文明
光大當可微號不彰於舜典明試不陳平車服
者哉昔晉鄭入周尚作卿士蕭曹佐漢且居相

梁紀五 四

國豈崇姦庇禮綱名舉望恪等稽尋申令博
別雖恒儀枝金斧以前逆暴秉王輅而定社稷
諷將史護再拜上進位相國總百揆竹使符一
傍羅豐於日月自明合于天地扶危翼治豈不
休戚恬等不通大體自昧伏羲以聞世祖心答
曰敷鐘陽九時惟百六鯨觀未翦寇寐痛心周
為共漸玄塞率茲小宰弘斯大德將何用繼跡
粵天官泰稱相國東主于海西至于河南次朱
曲阜擬跡桓文終建一臣蕭其五拜雖義屬隨

時事無虛紀傳稱皆讓象箸鳴謙瞻言前典
再懷哽戀十二月壬辰以定州刺史蕭勃為鎮
南將軍廣州刺史遣護軍將軍尹悅巴州刺史
王琳定州刺史杜崱助武昌助軍徐天盛
大寶二年世祖猶稱太清五年二月已亥閏四月遣
使來聘三月庚景午兵任約襲郢州執刺史蕭
景午景午遣其將軍陰子春等泰歸王琳尹悅杜
方諸戌申徐天盛陰子春

梁紀五 五

多安並降賊庚戌領軍將軍王僧辯師眾屯巴
陵甲午景進寇巴陵五月癸未世祖道游擊將
軍胡僧祐信州刺史陸法和帥眾下搜巴陵任
約敗景眾遂道走以王僧辯為征東將軍開府儀
同三司尚書令僧祐胡僧辯率為領軍將軍陸為
護軍將軍仍令僧辯卒眾軍道宣所至皆捷八
月甲辰僧辯下次溢城辛亥以鎮南將軍湘州
刺史蕭方矩為中衛將軍司空征南將軍南平
王恪進號征南大將軍湘州刺史餘如故九月
已亥以征東將軍開府儀同三司尚書令王僧

辯爲江州刺史餘如故盤盤國獻象冬十月
辛丑湖有紫雲如車蓋臨江陵城是月太宗崩
侍中征東將軍開府儀同三司江州刺史尚書
令長寧縣侯王僧辯等表稱侯景薄伐塗次九
水即日獲臨城縣使人報稱侯景殺逆皇帝賊
害太子宗室在寇庭者並羅禍酷六軍慟哭三
辰改曜哀我皇極四海崩心我大梁纂堯構緒
基商啓祚太祖文皇帝徇齊作聖肇基有六州高
祖武皇帝聰明神武奄龔天下依日月而和四

梁紀五 六

林茂巍

時履至尊而制六合麗正居貞大橫固祉四葉
相係三聖同其春蠲凶渠遂憑天邑闔閭受白
登之辱象魏致堯城之疑雲屢承華一朝俱酷
金楨王幹莫不同宄悠悠彼蒼著何其圄極臣聞
喪君有君春秋之義祀夏所以配天平王則居正東
康則牧衆撫職故江東可立傳今考古更
遷宗周所以卜世漢光以能捕少世而景歷重
昌中宗以不違羣議伏惟陛下至孝通幽英武靈斷當七九
無二謀伏惟陛下至孝通幽英武靈斷當七九

梁紀五 七

鳳鳥桑

之厄而應千載之期啓殷憂之明而居百王之
會取威定霸岠巇阻衆難建社泸兵載循古道家
國之事一至於斯天祚大梁必將有主軒轅得姓
存者二人高祖五王代實居長乘屈完而陳諸
侯拜于武聞大鞈功春九有道濟生民非桑為
聖明誰嗣下武臣聞日月貞明太陽不可以闕
億兆而尊蔑龍章以郊禋而貴實左羣本為
照天地貞觀乾道不可以久煬黄屋左羣莫存乎
至重介石之惧於易差黙首當可少選無君宗祀
豈可一日無主伏願陛下掃地外中柴天改物
事迫凶危運鍾椓樸不勞宗正奉認博士擇
時南面即可居尊西向無所謙德四方既知有
奉八百始可同期殘寇潛居器藏社處乾象既
傾坤儀已覆斬芬軷車燒卓照市廓清函夏正
為坐陵開雪宮闈庶存舊楚左廟右社之制可
言陛下繼明闡祚即宮容歲時取備金芝九莖瓊
以權宜五禮六樂之容歲時取備金芝九莖瓊
芽三脊要衛率職尉侯相望坐廟堂以朝四夷

登靈臺而望雲物禪梁甫而封泰山臨東濱而
禮日觀然後與三事大夫更謀都鄙左壖右淵
夾雜可以為居抗殿疏龍惟王可以在鎬何必
勤勤建業也哉臣等不勝控款之至謹拜表以
聞世祖奉諱大臨三日百官縞素刀答曰孤以
不德天降之炎枕戈飲膽扣心泣血風樹之酷
彌切仲謀之悲若封豕既藏長鯨即戮方欲追
延陵之逸軌繼子臧之高讓豈資秋霜亭之壇安
事繁陽之石庭項籍也蕭棟殷辛也赤泉未
賞劉邦尚曰漢王白旗弗懸周發猶稱太子飛
龍之位就謂可蹟附鳳之徒既聞來議羣公卿
士其諭孤之志無忍司空南平王恪率宗室五
十餘人領軍將軍胡僧祐率羣僚二百餘人江
州別駕張俟率吏民三百餘人立奉牋勸進世
祖固讓十一月乙亥王僧辯又奉表曰紫宸曠
位赤懸無主百靈餐動萬國回皇雖醉醒相扶
同歸景毫式哥且誦總赴唐郊猶懼陛下偃百

潛然讓德不嗣傳車在道方惕宋昌之謀法駕
已陳尚杜耿純之勸岳牧翹首天民累息臣聞
星回曰薄擊雷鞭電霆者之謂天岳立川流吐霧
蒸靈百者之謂地苞天地之混成洞陰陽之不測
而以裁成萬物者其在聖人平故云天地之大
德曰生聖人之大寶曰位黃屋廟堂之下本非
獲巳而居明鏡四衢之鎮蓋由應物取訓伏惟
陛下稽古文思英雄特達比以周旦則文王之
子方之放勳則帝摯之季千年旦暮奇不在斯
庭闕運亡鍾景弗淪覆扁景麻非陛下而誰豈
可使赤眉更立盆子魄罵託置高廟陛下方復
從容高讓用執謙光展其矯行僞書諤罔正朔
見機而作斷可識矣匪疑何上無待著龜日者
公卿失馭禍纏霄極臣妾憑陵與臣互起事戎
代頑無處點首將欲安歸陛下英略緯天沈明
伐浮慄慄默首將欲安歸陛下義徒東望
烽火相照中朝人士相顧衡陛悲涼州義徒東望
殷淅慄慄黙首將欲安歸陛下英略緯天沈明
內斷橫劍泣血枕戈賞膽農辰山圯下之策金匱

玉鼎之謀莫不定筭展帷決勝千里𣪣盡晋龜之
誠而建裒華之旗興六州之兵而總九伯之伐
四方雖虞一戰以霸斬其鯨鯢旣章大戮何校
滅耳莫匪底效回史不絕書府無虛月自洞庭安
波彭蠡底定文昭武穆芳若掫蘭敵國降城和
如親咸九服同謀百道俱進國恥家怨計期就
雲社稷不墜歟在聖明今也何時而申帝啓之
避凶危若此方陳泰伯之舋國有具臣誰敢奉
詔天下者有萬國之歡心萬

梁紀五 十 陳

國宣可無君高祖當宣可廢祀即日五星夜聚八
風通吹雲煙紛郁日月光華百官象物而動軍
政不戒而備飛颺巨艦音水浮川鐵馬銀鞍校
山跨谷英傑接踵忠勇相顧進宗族以酬恩焚
妻子以報主莫不覆楯衛威提斧鉞奪臾飛電
耀志滅凶飈所待陛下昭告后土虔奉上帝廣
發明詔師出以名五行夕返六軍曉進當盡
而取鍾僑掃塋堂陵奉近宗廟陛下當得不仰存
司寇之威窮蚩尤之代執石遄而求璽斬挑秦

國計俯從民請漢宣嗣位之後即遣蒲類之軍
光武登極旣竟始有長安之捷由此言之不無
前准臣等或世受朝恩或身荷重遇同休等戚
自國刑家苟有服心敢以死奪不任懷懷之至
天生蒸民而樹之以君所以對揚天休司牧黔
首括提合雜以前栗陸驪連之外書契不傳無
民為有社稷焉或哥謠所歸或惟天所相孤遺
得稱也自阪泉彭武功丹陵表其文德有人

[梁紀五] 十一 滕氏

家多難大恥未雪國賊則蚩尤弗前蚩同姓則有
尾不賓卽而思之坐以待且何以應寶歷何以
嗣龍圖庶一戎旣定罪人斯得祀夏配天方申
來議也是時巨寇尚存未欲卽位而四方表勸
前後相屬乃下令曰大壯乘乾明夷垂翼瓚度
甌越移五律屢從四岳頻道勸進九棘比者表聞
譙沛未復塋運求遠于居于虞禧寰疫懷何心
何顏撫茲歸運自今表奏所由竝斷若有啓跡
可寫此令施行是日賊司空東南道大行臺劉

神茂率儀同劉歸義留異赴義奉表請降

大寶三年世祖猶稱太清六年正月甲戌世祖

下令曰軍國多虞我斾未靜青領雖氄領首宜

安時惟星馬秉年祥於東秩春紀宿龍歌歲取

於南畯況三農務業尚看天桃敷水四人有令

猶及落杏飛花化俗移風常在所念勤耕且戰

彌須自許豈直燕垂寒谷積黍自溫寧可憚此

玄苗坐食紅粒不植轚鴛頷空候蟬鳴可惡深耕

槪種安堵復業無棄民力並分地利班勒州郡

咸使邊承以智武將軍南平內史王褒為吏部

尚書二月王僧辯衆軍發自尋陽世祖馳檄告

四方曰夫剝極生災乃及龍戰師貞終吉方制

獼羿豈不以侵陽蕩滅氷前茅卓誅於後是故

成之者忠義故昇濟滅氷於周代溫陶之績彌盛於金

使祖文之勳復興於五十餘載平壹寰內德惠悠長仁

行粵若梁興五十餘載咸皆仰化濁涇清

育蒼生義征不服左伊右瀍則六龍驤首擊靈鼉

渭麋不向風建翠鳳之旗則六龍驤首擊靈鼉

之鼓則百神竦聽聿嚴風牧方邵之賢衞霍辛趙之

將羽林黃頭之士獸賁緹騎之夫叱咤則風雲之

與起鼓動則嵩華倒拔自桐柏以比孤竹以南

碙石之前流沙之後延頸踵屨屈膝胡人

不敢牧馬泰士不敢彎弓叶和萬邦平章百姓

十堯九舜豈云足也賊臣壽春戮要賞不踰月

餘嗤懸瓠空城本非國寶之米樅九府之費錫三官

開海陵之倉常平之米樅九府之費錫三官

之錢圜干貨賄不知紀極敢興逆亂梗我王畿

賊臣正德阻兵安忍日者結怨江芊遠適單于

簡牘屢彭彭生之魂未弭聚斂無度景卿之諸

巳及為獸傳翼遠相招致虜劉我生民離散我

兄弟我是以董率皇羆躬擐甲冑霜戈照日則

晨離奪暉龍騎蔽野則平原擁色信與江水同

流氣與寒風俱憤凶醜畏威委命下吏乞活淮

肥苟存徐究澳汗既行絲綸爰被我是以班師

凱歸休牛息馬賊猶不悛遂復矢流王屋兵躍

象魏總章之觀非復聽訟之堂甘泉之官永乖

避暑之地坐召憲司卧制朝宰矯託天命僞作
符書重增賦斂肆意戕剝生者逃竄死者暴尸
道路以目庶僚鉗口刑裂失衷爵賞由心老弱
波流士女塗炭蔑獲之人五宗及賞擢紳之士
三族見誅穀粟騰踴目相吞噬慄慄黔首路有
衡索之哀豪蠡毒民家隕　山之泣傴僂師南望
無復儲胥露寒河陽北臨或有穹廬氈帳南山
之竹未足言其慈西山之兔不足書其罪外監
陳氉之至伏承先帝登　宮車晏駕奉諱驚號

梁書紀五　　十四　　王五

五內摧裂州寇本毒　地容身昃昃阻飢旣甚民
且狼顧遂侵軼我彭蠡憑凌我鄩邑竊據我江
夏擁龍襄我巴丘我是以義男爭先忠貞盡力斬
馘凶兀渠不可稱筭沙同赤岸水　絳河任約泥
首於安南化仁面縛於漢口子仙乞活於鄖郢默清
希榮敗績於柴桑庾景曾鼠十鼠爭穴郭默立
夷晉熙患凡蔣邪茅皆伏鈇鑕是可忍也孰不可
離禍患凡蔣邪茅皆伏鈇鑕是可忍也孰不可
容草府擁有上流寔惟分陝投袂荷戈志在畢

命昔周依晉鄭漢有虛年彼惟末屬猶能如此
況聯華日月天下不賤爲臣爲子兼國兼家者
哉咸以義旗旣建宜須總一共推莫府寔用主
盟粵以不使董連率遠惟國艱不遑寧處中
權後勁龍馭其貪險隕越以之天馬千
羣長戟百萬驅音獲之夫資智男之力大楚蹶
荊山淺源度彭蠡舳艫況水以檣其南轄轉委
指建業按劒而叱江水爲之倒流抽戈而揮皎

梁紀五　　十五　　林茂成

日爲之還舍方駕長驅百道俱入夷山殄谷充
原蔽野挾輈虫牛之侶拔距礰石之夫騎則逐
日追風弓則吟猿落鴈捧崑崙而墜渤海
而灌熒如馴馬之載鴻毛若奔牛之觸魯縞以
此衆戰誰能禦之脫復蜂萬若毒獸窮則關謂
山蓋高則四郊多壘謂地蓋遠則三十弗違如
彼怒蛙譬諸飇鼠豈謂萬員萬鈞無勞百溢加以
臨黃道兵起絳宮三門旣啓五將咸發舋整整
之旗掃亭亭之氣故以臨機密運非賊所解奉

義而誅何罪不服今遣使持節大都督征東將
軍開府儀同三司江州刺史尚書令長寧縣開
國侯王僧辯率衆十萬直掃金陵鳴鼓聯天掫開
金振地朱旗夕建如赤城之霞起戈船夜動若
滄海之本沐浴乎建陵之波小
人此同何校滅耳匪朝伊夕春長狄之喉繫已黎
支之頸今寇明罰質鈇所誅止庶身荷寵爵
元何辜一無所問諸君或世樹忠貞景而黎
羽儀鼎族書動王府俛眉猾堅右無由自效當不

下懃泉壞上愧皇天失忠虞與義難以自立想誠
南風遄睎西顧因變立功轉禍為福有能縛
景及送首者封萬戶開國公絹布五萬匹有能
率動義衆以應官軍保全城邑不為賊用余
賞方伯下賞剖符並裂山河以紆青紫昔由余
何郵無位若執迷不反拒逆王師大軍一臨刑
茲罔赦孟諸校爛芝艾俱盡宣房河決玉石同
沈信賞員之科有如皦日黜陟之制事均白水檄布

十六　馬

遠近咸使知聞三月王僧辯等平侯景傳其首
於江陵戊子以賊平告明堂太社已丑王僧辯
等又奉表曰衆軍以今日八戊子總集建康賊景
鳥伏獸窮頻擊頻挫姦謀詐盡深溝自固臣等
分勒武旅百道同趣突騎短兵犀函楯結隊
千羣持戟百萬止紆七步圍項三重轟然大潰
羣凶四滅京師少長俱稊萬歲長安酒食於此
價高九縣六合清朗伊黎首誰不載躍
伏惟陛下咀痛茹哀嬰忍憤酷自紫庭絳關胡

塵四起壖垣好時冀馬此泣血治兵嘗膽誓
衆而吳楚一家方與七國俱反管蔡流言又以
三監作亂西涼義衆阻強泰而不通并州遺民
跨馬狐而見泯狄狼當路非止一人鯨鯢不泉
飛馬五載英武克振怨恥雪永尋霜露如何
條馬社等輔依故實奉將社廟使者持節分告
可言臣等
直即隨由備辦禮具凶荒四海同哀六軍祖哭
塋陵嗣后升遐禮未殯承華掩耀梓宮莫測
聖情孝友理當感慟日者百司岳牧祈仰宸鑒

以錫珪之功既歸有道當璧之禮允屬聖明而
優詔謙沖寶然疑邈飛龍可蹻而乾父在四帝
閽云叵閽闇未開謳謳再馳是用翹首所以
謂紹宗廟薰丹穴以求君周氏樂推踰岐山而
事主漢王不即位無以貴功臣光武不止戈豈
人於姑射猶有歸已而然伏讀璽書曹諷制旨
欲帝王所應物伊此儻來豈聖人所
顧懷物外未奉慈壷陛下日角龍顏之姿表於

狥齊之日彤雲玉氣之瑞基於應物之初博覽
則大哉無所與名深言則瞱乎昭章之觀忠為
今德孝實動天加以英威茂略雄圖武筭指麾
則丹浦不戰顧眄則阪泉自湯地維絕而重紐
天柱傾而更植鑿河津於孟門復啓補穹
儀以五石萬物再生縱陛下拂衣而遊廣成
塹捫山而去東土羣臣安得仰許兆庶何所歸
仁況郊祀配天思瞻籬禮曠齊宮清廟鮑竹不陳
仰望鑾輿匪朝伊夕瞻言法駕載渴且飢豈可

奴櫱陽宮館雖毀濁河清渭佳氣猶存皇門有
尤甘泉四敞土圭測景仙人承露斯蓋九州之
赤縣六合之樞機博士捧圖書而趨都其玉鑾一
禮儀而已列得不揚清駕而赴名都其不復長安一
而遊正寢昔東周既遷鎬京遂其不復長安一
亂郊洛永兆為居夏后以萬國朝諸侯文王以
六州臣天下跡基百里劍杖三尺以殘楚之地
抗拒九戎一旅之師翦滅三叛坦然大定御輦

東歸解五十於冀州秣六馬於譙郡緬求前古
其可得歟對揚天命何所謙德有理存焉敢重
所奏相國答曰省表復其一二羣公卿士億兆夷
人咸以皇天睠命歸運所屬用集寶位于予一
人文叔金吾之官事均往願孟德征西之位且
符前說今淮海長鯨雖云投首襄陽短狐未全
革面太平玉燭爾乃議之辛卯宣猛將軍朱買
臣密室豫章嗣王棟及其二弟橋樛世祖志也
四月乙巳益州刺史新除假黃鉞太尉武陵王

紀竊位於蜀改號天正元年世祖遣兼司空蕭
太祠部尚書樂子雲拜謁塋陵修復社廟丁巳
世祖令曰軍容不入國容不入軍雖子產獻
捷戎服從事亞夫弗拜義止將兵今凶醜殲夷
逆徒殄滅九有既截四海乂安漢官威儀方陳
盛禮衛多君子寄是式瞻便可解嚴以時宣勒
是月以東陽太守張彪為安東將軍五月庚午
復拜表上尊號世祖猶固讓不受庚辰以征南

司空南平王恪及宗室王矦大都督王僧辯等
將軍湘州刺史司空南平王嗣王恪為鎮東將
軍揚州刺史餘如故甲申以尚書令征東將軍開
府儀同三司江州刺史王僧辯為司徒鎮衛將
軍乙酉斬賊左僕射呂季略少卿周
石珍含人嚴亶置於江陵市是日世祖令曰君子
赦過宥罪在周經聖人解網之誡聞之湯令自儉兇孔
熾長蛇荐食本屬赤縣阽危黔黎塗炭終宵不寐志
在雪恥元惡誅本屬民眾景王偉是其心膂周
石珍負肖恩義今拉首諸鼎鑊肆之市朝但比

晉十九 ▲梁紀五　　二十　　廿五

屯邅寇擾為歲巳積天冠舊貫被過逾愉生猛
士勵家和光苟免凡諸惡俱諒非一族今特闡
以王澤削以刑書目太清六年五月二十日昧
爽以前咸使惟新是月魏遣太師潘洛辛等寇
秦郡王僧辯遣杜岸則帥眾拒之以陳霸先為征
北大將軍開府儀同三司南徐州刺史是月魏
遣使賀平矦景八月蕭紀率巴蜀大眾連舟東
下遣護軍座法和屯巴峽以拒之兼通直散騎
常侍聘魏使徐陵於鄴奉表曰臣聞封唐有聖

還承帝譽之家居代惟賢終篡秦高皇之祚無
為稱於華烏至治表而撥亂反正非聞
前百至如金行重作源出東莞炎運猶昌技分
南頓當得掩顯姓於軒轅非丸子於顓頊莫不
時因多難俱繼神宗者也伏惟陛下出震等於
勛華明讓同於旦奭握圖執鉞將在御天王勝
珠衡先彰元后神祇所命非惟太室之祥圖畫
斯歸何止堯門之瑞若天大孝聖人之心中庸
君子之德固以作訓生民貽風多士一日二日

晉廿 ▲梁紀五　　二十一

研覽萬機允文允武包羅羣藝兼撰兹三大賓是
四門歷試諸難咸熙庶績斯無得而稱也自無
安興暴皇祚寖微封祷脩蛇行災中國靈心所
宅下武其興望紫極而長號蟠丹陵而殞慟家
究將報天賜黃鳥之旗國雲宜誅神奉玄狐忠
錄媵公擁樹雄氣方嚴張繡交兵風神彌勇之
誠冠於日月孝義咸於冰霜如霆如雷如貔如
獸前驅劲命元惡斯殲既桂膽於西州方燃臍

梁紀五 二十二

罰置晉羌赤秋同畀犲狼胡服夷言咸為京觀邦
義清濟遠見隆平宗廟惜惜方承多福自凰凰
渾池之世驪連栗陸之君封起龍圖文因鳥跡
雲師火帝非無戰陣之風堯乘舜湯征咸用干戈
之道星躔東井時破嶠潼雷雲震南陽初平尋邑
未有援三靈之已墜救四海之羣飛赫赫明明
龍行天罚莫如當今之盛者也於是郷雲似盖
晨映姚鄉甘露如珠朝華景襄芝房感德咸出
銅池暵英祠辰無勞銀箭重以東漸玄兔西踰

自狼高柳生風扶桑盛日莫不編名屬國歸質
鴻臚荒服來賓遐通同福武穆時彎蔓也
如彼天平地成功業也如此父應旁求掌固諮
武之族清躍辰以承天歷數在躬疇眂爲讓去
以鄉食帝仰鳳辰無虞何事長安之郎正應揚靈陽
月二十日兼散騎常侍柳暉等至鄴承聖旨
謙冲爲盾天睠愚謂大庭少昊非有定居漢祖
金陵方雁廁而弗室或云涇陽未復函谷無泥旋駕

梁紀五 二十三

殷宗皆無恒宅登封岱岳猶置明堂巡狩章陵
時行司隸何必西瞻虎據乃建王宮南望牛頭
方稱天闕抑又聞之玄圭既錫蒼五無陳乃械
模之徑期非苞茅之不貢雲和之瑟久廢甘泉
孤竹之管無聞方澤豈可遽巡固讓方求石戶
姓之心挹萬邦之命豈可逡伏願陛下因百
之畫辰高謝君臨徒引箕山之客未知上德之不
德惟見聖人之不仁率土翹翹著生何望青蘇
李張儀遺郷貟俗尚復招三方以事趙請六國

以算秦況臣等顯奉皇華親承朝命珪璋特達
通聘河陽貂珥雍容尋盟漳水加牢賑館隨勢
汗隆瞻望鄉關誠均休戚但輕生不遑命與時
乘一介之行人同三旡厄之遠損承間內殿事
絕耿介之恩封秦邊城私等劉琨之哭不勝區
區之至謹拜表以聞九月甲戌乙未前梁州刺
史蕭循自魏至于江陵以循為平北將軍
儀同三司戊申執湘州刺史王琳於殿內琳副
尊號猶謙讓未許表三上乃從之
陷湘州是月四方征鎮王公卿士復勸世祖即
成林州長史陸納及其將潘烏累等舉兵反襲
將郃晏下獄死至酉以子方略為湘州刺史庚
承聖元年冬十一月景子世祖即皇帝位於江
陵詔曰夫樹之以君司牧黔首帝堯之心豈貴
黃屋誠弗獲已而臨莅之朕皇祖太祖文皇帝
積德岐梁化行江漢道映在田具瞻皇考
高祖武皇帝明並日月功格區宇應天從民惟

睿作聖太宗簡文皇帝地俸啟誦方符文景羈
冠馮凌時難孔棘朕大拯橫流克復宗社羣公
卿士百辟庶僚咸以皇靈眷命歸運斯及天命
不可以父淹宸極不可以父曠嗚嗟若前載憲章
雖云撥亂且非創業思得上繼宗桃下惠億兆
令範長天之威篡隆寶歷用集神器于子一人
昔虞夏商周年載不無喜號漢魏晉宋因循以父
可改太清六年為承聖元年通祖宿圭員許弘
貸孝子義孫可悉賜爵長桄鑲士特加原宥蔡
銅奪勢一皆曠蕩是日世祖不升正殿公卿陪列
而巳丁丑以平北將軍開府儀同三司蕭循
為驃騎將軍湘州刺史餘如故己卯立王太子方
矩為皇太子改名元良立王子方智為晉安郡
王方略為始安郡王追尊所生姝阮脩容為文
宣太后是月陸納遣將潘烏累等攻破衡州刺
史丁道貴於淥口道貴走零陵十二月壬子陸
納分兵襲巴陵湘州刺史蕭循擊破之是月營
州刺史本子洪雅自零陵率眾出空雲灘將下討

納道將吳藏等黨眾破洪雅洪雅退守空雲城

二年春正月乙丑詔王僧辯率眾軍士討陸納

戊寅以吏部尚書王褒為尚書左僕射劉瑴為

吏部尚書西魏遣大將尉遲迥為隴右大都督

詔曰食乃民天農是之本垂之千載貽諸王

莫不敬授民時躬耕耤是以稼穡為寶周頌

嘉其樂章未成豈不成書責其方冊秦人有農

力之科漢民開屯田之利頃歲屯令否多難存臻

干戈不戢我則未暇廣田之令無聞於郡國載

師之職有隨在於官方今元惡殄滅海內方一其

大氐縣首庶拯橫流一匡曠務心日凡一夫

廢業烏國無遺國富刑清家給民足其力田之

身在所鎋免外即宣勒稱朕意焉辛未本李洪雅

以空雲城降洪雅賊執之而歸初丁道貴走零陵

投洪雅洪雅使收餘眾與之俱降洪雅降賊

賊乃害道貴景子賊將吳藏等帥兵援車輪次

寅有兩龍見湘州西江夏四月景申僧辯軍

車輪五月甲子眾軍攻賊大破之乙丑僧辯軍

至長沙甲戌尉遲迥進逼巴西潼州刺史楊慶

運以城降納迥已丑蕭紀軍至西陵六月乙酉

湘州平是月尉遲迥圍益州秋七月辛未巴人

符昇徐子初斬賊城主公孫晃舉城來降納泉

大潰遇兵死乙未王僧辯迥陷益州詔諸軍各

還所鎮八月戊戌尉遲迥詔曰夫

爰始居亳不廢先王之都受命于周無改舊邦

之頃戎旐旣宴勞夕寐仍以蒲湘作亂庸踵迪

分過沛湣湣宴勞夕寐仍以蒲魯興歎有感肯

兵命將授律指期克定今八表乂清四郊無壘

宜從青蓋之興言歸白水之鄉江湘委輸方船

連舳巴峽舟艦精甲百萬先次建鄴行謁墬陵

然後六軍端征九旐揚斾拜謁墬陵愔復宗社

主者詳依舊典宣勒以時司徒王僧

辯旋嶺景子以護軍將軍陸法和為郢州刺史

乙酉以晉安王諱為江州刺史邢杲遠步六汗薩

建治冊師於合肥又遣大將邢杲遠步六汗薩

東方老卒泉會之冬十一月平酉僧辯次于

姑孰即留鎮焉遣豫州刺史侯瑱據東關墨徽

吳興太守裴之橫帥衆繼之戊戌以尚書右僕射王褒為尚書左僕射湘東太守張纘為尚書右僕射十二月宿預土民東方光據城歸化魏江西州郡皆起兵應之

三年春正月甲午加南豫州刺史侯瑱征北將軍安東開府儀同三司陳霸先師衆攻廣陵城秦州刺史嚴超達自秦郡圍涇州陳霸先遣晉陵太守杜僧明率衆助東方光三月甲辰以司徒王僧辯為太尉車騎將軍丁未魏遣將王球攻石梁為其聲援辛丑陳霸先遣晉陵太守杜僧明宿預杜僧明逆擊大破之戊申以護軍將軍邵州刺史陸法和為司徒夏四月癸酉以征北大將軍開府儀同三司陳霸先為司空六月壬午魏復遣將步六汗薩率衆救涇州癸未有黑氣如龍見于殿內秋七月甲辰以都官尚書宗懍為吏部尚書九月辛卯世祖於龍光殿述老子義尚書左僕射王褒為執經乙巳魏遣其柱國

萬紐于謹率大衆來寇冬十月景寅魏軍至于襄陽蕭詧會之丁卯停講內外戒嚴輿駕出行都柵是日大風拔木景子徵王僧辯等軍十一月以領軍胡僧祐都督城東城北諸軍事右僕射張纘為副左僕射王褒都督城西城南諸軍事直殿省元景其先為副王公卿士各有守備景戌世祖遍行城樓使居民助運水石諸要害所並增兵備丁卯魏軍至柵下景申徵廣州刺史王琳入援丁酉大風城內火幾盡以胡僧祐為開府儀同三司領軍將軍庚子信州刺史徐世譜晉安司馬任約軍次馬頭岸戊申胡僧祐朱買臣等率兵出戰買臣敗績巳酉降左僕射王褒為護軍將軍辛卯魏軍大攻世祖出枇杷門親臨陣督戰胡僧祐中流矢薨六軍敗績反者斬西門關以納魏師中咸陌于西魏景辰徐世譜任約又遷還城內十二月景辰徐世譜任約退戍巳陵辛未西魏害世祖遂崩焉時年四十七太子

元良始安王方略皆見害乃選百姓男女數萬
口分為奴婢驅入長安小弱者皆殺之明年四
月追尊為孝元皇帝廟曰世祖世祖聰悟俊則
天子英發年五歲高祖問阯讀何書對曰能誦
曲禮高祖曰汝試言之即誦上篇左右莫不嗟
歎初生惠眼高祖自下意治之遂盲一目彌加
恩愛既長好學博總羣書下筆成章出言為論
才辯敏速冠絕一時高祖嘗問曰孫策甚在江
東于時年幾答曰十七高祖曰正是沒年賀出
為府諮議敕韋講三禮世祖性不好聲色頗有
高名與裴子野劉顯蕭子雲張纘及當時才秀
為布衣之交韋具述辭章多行於世在尋陽嘗
曰天下將亂王必維之又背生黑子巫嫗見曰
此大貴兆當不可言初智客西上吾嘗夢日上
別御史中丞江革以情告之革曰吾能克復故
遍見諸子至湘東王手脫帽授之此人後必當
壁卿其行平革從之及太清之難乃能克復故
退邅樂推遂應寶命矣所著孝德傳三十卷

忠臣傳三十卷丹陽尹傳十卷注漢書二百一
十五卷周易講疏十卷內典博要二百卷連山
三十卷洞林三卷玉韜十卷補闕子十卷老子
講疏四卷金樓志懷舊志荊南志江州記貢職
圖古今同姓名錄一卷筮經十二卷式贊三卷文
集五十卷
史臣曰梁季之禍巨冠憑陵世祖時位長連率
有全楚之資應身率羣后枕戈先路盧張外接
事異勤王在於行師曾非百舍後方藏夷夏憝
用窴宗社握圖南面光啟中興世祖雄才英
略紹茲寶運者也而稟性猜忌不隔疎近御下
無術履冰弗懼故鳳闕伺晨之功火無內照之
美以世祖之神睿特達留情政道亦不休邪說徒
踐金陵左隣彊冦將何以作是以天未悔禍蕩
覆斯生悲夫

紀第五

梁書壹五

元帝紀云召兵於湘州湘州刺史河東王譽
不遣遣世子方等帥衆討譽戰所敗死方等傳
云至麻溪軍敗溺死譽傳云遣世子方等征之
反為譽所敗死疑紀闕誤

紀第六

梁書六

散騎常侍姚　思廉　撰

敬帝

敬皇帝諱方智字慧相小字法真世祖第九子
也太清三年封興梁侯承聖元年封晉安王邑
二千戶二年出為平南將軍江州刺史三年十
一月江陵陷太尉揚州刺史王僧辯司空南徐
州刺史陳霸先定議以帝為太宰承制奉迎還
京師四年二月癸丑至自尋陽入居朝堂以太
尉王僧辯為中書監錄尚書驃騎將軍都督中
外諸軍事加司空陳霸先班劍三十人以豫州
刺史侯瑱為江州刺史儀同三司湘州刺史蕭
循為太尉儀同三司廣州刺史蕭勃為司徒鎮
東將軍張彪為郢州刺史三月齊遣其上黨王
高渙送貞陽侯蕭明來主梁嗣至東關道灵
興太守裴之橫與戰敗績之橫死太尉王僧辯
率衆出屯姑熟四月司徒陸法和以郢州附于
齊遣江州刺史侯瑱討之七月辛丑王僧辯納

貞陽侯蕭閏深明自採石濟江甲辰入于京師以
帝為皇太子九月甲辰司空陳霸先舉義襲殺
王僧辯熊蕭深明景午帝即皇帝位
紹泰元年冬十月己巳詔曰王室不造嬰罹禍
釁西都失守朝廷淪覆先帝梓宮播越非所王
基傾逆率土困戴朕以荒幼仍屬艱難泣枕
戈志復讎雪大恥未雪凤宵縅擐公卿尹勉
以大義越登宸闈憑奉洪業顧惟凤心念不至
此庶仰憑先靈傍資將相克清元惡謝冤寃寰

今隆命載新宗礽更祀慶流億兆豈予一人可
改承聖四年為紹泰元年大赦天下內外文武
賜位一等以貞陽侯深明為司徒封建安郡公
食邑三千戶壬子以司空陳霸先為尚書令都
督中外諸軍事車騎將軍揚南徐二州刺史司
空如故震州刺史杜龕舉兵攻信武將軍陳蒨
於長城義興太守韋載據郡以應之癸丑進太
尉蕭循為太保新除司徒建安公深明進太傅
司徒蕭勃為太尉以鎮南將軍王琳為車騎將

軍開府儀同三司戊午尊所生夏貴妃為皇太
后立妃王氏為皇后鎮東將軍揚州刺史張彪
進號征東大將軍鎮北將軍譙秦二州刺史徐
嗣徽進號征北大將軍征南將軍南豫州刺史
任約進號征南大將軍平未詔司空陳霸先率
討韋載皇京子任約徐嗣徽舉兵反晉陵太守周
竊據石頭城丁丑韋載降義興遣晉陵太守周
文育率軍援長城十一月庚辰齊安州刺史翟
子崇楚州刺史劉仕榮淮州刺史柳達摩泉
請降並放還北
賊眾大潰嗣徽約等奔于江西庚申翟子崇等
援盥京辰遣猛烈將軍陳慶安都水軍於采石迎之
十二月庚戌徐嗣徽任約又相率至採石迎齊
赴任約入于石頭庚寅司空陳霸先旋于京師
太平元年春正月戊寅大赦天下其與任約徐
嗣徽叶契同謀一無所問追贈簡文皇帝諸子
以故永安矦確子後襲封邵陵王奉攜王後癸
未鎮東將軍震州刺史杜龕降詔賜死曲赦吳

興郡已亥以太保□豐慶蕭循襲封鄱陽王東
揚州刺史張彪圍臨海太守王懷振於剡二
月庚戌遣周文育陳蒨舊龔會稽討彪癸丑彪敗
史謝岐司馬沈泰軍主吳寶已筭率舉城降彪長
走以中護將軍臨川王大欵即本號開府儀同
三司中衛將軍桂陽王大成為護軍將軍景辰若
耶村人斬張彪傳首京師戒東揚州已未罷
震州還復吳興郡癸亥為賊徐嗣徽任約龍襲採石
戌執戊王明州刺史張懷鈞入于齊甲子以東

四　男

土經杜龍張彪抄暴遣大使巡省三月景子罷
東揚州還復會稽郡壬午班下遠近並雜用古
今錢戊代齊遣大將蕭軌出柵口向梁山司空
陳霸先軍主黃叢迹擊大破之軌退保蕪湖遣
周文育庚安都衆軍據梁山拒之夏四月丁已
司空陳霸齊行臺司馬恭於歷陽大破之俘獲萬
輕兵襲齊詣梁山撫巡將帥壬午庚安都
計五月癸未太傅建安公深明薨庚寅齊軍水
步八丹陽縣景申至秣陵故治敕周文育還頓

方丘徐度頓馬牧杜稜頓大桁癸卯齊軍進據
兒塘興駕出頓趙建故離門內外纂嚴六月甲
辰齊潛軍至蔣山龍尾斜趨莫府山北至玄武
廟西北乙卯司空陳霸先授眾軍節度與齊軍
交戰大破之斬齊北兗州刺史東方老王敬寶李
希光裴英起劉歸義等皆誅之戊午大赦天下
軍士身殞戰場悉遣斂葬其無家屬即為瘞埋
辛酉解嚴秋七月景子車騎將軍司空陳霸先

進位司徒加中書監餘如故丁亥以開府儀同
三司侯瑱為司空八月已酉太保鄱陽王循薨
九月壬寅改元大赦孝悌力田賜爵一級珠才
異行所在奏聞飢難流移勒歸本土進新除司
徒陳霸先為丞相録尚書事鎮衛大將軍揚州
牧封義興郡公中權將軍王沖即本號開府儀
同三司吏部尚書王通為尚書右僕射丁已以
郢州刺史徐度為領軍將軍冬十一月乙卯起
雲龍神獸門十二月壬申進太尉鎮南將軍蕭

勃為太保驃騎將軍以新除左衞將軍歐陽頠
為安南將軍衡州刺史壬午平南將軍劉法瑜
進號安南將軍甲午以前昌令劉敬為汝陰王
前鎮西法曹行參軍蕭紘為巴陵王奉宋齊二
代後

二年春正月壬寅詔曰夫子降靈體哲經仁緯
義先光素王載闡玄功仰之者彌高誨之者不
倦立忠立孝德被蒸民制禮作樂道冠羣后雖
泰山頹峻一簣不遺而泗水餘瀾千載猶在自
國圖屯阻桃蔿不脩奉聖之門縱嗣殲滅敬神
之寢篿菑寂家永言聲烈寔兼欽悵外可捜舉
魯國之族以為奉聖後开繕廟堂供備祀典四
時薦秩一皆導舊是日又詔諸州各置中正依
舊訪舉不得輒承單狀序官皆須中正押上然
後量授詳依品制務使精實其荊雍青兗雖暫
為隔閡衣冠品族寓淮海狖宜不廢司存會計罷
州尚為大郡人士殷曠可別置邑居至如分割
郡縣新號州牧並係本邑不勞兼置其選中正

每求賢德說悲以他官領之以車騎將軍開府
儀同三司王琳為司空驃騎大將軍分尋陽太
原齊昌高唐新蔡五郡置西江州即於尋陽仍
兗州鎮南將軍蕭勃舉兵反遣偽帥歐陽頠傳
太保廣州刺史蕭勃舉兵反遣偽帥歐陽頠傳
子可悉聽龍驤本爵以尚書右僕射為尚書
左僕射丁巳鎮西將軍益州刺史長沙王韶進
號征南將軍二月庚午領軍將軍徐度久東關
泰勃從子孜為前軍南江州刺史余孝頃以兵
會之詔平西將軍周文育平南將軍庚安都等
率衆軍南討戊子徐度至合肥燒齊船三千艘
文育前軍丁法洪於巴山生獲偽泰蕭孜余孝
頃軍退走甲辰以新除司空王琳為湘郡二州
刺史甲寅德州刺史蕭勃課法武前衡州刺史譚世
遠於始興攻殺蕭勃夏四月癸酉赦江廣衡
三州开督內為賊所始州逼者並皆不問已卯鑄
四柱錢一准二十齊並追使請和壬辰改四柱錢

一准十景申復開細錢蕭勃故主帥前直閤蘭
鼓龍褻殺譚世遠故仍為亡命夏矦徹所殺戊
故記室李寶藏奉懷安矦蕭闡仕據廣州作亂戊
戊矦安都進軍余孝頃棄軍走蕭孜請降豫章
平五月乙巳平西將軍周文育進號鎮南將軍
矦安都進號鎮北將軍立以本號開府儀同三
司景頃遣使詣丞相府乞降秋八月甲午加丞
相陳霸先黃鉞領太傅劍履上殿入朝不趨贊
拜不名給羽葆鼓吹九月辛丑崇丞相為相國
揔百揆封十郡為陳公備九錫之禮加璽綬遠
遊寇位在王公上加相國綠綟綬置陳國百司
冬十月戊辰進陳公爵為王增封十郡并前為
二十郡命陳王晃十有二旒建天子旌旂出警
入蹕乘金根車駕六馬備五時副車置旄頭雲
罕樂儛八佾設鍾虡宮縣王后王子女爵命之
典一依舊儀辛未詔曰五運更始三正迭代司
牧黎庶是屬聖賢用能經緯乾坤彌綸區宇大

庇黔首闡揚洪烈革晦以明積代同軌百王踵
武咸此由則梁德運微禍難若發太清云始用
困長蛇承聖之年文罹封豕爰至天成重竊神
器三光乃改七廟之祀合生已派鼎命斯隊我
皇之祚改自天降神惟嶽天地合德曙曜明祉
王有縱自天仁漸萬國復張崩樂重紀絕禮儒
社稷之横流提億兆之塗炭東誅叛逆此轍彌
醜威加四海仁侯靜惟屯德含懷齊明祉
館聿脩戎亭虛侯雖大功在舜盛績維禹魏魏
蕩蕩無得而稱來獻白環豈直皇虞之世入貢
素雉非止隆周之日故劲珍川陸表瑞煙雲玉
露醴泉旦夕凝涌嘉禾瑞草孳植郊甸道昭於
悠代勳格於皇穹明上天光華日月革故
於玄象代德彰於讖圖獄訟有違謳謌爰適天
之歷數豈是有攸在朕雖庸藐闇於古昔永稽
替為日已久敢忘烈代之至願乎今便遜位別
宮敬禪于陳一依唐虞宋齊故事陳王踐祚奉
帝為江陰王薨于外邸時年十六追謚敬皇帝

史臣曰梁李橫潰喪亂屢臻當此之時天歷去
矣敬皇高讓將同釋負焉
史臣侍中鄭國公魏徵曰高祖固天攸縱聰明
稽古道亞生知學為博物允文允武多藝多才
爰自諸生有不羈之度屬昏凶肆虐天倫及禍
收合義旅將雪家寃曰紂可代不期而會龍躍
樊漢電擊湘郢翦剿摧枯取獨夫如拾遺
其雄才大略固無得而稱矣既懸白旗之首方
應皇天之睠德施惠悅近來遠開蕩蕩之王
道革麕麕之商俗大脩文教盛飾禮容鼓扇玄
風闡揚儒業介冑仁義折衝樽俎聲振寰宇澤
流遐表干戈載戢凡數十年濟濟焉洋洋焉魏
晉已來未有若斯之盛然不能息末敦本斷彫
為樸慕名好事崇尚浮華抑揚孔墨流連釋老
或經夜不寢或終日不食非弘道以利物惟飾
智以驚愚且心未遺榮虛㥦著頭之伍高談脫
屣然戀黃屋之尊夫人之大欲在乎飲食男女
至於軒冕殿堂非有切身之急高祖屏除嗜慾

眷戀軒冕得其所難而滯於所易可謂神有所
不達智有所不通矣遠夫精華德已衰
感於聽受權在女姬伎儲后百辟莫得盡言險躁
之心暮年愈甚見利而動懲諫違卜開門揖盜
棄好即讎豐起茂蕭牆禍成我羯身殞之足瞻彼
億兆衣冠斃鋒鏑之下老幼粉我馬之足瞻彼
泰離痛深周廟永言麥秀乃悲甚殷墟自古以安
為危既成而敗顛覆之速書契所未聞也易曰
天之所助者信人之所助者順高祖之遇斯屯
剝不得其死蓋動而之險不由順失天人之
所助其能免於此乎太宗聰睿過人神彩秀發
多聞博達富贍詞藻然文艷用寡華而不實
貞萬國異乎周通哀思之音遂務載離幹夷
窮淫麗達罕疏漢莊之音不辰終纇星夷
多誦漢莊自牖里之拘終纇星夷
雜逆攜扇投袂勤王始我生之拘終纇星夷
之禍悠悠蒼天其可問哉昔國步初屯兵纏魏
闕羣后釋位投袂勤王元帝以盤石之宗受分
陝之位屬屬君親之難居連率之長不能撫劍嘗

膽枕戈泣血躬先士卒致命前驅遂反擁衆逡
巡內懷鵩望坐觀時變以為身幸不念恭卓之
誅先行昆弟之戮又沈猜忌酷多行無禮騁智
辯以飾非肆忿戾以害物爪牙重將心膂謀臣
或顧眄以就拘四或一言而及葅醢臨朝之君子
相顧懍然自謂安若太山舉無遺策怵然邪說
禍敗旋及上天降鑒文株浮淫而棄忠信戎昭果毅

即安荊楚雖元惡克翦社稷未寧而西陲責言
尼之才適足以益其驕矜增其禍患何補金陵
先月肉而後冠雖難口誦六經心通百氏有仲
之覆没何救江陵之滅亡哉敬帝遭家不造紹
兹屯運征伐有所同出政刑不由於已時無伊
霍之輔焉得不為高讓歟

紀第六

梁書六

列傳第一　　　　梁書七

散騎常侍姚　思廉　撰

易曰有天地然後有夫婦夫婦之義常矣哉周禮王
有男女然後有夫婦夫婦之義常矣哉周禮王
者立后六宮三夫人九嬪二十七世婦八十一
御妻以聽天下之內治故昏義云天子之與后
猶日之與月陰之與陽相須而成者也漢初因
秦稱號帝母稱皇太后后稱皇后妾皆有爵秩
良人八子七子之屬至孝武制婕妤妊娥容華
四等降及魏晉石髙祖撥亂反正深鑒奢有兗惡衰
下世有增損焉

太祖張皇后
髙祖郗皇后
太宗王皇后
髙祖丁貴嬪
髙祖阮脩容
世祖徐妃

菲食務先節儉配德早終長秋曠位嬪嬙之數無

所政

作太宗世祖出自儲藩而妃並先姐又不
建椒閨今之撰錄正備闕云

太祖獻皇后張氏諱尚柔范陽方城人也祖次
惠宋濮陽太守母蕭氏即文帝從姑宋元
嘉中嬪於文帝睿於室內忽見庭前昌蒲生花
次生高祖初后嘗視謂侍者曰汝見
光彩照灼非世中所有后驚視謂侍者曰汝見
不對曰不見后日常聞見者富貴因遽取吞
之是日產高祖將產之夜后見庭內若有衣冠

梁書傳一

陪列焉次生衡陽宣王暢義興昭長公主令嬂
宋泰始七年殂于秣陵縣因夏里舍葬武進縣
東城里山天監元年五月甲辰追上尊號為皇
后謚曰獻父穆之字思靜齊司空華六世孫曾
祖興坐葉誅從興古未至召還及過江為左率
祖諡曰獻父穆之少方雅有識鑒宋元嘉中為
撰太子舍人穆之少方雅有識鑒宋元嘉中為
貞外散騎侍郎與吏部尚書江湛太子左率表
淑善淑薦之於始興王濬濬深引納為穆之鑒
其禍萌思違其難言於湛淳出湛將用為東縣

二

固乞遠郡久之得為寧遠將軍交阯太守治有
異績會刺史死六父土大亂穆之威懷循卹境內
以寧宋文帝聞之嘉焉為將以過交州刺史會病
卒子弘籍字真藝至齊初為鎮西參軍卒於官高
祖踐阼追贈穆之光祿大夫加金章文詔曰亡
舅齊鎮西參軍素風雅猷鳳有各薰宅相克成
早世潛輝聯朕少離苦辛情地彌切雖廷尉卿
軻車靡贈與言永往觸目慟心可追贈廷尉卿
弘籍無子從父弟策以第三子纘為嗣別有傳

梁書傳一

高祖德皇后郗氏諱徽高平金鄉人也祖紹國
子祭酒領東海王師父燁太子舍人早卒初后
母尋陽公主方娠夢當生貴子及生后有赤光
照于室內器物盡明家人皆怪之巫言此女光
采異常常將有所妨乃於水濱被除之后幼而明
慧善書讀史傳女工之事無不閑習宋後廢
帝將納為后齊初安陸王緬又欲婚郗氏並辭
以女疾乃止建元末高祖始娉焉生永興公主
玉姚永世公主玉婉永康公主玉嬛建武五年

三

高祖為雍州刺史先之鎮後乃迎后至州未幾
永元元年八月殂于襄陽官舍時年三十二其
年歸葬南徐州南東城武進縣東城里山中興
二年齊朝進高祖位相國封十郡梁公詔贈后
為梁公妃高祖踐阼追崇為皇后有司議諡后
部尚書兼右僕射臣約議曰表號垂名義昭不
朽先皇后應祥月德比載坤靈柔範陰化儀形
自遠儼天作合義先造舟而神猷風掩所隔外
運宜式遵景行用昭大典謹按諡法忠和純備
曰德貴而好禮曰德宜崇曰德皇后詔從之陵
曰脩陵后父爛詔贈金紫光祿大夫爛尚宋文
帝女尋陽公主齊初降封松滋縣君爛子泛中
軍臨川王記室參軍
太宗簡皇后王氏諱靈賓琅邪臨沂人也祖儉
太尉南昌文憲公后幼而柔明淑德叔父暕見
之曰吾家女師也天監十一年丁拜晉安王妃生
哀太子大器南郡王大連、山公主妙珪大通
三年十月拜皇太子妃太清二年三月薨于永

福省時年四十五其年大宗即位尊后為皇后
諡曰簡大寶元年九月葬莊陵先是詔曰簡皇
后窀穸有期昔西京霸陵因山為藏東漢壽
陵流水而已朕屬值時艱歲儉民敝不欲過身率
下求示敦朴今所營莊陵務存約儉又詔金紫
光祿大夫蕭子範為哀策文父寒素字思寇本名
玄成與齊高帝偏諱同故改焉以公子起家員
外郎遷太子洗馬襲封南昌縣公出為長甲性
守還為驃騎諮議累遷黃門郎司徒右長史太
守簡不獨當世骨從容謂諸子曰吾家門戶所
謂素族自可隨流平進不須茍求也末元末遷
侍中不拜高祖霸府建引為大司馬諮議參軍
俄遷侍中領越騎校尉高祖受禪詔曰庭堅世
祀南昌公食章履道草昧興齊謨明翊贊同
尉南昌日公合章履受圖惟新寶盒莘莘玉帛佐
符在昔雖子房之尉帝師文並巳之隆比王
無以尚也朕膺歷受圖惟新寶盒莘莘玉帛
升降有典求言前代敬惟徽烈罪　直慈勲義兼

懷樹可降封南昌縣公焉　疾食邑千戸騫襲爵
遷度支尚書天監四年出〈為東陽太守尋徙吳
郡八年入為太府卿領後〈軍將軍遷太常卿十
一年遷中書令加員外散騎常侍時高祖於鍾
山造大愛敬寺騫舊墅在寺側有良田八十餘
頃即書永相王道寺賜田屯高祖遣主書宣旨就
騫求市欲以施寺又脱略高祖怒遂付市評田
取所不敢言酬對又云此田不賣若是敕
價以直〈通〉還之由是忤旨出為吳興太守在郡
卧疾不視事徵還復為度支尚書加給事中領
射聲校尉以母憂去職並昌通三年十月卒時年
四十九詔贈侍中金紫光祿大夫諡曰安子規
襲爵爵尉別有傳
高祖丁貴嬪諱令光〈譙國人也世居襄陽貴嬪
生于樊城有神光之〈異紫煙滿室故以光為名
相者云此女當大貴高祖臨州丁氏因人以聞
貴嬪時年十四高祖納焉初貴嬪生而有赤痣
在左臂治之不滅至是無何忽失所在事德皇

后小心祗敬嘗於供養案之側髣髴若見神
人心獨異之高祖義師起昭明太子始誕有貴
嬪與太子留在州城京邑平乃還京都天監元
年五月有司奏為貴人未拜其年八月又為貴
嬪位在三夫人上居于顯陽殿及太子定位有
司奏曰禮母以子貴既皇儲所生不容無敬帝
則宋明帝在時百官未有敬母稱謂母以子貴
義著春秋皇太子聞貳宸極率土咸執更禮既
豫元年六月議百官以吏敬敬所生宋太妃
畫盡禮皇儀則所生不容無敬但帝王妃嬪義與
外隔以理以例無致敬之道也今皇太夫人雖
主常得通信問者及六宮三夫人與貴嬪同
在躬儲禮鳳備子貴之道抑有舊章王聖膚
列並應以敬皇太子之禮敬貴嬪宋元真嘉中始
興武陵國臣並以吏敬所生潘淑妃路淑媛
貴嬪於宮臣雖非小君其義正同與宋泰豫朝
議百官以吏敬敬帝所生事義不異與宋泰豫朝
敬宜同吏禮詣神獸門奉牋致謁午節稱慶亦

同如此婦人無閒外之事賀及問訊什所由
官報聞而已夫婦人之道義無自專若不仰繫
於夫則當俯繫於子榮親之道極其所榮未
有子所行而所從不足者也故春秋凡王命為
夫人則禮秩與子等列國雖異於儲貳而從尊
之義不殊前代無所視其次職者位視相國爵
克固大業禮同儲君實惟舊典尋立前代始置貴
嬪位次皇后嬪同于太子言稱令貴嬪備典
比諸侯王此貴嬪之禮己高朝列況母儀春宮

義絕常箴并且儲妃作配率由盛則以婦踰姑彌
乖從序謂貴嬪典章太子不異於是貴嬪性仁恕及居
章年禮數同于太子言則稱令貴嬪性仁恕及居
宮內接馭自下皆得其歡心不好華飾器服無
珍麗未嘗為親戚私謁及高祖弘佛教貴嬪奉
而行之屏絕滋腴長進蔬膳受戒日甘露降于
殿前方一丈五尺高祖所立經義皆得其指歸
尤精淨名經所受供賜悉以布法事普通七年
十月庚辰薨嬪於東宮臨雲殿年四十二詔吏

部郎張纘為哀策文曰菉塗既啟桂轉虛凝龍
帷巳薦象服升皇壁臺之永閟悼曾城
之不踐罷鄉歌平燕樂廢齋於祀辭曰軒緯
繫化行南國爰命史俾流嬪德其辭曰軒緯
時維戴育樞電繞郊神光照屋爰及待年含其
早穆聲被洽陽譽中谷龍德在田車恭茲祀
陰化代終王風攸始動容諮式出言顧史宜其
家人刑于國紀曰斯眷命從此宅心狄綴采珩

珮動雅音日中思月戒月滿懷箴如何不踰天高
照臨玄統莫脩樟章早鈌成物誰能芳獸有烈
素魄貞明紫宮炤晰速下靡傷思賢罔敵躬
儉則節昭事惟虔金玉無玩筐筥不捐樣流
化慶表親賢蔚昌乾啟卒魯陶燕方論婦教明
章闈席儲闈哀深華碎鳴呼哀哉令龜兆良葆
迹慕結儲闈哀次列秉華接武日杳香以零春風
引遷祖具僚次列秉華接武日杳香以零春風
淒淒而結緒去曾掖以依遷飾新宮而延佇鳴

呼哀哉啟丹旐之星施振容兮輔裳擬靈金
而鬱怏念凄悵管而疑傷遺備鬯營寢椒重闈
於窅皇椒風暖芳猶昔蘭殿幽而不暘嗚呼亡
哉側闈掌言同義彤管有懌道變虞風參唐跡娥
如之人休光赤烏施諸天地而無朝夕嗚呼哀
哉有司奏諡曰穆太宗即位追崇曰穆太后太
后父仲遷天監初官至兗州刺史

高祖納脩容諱令嬴本姓石會稽餘姚人也齊
始安王遙光納焉遙光敗入東昏宮建康城平
高祖納為綵女天監六年八月生世祖尋拜為
脩容宗隨世祖出蕃大同六年六月薨于江州
內寢時年六十七其年十一月歸葬江寧縣通
望山諡曰宣世祖即位有司奏追崇為文宣太
后承聖二年追贈太后父齊故奉朝請諡寶散
騎常侍左衛將軍封武康縣侯邑五百戶母陳
氏武康侯夫人

世祖徐妃諱昭佩東海郯人也祖孝嗣太尉枝
江文忠公父緄侍中信武將軍天監十六年十

梁書傳一　十

二月拜湘東王妃生世子方等益昌公主太貞
太清三年五月被謫死葬江陵瓦官寺
史臣曰妃道贊皇風化行天下蓋取育元良德
雎之義焉至於穆貴嬪徽華早著誕育元良德
慈六宮美矣世祖徐妃之無行自致殲滅宜哉

列傳第一

梁書傳一　十二　　　　梁書七

散騎常侍姚　思廉　撰

昭明太子

哀太子

愍懷太子

梁書傳二　一

昭明太子統字德施高祖長子也母曰丁貴嬪
初高祖未有男義師起高祖既受禪有司奏立儲副高祖
月生于襄陽高祖以齊中興元年九
以天下始定百度多闕未之許也羣臣固請天
生而聰叡三歲受孝經論語五歲遍讀五經悉
居於內拜東宮官屬文武皆入直永福省太子
監元年十一月立為皇太子時太子年幼依舊
能諷誦五年五月庚戌始出居東宮太子性仁
孝自出宮恒思戀不樂高祖知之每五日一朝
多便留永福省或五日三日乃還宮八年九月
於壽安殿講孝經盡通大義講畢親臨釋奠于
國學十四年正月朔旦高祖臨軒冠太子於太極
殿舊制太子著遠遊冠金蟬翠緌纓至是加金

博山太子美姿貌善舉止讀書數行並下過目
皆憶每遊宴祖道賦詩至十數韻或命作劇韻
賦之皆屬思便成無所點易高祖大弘佛教親
自講說太子亦崇信三寶遍覽衆經乃於宮內
別立慧義殿專為法集之所招引名僧談論不
絕太子自立三諦法身義並有新意普通元年
四月甘露降于慧義殿咸以為至德所感焉三
年十一月始興王憺薨舊事以東宮禮絕傍親
書翰並依常儀太子意以為疑命僕射劉孝綽

梁書傳二　二

議其事孝綽議曰案張鏡撰東宮儀記稱三朝
發哀者踰月不舉樂鼓吹寢服限亦然尋傍
絕之義義在去服服雖可奪情宣無悲鏡報
奏良亦為此既有悲情宜稱兼慕卒哭之後依
常舉樂稱悲竟此理例相符謂猶應稱兼慕至
卒哭僕射徐勉左率周捨家令陸襄並同孝綽
議太子令曰張鏡儀記云依士禮終服月稱兼
悼又云凡三朝發哀者踰月不舉樂僕射議
云傍絕之義義在去服服雖可奪情宣無悲卒

哭之後依常舉樂稱悲章此理例相符尋情悲
之說此非卒哭之後緣情爲論此自難一也用張
鏡之舉樂棄張鏡之稱悲一鏡之言取捨有異
此自難二也陸家令止云多歷年所恐非事證
由來立意謂猶應有慕悼之言張豈不知舉樂
爲大稱悲事小所以用小而忽大良亦有以至
如元正六佾事爲國章雖情或未安而禮不可
廢鏡吹軍樂比之亦然書疏方之事則成小差
可緣心聲樂自外書疏自內樂自他書自已劉
僕射之議即情未安可令諸賢更共詳袁司農
卿明山賓步兵校尉朱异議稱慕悼之解宜終
服月於是令付典書遵用以爲永準七年十一
月貴嬪有疾太子還永福省朝夕侍疾衣不解
帶及薨步從喪還宮至殯水漿不入口每哭輒
慟絶高祖遣中書舍人顧協宣旨曰毀不滅性
聖人之制禮不勝喪比於不孝有我在那得自
毀如此可即彊進飲食太子奉勅乃進數合自

是至葬日進麥粥一升高祖又勅曰聞汝所進
過少轉就羸瘵我比更無餘病正爲汝如此耳
中亦坯塞成疾故應強加饘粥不使我恒爾懸
雖屢奉勅勸逼日止一溢不嘗菜果之味體素
壯腰帶十圍至是減削過半每入朝士庶見者
莫不下泣太子自加元服高祖便使省萬機內
外百司奏事者填塞於前太子明於庶事纖毫
必曉每所奏有謬誤及巧妄皆即就辯析示其
可否徐令改正未嘗彈糾一人平斷法獄多所
全育天下皆稱仁性寬和容衆喜慍不形於色
引納才學之士賞愛無倦恆自討論篇籍或
與學士商確古今開則繼以文章著述率以爲
常于時東宮有書幾三萬卷名才並集文學之
盛晉宋以來未之有也性愛山水於玄圃穿築
更立亭館與朝士名素者遊其中嘗泛舟後池番
禺侯軌盛稱此中宜奏女樂太子不荅詠左思
招隱詩曰何必絲與竹山水有清音疾媿而止
出宮二十餘年不畜聲樂少時敕賜大樂女妓

一部略非所好普通中大軍北討京師穀貴太
子因命非衣減膳改常饌為小食每霖雨積雪
遣腹心左右周行閭巷視貧困家有流離道路
密加振賜又出主衣綿帛多作襦袴冬月以施
貧凍若死亡無可以斂者為備棺槥每聞遠近
百姓賦役勤苦輒斂容色常以戶口未實重於
勞擾吳興郡屢以水災失收有上言當漕大瀆

以瀉浙江中大通二年春詔遣前交州刺史王
弁假節發吳郡吳興義興三郡民丁就役太子
上疏曰伏聞當發王弁等上東三郡民丁開漕
溝渠導洩震澤使吳興一境無復水災誠矜恤
之至仁經略之遠旨暫勞永逸必獲後利未萌
難觀竊有愚懷所聞吳興累年失收民頗流移
吳郡十城亦不全熟唯義興貴劫盜屢起在所有
役之民即日東境穀稼猶貴去秋有稔復非常
司不皆聞泰令一征戍未緣彊丁疎少此雖小舉
恐難合吏一呼門動為已囊蟲又出丁之處遠近
比得薺集已妨贊蠶農去年穰為豐歲公私未能

足食如復令茲失業慮恐為弊更深且草竊
多伺候民間虛實若善八從役則抄盜彌增吳
興未受其益內地已罹廿六弊不審可得權停此
功待見實以不聖心毒矜行黎庶量久已有在
臣意見庸淺不識事宜芒心有愚心願得上啟高
祖優詔以喻焉為太子荸謹天至每入朝未五鼓
便守城門開東宮雖燕居內殿一坐一起恒
向西南面臺宿被召當入危坐達旦三年三月
寢疾恐貽高祖憂愛歘參問輒自力手畫啟及稍

篤左右欲啟聞猶不許曰云何令至尊知我
如此惡因便嗚咽四月乙巳薨時年三十一高
祖幸東宮臨哭盡哀詔司徒左長史王筠為哀冊
文曰辰蓋轜俄軒龍驂踞步羽壽前驅雲旐北
月庚寅葬安寧陵詔斂以衣見謚曰昭明五
皇帝哀纏明兩傷蒳嗣德之俎芳御武帳
而悽慟臨甲觀而增傷蒳嗣德之俎芳御武帳
御德於雄旒永傳徽於舞綴令典載揚鴻烈詔
撰惟少陽既稱上嗣且曰元良儀天比峻儼景

95

騰光奉祀延福守器傳芳康二哲膺期日□幕斯在
外弘莊蕭內含和愷識洞機深量□瀛海立德
不器至功弗宰寬緯居心溫恭性循時孝友
率由文軒敬咸有種德惠和儕聖三善遶宣國
同慶文軒敬咸陰義弛位緯哀在歿憂衛恤
玄駒亦嗣郊禋問安蕭蕭視膳怵怵金華玉璪
監撫班輪庶獄勤關市誠存隱惻容無慍吾
孺泣無時疏饘不溢禋遵蹈月袞就未畢宸惟
是理孜慎庶獄勤關市誠存隱惻容無慍吾
殷勤博施綢繆恩紀爰初敬業離經謫句覃爵
崇師早躬待傅寧資道者匪勞審諭約是司
時敏斯務辯究空微思探幾順神圖緯研精
交畫沈吟典禮優遊方冊厭飫飲膏腴咀肴核
括囊流略包舉藝文遍該湘素殫丘墳性恢
充積儒俠屬區分瞻洞闢訓望魯揚芬詠性靈
豈惟薄伎詞婉約緣情綺靡字無點竄筆不
傳紙壯恩泉流清音十蠹麥摠覽時才網羅英茂
學窮儒俠洽辭歸繁二雖或擅談叢或緯文圖四友權

[七]

德七子憲秀萃草苑招□賢華池愛客託乘同舟連
輿接席擷文掇藻飛醞沉醒恩隆置醴賞逾賜
髻徽風避被盛業日新仁器非重德輔易逼澤
流兆庶福降百神四方慕義天下歸仁雲遵告
徵禔泠襄象皇霊恒耀山頹朽壞靈結親遊德
音長往緬心纏痛傭嗣長號呌華增慟慕情悼
悢切心纏眾愛若殄邦懼同折棟鳴呼哀哉
開麥秋紀節容衛徒敬二菁華絕書幌空張談
動泯眾具儼無蔭語承安仰嗚呼哀哉皇首夏司

[八]

廷罷設虛饋餕餓孤燈翳翳鳴嗚呼哀哉簡辰讚
日筮合龜貞幽埏風啓玄宮獻成武校齊列文
物增明昔遊漳賓從無聲今歸郊鄭徒御相
驚鳴嗚呼哀哉背絳闕而徐轉指
馳道而詎前望國都而不踐陵脩阪之威夷指
平原之惄惄緬望驪蹀足以酸嘶挽慘鐍而流滋嗚
呼哀哉混哀音於簫籟愁容於天日雖如有求
之森陰返寒林之蕭瑟既將反而復疑如有求
而遂失謂天地其無心遠求潛於窀質嗚呼哀

哉即玄宮之宴漢安神寢之清閟傳聲葉於慈

典觀德業於徽謚懸忠心貞於日月播鴻名於天

地惟小臣之紀言實貪呈毫而無媿嗚呼哀哉

太子仁德素著及薨朝野惋愕京師男女奔走

宮門號泣滿路四方氓庶及疆徼之民聞喪皆

慟哭所著文集二十卷又撰古今典語文言為

正序十卷五言詩之善者為文章英華二十卷

文選三十卷

哀太子大器字仁宗太宗嫡長子也普通四年

五月丁酉生中大通三年封宣城郡王食邑三

千戶尋為侍中中衛將軍給皷吹一部大同四

年授使持節都督揚徐二州諸軍事中軍大

將軍揚州刺史侍中如故太清二年十月矦景

寇京邑敕太子為臺內大都督三年五月太宗

即位六月癸酉立為皇太子大寶二年八月賊

景廢太宗將害太子矦景黨稱景命召太子太

子方講老子將欲下牀而刑人掩至太子顏色

不變徐曰久知此事嗟其晚耳刑者欲以衣帶

絞之太子曰此不能見殺乃指繫帳竿下繩命

取絞之而絕時年二十八太子性寬和兼神用

端疑在於賊手每不屈意初矦景西上攜太子

同行及其敗歸部伍不復整蕭太子所乘船居

後不及賊衆左右心腹並勸太子入此入太子所乘船居

家國喪敗志不圖生上蒙塵豈忍遠離五臣

逃匿乃是叛父非謂避難每常懼之恐為後患敢先

進賊以太子有器度每常懼之恐為後患敢先

及禍承聖元年四月追謚哀太子

愍懷太子方矩字德規世祖第四子也杪封南

安縣矦隨世祖在荊鎮太清初為使持節督湘

郢桂寧成合羅七州諸軍事鎮南將軍湘州刺

史尋徵為侍中中衛將軍給皷吹一部世祖承

制拜王太子改名元良承聖元年十一月丙子

立為皇太子及西魏師陷荊城南與世祖同

為魏人所害太子及子聰頗有世祖風而凶暴猜

忌敬帝承制追謚愍懷太子

陳吏部尚書姚察曰孟軻有言雞鳴而起孳孳

為善者舜之徒巴若乃布衣章帶之士在於畎
畝之中終日為之人其利亦巴博矣況乎處童明
之位君正體之資可克念無怠丞燕以孝大舜之
德其何遠之有況哉

列傳第二　　　　　梁書八

列傳第三　　　　　梁書九

王茂
曹景宗
柳慶遠

散騎常侍姚　思廉　撰

王茂字休遠太原祁人也祖深北中郎司馬父
天生宋末為列將於石頭克司徒袁粲以勳至
巴西梓潼二郡太守上黄縣男茂年數歲為大
父深所異常謂親識曰此吾家之千里駒成門
户者必此兒也及長好讀兵書駿略究其大旨
性沈隱不妄交遊身長八尺絜白美容觀齊武
帝布衣時見之歎曰王茂年少堂堂如此必為
公輔之器宋昇明末起家奉朝請歷行軍參
軍司空騎兵太尉中兵參軍魏退還為鎮南司馬帶臨漢
中茂受詔西討魏冠軍茂時以寧朔將軍
令入為越騎校尉魏冠兖州茂時以寧朔將軍
長史鎮比境入為前軍將軍江夏內史建武初魏圍司州茂以
遷寧朔將軍江夏內史建武初魏圍司州茂又

郢州之師救焉高祖率衆先登賢首山魏將王
肅劉昶來戰茂從高祖拒之大破書肅等魏軍退
茂還郢仍遷輔國長史襄陽太守高祖義師起
茂私於張弘策勸高祖迎和帝高祖為不然
語在高祖紀高祖發雍部每道茂為前驅
郢城茂進平加湖破光子衿吳子陽等斬馘萬
計還戲捷于漢川郢魯既平從高祖東下復為
軍鋒師次秣陵東昏遣大將王珍國盛兵朱雀
門衆號二十萬庾航請戰茂與曹景宗等會擊

大破之縱兵奔追積屍與航欄等其赴淮死者
不可勝算長驅至宣陽門建康城平以茂為護
軍將軍俄遷侍中領軍將軍葦盜之燒神獸門
也茂率所領到東掖門應赴焉盜所射茂躍馬
而進葦盜及走茂以不能式遏葦盜自表解職
優詔不許加鎮軍將軍封望蔡縣公邑二千三
百戶是歲江州刺史陳伯之舉兵叛茂出為使
持節散騎常侍都督江州諸軍事征南將軍江
州刺史給鼓吹一部南討伯之伯之奔于魏時

九江新離軍寇民思及業茂務農省役百姓安
之四年魏侵漢中茂受詔西討魏乃班師六年
遷尚書右僕射常侍中如故固辭不拜改授侍中
中衛將軍領太子詹事七年拜車騎將軍太子
詹事如故八年以本號開府儀同三司丹陽尹
責也十一年進位司空侍中尹如故茂聲京尹改
頗快快侍宴後每見言色高祖常宥而不之
侍中如故時天下無事高祖方信仗文雅茂心
領中權將軍茂性寬厚居官雖無舉亦為吏民

所安居處方正在一室衣冠儼然雖僕妾莫見
其惰容姿表環麗濆眉如畫出入朝會每為衆
所瞻望明年出為使持節散騎常侍驃騎將軍
開府儀同三司都督江州諸軍事江州刺史
視事三年薨于州時年六十高祖甚悼惜之時
錢三十萬布三百匹詔曰雄德紀勳哲王令軌
念終追遠前典明誥故使持節散騎常侍驃騎
將軍開府儀同三司江州刺史茂誠慶淹廣器
宇凝正爰初草昧焄誠宣力綢繆休戚契闊屯

夷方頗謀獸求隆朝寄奄至覈殞朕用慟于厥
心宜增禮數式昭盛烈可贈侍中太尉加班劍
二十人鼓吹一部諡曰忠烈初茂以元勳高祖
賜以鍾磬之樂茂在江州夢鍾磬在格無故自
墮心惡之及覺命奏樂既成列鍾磬在格無
故編皆絕墮地茂謂長史江誃曰此樂天子所
以惠勞臣也樂既成矣能無憂乎俄而病少日
卒子貞秀嗣以居喪無禮為有司奏徙越州後
有詔留廣州乃潛結仁威府中兵參軍杜景欲

梁書傳三　四

襄州城長史蕭昂討之景魏降人與貞秀同數
曹景宗字子震新野人也父欣之為宋將位至
征虜將軍徐州刺史景宗幼善騎射好畋獵常
與少年數十人澤中逐麏鹿無還麏鹿趍鹿馬
相亂景宗於衆中射之人皆懼中馬足鹿鹿弦
輒斃以此為樂未弱冠欣之於新野遣出州以
匹馬將數人於中路卒逢蠻賊數百圍之景宗
帶百餘箭乃馳騎四射每箭殺一蠻蠻遂散走
因是以膽勇知名顧愛史書每讀穰苴樂毅傳

梁書傳三　五

輒放卷歎息曰丈夫當如是辟西曹不就宋元
徽中隨父出京師為奉朝請員外遠尚書左民
郎尋以父憂去職還鄉里服闋剌史建元豐冠
為冠軍中兵參軍天水太守時建元豐冠為
軍動景宗東西討擊多所搶破齊郡陽王鏘為
雍州復以為征虜中兵參軍帶馮翊太守督峴
南諸軍事道門齊車騎將軍敬見少子也為武
陵太守敬兒誅道門於郡伏法親屬莫吏莫敢
道門厚善道門齊車騎將軍敬見南吳州張

牧景宗自襄陽遣人舩到武陵收其屍骸迎還
殯茈於鄉里以此義之建武二年魏主托跋宏寇
赭陽景宗為偏將每衝堅陷陣輒有斬獲以勳
除游擊將軍四年太尉陳顯達督衆軍北圍馬
圈景宗從之以甲士三千設伏破魏援托跋英
四萬人及剋馬圈顯達論功以景宗為後
退無怨言魏主率衆大至顯達宵奔昌宗道入
山道故顯達父子獲全五年高祖為雍州刺史
景宗深自結附數請於祖臨其宅時天下方亂

高祖亦厚加意焉永元初表為冠軍將軍竟陵
太守及義師起景宗眾遣親人杜思沖勸先
迎南康王於襄陽即帝位然後出師以為萬全許
高祖不從語在高祖紀高祖至竟陵以景宗與
冠軍將軍王茂濟江圍郢城自二月至于七月
高祖降帥眾前驅至南州領馬步軍取建康
道次江寧東昏將李居士以重兵屯新亭是日
且師行日久器甲穿弊弄居士望而輕之因詐嗓

選精騎一千至江寧行頓景宗始至安營主立
軍士皆黥黜無賴御道左右莫非富室抄掠財
物略奪子女景宗不能禁及高祖入頓新蒙嚴
甄奔走景宗比復之因鼓而前徑至卓茇橋緊
墨景宗文與王茂呂僧珍掎角破王珍國於大
航茂衝其中堅應時而陷景宗縱兵乘之景宗
前薄景宗景宗被甲馳戰短兵裁接居士棄
申號令然後稍息復與眾軍長圍六門城平拜
散騎常侍右衛將軍封湘西縣矦食邑一千六
百戶仍還持節都督郢司二州諸軍事左將軍

郢州刺史天監元年進號平西將軍改封竟陵
縣矦景宗在州驕貨聚斂於城南起宅宇臺池以
東夏口以此開街列門東西數里而部曲發摵
民頗厭之二年十月八魏寇司州圍刺史蔡道恭
時魏攻日苦城中負板而汲景宗望門不出但
耀軍遊獵而已及司州城陷為御史中丞任昉
所奏高祖以功臣寢而不治魏托跋英冠鍾離圍
拜散騎常侍右衛將軍五年魏詔景宗督眾軍
徐州刺史昌義之高祖詔景宗救督眾軍接義之

豫州刺史韋叡亦預焉而受景宗節度詔景宗
頓道人洲待眾軍齊集俱進景宗固啟求先據
邵陽洲尾高祖不聽景宗欲專其功乃違詔而
進值暴風卒起頗有淹溺復還守先輔高祖聞
之曰此所以破賊也景宗不進蓋天意若孤軍
獨往城不時立必見狼狽今得待眾軍同進始
大捷矢及韋叡至與景宗進頓邵陽洲立壘去
魏城百餘步魏連戰不能却殺傷者十二三自
是魏軍不敢逼景宗等器甲精新軍儀甚盛

魏人望之奪氣魏大將楊大眼對橋北岸立城
以通糧運每人過岸伐蒭薐皆為大眼所略
景宗乃募勇敢士千餘人徑渡大眼城南數里
築則壘親自舉築眾來攻景宗戰破之
因得興城使別將趙草守之因謂為趙草城是
後次恣芻牧焉大眼時遣逆裝高艦使與魏橋景宗等為
火攻計令景宗等各攻一橋敵攻其南景宗
先足高祖詔令景宗與敵各攻其南景宗
攻廿共北六年三月春水生淮水暴長六七尺敵

梁書傳三　八

遣所督將馮道根李文釗裴邃章寇等乘艦登
岸擊魏洲上軍盡殲景宗因使眾軍皆鼓噪亂
登諸城呼聲震天地大眼於西岸燒營自東
岸棄城走諸軍
相次士崩悉棄其器甲爭投水
死淮水走之不沒伏屍相枕義之以出逐英至浴
潰水上四十餘里城緣淮百餘里屍骸枕藉生
口央以匹馬入梁收其六軍糧器械積如山丘牛馬驢
騾不可勝計景宗乃搜軍所得生口萬餘人馬

千匹遣獻捷高祖詔曲逸本軍景宗振旅凱入增
封四百戶前為二千戶進爵為公詔拜侍中領
軍將軍給鼓吹一部景宗為人自恃尚勝每作
書字有不解不以問人皆以意造焉雖公卿無
所推揖惟韋叡年長且州里勝流景宗特相敬重
常以其第惟幕左右頓謙遜高祖以此嘉之景
妓妾至數百窮極錦繡性躁動不能沉默出行
燕御絮車帷慢曲躬謙遜高祖以位望隆重人所具
瞻不宜然景宗謂所親曰我昔鄉里騎快馬如

梁書傳三　九

三百卅

龍與年少輩數十騎拓弓弦作霹靂聲箭如餓
鴟叫平澤中逐麕數肋射之渴飲其血饑食其
肉甜如甘露漿覺耳後風生鼻頭出火此樂使
人忘死不知老之將至今來揚州作貴人動轉
不得路行開車慢小人無一豈不可開置車中如三
日新婦遭此邑邑使人無氣能不可開車中
月於宅中使作野虜逐除兩往人家乞酒食本
以為戲而部下多剽輕因至有入婦女奪人財貨
高祖頗知之景宗乃止高祖數讌見功臣共道

故舊景宗醉後謬忘或誤稱下官高祖故縱之
以為笑樂七年遷侍中中衛將軍江州刺史赴
任卒於道時年五十二詔賻錢二十萬布三百
匹追贈征北將軍雍州刺史開府儀同三司諡
曰壯子皎嗣

柳慶遠字文和河東解人也伯父元景宋太尉
慶遠起家郢州主簿齊初為尚書都官郎大司
馬中兵參軍建武將軍魏興太守郡遭暴水城
漂居民吏請徙民杞城慶遠曰天降雨水豈城
之所知吾聞江河長不過三日斯亦何慮命築
土而已俄而水過百姓服之入為長水校尉出
為平北錄事參軍襄陽令高祖之臨雍州間京
兆人杜憚求州綱憚舉慶遠高祖曰文和吾已
知之所問未知者耳因辟別駕從事史齊方多
難慶遠謂所親曰君乎因盡誠協贊及義兵起
常居霸府軍諮謀主中興元年西臺選為黃門郎
民定霸其吾君乎

還冠軍將軍從軍東下身先士卒高

祖行至竺見慶遠頓
吾又何憂建康城平
淮陵啟曰二郡太守
高祖時居宮中悉斂諸鑰
至悉付之其見任如此霸府建以為太尉從事
中郎高祖受禪遷散騎常侍右衛將軍加征虜
將軍封重安侯食邑十戶毋憂去職
四年出為使持節都督雍梁南北秦四州諸軍
事征虜將軍寧蠻校尉雍州刺史高祖餞於新
亭謂曰卿衣錦還鄉朕無西顧之憂矣七年徵
為護軍將軍領太子庶子未赴職仍遷通直散
騎常侍右衛將軍領右驍騎將軍至京都值魏軍
宿預城請降受詔為撫於是假節守淮陰魏軍
退八年還京師遷散騎常侍太子詹事重為雍州大
中正十年遷侍中領軍將軍給扶並鼓吹一部
十二年遷安北將軍寧蠻校尉雍州刺史慶遠
重為本州頗屬清節士庶懷之明年春卒時年

五十七詔曰念徃篤終前王令則式隆寵數列
代恂規使持節都督雍梁南北秦四州郢州之
音陵司州之隨郡諸軍事安北將軍寧蠻校尉
雍州刺史雲杜縣開國族柳慶遠器識沈邃嘗思
懷通雅爰初草昧預屬經綸遠自升平契闊戎禁
旅重家牧西藩方弘治道奄至殞喪傷慟于懷宜
追榮命以彰茂勳肎贈侍中中軍將軍開府儀
同三司給鼓吹庆如故謚曰忠惠贈錢二十萬布
二百匹及喪還京師高祖出臨哭子津嗣初慶

梁傳三　　十二

遠從父兄衛將軍世隆嘗謂慶遠曰吾昔夢太
尉以褥席見賜吾遂亞台司適又夢以吾褥席
與汝汝必光我公族至是慶遠亦繼世隆焉
陳吏部尚書姚察曰王戎因日月末光以成名
爲將家然未顯奇節梁曲曹景宗柳慶遠雖世
志配迹方邵勒勳鍾鼎耿賈咸不盡其器力
臣不過朝請特進寇御耿於昔漢光武全愛功
等逸據方岳位終上將君臣之際邁於前代矣

列傳第四　　　　梁書十

蕭穎達　　　　散騎常侍姚
夏侯詳
蔡道恭
楊公則
鄧元起　　　　　　思廉

撰

音卅三　　梁書傳四　　　一

蕭穎達蘭陵蘭陵人亦字光祿大夫赤斧第五子
也少好勇使氣起家冠軍兄穎胄齊建武末亦
爲西中郎外兵參軍俱在西府齊季多難頗
不自安會東昏遣輔國將軍劉山陽爲巴西太
守道過荊州密敕穎胄襲雍州時高祖已爲備
矣仍遣穎胄親人王天獸以書疑之山陽至果
不敢入城穎胄計無所出夜遣錢塘人朱景思
呼西中郎城局參軍席闡文諮議參軍柳忱閉
齋定議闡文曰蕭雍州蓄養士馬非復一日江
陵素畏襄陽人人衆又不敢取之必不可制之
歲寒復不爲朝廷所容今若殺山陽與雍州舉

元亨

事立天子以令諸矦則霸業從矣山陽持疑不
進是不信我今斬送天獸則彼疑可釋至而圖
之圖不濟矣忱亦勸焉頴達曰善及天明頴冑
乃斬天獸以示山陽山陽大喜輕將步騎數百
謂天獸曰卿與劉輔國相識今不得不借卿頴
到州闔文勒兵待於門山南康王之議來告高
執斬之傳首高帝即位以頴冑為假節侍中尚書令
祖許焉和帝即位以奉南康王之議來告高
領吏部尚書都督行留諸軍事鎮軍將軍荊州
刺史留衛西朝以頴達為冠軍將軍及楊公則
等率師隨高祖圍郢城頴冑會軍於漢口
與王茂曹景宗等攻郢城陷之隨高祖平江州高
祖進漂州使與曹景宗先率臨步進趨江寧破
東昏將李居士又下東城初美教師之起也巴東
太守蕭惠訓子璝巴西太守魯休烈弗從與兵
侵荊州敗輔國將軍任議之於峽口破大將軍劉
孝慶於上明頴冑自以職居上將不能拒制璝等憂
圖建康頴冑自以職居上將不能拒制璝等憂

南江入湖拒之頴冑不能自立以其兵由建安復
康安成五郡軍事冠軍將軍盧陵內史頴冑自率
靈祐等進據西昌東昏遣安西太守劉希祖自
景智及宗人靈祐為頴冑節督盧陵豫章臨
山湖頴達聞之假頴冑為起兵得數百人屯西昌南
京師出亡廬陵人循景智潛引與南歸至盧陵
發喪和帝贈頴冑丞相義師初頴達歸至盧陵
假為教命及璝等聞建康將平眾懼而潰乃始
愧不樂發疾數日而卒州中祕之使似其書者

奔長沙希祖追之頴冑緣山踰嶺僅而獲免頴在
道絕糧後因食過飽而卒建康城平高祖以頴
達為前將軍丹陽尹上受禪詔曰念功惟德列
代所同追遠懷人事篤褒崇故侍中丞尚
書令頴冑風格峻遠器寓深邃清猷盛業閩望
斯歸締構義姬肇基王迹奏闔夷戴形心事
朕膺大政物光宅宇望岱觀河永言號慟可
封巴東郡開國公食邑三千戶本官如故贈頴
達散騎常侍以公事免及大
乎右衛將軍加頴

論功賞封穎達昌縣族邑千五百戶尋為侍
中改封作唐族縣邑如故遷征虜將軍太子左
衛率御史中丞任昉奏曰臣聞貧觀所取竊視屬
不為在於布衣窮居介然之行尚可以激貪厲
俗悍此薄夫況乎代冰之家爭雞豚之利衣繡
稱尋生魚典稅先本是鄧僧琰啓乞限訖今年
乞魚軍稅輒攝穎達宅督彭難當到臺辦問列
之士受賈人之服風聞征虜將軍臣昺臣穎達啓
五月十四日主人穎達于時謂非新立仍啓乞

接代僧琰即蒙降許登稅與史法論一年收直
五十萬知其列狀則與風聞符同穎達即主臣
謹案征虜將軍太子左衛率作唐縣開國族
臣穎達備位大臣預聞執憲私謁亟陳至公家
寡屠中之志畢平鮑肆之求魚殞不俟潛
有之數逐申茲文二追彼十一風體若茲準
繩斯在陛下弘惜勳良毎為曲法臣當官執憲
敢不盡繩臣等參議請以見事免穎達所居官
以族還第有詔原之轉散騎常侍左衛將軍俄

復為侍中衛尉卿出為信威將軍豫章內史加
秩中二千石治任威猛郡人畏之遷信威將軍都
督江州諸軍事江州刺史將軍如故頃之徵為
通直散騎常侍右驍騎將軍既處優閑尤恣聲
色飲酒過度頗以此傷生九年遷信威將軍右
衛將軍是歲卒年三十四車駕臨哭給東園祕
器朝服一具衣一襲錢二十萬布二百匹追贈
侍中中衛將軍鼓吹一部諡曰康子敬嗣穎胄
子靡龑襲巴東公位至中書郎早卒

夏族詳字叔業譙郡人也年十六遭父艱居喪
哀毀三年廬于墓當有雀三足飛來集其廬
戶眾咸異焉為服闋刺史殷琰召補主簿宋太始
初琰舉豫州叛宋明帝遣輔國將軍劉勔討之
攻守連月人情危懼將請救於魏詳說琰曰今
日之舉本效忠節若社稷有奉便歸身朝廷何
可屈身北面異域且今魏氏之卒近在淮次一
軍未測去就懼有異圖今若遣使歸欵必厚相
慰納豈止免罪而已若謂不然請充一介琰許之

詳見勱目將軍嚴圍絹壟矢刃如霜城內愚徒
實同困獸士庶懼誅咸欲投魏僕所以踰城歸
德敢布腹心願將軍弘曠蕩之恩垂霈然之惠
鮮圍退舍則皆相率而至夾勱遣到城下詳呼城中
當如君言而詳諸反命勱遣到城下詳審爾
人語以勱辭即曰琰及衆俱出一州以全勱為
刺史又補主簿頃之為新汲令治有異績刺史
段佛榮班下境內為屬城表轉治中從事史仍
遷別駕歷事八將州部稱之齊明帝為刺史雅
相器遇及輔政招令出都將大用之每引詳及
鄉人裴叔業詳日夜與語詳輒末略不酬帝以問
叔業叔業告詳詳日不為福始不為禍先由此
微有忤出為征虜長史義陽太守頃之建安戍
為魏所圍仍以詳為建安戍主帶邊城新蔡二
郡太守弁督光成弋陽汝郡五郡衆赴之詳至建
安魏軍引退先是魏文成於淮上置荊專戍常為
寇掠累攻不能禦詳率銳卒攻之賊衆大潰皆
棄城奔走建武　徵為游擊將軍出為南中郎

司馬南新蔡太守齊南康王為荊州遷西中郎
司馬新興太守便道先到江陽時始安王遙光
稱兵京邑南康王長史蕭潁冑並未至中兵參
軍劉山陽先在州山陽副潘紹欲謀作亂詳偽
呼紹議事即於城門斬之州府乃安遷司州刺
史辭不之職高祖義兵起詳與潁冑同創大舉
西臺臺建以詳為中領軍加散騎常侍南郡太守
凡軍國大事潁冑多決於詳及高祖圍郢城未
下潁冑遣衛尉席闡文如高祖軍詳獻議日窘
壁易守攻取執難頓甲堅城兵家所忌誠宜大
弘經略詢納羣言軍主以下至于匹夫皆令獻
其所見盡其所懷擇善而從選能而用不以人
廢言不以多圖寡又須量我衆力度賊人衆我
彼人情權其形勢若使賊人衆而食少故宜計
日而守之食多而力寡所屈宜悉衆而攻之若使
糧力俱足非攻守所宜故宜量人衆而攻之若使
彼智者不用愚者懷猜此魏武之所以定大業
也若三事未可宜思變通觀於人情計我糧穀

若德之所感萬里同符 仁之所懷遠邇歸義金
帛圭系積糧運又可以列圍守引以歲月
此王翦之所以剋楚也若圍之不卒降攻之未
可下間道不能行金粟無人積天下非一家人
情難可豫此則宜更思變計失變討之道實資英
斷此之深要難以紙宣輒布言於席衛尉特願
垂採高祖嘉納焉頃之穎卒時高祖弟始興
王憺留守襄陽詳乃遣使迎憺共參軍國和
帝加詳禁兵出入殿省圖辭不受遷侍中尚書

三百卅 ‖ 梁書傳四 八 太亨

右僕射尋授使持節撫軍將軍荊州刺史詳文
固讓于憺天監元年徵為侍中車騎將軍論功
封竟陵縣侯邑二千戶詳累辭讓至於懇切
乃更授右光祿大夫侍中如故給親信二十人
中進封豆城縣公邑如故二年抗美致仕詔解侍
中進特進三年遷使持節散騎常侍車騎將軍
湘州刺史詳善吏事在州四載為百姓所稱州
城南流水有峻山拳崔曰老相傳云剌史登此山輒
校代因晏歷政莫敢主詳於其地起臺榭延僚

屬以表捐捃之志八年徵為侍中右光祿大夫
給親信二十人未至 授尚書右僕射金紫光祿
大夫侍中如故道卒時年七十四上為素服
舉哀贈右光祿先 是荊府城局參軍吉士瞻其役
萬人浚伏庫防火池得金革帶鉤隱起雕鏤其
精巧篆文曰錫爾金鉤既公且侯士瞻詳兄女
壻也女竊以與詳詳喜佩之其歲而貴矣
蔡道恭字懷儉南陽冠軍人也父郡宋益州刺
史道恭少寬厚有大量稱天帝為雍州召補主

九 ‖ 梁書傳四

簿仍除台自外散騎常侍後累有戰功遷越騎校
尉後軍將軍建武末出為輔國司馬汶南令酉
南康王為荊州薦為西中郎中兵參軍加輔
國將軍義兵起蕭穎冑以道恭舊將素著威
略專相委任遷冠軍將軍西中郎諮議參軍仍
轉司馬中興元年和帝即位遷右衛將軍巴西
太守魯休烈等自巴蜀連兵寇上明以道潛以
節督西討諸軍事次王臺與職合戰道恭以
奇兵出其後一戰大破之休烈等降于軍門以

功遷中領軍固辭不受出爲使持節右將軍司
州刺史天監初論功封漢壽縣伯邑七百戶道進
號平北將軍三年魏圍司州時城中眾不滿五
千人食裁支半歲魏軍攻之晝夜不息道恭隨
方抗禦皆應手摧却於道內列樓衝艦以待
前欲以填塹道恭輒於道乃作大車載土四面俱
之魏人不得進又潛作伏道以決漸水道恭載土
狐塞之相持百餘日急道恭於城內作土山厚二十
造梯衝攻圍道恭乃斬獲不可勝計魏大
餘丈多作大噐長二丈五尺施長刃使壯士刺
魏人登城者魏軍甚憚之將退會道恭疾篤
乃呼兄子僧勰從弟靈恩及諸將帥謂曰吾受國
厚恩不能破滅寇賊今所苦轉篤執志不支父汝
等當以死固節無令吾沒有所遺恨又令取所持
節謂僧勰曰吾其命出疆憑此而已即不得本以
還朝方欲攜之同歸可與棺柩相隨眾皆流涕
其年五月卒魏知道恭死攻之轉急先是朝廷
遣鄧州刺史曹景宗率眾赴援景宗到鱉

頓兵不前至八月城內糧盡乃陷詔曰持節都
督司州諸軍事平北將軍司州刺史漢壽縣開
國伯道恭器幹詳審才志通烈王業摧構致力
陝西受任邊劇所莅寇賊憑陵遏誠守禦
奇謀間出捷書日至不幸抱疾奄至殞喪遺略
身沒守固得移氣朔自非徇國志已忠果常懷進
榮加等抑有悃數而後屈言念悼惜兼常懷進
所固守存窮而可贈鎮西將軍使持節都督
刺史伯如故并尋購喪櫬隨宜賚給八年魏許
還道恭喪其家以安樂易之葬襄陽子灣嗣卒
於河東太守孫固早卒國除
初爲豫州刺史殷琰叛輔國將軍劉勔討
楊公則字君翼天水西縣人也父仲懷宋泰始
琰仲懷力戰死於橫塘公則隨父在軍年未弱
冠冒陳抱尸號哭氣絶良久勔命選仲懷首公
則發畢徒步員喪歸鄉里由此著名歷營員外
散騎侍郎梁州刺史范柏年板爲宋熙太守領
白馬戍壬氏賊李烏奴作亂攻白馬公則固

守經時矢盡糧竭陷于寇抗聲罵賊烏

奴壯之

更厚待焉要與同事公則偽許而圖之謀泄單

馬逃歸梁州刺史王玄邈以事表聞齊高帝下

詔褒美除晉壽太守遷扶風太守母憂去官之雍中

刺史陳顯達起為寧朔將軍復領太守頃之荊

州刺史巴東王子響構亂公則率師進討事平

遷武寧太守在郡七年資無儋石百姓便之入

為前軍將軍南康王為荊州復為西中郎中兵

參軍　【梁書傳四】　十二

鎮軍將軍蕭穎胄協同義舉以公則為輔

國將軍西中郎諮議參軍中兵如故率眾東

下時郢州行事張寶積發兵自守未知所附公

則軍久巴陵仍回師南討軍次白沙寶童怖懼釋

甲以俟為公則到撫納之湘境遂定和帝即位授持

節都督湘州諸軍事湘州刺史高祖勳與張軍次

城未下公則率湘府之眾會于夏口時封州諸

軍受公則節度雖蕭穎達迄宗室之貴亦隸焉累

進征虜將軍左衛將軍持節刺史如故鄍城平

高祖命衆軍即日俱下公則受命先驅徑掩柴

桑江州既定連旌東下且造京邑公則號令嚴

明秋毫不犯所在莫不賴焉大軍至新林公則

自越城移屯領軍府壘北樓與南掖門相對嘗

登樓望戰城中遙見麾蓋縱神鋒弩射之矢貫

胡床左右皆失色公則幾中吾楯軍中驚笑如初

東昏夜選勇士攻公則柵軍中驚擾公則堅卧

不起徐命擊之東昏軍乃退公則所領是湘溪

【梁書傳四】　十三

人性怯懦城內輕之以為易與每出湯輒先犯公

則壘公則獎屬軍士剋獲更多及平城內出者或

被剝奪公則親率麾下列陣東掖門衛送公姻

士庶故出者多由公則營焉進號左將軍持

剌史如故還鎮南蕃初公則東下湘部諸郡

多未賓從及公則還州然後諸屯聚並散天監

元年進號平南將軍封醴陵都縣侯邑二千五百

戶湘州寇亂累年民多流散公則輕刑薄斂頃

之戶口克復為政雖無威嚴然保已廉慎為吏

民所悅湘俗單家以賂求州職公則至悉斷之
所辟引皆州郡著姓高祖班下諸州以為法四
年徵中護軍代至　來二卹便發賚送　無所取仍
遷衛尉卿加散騎常侍時朝廷始議北伐以公
則威名素著至京師詔假節先屯洛口公則受
命遘疾謂親人曰昔廉頗馬援以年老見遺猶
自力請用今國家不以吾朽懦任以前驅馬於
古人見知重矣雖臨途一疾苦豈可僶俛辭事馬
華還葬此吾志也遂疆起登舟至洛口壽春
女歸降者數千戶魏豫州刺史薛恭度遣長史
石榮等前鋒接戰即斬石榮遂北至壽春去城
數十里乃反疾卒于師時年六十一高祖深痛
惜之即日舉哀贈車騎將軍給鼓吹一部謚曰
烈公則為人敦厚慈愛苞家篤視兄子過於
其子家財悉委焉性好的字雖居軍旅手不輟卷
士大夫以此稱之子朓嗣固讓歷年乃受
勳臣特詔聽庶長子胱嗣固讓歷年乃受
鄧元起字仲居南郡當陽　人也少有膽幹膂力

考本書第九行上七字原脫依據明北監本補

過人性任俠好賑施鄉里年少多附之起宗州
辟議曹從事史轉奉朝請雍州刺史蕭緬版為
槐里令還弘農太守平西軍事時西陽馬榮率
眾緣江寇抄商旅斷絕刺史蕭遙欣使元起率
起自郡捉　遷武寧太守承元末魏軍逼義陽元
史寇掠六城斬獲萬計餘黨悉皆散走仍攻
之間頓瓨三關規襲夏口元起率銳攻之旬月
三關鄧州刺史張沖督河北軍事元起累與沖
書求旅軍沖報書曰足下在彼吾在此表裏之
韓所謂金城湯池一日捨去則荊蘇生焉乃表
元起為十南中兵參軍事自是每戰必捷勇冠
當時敢死之士樂為用命者萬有餘人義師起
蕭穎由與書招之張沖待元起素厚眾皆懼沖
及書至元起部曲多勸其還郢元起大言於眾
曰朝廷暴虐誅戮宰臣吾舉小用命衣冠道盡荊
雍二州同舉大事何患不剋且我老母在西豈
容背本事若事不成政受戮昏朝幸免不孝之罪

即日冶嚴上道至涪陵為西中郎中兵參軍加
冠軍將軍率眾與前祖會于夏口高祖屬命王茂
曹景宗及元起等圍城結壘九里張沖屢戰輒
大敗乃嬰城固守和帝即位授假節冠軍將軍
平越中郎將廣州刺史遷給事黃門侍郎移鎮
南堂中興元年七月郢城降以本號為益
州刺史詔為前軍先定尋陽及大軍進至京邑
元起築壘於建陽門與王茂曹景宗等合長圍
身當鋒鏑建康城平進號征虜將軍天監初封
當陽縣公邑二千二百戸又進號左將軍刺史
起人多逃亡至是出投元起皆稱起義應朝
廷師人新故三萬餘元起在道久軍糧之絕或
說之曰蜀土政慢民多詐疾若擄巴西一部籍
注因而罰之所獲必厚元起然之遣令李膺德
使君前有嚴敵後無繼援山民姐附於我課曰

糾以刻薄民必不堪眾心一離雖悔無及何必
起疾可以濟師膺請出圖之不患民米不足也
元起曰善一以委卿膺遂率富民上軍資米俄
得三萬斛元起先遣將王元宗等破李連將李
奉嬰城自守晚盛又破元起將覺方達屯西平李連
始晚盛人師眾咸懼元起乃自率兵復道
卒死者千餘人師眾咸懼元起乃自率兵稍進
至蔣橋去成都二十里留輜重於郫季連復道
奉伯晚盛二千人間道襲郫陷之軍備盡沒元
起遣魯方達之眾敗之而遂不能剋元起
捨郫逕圍州城柵其三面而塹焉元起出巡視
圍柵季連使精勇捷之將至虜下元起下輿持
楯叱之眾辟易不敢進時益部兵亂日久民廢
耕農内外苦飢人多相食道路斷絶季連計窮
會明年高祖使赦季連子京師城開郫乃降將
納盛元起元送季連罪許之降季連即日開城
晚盛高祖論平蜀勳復元起號平西將軍增封
八百戸并前二千戸元起以鄉人庾黔妻為錄

事參軍又得荊州刺史蕭遙欣故容蔣光濟並
厚待之任以州事黔案交甚清潔光濟多計謀並
勸為善政元起之剋王子連也城内財寶無所私
勤恤民事口不論財色性本能飲酒至一斛不
亂及是絕之蜀士含翣然稱之元起舅子梁矜孫
性輕脱與黔妻志行不同乃言於元起曰城中
稱有三剌史節下何以堪之元起由此踈黔妻
光濟而治迹稍捐在州二年以母老乞歸供養
詔許焉徵之為右衛將軍以西昌庚蕭深藻代
之是時梁州長史夏侯道遷以南鄭叛引魏人
白馬戍主尹天寶貝馳使報蜀魏將王景胤孔陵
寇東西晉壽並遣生二急衆勤元起急救之元起
曰朝廷萬里軍不卒至若寇賊侵淫方須樸討
董督之任非我而誰何事忽忽便征討諸軍將
諫之皆不從高祖亦假元起都督征討諸軍
日馬戍主尹天寶... 遺萬里急救之元起
救漢中比是魏巴攻陷兩晉壽蕭藻入城將至元起
頗營還裝於糧儲哭郁械略無遺者蕭藻入城甚怨望
之因表其六退留不頂庚軍事收付州獄於獄自縊

時年四十八有司追劾削爵土詔減邑之半乃
更封松滋縣族邑千戶初元起在荊州刺史隨
王板元起為從事別駕使華堅執不可元起恨
之大軍既至京師華在城内甚懼及城平元起初
先遣迎華語之曰庚別駕若為亂兵所殺我無
以自明因厚遺之少時又嘗至其西沮田舍有
沙門造之乞元起悉以施之時人稱其有大度元起
十斛元起問田人曰今有稻幾何對曰二
為益州過江陵迎其母母事道方居館不肯出
東聞蜀亂使蔣光濟筮之遇塞明曰吾豈豆
鄧艾而及此乎後果如筮子鏗嗣
元起拜請同行母曰貧賤家兒忽得富貴詎可
又保我窮死不能與汝共入禍敗元起之至巴
陳吏部尚書姚察曰永元之末荊州方未有釁
蕭穎胄悉全甚之兵首應義舉豈天之所啓
人惡之謀不然何其響附之決也穎達叔姪慶
流後嗣夏廣楊郑盛隆名盛矣群之謹厚
楊蔡廉節君子有取焉

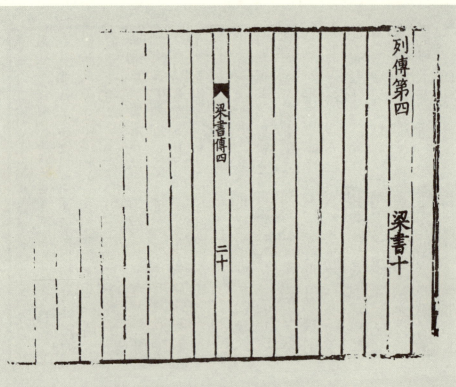

列傳第五　　散騎常侍姚思廉　撰

張弘策　庾域

鄭紹叔

呂僧珍

梁書十一

張弘策字真簡范陽方城人文獻皇后之從父
弟也幼以孝聞母嘗有疾五日不食弘策亦不
食母彊為進粥乃食母憂三年不
食鹽菜毀至滅性兄弟友愛不忍暫離雖各有
室常同卧起世比之姜肱兄弟起家齊邵陵王
國常侍遷奉朝請西中郎江夏王行參軍弘策
與高祖年相輩幼見親狎恂恂隨高祖遊處每入
室常覺有雲煙氣體輒肅然高祖由此特敬
高祖因間高祖曰緯象去何國家故當
及時事弘策從高祖宿酒酣從席下語
無恙高祖曰其可言乎弘策因曰請言其兆高
祖曰漢比有失地氣淅東有急兵祥今冬初觀
必動若動則三漢比帝令久疾多異議萬一伺

親勞役不憚辛苦五年秋明帝崩遺詔以高祖

寶稽部且乘機而作是亦無成徒自驅除耳明
年都邑有亂死人過於亂麻齊之歷數自茲亡
吳梁楚漢當有英雄今何在為
巳富貴為在草茅高祖與弘策曰英雄今何在為
僕弘策起曰今夜之言是天意也請定君臣之
聞之心喜謂高祖曰受密旨仍代曹武為雍州弘策
祖將兵為援且舅曰光武有云安知非
分高祖觀海內方亂有匡濟之心密為儲備謀
笑曰且勿多言弘策從高祖西行仍叅帷幄身

為雍州刺史乃表弘策為錄軍叅軍帶襄陽
今高祖觀海內方亂有匡濟之心密為儲備謀
獸所及惟弘策而巳時長沙宣武王罷益州還
仍為西中郎長史行郢州事高祖紀弘策因說王曰昔周
計於宣武王語在高祖紀蓋中人耳送能一匡九
室既衰諸侯力爭齊德告微四海方亂蒼生之
合民到于今稱之齊德告微四海方亂蒼生之
命曾應有主以郢州居中流之要雍部有戎馬

之饒卿兄弟英武當今無敵虎據兩州象分天
下糾合義兵為百姓請命廢昏立明易於反掌
如此則桓文之業可成不世之功可建無為豎子
所欺取笑身後雍州弘策曰高祖夜召弘策為步兵校尉
僧珍入宅定後部軍事西臺建揚公則諸
不憚而無以拒也義師起高祖以弘策為輔國將軍
軍主領萬人督後部軍事西臺建揚公則諸
遷車騎諮議叅軍及郢城平蕭穎達揚公則諸
將皆欲頓軍夏口高祖以為宜乘長驅直指

京邑以計語弘策與高祖意合又訪寧遠
將軍庾域域又同乃命眾軍即日上道緣江至
建康凡磯浦村落軍行宿次之頓處所弘策逆
為圖測皆在目中義師至新林王茂曹景宗等
於大航方戰朱雀軍高祖遣弘策入頓城屬
是日仍破朱雀軍高祖遣弘策入頓石頭城門
禁衛引接士類多全免城平高祖遣弘策與呂
僧珍先入清宮封檢府庫于時城內珍寶委積
弘策申勒部曲秋毫無犯遷衛尉卿加給事中

天監初加散騎常侍洮陽縣侯邑二千二百戸
弘策盡忠奉上知無不爲交友故舊隨才薦
拔搢紳皆趨焉時東昏餘黨初逢赦令多未自
安數百人因運荻炬束仗得入南北掖作亂燒
神獸門總章觀前軍司馬吕僧珍直殿内以宿
衛兵拒破之盜分入衛尉府弘策方救火盜潛
後害之時年四十七高祖深慟惜焉給第一區
衣一襲錢十萬布百匹蠟二百斤詔曰亡從舅
衛尉慮發所忽殞身袄豎其情理清貞器識淹

濟自藩升朝契闊夷阻加外氏凋衰饗嘗屢絶
興感渭陽情寄斯在方賴忠勳翼宣寡薄報効
無徵永言增慟可贈散騎常侍車騎將軍給鼓吹
一部謚曰愍弘策爲人寬厚通率篤舊故及居
隆重不以貴埶自高故人賓客禮接如布衣時
禄賜皆散之親友及其遇害莫不痛惜焉子緬
嗣別有傳
庾域字司大新野人長沙宣武王爲梁州以爲
録事參軍帶華陽太守時魏軍攻圍南鄭州

有空倉數十所域封題指示將士云此中粟皆
滿足支二年但努力堅守衆心以安虜退以功
拜羽林監遷南中郎記室參軍永元末高祖起
兵遣書招域西臺建以爲寧朔將軍領行選從
高祖東下師次陽口和帝遣御史中丞宗史銜
命勞軍域乃諷史曰黃鉞未加非所以總率侯
伯夬反西臺即授高祖黃鉞蕭穎胄既都督中
外諸軍事論者謂高祖應致牋域爭不聽乃止
郢城平域及張弘策議與高祖意合即命衆軍

便下每獻謀畫多被納用霸府初開以爲諮議
參軍天監初封廣牧縣子後軍司馬出爲寧朔
將軍巴西梓潼二郡太守梁州長史夏侯道遷
舉州叛降魏魏騎將襲巴西域固守百餘日城
中糧盡將士皆齕草食土死者太半無有離心
魏軍退詔增封二百戸進爵爲伯六年卒於郡
鄭紹叔字仲明滎陽開封人也世居壽陽祖琨
宋高平太守紹叔少孤貧年二十餘爲安豐令
居縣有能名本州召補主簿轉治中從事史時

刺史蕭誕以弟謀誅臺遣收兵卒至左右莫不

驚散紹叔聞難獨馳赴焉誕死侍送喪柩泉咸

稱之到京師司空徐孝嗣見而異之曰祖逖之

流也高祖臨司州命為中兵參軍領長流因是

厚自結附高祖罷雍州還紹叔謂曰卿才幸自有用我今未能

固請願留高祖謂曰卿才委質有在義無二心

相益宜更思他塗紹叔

高祖固不許於是乃還壽陽刺史蕭遙昌引

紹叔終不受命遙昌怒將囚之救解得免及高

祖為雍州刺史紹叔間道西歸補寧蠻長史校

風太守東昏既害朝宰頗疑高祖紹叔兄植為

東民曰真後東昏遣至雍州託以候紹叔實使

為刺客紹叔知之密以白高祖植既至高祖於

紹叔處置酒宴之戲植曰朝廷遣卿見圖於

閑實是見取良會也賓主大笑令植登臨城隍

周觀府署士卒器械舟艦戰馬莫不富實植

退謂紹叔曰雍州實力未易圖也紹叔曰兄還送具

為天子言之兄若取雍州紹叔請以此眾一戰送

兄於南峴相持慟哭而別義師起為冠軍將軍

改轢騎將軍侍從東下江州留紹叔督江

湘二州糧運事無闕之天監初入為衛尉卿統殺

忠於事上外所聞知纖毫無隱毫無高祖言曰

臣慮出淺短以為其事當如是殆以此誤朝廷

善則臣之罪深矢高祖甚親信之母憂去職紹叔有

至性高祖常使人節其哭頓之起為冠軍將軍

右軍司馬封營道縣戾邑千戶俄復為衛尉卿

加冠軍將軍以營道縣戶凋散改封東興縣

邑如故初紹叔少失父事母及祖母以孝聞華兄

恭謹及居顯要祿賜所得及四方貢遺悉歸之

兄室三年魏軍圍合肥紹叔以本號督眾軍鎮

東關事平復為衛尉領軍司州

移鎮關南四年以紹叔為軍田司州刺史

州刺史紹叔剋立城隍繕修兵器廣田積穀招

納流民百姓安之性頗矜躁以權轢自居然能

傾心接物多所撫恤士類亦以此歸之六年徵

為左將軍加通直散騎常侍領司豫二州大中
正紹叔至家疾篤詔於宅拜授興載還府中醫
藥一日數至七年卒於府舍時年四十五高祖
將臨其殯紹叔宅巷狹陋不容輿駕乃止詔曰
追往念功前王所篤在誠惟舊異代同規通直
散騎常侍右衛將軍東宮縣開國族紹叔立身
清正茂勲作牧疆境効彰所莅方申任寄協贊
宸扆至殞喪傷慟于懷宜加優典隆茲寵命
可贈散騎常侍護軍將軍給鼓吹一部東園祕
器朝服一具衣一襲凶事所須隨由資給諡曰
忠紹叔卒後高祖嘗潸然謂朝臣曰鄭紹叔
志忠列善則稱君過則歸己當今殆無其比其
見賞惜如此子貞嗣
呂僧珍字元瑜東平范人也世居廣陵起自寒
賤始童見時從師學有相工歷觀諸生指僧珍
謂博士曰此兒有奇聲封侯相也年二十餘依宋
丹陽尹劉秉秉誅後事太祖文皇為門下書佐

沈恩恭

身長七尺五寸容貌甚偉在同類中少所裒狎
曹輩皆敬之太祖為豫州刺史以為典籖帶蒙
今居官稱職太祖遷領軍補主簿妖賊唐瑀寇東
陽太守率眾東討使僧珍知行軍眾局事僧珍
宅在建陽門東自受命當行每日由建陽門道
不過私室太祖益以此知之為丹陽尹復命為
郡督郵齊隨王子隆出為荊州刺史齊武以僧
珍為子隆防閤隸平北將軍曹武西
奐反敕遣僧珍隸平北將軍曹武西為典籖帶
新城令魏軍寇渦北司空陳顯達出討一見異
之因屏人呼上座謂曰卿有貴相後當不見減
努力為之建武二年魏大舉南侵五道高祖率
師援義陽僧珍從在軍中長沙宣武王時為梁
州刺史魏圍守連月閉謀所在不通義陽與雍
州路斷高祖欲遣使至襄陽問眾皆憚
莫敢行僧珍固請充使即日單舸上道既至襄
陽督遣援軍且獲宣武王書而反高祖甚嘉之
事寧補羽林監東昏即位司空徐孝嗣管朝政

吳蓁

歎與共事僧珍揣不久安竟弗往時高祖已臨
雍州僧珍固求西歸得補卭令旣至高祖命爲
中兵參軍委以心膂僧珍
衆高祖頗招武猛士庶響從會者萬餘人因命按
行城西空地將起數十間屋以爲止舍多伐林竹
沈於檀溪積茅蓋若山皁皁不乏用僧珍獨悟
其旨亦私具櫓數百張會衆發兵高祖夜召僧珍
及張弘策定議明旦乃會衆發兵悉取檀溪僧珍
竹裝爲艫艦葺之以茅並立辦衆軍將發諸將

【梁書傳五】　十　顧未

果爭櫓僧珍乃出先所具者每船付二張爭者
乃息高祖以僧珍爲輔國將軍步兵校尉出入
臥內宣通意旨師及郢城僧珍進僧率所領頓僵月
俄又進據騎城郢州平高祖進僧珍爲前鋒
大將軍大軍次江寧高祖令僧珍與王茂率精
兵先登赤鼻邏其日東昏將李居士覘衆來戰
僧珍等要擊大破之乃與茂進軍於白板橋築壘
墨立茂移頓越城僧珍猶守白板本居士密峴
知衆少率銳卒萬人直來薄城僧珍謂將士曰

今力旣不敵不可與戰可勿遙射須至壘裏當
幷力破之俄而皆越塹拔柵僧珍分人上城矢
石俱發自率馬步三百人出其後守隅者復踰
城而下內外齊擊居士應時奔散獲其器甲不
可勝計僧珍又進據越城東昏大將王珍國縱
火車焚其營即日克解建康城平高祖命僧珍
率所領先入清宮太守與張弘策封檢府庫即以
本官帶南彭城太守還給事黃門侍郎領武賁

引州　【梁書傳五】　十二　陳唐

中郎將高祖受禪以爲冠軍將軍前軍司馬封
平固縣族邑二千二百戶尋遷給事中右衛將
軍頃之轉左衛將軍加散騎常侍入直秘書省
總知宿衛天監四年冬還秘書五年夏又命僧
珍率羽林勁勇出梁城其年冬旋軍以本官領
太子中庶子僧珍去家久表求拜墓高祖欲榮
之使爲本州乃授使持節平比將軍南兗州刺
史僧珍在任平心率下不私親戚從父兄子先以

販葱為業僧珍既至乃棄業欲求州官僧珍曰
吾荷國重恩無以報効汝等自有常分豈可妄
求叨越但當速反葱肆耳僧珍舊宅在市北前
有督郵廨鄉人咸勸徙廨以益其宅僧珍怒曰
督郵官廨也置立以來便在此地豈可徙之益
吾私宅姊適于氏住在市西小屋臨路僧珍常
雜廁僧珍常導從鹵簿到其宅不以為恥在州
百日徵為領軍將軍尋加散騎常侍給鼓吹一
部直祕書省如先僧珍有大勳任總心膂恩遇
隆密莫與為比性其恭慎當直禁中盛暑不敢
解衣每侍御座屏氣躬果食未嘗舉箸嘗
因醉後取一柑食之高祖笑謂曰便是大有所
進禄俸之外又月給錢十萬其餘賜賚不絕於
時十年疾病舊駕臨幸中使醫藥日有數四僧
珍語親舊曰吾昔在蒙縣熱病發黃當時必謂
不濟主上見語卿有富貴相必當不死尋應自
差俄而果愈今已言貴而復發黃所苦豈此正
同必不復起矣竟如其言卒于領軍府舍時年

五十八高祖即日臨殯詔曰思舊篤終前王令典
追榮加等列代通規散騎常侍領軍將軍平西
縣開國侯僧珍器思淹通識宇詳濟竭忠盡禮
知無不為與朕契闊情兼屯泰大業初構茂勳
克舉及居禁衛朝夕盡誠方參任台槐式隆朝
寄奄致喪逝傷慟于懷宜加優典以隆寵命可
贈驃騎將軍開府儀同三司常侍鼓吹疾如故
給東園祕器朝服[具衣一襲]喪事所須隨由
備辦謚曰忠敬侯高祖痛惜之言焉流涕長子
峻早卒峻子淡嗣
陳吏部尚書姚察曰張弘策敦厚慎密呂僧珍
恪勤匪懈鄭紹叔忠誠亮直盡構王業三子皆
有力焉僧珍之肅恭禁省紹叔之造膝詭辭蓋
識為臣之節矣

列傳第五

梁書十一

散騎常侍姚　恩廉　撰

柳惔　弟忱
席闡文
韋叡　族弟愛

柳惔字文通河東解人也父世隆齊司空惔初
年十七齊武帝為荊州惔命為參軍轉主簿蕭子響
入為尚書三公郎累遷太子中舍人巴東王子響
友子響為荊州惔隨之鎮子響昵近小人惔知
將為禍稱疾還京及難作惔以先歸得免歷中
書侍郎中護軍長史出為新安太守居郡以無
政績免歸久之為右軍諮議參軍事建武末為
西戎校尉梁南秦二州刺史及高祖前軍將軍
漢中應義和帝即位以為侍中領前軍將軍高
祖踐阼徵為護軍未拜仍遷太子詹事加
散騎常侍論功封曲江縣侯邑千戶高祖因讌
為詩以貽惔曰爾實冠軍后惟余實念功又
嘗侍座高祖曰徐元瑜違命嶺南周書罪不

相及朕已宥其諸子何如惔對曰罰不及嗣賞
延于世今復見之聖朝時以為知言尋遷尚書
右僕射天監四年大舉北伐臨川王宏都督衆
軍以惔為副軍還復為僕射以父疾轉金紫光
祿大夫加散騎常侍給親信二十人未拜出為
使持節安南將軍湘州刺史六年十月卒于州
時年四十六高祖詔曰穆惔著仁政傳及諸詩
將軍給鼓吹一部諡曰素服舉哀贈侍中撫軍
賦粗有辭義子照嗣惔第四弟惲亦有美譽
歷侍中鎮西長史天監十二年卒贈寧遠將軍
豫州刺史
忱字文若惔第五弟也年數歲父世隆及母
闡氏時寢疾忱不解帶經年及居喪以毀聞
起家為司徒行參軍累遷太子中舍人西中郎
主簿功曹史齊東昏遣巴西太守劉山陽由
荊襲高祖西中郎長史蕭穎冑計未有定由
召忱及其所親席闡文等夜入議之忱曰朝廷
狂悖為惡日滋頃聞京師長者莫不重足累

息今幸在遠得假日自安雍州之事且藉以
相斃耳獨不見蕭令君平以精兵數千破崔氏
十萬衆耳章爲羣邪所陷禍酷相尋前事之不忘
後事之師也若使彼凶心已遏豈知君子不係踵
而且雍州士銳粮多蕭使君雄姿冠世必非
山陽所能擬若破山陽荆州復受失律之責進
退無可且深慮之闓文亦深勸同高祖穎胄乃
誘斬山陽以穎爲寧朔將軍亦深勸帝即位爲尚書更
部郎進號輔國將軍南平太守尋遷侍中冠

軍將軍太守如故轉吏部尚書不拜鄧州平穎胄
議遷都夏口忱復同諫以爲巴硤未賓不宜輕
捨根本搖動民志穎胄不從俄而巴東兵至硤
口遷都之議乃息論者以爲見機高祖踐阼以
忱爲五兵尚書領驍騎將軍論義功封州陵
伯邑七百戶天監二年出爲安西長史冠軍將
軍南郡太守六年徵爲員外散騎常侍太子右
衞率未發遷持節督湘州諸軍事輔國將軍
湘州刺史八年坐輒放從軍士免俄入爲祕書監

遷散騎常侍轉祠部尚書未拜遇疾詔授給
事中光祿大夫疾篤不拜十年卒於家時年四
十一追贈中書令謚曰穆子範嗣
席闓文安定臨涇人也少孤貧涉獵書史齊
初爲雍州刺史蕭赤斧中兵參軍由是與其
子穎胄善復歷西中郎中兵參軍領城局高
祖之將起義也闓文深勸之穎胄同爲仍遣田
祖恭私報高祖并獻銀裝刀高祖報以金如意
和帝稱尊號爲給事黃門侍郎尋遷衞尉卿

穎胄暴卒州府騷擾闓文以和帝幼弱中流任
重城始興王憺留鎮援雍部乃與西朝羣臣迎
王總州事故賴以寧輒高祖受禪除都官尚書
輔國將軍封山陽伯邑七百戶出爲東陽太守
又改封湘西戶邑如故視事二年以清白著稱
卒於官詔贈錢三萬布五十四謚曰威
韋叡字懷文京兆杜陵人也自漢丞相賢以後世爲
三輔著姓祖玄避吏隱於長安南山宋武帝入關以
太尉掾徵不至伯父祖征宋末爲光祿勳父祖歸爲

速長史叡軍繼毋以孝聞叡兄纂聞並早知名纂
叡皆好學聞有清操祖征累為郡守毋嘗攜叡視
之如子時叡內兄王憕姨弟杜惲並有鄉里盛名祖
征謂叡曰汝自謂何如褘惲叡謙不敢對祖征曰汝
文章或小減學識當過之然而幹國家成功業皆莫
逮汝也外兄杜幼文為梁州刺史宋永光初未
饒徙者多以賄敗叡時幼用廉聞要叡俱行梁土富
顥為雍州刺史見而異之引為主簿顥到州與鄧琬
起兵叡求出為義成郡故免顥之禍後為宜土差

常侍遷司空桂陽王行參軍隨齊司空柳世隆守郢
城拒荊州刺史沈攸之攸之平遷前軍中兵參軍又
之為廣德令東遷齊興太守本州別駕長水校尉
右軍將軍齊末多敢不欲速鄉里求為上庸太守加
建威將軍俄而太尉陳顯達護軍將軍崔慧景頻
過京師民心逆駭未有所定西土人謀之於叡叡
曰陳雖舊將非命世才崔顥更事懦而不武
其取赤族也宜哉天下大貴人殆興於吾州矣乃
遣其二子自結於高祖義兵檄至叡率郡人

伐竹為筏倍道兼行來赴有眾二千馬二百匹高祖
見叡甚悅拊几曰他日見君之面今日見君之
心吾事就矣義師剋魯平拓湖叡多建謀策
皆見納用大軍發郢謀留守將高祖難其人父
之顧叡曰棄騏驥而不乘焉遑遑更索
之拒守也男女口垂十萬閉壘經年其疾疫死者
十七八皆積屍於床下而生者得寢處其上每屋
輒盈滿叡科簡隱卹咸為營理於是死者得

埋藏生者反居業百姓賴之梁臺建徵為大
理高祖即位選廷尉封梁都子邑三百戶天監
二年改封永昌戶邑如先東宮建遷太子右
衛率出為輔國將軍豫州刺史領歷陽太守
三年詔魏都督眾來寇率州兵擊走之四年王師
北伐叡都督眾軍叡遣長史王超宗梁郡
太守馮道根攻魏小峴城未能拔叡巡行圍柵
城中忽出數百人陳於門外叡欲擊之諸將
皆曰向本輕來未有戰備徐還授甲乃可進

耳叡曰不然魏城中二千餘人閉門堅守足以
自保無攻出人於外必其驍勇者也若能挫
之其城自拔眾皆猶豫疑叡指麾曰朝廷授
此非以為飾幸叡之法不可犯也乃進兵士皆殊
死戰魏軍果敗走因急攻之中宿而城拔遂進
討合肥先是右軍司馬胡略等至合肥久未能
下叡按行山川曰吾聞汾水可以灌平陽絳水
可以灌安邑即此是也乃壅肥水親自日夜率頃
之堰成水通舟艦繼至魏初分築東西小城夾

[梁書傳六] [七] [王生]

合肥叡先攻二城既而魏援將楊靈胤帥軍五
萬奄至眾懼不敵請表益兵叡笑曰賊已至城
下方復求軍臨難鑄兵豈及馬腹且吾求濟師
彼亦徵眾猶如吳益巴丘增自帝師克在
和不在眾古之義也因與戰破之軍人少安初
肥水堰立使軍主王懷靜築城於岸守之魏攻
陷懷靜城千餘人皆沒魏人乘勝至叡堤下其
執其盛軍監潘靈祐勸叡退還巢湖諸將又
請走保三又叡怒曰寧有此邪將軍死綏有前

無卻因令取繳扇麾毛幢樹之堤下示無動志叡
素羸每戰未嘗騎馬以板輿自載督屬眾軍
魏兵來鑿堤叡親與爭之魏軍少卻因築壘於
堤以自固叡起鬥艦高與合肥堞等四面臨之魏
人計窮晝接客旅夜算軍書三更起張燈達曙摛
無所用魏守將杜元倫登城督戰中弩死城遂潰
俘獲萬餘級牛馬萬數絹滿十間屋叡悉充軍賞
循其眾常如不及故投募之士爭歸之所至順會

[梁書傳六] [八] [王生]

修立館宇藩離牆壁皆應准合肥既平高祖
詔眾軍進次東陵東陵去魏壁二十里將會
戰有詔班師去賊既近懼為所躡叡威名素
居前身乘小輿殿後魏人服叡威名莫敢輒動
遍全軍而還至是遷豫州於合肥五年魏中山
王元英寇北徐州圍刺史昌義之於鍾離眾號
百萬連城四十餘高祖遣征北將軍曹景宗都
督眾軍二十萬以拒之次邵陽洲築壘相守高
祖詔叡率豫州之眾會焉叡自合肥迎道由陰

陵大澤行值澗谷輒飛橋以濟師人畏魏軍
盛多勸叡緩行叡曰鍾離今鑒六而虜負而汲
車馳卒奔猶恐其後而況緩乎魏人已墮吾景
腹中鄉曹勿憂也旬日而至邵陽初高祖敕景
宗曰韋叡卿之鄉望宜善敬之景宗見叡禮甚
謹高祖聞之曰二將和師必濟矣叡於城比曉而
前二十里夜掘長塹斬樹鹿角截洲為城比曉而
營立元英大驚以杖擊地曰是何神也明旦英
自率眾來戰叡乘素木輿執白角如意麾

軍一日數合英甚疆魏軍又夜來攻城飛矢兩
集叡子黯請下城以避箭叡不許軍中驚叡於
城上厲聲呵之乃定魏人先於邵陽洲兩岸為
兩橋樹柵數百步跨淮通道叡裝大艦使梁
郡太守馮道根廬江太守裴邃秦郡太守李
文釗等為水軍值淮水暴長叡即遣之以鬥艦
競發皆臨壘以小船載草灌之以膏從而焚
其橋風怒火盛烟塵晦冥敢死之士拔柵斫橋
水又漂疾倏忽之間橋柵盡壞而道根等皆身

自搏戰軍人奮勇呼聲動天地無不當百魏
人大潰元英見橋絕脫身迸走道水死者
十餘萬斬首亦如之其餘釋甲稽顙乞為囚奴
猶數十萬所獲軍實牛馬不可勝計叡遣報
昌義之義之且悲且喜不暇答語但叫曰更
生高祖遣中書郎周捨勞之謂叡曰君此獲復與熊耳
山等以功增封七百戶進爵侯徵復通直散騎
常侍右衞將軍七年遷左衞將軍俄
長史南郡太守秩中二千石會司州刺史馬
仙琕北伐還軍援焉
督眾軍援焉至安陸增築城二丈餘更開三關擾動詔叡
大堰起高樓眾頗譏議其宗元英曰不然為將
當有怯時不可專勇是時元英復追仙琕將
復邵陽之恥聞叡至
亦詔罷軍明
年遷信武將軍江州刺史九年徵員外散騎常
侍右衞將軍累遷左衞將軍太子詹事尋加通
直散騎常侍十三年遷智武將軍丹陽尹以公

事免頃之起為中護軍十四年出為平北將軍
寧蠻校尉雍州刺史初叡起兵鄉中客陰儁光
泣止叡叡還為州儁光道俟叡笑謂之曰若
從公言叡乞食於路矢飼耕牛十頭叡於故舊
無所遺惜之十大夫年七十以上多與假板縣令
鄉里散散騎常侍護軍將軍尋表致仕優詔不許十七
年徵省居朝廷恂恂未嘗忤視高祖甚禮敬之性
慈愛撫孤兄子過於己子歷官所得祿賜皆

梁書傳六　十二　田立

散之親故家無餘財後為護軍居家無事雖老
萬石陸賈之為人因畫之於壁以自玩時暮
眼目猶開課諸兒以學第三子稜尤明經史世稱
其治聞叡每坐稜使說書其所發摘稜猶弗
之逮也高祖方銳意居大臣不欲與俗俯仰所行
自以信受普通元年夏遷侍中車騎將軍以疾
略如他日卒於家時年七十九遺令薄葬斂以
時服高祖即日臨哭甚慟賜錢十萬布二百匹以

東園祕器朝服一具衣一襲喪事取給於官遣
中書舍人監護贈侍中車騎將軍開府儀同三
司諡曰嚴初邵陽之役義之甚德叡請曹
景宗與叡會因設錢二十萬官賭之景宗擲得
雉叡撽得盧邊取一子反之曰異事遂作塞
宗時與叡帥爭先啓之捷叡獨居後其不尚勝
率多如是世尤以此賢之放正稜遷別有傳
正字㩹直起家南康王行參軍稜遷中書侍郎
出為襄陽太守初正與東海王僧孺友善及

梁書傳六　十二　里

僧孺為尚書吏部郎參掌大選賓友故人莫不
傾意正獨澹然及僧孺擯廢之後正復篤素
有踰曩日論者稱焉歷官至給事黃門侍郎
稜字威直性恬素以書史為業博物彊記當世
之士咸就質疑起家安成王府行參軍稜遷治書
侍御史太子僕光祿卿著漢書續訓三卷
顗字務直性彊正少習經史有文詞起家太子
舍人稍遷太僕卿南豫州刺史太府卿炭景濟
江顗屯六門尋改為都督城西面諸軍事時景

於城外起東西二土山城內亦作以應之太宗
親自負土哀太子已下躬執畚鍤帝守西土山
晝夜苦戰以功授輕車將軍加持節卒於城內
贈散騎常侍左衛將軍叡族弟愛
愛字孝友沈靜有器局高祖父廣晉後軍
軍比平太守曾祖軌以孝武義陽太守父
陽為本州別駕散騎侍郎祖循宋義陽太守將
義正早卒愛少而偏孤事母以孝聞性清介
不妄交遊而篤志好學每虛室獨坐遊心墳
素而埃塵滿席寂若無人年十二嘗遊京師
值天子出遊南苑邑里諠譁老幼爭觀愛獨端
坐讀書手不釋卷宗見者莫不異焉及長
博學有文才尤善周易及春秋左氏義宗頭
為雍州刺史辟為主簿遭母憂廬於墓側負
土起墳高祖臨雍州聞之親往吊服閔引為
中兵參軍義師之起也以愛為壯武將軍冠軍
南平王司馬帶襄陽令時京邑未定雍州空虛
魏興太守顏僧都等據郡反州內驚擾百姓攜

貳愛沈敏有謀素為州里信伏乃推心撫御
曉示逆順兼率慕鄉里得千餘人與僧都等
戰於始平郡南大破之百姓乃安蕭穎冑之死
也和帝徵兵愛從始興王憺赴為先是巴
東太守蕭璝巴西太守魯休烈舉兵來逼荊
州及憺至令愛齎貨諭之璝即日請降中興二年
驍騎將軍尋除寧蜀太守與益州刺史鄧元起
西上襲劉本連行至公安道病卒贈衛尉卿子
乾向官至驍騎將軍征北長史汝陰鍾離二郡
太守
陳吏部尚書姚察曰昔竇融以河石歸漢終為
盛族柳惔舉南鄭譬從而家聲弗替時哉忱
之謀畫亦用有成智矣柳叡弗庸以附義其
地比恢則薄及合肥邵陽之役其功甚盛推而
弗有君子哉

列傳第六

梁書十二

范雲

沈約

　　　　散騎常侍姚　思廉　撰

范雲字彥龍南鄉舞陰人晉平北將軍汪六
世孫也年八歲遇宋豫州刺史殷琰於塗琰與
之要就席雲風姿應對傍若無人琰令賦詩操
筆便就坐者歎為當然親人來照令書一夜不
息照撫其背曰鄉里精神秀朗而勤於學鄉相才
也少機警有識具善屬文便尺牘下筆輒成未
嘗定葉時人每疑其宿構父抗為郢府參軍雲
隨父在府時吳興沈約新野庾杲之與抗同府
見而友之起家郢州西曹書佐轉法曹行參軍
俄而沈攸之舉兵圍郢城抗時為府長流入城
固守留家屬居外雲為軍人所得攸之召與語
聲色甚厲雲容貌不變徐自陳說攸之乃笑曰
卿定可兒且出就舍明日又召令送書入城城
內或欲誅之雲曰老母弱弟懸命沈氏若違其

命禍必及親今日見殺心如萁荠長史柳世隆素
與雲善乃免之承平建元初竟陵王子良為會稽
太守雲始隨王王未之知也會遊秦望使人視
刻石文時莫能識雲獨誦之王悅自是寵冠府
朝王為丹陽尹召為主簿深相親任時進見未
嘗不至時謁廟始
畢帝曰卿言是也感應之理一至此平轉補征
後答曰臣聞此烏者敬宗廟則白烏至時謁補始
高帝值有獻白烏者帝問此烏位卑而
北南郡王刑獄參軍事領主簿如故遷尚書殿
中郎子良為司徒又補記室參軍事尋授通直
散騎侍郎領本州大中正出為零陵內史在任
潔己省煩苛去游費百姓安之明帝召還都及
至拜散騎侍郎復出為始興內史郡多豪猾大
姓二千石有不善者謀共殺害不則逐去之邊
帶蠻俚便多盜賊前內史皆以兵刃自衛雲入
境撫以恩德罷其候伺商賈露宿郡中稱為神
明仍遷假節建武將軍平越中郎將廣州刺史
初雲與尚書僕射江祏善祏娣弟徐藝為曲江

令沈以託雲有譚儼者縣之豪族藝鞭之儼以
為恥詣京訴雲雲坐儼還下獄會赦免求元二
年起為國子博士雲初與高祖深遇於齊竟陵王
子良邸又嘗接里閈既誅諸侍中張稷稷使雲銜命
邑雲時在城內東昏既誅諸侍中張稷稷使雲銜命
出城高祖因留之拜黃門侍郎與
沈約同心贊之俄遷大司馬諮議參軍領錄事
梁臺建遷侍中時高祖納齊東昏余妃頗妨
政事雲嘗以為言未之納也後與王茂同入卧

三 余玖

內雲又諫曰昔漢祖居山東貪財好色及入關
定秦財帛無所取婦女無所幸范增以為其志
大故也今明公始定天下海內想望風聲奈何
襲昏亂之跡以女德為累王茂因起拜曰范雲
言是公必以天下為念無宜留惜高祖默然曰
便疏令以余氏賫茂高祖賢其意而許之明日
賜雲茂錢各百萬於是乘輿禮畢高祖受禪柴燎於
南郊雲以侍中參乘禮畢高祖謂雲曰朕
之今日所謂懍乎若朽索之馭六馬雲對曰亦

梁書傳七

顧陛下日慎一日高祖善之是日遷散騎常侍
吏部尚書以佐命功封霄城縣族邑千戶雲以
舊恩見擢超居佐命盡誠翊亮知無不為高祖
亦推心仗之所奏多允嘗侍讌高祖謂臨川王
宏鄱陽王恢曰我與范尚書少親善呼范為兄
敬今為天下主此禮既革汝代我親善申四海之
二王下席拜與雲同車還尚書下省時人榮之尋遷
其年東宮建雲以本官領太子中庶子尋遷
尚書右僕射猶領吏部頃之坐違詔用人免吏
部猶為僕射雲性篤睦事寡嫂盡禮家事必
先諮而後行好節尚奇專趣人之急少時與雲
軍長史王暕善暕亡於官舍貧無居宅雲乃迎
喪還家躬營殯葬事竟陵王子良恩禮甚隆
雲每獻損益未嘗阿意子良嘗啟齊武帝論雲
為郡帝曰庸人閒其恒相規誨書具存雲
之以遂于良曰不然雲動相規誨書具存請
取以奏既至有百餘紙辭皆切直帝歎息因謂
子良曰不謂雲能爾方使輔汝何宜出守瘵文
子良曰不謂雲能爾方使輔汝何宜出守瘵文

四 高玖

梁書列傳七

— 129 —

〔上半葉〕

惠太子嘗出東田觀穫顧謂眾賓曰刈此亦殊
可觀眾皆唯唯雲獨曰夫三時之務實爲長勤
伏願殿下知稼穡之艱難無徇一朝之宴逸既
出侍中蕭緬先不相識因就車握雲手曰不圖今
日復聞讜言及居選官任守隆重書牘盈案賓
客滿門雲應對如流無所壅滯官曹文墨發擿

若神時人咸服其明瞻性頗激厲少威重有所
是非形於造次士或以此少之初雲爲郡號稱
廉潔及居貴顯通饋餉然家無畜積隨散
之親友二年卒時年五十三高祖爲之流涕即
日輿駕臨殯詔曰追遠興悼常情所篤況問望
斯在事深朝寄者乎故散騎常侍尚書右僕射
霄城縣開國侯雲器範貞正思懷經遠爰初立志素履
有聞脫巾來仕清績仍著燮務登朝具瞻惟允
綢繆翊贊義簡朕心雖勤非負弩而舊同論講
方騖遠塗奄致喪殞傷悼于懷宜加
命秩式備徽典可追贈侍中衛將軍僕射侯宜如
故并給鼓吹一部禮官請諡曰宣勑賜諡文有

〔下半葉〕

集三十卷子孝才嗣官至太子中舍人
沈約字休文吳興武康人也祖林子宋征虜將
軍父璞淮南太守璞元嘉末被誅約幼潛竄會
赦免既而流寓孤貧篤志好學晝夜不倦母恐
其以勞生疾常遣減油滅火而晝之所讀夜輒
誦之遂博通羣籍能屬文起家奉朝請濟陽
蔡興宗聞其才而善之興宗爲郢州刺史引爲
安西外兵參軍兼記室興宗常謂其諸子曰沈
記室人倫師表宜善事之及爲荊州又爲征西

記室參軍帶闕西令興宗卒始爲安西晉安王
法曹參軍轉外兵並兼記室入爲尚書度支郎
齊初爲征虜記室帶襄陽令所奉之王即齊文
惠太子也太子入居東宮爲步兵校尉管書記
直永壽省校四部圖書時東宮多士約特被親
遇每直入見影輒移晷與約談論或日晏不得
進約每以爲言太子曰吾生平嬾起是卿所爲
得卿談論然後忘寢卿欲我夙興可恨早入遷
太子家令後以本官兼著作郎遷中書郎本邑

中正司徒右長史黃門侍郎時竟陵王亦招士約
與蘭陵蕭琛琅邪王融陳郡謝朓南鄉范雲樂
安任昉等皆遊為當世號為得人俄兼尚書左
丞尋為御史中丞轉車騎長史隆昌元年除吏
部郎出為寧朔將軍東陽太守明帝即位進號
輔國將軍尋加通直散騎常侍永元二年以母老表
政歸家宰尚書令徐孝嗣使約撰定遺詔遷左
衛將軍尋加冠軍將軍司徒左長史征虜將軍
求解職改授冠軍將軍 〔梁書傳七 七 劉志〕
南清河太守高祖在西邸與約遊舊書建康城平
引為驃騎司馬將軍如故時高祖勳業既就天
人允屬約嘗扣其端高祖默而不應佗日又進
曰今與古異不可以淳風期萬物夫以攀龍附
鳳者必皆有尺寸之功以保其福祿令童兒牧
豎皆知齊祚巳終莫不云明公其人也天文人
事表革運之徵永元以來尤為彰著讖云行中
水作天子是歷數所至雖欲謙光亦不可得巳高

祖曰吾方思之對曰公初杖五樊兩此時應思
今王業巳就何所復思昔武王伐紂始入民便
曰吾君武王不違民意亦無所思公自至京邑
已移氣序比於周武遲速不同若不早定大業
稽天人之望脫有一人立異便損威德且人非
金玉時事難保豈有一人方更同公作賊旨高
天子還都公卿在位則君臣分定無復異心君
明於上臣忠於下豈復有人方云云對略同約旨
祖然之約出高祖召范雲至之云云對略同約旨 〔梁書列傳七 八 显祖〕
高祖曰智者乃爾闇同卿明早將休文更來雲
出語約約曰卿必待我云許諾而約先期入高
祖命草其事約乃出懷中詔書并諸選置高祖
初無所改俄而雲自外來至殿門不得入徘徊
壽光閣外但云咄咄約出問曰何以見處高祖舉
手向左云云俄曰約豈不乖所望有頃高祖召范雲謂
曰生平與沈休文善居不覺有異人閒今日才
智縱橫可謂明識雲曰公今知約不異約今知
公高祖曰我起兵於今三年矣功臣諸將實有

其勞然成帝業者乃卿二人也梁臺建為散騎
常侍吏部尚書兼右僕射高祖受禪為尚書僕
射封建昌縣族邑千戶常侍如故又奏約為尚書僕
為建昌國太夫人奉策之日左僕射范雲等二
十餘人咸來致賀約年衰不宜致殷遺中書令
常侍如故尋兼領軍將軍丹陽尹置佐史服
興駕親出臨市以約年衰不宜致殷遺中書合
人斷客節哭起為鎮軍將軍太子詹事揚州大中
關選侍中右光祿大夫領太子詹事揚州大中

正關尚書八條事遷尚書令侍中詹事中正如
故累表陳讓改授尚書左僕射領中書令前將
軍置佐史侍中如故尋遷尚書令領太子少傅
九年轉左光祿大夫侍中少傅如故給鼓吹一
部初約久處端揆有志臺司論者咸謂為宜而
帝終不用乃求外出又不見許與徐勉素善遂
以書陳情於勉曰吾弱年孤苦傍無朞屬往者
將墜於地契闊屯邅困於朝夕嶇嶇薄宦非
為已望得小祿傍此東歸歲逾十稔方忝襄陽

縣公私情計非所了具以身資物不得不任人
事永明末出守東陽意在止足而建武肇運人
世膠加一去不返行之未易及昏猜之始冬想
多門因此謀退庶幾可果託卿布懷於徐令想
記未忘聖道韋興謀達嘉運往志宿心復成
乖藜今歲開元禮年六至縣車之請事由恩
奮誠不能弘宣風政光闡朝猷尚欲討尋文簿
時議同異而開年以來病增慮切當由生靈有
限勞役過差總此凋竭歸之暮年牽策行止務

力柢事外觀傍臨見尚似全人而形骸力用不相
綜攝常須過自束持方可僶俛解支一臥支體
不復相關上熱下冷月增日篤愛則煩加寒
必利後差不及前差後劇必甚前劇百日數旬
革帶常應移孔以手握臂率計月小半分以
此推算并能支久若此不休日復一日將貽聖
主不追之恨冒欲表聞乞歸老之秩若天假其
年還得平健方力所堪惟思是策勉為言於高
祖請三司之儀弗許但加鼓吹而已約性不飲

酒少嗜欲雖時遇隆重而居處偷素立宅東田
矚望郊阜賦其辭曰惟至人之非已
固物我而兼忘自中智以下洎咸得性以為場
獸因巖而獲騁鳥先巢而後翔陳巷窮而業泰
要居湫而德昌僑棲仁於東里鳳晦跡於西堂
伊吾人之編志無經世之大方思休林而羽戢
顧託水而鱗藏固無情於輪奐非有欲於康莊
披東郊之寥廓入蓬藋之荒茫既從豎而橫構
亦風除而雨攘昔西漢之標季余播遷之云始

三、三一 梁書列傳七 十一 顯祖

違利建於海昆創惟桑於江汜同河濟之重世
蹄班生之十紀或辭祿而反耕或彈冠而來仕
逮有晉之隆安集艱虞於天步世交爭而波
民失時而狼顧延亂麻於井邑暴如華於衢路
大地曠而靡容旻天遠而誰訴伊皇祖之弱辰
逢時艱之孔棘違危邦而竄息值龍顏之鬱起
肇齊宇於朱方掩關庭而晏息值龍顏之鬱起
乃憑風而矯翼指皇邑而南轅循以驂力
邅華扉而來啓長高衡而從植傍逸陌之脩

平面淮流之清直芳塵浸而悠遠世道忽其
隆縣四代於茲日盈百祀於微躬嗟弊廬之難
保若實擇之從風或誅茅而胝棘或既平生之耿
東乍容身於白社亦寄孥於伯通迹平生之長
介實有心於獨佳思幽人而軫念望東皋而長
想本忘情於徇物徒網羈事涉而未合志悄悄
華絲陸興言而彌峭情薄而未合志悄悄於
無英路將殫而躑躅卷巖阿而
如蘭何斯願之浩蕩詠歸歟巖阿而

三、三十 梁書列傳七 十二 顯祖

抵掌逢時君之喪德何凶昏之孔熾乃戰牧所
未陳實外卬所不記彼黎元之喋喋將垂獸而
為餌瞻宇臭而無歸雖非彼愛乎上天固非民其
未觀終道組而後直尋賜愛乎上天固非民其
莫甚授宜符於積惡之古稔寧方割於下埶廓重昏
之初展值夏又驅馳乎軒頊德無遠而不被明無微
於上塗躬靡眼於朝食既牢寵
於鵲夏又驅馳乎太荒播仁風於遐俗闓終古
而不燭鼓女澤於太荒播仁風於遐俗闓終古

而退念信王歆其如王僮街圖之盛世遇與聖之
嘉期謝中洧於初日叻日光佐於此時關投石之猛志
無飛矢之麗辭排陽鳥而命邑方河山而啟基
翼儲光於三善長王職於百司競鄙夫之易失
懼寵祿之難持伊前世之貴仕宰纖情於丘窟
譬叢華於北關關重趙每驕奢以相越築甲館於銅
沒教傳嗣於堯壤何安身於窮地味先哲而為
馳拉高門於北關蓬權所能
言固余心之所嗜不慕權於城市豈邀名於眾屠
肆詠希微以考室幸風霜之可庇爾乃傍窮野
抵荒郊編霜菸茍寒茅構棲噪之所集築町
疃之所交因犯田妨基而剗果決漙灣
之汀溆塞井秘尨之淪拘藝芳积於北渠樹脩楊
於南浦遷甕牖於蘭室同肩墻於華堵織宿楚
以成門籍外扉而為戶既取陰於庭槐又因籬
於芳杜開閤室以遠臨關高軒而秀觀漸沼沚
於霤垂周膝陌於堂下其水草則蘋萍英芟菁
藻菜苽抜石衣海髮黃荇綠蒲勳紅荷於輕浪覆

碧箂於澄湖飡嘉實而却老振羽服於清都其
陸卉則紫驚龜綠蕊天著山韭鷹舌牛脣薆
首布濩南池之陽爛漫北樓之後或幕渚而砒地
或縈窗而覘牖若乃園宅殊制田圃異區李衡
則橘林千樹則雜果萬株荳豪情之所修非
儉志之所娛欲令紛披荊跗其林鳥則九衢抽
戶接雷承偶開丹房以四照舒翠葉而翻泊頡
紅英於紫蔕銜菜藥於青跗其林鳥則九衢綺
頑遺音下上楚雀多名流嚶雜響或班尾而綺
翼或綠衿而絳顏好葉隱枝藏乍開關而
往其水禽則大鴻小鴈天狗澤虞秋鶯寒鶒
修鵁短鳧曳多差之弱藻漾之輕軀紡纖
流而起沫翼鼓浪而成珠其魚則赤鯉青魴纖
儵鉅鱮碧鱗朱尾脩顧偃額小則戲渚成文大
則噴流揚白不興羡於江海聊相忘於余宅其
竹則東南獨秀九府擅奇不遷植於淇水豈分
根於樂池秋蜩吟葉寒雀噪枝來風南軒之下
頁雪北堂之垂訪佳塗之軨跡觀先識之情偽

每誅空而索有皆指難以為易不自已而來足
並尤物以與累亦昔士之所迷而今余之所避
也原農皇之收姐討歆播之云初肇肇癏腥以粒
食乃人命之所儲寺井田之往記考阡陌於前
書顏單人食而樂在鄭高廩而空虛頃四百而不
足畝五十而有餘撫幽衷而駒念辛取給於庭
廬緯東菑之故耡浸北畝之新渠無蔑蓑於
曉蓐不抱恕於朝蔬排外物以齊道獨為維而
在余安事千斯之積不羨汶陽之墟臨巽而

騁目即堆冢而流眄難茲山之培壤乃文靖之所
宴驅四牡之低昂鄉賢敷敷如之清轉羅方真而綺
錯窮海陸而兼薦羨一權之足偉委千金其如
線試撫臆而為言豈堂斯風之可扇將通人之遠
旨非庸情之所見聊遷情而從眄識万卓於歸
津帶脩汀於桂渚肇肇秦路縈於彊而
欵越淦被海而通闓歲非失步於方春何東川之
可珍實褰期於晚歲伊故鄉之念伊故鄉之
瀰瀰獨流涕於吾人謬參賢貝於昔代巫徒遊

於茲所侍綵旄而齊蹕陪龍舟而導渚或列席
而賦詩或班觴而宴語總惟一朝冥漠西陵忽其
葱林定望商颷而永歎每樂愷於斯觀始則鍾石
鏘鈜終以魚龍爛漫或升降有序或浮白無筭
貴則景魏蕭曹親則梁武周旦莫不共霜露之
歇滅與風雲而消散眺孫戶之英主指衡岳之
遺武苞江漢而為宇徒言於石樽遂延災於
作鎮忽無徵而不脩同原陵之臆腥寧知螻蟻
金縷忽無徵於

之與狐兔無論椎剽之與牧豎睇東巘以流目
心悽愴而不怡蓋昔儲之舊苑實睿之餘基
脩林則草偃忽二紀以歷茲咸夷漫於
月榭重栭千櫨捷嶸百栱相持以芳圭風臺窲翼
水嬉踰三齡而事佗忽二紀以歷茲咸夷漫於
蕩漾雖混成以無跡於艮域觀高館於
菰嶺終陵虛而倒景駕雄蜺之可乘姤食霞而
吐霧永指咸池而一息聖瑤臺而高騁豈求言以
悠悠指咸池而一息聖瑤臺而連卷泛天江之

自峰冀冀神方之可　請惟鍾巖之隱鬱表皇都而
作峻極蓋望秩之所宗含風雲而吐潤其為狀也
則魏裁崇崒喬枝拂日巉巖峝崿隆石堆星
岑釜峽屼或坳或平盤堅枕卧詭狀殊形孤燈
橫插洞穴斜經千丈萬仞三龍亘縹州邑
歇踤郊堙素煙晚帶白霧晨紫近循則一巖異
色遠望則百嶺俱青觀二代之塋兆覩摧殘之
餘堺成顥沛於虔豎康斂袗於虛器穆恭已於
巖廊簡遊情於玄肆烈窮飲以致炎安志懷
而受崇何宗祖之奇傑威橫天而陵地惟聖文
之纘武殆隆平之可至余世德之所君仰遺封
醉降紫皇於天關延三妃於湘渚浮蘭煙於桂
棟召巫陽於南楚揚玉枹握椒糈悅臨風以浩
唱折瓊茅而延佇敬惟空路邈遠神蹤邈念
其歡蔫風生猶聚沫歸妙軫於一乘路玄扉於
達欲息心以遣累必違人而後豁或結榛於巖
根或開欞於木末室闇蘿蔫檐梢松枯旣得理

於兼謝固志懷於饑渴或攀枝獨遠或陵雲高
蹈因耳茨以結名觀空以表號得志已於茲日
豈期心於來報天假余以大德荷茲之無疆
受老夫之嘉稱班燕禮於上库無希驥之秀質
之如珪之令望普恩於舊主重匪服於今皇
仰休老之盛則請微軀於陲宇聊眩日以翱翔
猶奉職於春坊時言歸於道場獸依埤而莫駭
樓余志於淨國旋迷塗於去轍篤念於祖光
魚钓沼而不綱
晚樹開花初英落藥或異林而分丹青亡因風
而雜紅紫紫蓮夜發紅荷曉舒輕風微動其芳
龍天余風騷屑於園樹月籠連於池竹蔓長
柯於簷桂黃華於庭菊冰縣峀而帶坻
雪縈松而被野鴨鳧飛而不散鵁鶄高翔而欲下
竝時物之可懷雖外來而非假寔情性之所留
滯亦志之而不能捨也傷余情之頽暮罹憂患
其相溢悲異軫而同歸懷殊方而竝失時復託
情魚鳥歸閑蓬蓽旁闕吳娃前無趙瑟以斯終

老於為請曰惟以天地之恩不報書事之官靡
述徒重於高門之地不載於良史之筆長太息
其何言羞愧心之非一尋加特進光祿侍中少
傳如故十二年卒官時年七十三詔贈本官贈
錢五萬布百四謚曰隱約左目重瞳子寡有紫
志聰明過人好墳籍聚書至二萬卷書有惟
少時孤貧西千宗黨得米數百斛為宗人所侮
覆米而去又貴不以為憾用為郡部傳常侍謚
有妓師是齊文惠宮人帝問識座中客不曰惟

梁書列傳七　十九　緣謚

識沈家令約伏座流涕帝亦悲為為之罷酒約
歷仕三代該悉舊章博物治聞當世取則謝玄
瞳善為詩任昉彥昇工於文章約兼而有之然不
能過也自負高才昧於榮利乘時藉勢頗累清
談及居端揆稍弘止足每進一官輒殷勤請退
而終不能去論者方之山濤用事十餘年未嘗
有所薦達政之得失唯唯而已初高祖有憾於
張稷及稷卒因與約言之約曰尚書左僕射出
作邊州刺史已往之事何足復論帝以為婚家

相為大怒曰卿言如此是忠臣邪乃輦歸內殿
約懼不覺高祖起猶坐如初及還未至林而憑
空頓於戶下因病夢齊和帝以劍斷其舌召巫
視之巫言如夢乃道士奏赤章於天稱禪代
之事不由已出高祖遣上省醫徐奘視約疾
帝奇之問曰此約即前不讓即羞死帝以其言
事出謂人曰此公護前不讓即羞死帝以其言
不遂欲抵其罪徐勉固諫乃止及聞赤章事大

梁書列傳七　二十　沈成

怒中使譴責者數矣為約懼遂卒有司謚曰文帝
曰懷情不盡曰隱故改為隱云所著晉書百一
十卷宋書百卷齊紀二十卷高祖紀十四卷週
言二十卷宋文章志三十卷文集一百
卷皆行於世又撰四聲譜以為在昔詞人累千
載而不窹獨得胸衿窮其妙旨自謂入神之
作高祖雅不好焉帝問周捨曰何謂四聲捨曰
天子聖哲是也然帝竟不遵用子旋及約時已
歷中書侍郎永嘉太守司徒從事中郎司徒右

長史免約喪為太子僕後以母憂去官而蔬
食辟穀服除猶絕粳梁為給事黃門侍郎中
撫軍長史出為招遠將軍南康內史在部以
清治稱卒官諡曰恭矣子定嗣

陳吏部尚書姚察曰昔木德將謝昏嗣流虐慄
慄黎命懸臲漏高祖義挺橫潰志寧區夏
謀謨帷幄寔寄良平至於范雲沈約參預締構
贊成帝業加雲以機警明贍濟務益時約高才
博洽名亞遷董俱屬興運蓋一代之英偉焉

列傳第七

梁書十三

終逍組而後值　逍組竟

列傳第八

江淹
任昉

散騎常侍姚　思廉　撰

江淹字文通濟陽考城人也少孤貧好學沈
靖少交遊起家南徐州從事轉奉朝請宋建
平王景素好士淹隨景素在南兗州廣陵令
郭彥文得罪辭連繫淹繫於獄淹獄中上書曰
昔者賤臣叩心飛霜擊於燕地庶女告天振風
襲於齊堂下官每讀其書未嘗不廢卷流
涕何者士有一定之論女有不易之行信而見
疑貞而為戮是以壯夫義士死而不顧者也
下官聞仁不可恃善不可依徒語乃令知
之伏願大王暫停左右少加憐鑒下官本蓬戶
桑樞之民布衣韋帶之士退不飾詩書以驚
愚進不買名聲於天下日者謬得升降承明
之闕出入金華之殿何嘗不局影凝嚴側身
禁者乎竊慕大王之義為門下之實備鳴盜

淺術之餘豫三五鼢伐之末大王惠以恩光眄
以顏色實佩荊卿黃金之賜竊感豫讓國士之
分矣常欲結纓伏劍少謝萬一剖心摩踵以報
所天不圖小人固陋坐貼謗讟隙生昭雪身限
幽圄履影弔心酸皋痛骨下官聞虧名為辱
虧形次之是以每一念來忽若有遺加以涉旬月
迫季秋天光沈陰左右無色身非木石與獄吏
為伍此少卿所以仰天搥心泣盡而繼之以血者
也下官雖之鄉曲之譽然嘗聞君子之行矣其

上則隱於簾肆之間卧於巖石之下次則結綬金
馬之庭高議雲臺之上次則虜南越之君係單
于之頸俱啟丹冊並圖青史嘗當爭分寸之末
鏡刀錐之利哉然下官聞積毀銷金積讒靡骨
古則直生取疑於盜金近則伯魚被名於不義
彼之二才猶或如此況在下官焉能自免昔
將之耻絳族幽獄名臣之著史遷下室如下官
當何言哉夫魯連之智辭祿而不反接輿之賢
行歌而忘歸子陵開關於東越仲蔚杜門於西

秦亦良可知也若使下官事非其虛罪得其
實亦當鉗口吞舌伏首以頽身何以當齊誓
奇節之人燕趙悲歌之士乎今聖歷欽明天下
樂業青雲浮雒榮光塞河西洎隴洮狄道比距
飛狐陽原莫不浸仁沐義而下官抱
痛圓門含憤獄戶一物之微有足悲者仰惟大王
少垂明白則梧丘之魂不愧於沈首鶬亮之鬼
無恨於灰骨則朽肉不任肝膽之切敬因執事以聞此
心既照死且不朽景素覽書即日出之尋舉

南徐州秀才對冊上第轉巴陵王國左常侍
景素為荊州淹從之鎮少帝即位多失德景
素專據上流所以同亡抵局銜怨七國於
曰流言納禍二叔此舉事淹每從容諫
素見殺殿下不求宗廟之安而信左右之計
焉俱斃殿下不求宗廟之安而信左右之計
則復見麋鹿霜露棲於姑蘇之臺矣景素
不納及鎮京口淹又為鎮軍參軍事領東
海郡丞景素與腹心日夜謀議淹知禍機將
發乃贈詩十五首以諷焉會南東海太守陸

澄丁艱淹自謂郡丞應行郡事景素用司馬
柳世隆淹固求之景素大怒言於選部黜為建
安吳興令淹在縣三年昇明初齊帝輔政聞
其才召為尚書駕部郎驃騎參軍事俄而荊州
刺史沈攸之作亂高帝謂淹曰天下紛紛若是
君謂何如淹對曰昔項彊而劉弱袁衆而曹
寡羽號令諸侯卒受一劍之辱紹跨蹈四州終
為奔北之虜此謂在德不在鼎公何疑哉若曰
聞此言者多矣試為慮之淹曰公雄武有奇
略一勝也寬容而仁恕二勝也賢能畢力三勝
也民望所歸四勝也奉天子而伐叛逆五勝也
彼志銳而器小一敗也有威而無恩二敗也士卒
解體三敗也搢紳不懷四敗也同惡相濟五敗也
同惡相濟五敗也故雖兵彊十萬而終為我獲
焉帝笑曰君談過矣是時軍書表記皆使淹
具草相國建補記室參軍事建元初又為驃騎
建安王記室帶東武令參掌詔冊并典國史
尋遷中書侍郎永明初選驃騎將軍掌國史

出為建武將軍廬陵內史視事三年還為驍
騎將軍兼尚書左丞尋復以本官領國子博士
少帝初以本官兼御史中丞時明帝作相因謂
淹曰君昔在尚書中非公事不妄行在官寬
猛能折衷今為南司足以震肅百寮淹答曰
今日之事可謂當官而行更恐才劣志薄不
足以仰稱明旨耳於是彈中書令謝朏徒左
長史王繢護軍長史庾弘遠以久疾不預山陵
公事又奏前益州刺史劉悛梁州刺史陰智伯
臧貨巨萬輒收付廷尉治罪臨海太守沈昭
略永嘉太守庾曇隆及諸郡二千石并大縣
官長多被劾治內外肅然明帝謂淹曰宋世以
來不復有嚴明中丞君今日可謂近世獨步
明帝即位為車騎臨海王長史俄除廷尉卿加
給事中遷冠軍長史加輔國將軍出為宣城太
守四年還為黃門侍郎領步兵
中將軍如故在郡四年還為秘書監永元
校尉尋為秘書監永元中崔慧景舉兵圍京
城衣冠悉投名刺淹稱疾不往人事平世服其

見東昏未淹以祕書監兼衞尉固辭不獲免
送親職謂人曰此非吾任路人所知正取五兵空名耳
且天時人事尋當飜覆豈復孔子曰有文事者必
有武備臨事圖之何憂之有頃之又副領軍王
瑩及義師至新林淹微服來奔高祖板爲冠
軍將軍祕書監如故尋相國右長史中典元
年遷吏部尚書二年轉相國右衞將軍封臨沮
如故天監元年爲散騎常侍左衞將軍封臨沮
縣開國伯食邑四百戶淹乃謂子弟曰吾本素
宦不求富貴今之忝竊遂至於此平生言止
足之事亦以備矣人生行樂耳須富貴何時
吾功名既立正欲歸身草萊耳其年以疾遷
金紫光祿大夫改封醴陵侯四年卒時年六十
二高祖爲素服舉哀贈錢三萬布五十匹謚
曰憲伯淹少以文章顯晚節才思微退時人皆
謂之才盡凡所著述百餘篇自撰爲前後集
幷齊史十志並行於世子蒍襲封官至丹陽尹
永爲長城令亦有罪削爵普通四年高祖追念淹

功復封蒍吳昌伯邑如先
任昉字彥昇樂安博昌人漢御史大夫敖之後
也父遙齊中散大夫遙妻裴氏嘗晝寢夢有
彩旗蓋四角懸鈴自天而墜其一鈴落入裴懷
中心悸動既而有娠生昉身長七尺五寸幼而
好學早知名宋丹陽尹劉秉辟爲主簿時昉年
十六以氣忤秉子久之爲奉朝請兗州秀才拜
太常博士遷征北行參軍永明初衞將軍王儉
領丹陽尹復引爲主簿儉雅欽重昉以爲當時
無輩遷司徒刑獄參軍事入爲尚書殿中郎轉司
徒竟陵王記室參軍以父憂去職性至孝居喪
盡禮服闋續遭母憂每哭常側哭泣之地
草爲不生服除拜太子步兵校尉管東宮書記
初齊明帝既廢鬱林王始爲侍中中書監驃
騎大將軍開府儀同三司揚州刺史錄尚書事
封宣城郡公加兵五千使昉具表草其辭曰臣
本庸才智力淺短太祖高皇帝篤猶子之愛
降家人之慈世祖武皇帝情等布衣寄深同

氣武皇大漸實奉詔言雖自見之明庸近所
蘇愚夫一至偶識量已實不忍自固於綴衣之
辰拒違於玉几之側遂荷顧託導揚末命雖嗣
君葉常獲罪宣德王室之亂職臣之由何者親
則東牟任惟博陸徒懷子孟社稷之對何敕昌
邑爭臣之議四海之議於何逃責陵主未乾訓
誓言在耳家國之事一至於斯非臣之尤誰任其
咎將何以蕭拜高霞虞泰奉武園悼心失圖泣血
待曰寧容復徹榮於家恥宴安於國危驃騎

上將之元勳神州儀刑之列岳尚書是稱司會中
書實管王言且虛飾寵章委成藥侮臣知不
惆物誰謂宜但命輕鴻毛責重山岳存没同歸
毀譽一貫賞一官不減身黑增一職已顯朝經便
當自同體國不為飾讓至於功均一匡賞同千
室光宅近旬奮有全邦殞越為期不敢聞命
亦願曲留降鑒即垂聽許鉅平之懇誠必固永
昌之丹慊獲申乃知君子之道緯有餘裕苟曰
易照敢守難奪帝惡其辭斥其慍防由是終

建武中位不過列校防雅善吕屬文尤長載筆于
思無窮當世公王表奏莫不請焉防起草即
成不加點竟沈約一代詞宗深所推挹明帝崩
遷中書侍郎永元末為司徒右長史高祖克
京邑霸府初開以防為驃騎記室參軍始高祖
與防過竟陵王西邸從容謂防曰我與卿
為騎兵謂高祖戲高祖曰我登三府當以卿
以卿為騎兵防亦戲善騎也至是故引防符昔言
焉防奉牋曰伏承以令辰授以蕭曆典策德顯功

高光副四海天生之倫庇身有地況防受敕君
子將二十年咳唾為恩眄眛成飾小人懷惠顧
知死所昔承清宴屬有緒言提挈之旨形乎
善謔所謂且承多幸斯言不渝雖情謬先覺而迹
淪驕餌湯沐具而非弔大廈構而相雕明公道
冠二儀勳超邁古使伊周本桓文扶戴神
功無紀化物何稱府朝初建俊賢驤首惟此魚
目唐突璵璠顧己循涯寔知塵忝千載逢此
造難答雖則殞越且知非報梁臺建禪讓文

諧多昉所具高祖踐阼拜黃門侍郎遷吏部郎
中尋以本官掌著作天監二年出為義興太
守在任清潔見芰食麥而已友人彭城到溉溉
弟洽從昉共為山澤游及被代登舟止有米五
斛既至無衣鎮軍將軍沈約以友居身職不稱尋轉御史中
吏部郎中參掌大選居身職不稱遷裾衫迎之重除
丞祕書監領前軍將軍自齊永元以來祕閣
四部篇卷紛雜昉手自讎校由是篇目定焉六
年春出為寧朔將軍新安太守在郡不事邊幅
率然曳杖徒行邑郭民通辭訟者就路決焉
為政清省吏民便之視事朞歲卒於官舍時
年四十九闔境痛惜百姓共立祠堂於城南高
祖聞問即日舉哀哭之甚慟追贈太常卿謚曰
敬子昉好交結獎進士友得其延譽者率多升擢
故衣冠貴遊莫不爭與交好坐上賓客恒有數
十時人慕之號曰任君言如漢之三君也陳郡
謝元龜何寄指南誰託其為士友所推如此昉

不治生產至乃居無室宅世或譏其多乞貸
亦隨復散之親故常歎曰知我亦以叔則不
知我亦以叔則昉墳籍無所不見家雖貧聚書
至萬餘卷率多異本昉卒後高祖使學士賀縱
共沈約勘其書目官所無者就昉家取之所
著文章數十萬言盛行於世初昉立於士大夫間
多所汲引有善己者則厚其聲名及卒諸子
皆幼人罕贍卹之平原劉孝標著論曰客問
主人曰朱公叔絕交論為是乎為非乎主人曰
客竊此之間客曰夫草蟲鳴則阜螽躍雕獸嘯
而清風起故絪縕相感霧務涌雲蒸嚶鳴相召星
流電激是以王陽登則貢公喜罕生逝而國子
悲且心同琴瑟言鬱郁於蘭蕙道叶漆膠志
婉孌窈窕於墳籠聖賢以此鏤金版而鐫盤盂書
玉牒而刻鍾昂批若匠人輟成風之妙巧伯牙息
流波之雅引范張款款比於下泉尹班陶陶於永
久駱驛縱橫引范張款款歷所不知心計莫
能測而朱益州汨彝叙謨訓摧直切絕交遊

示黔首以鷹鸇姐人倫於狂虎蒙有猜焉請辨

其惑曰主人听然曰客所謂撫絃徽音未達燥濕

變響曰張羅沮澤不覬鷦鷯高飛蓋聖人握金鏡

闡風烈龍驤蠖屈從道汙隆曰月聯璧歡齊齋

之弘致九成之妙曲此朱生得玄珠驪其於赤水謨神睿

而寫言至夫組織仁義琢磨道德驪其於赤水謨神睿其

陵夷寄通靈臺之下遺迹江湖之上斯賢達之妻炎而

不輟其音霜雲零而不渝其色

歷萬古而一遇速叔世民訛詛颮起谿谷不

能喻其險兕神無以究其硬競毛羽之輕翅錐

刀之末於是素交盡利交興天下蚩蚩鳥驚

雷駭然利交同源派流則異較言其略有五術

焉若其寵鈞董石權歷梁實雕列百工鑪錘

萬物吐漱興雲兩呼吸下霜露九域聳其風塵

四海疊其燻灼靡不埪影星本籍繇川鶩鶏

人始唱鶴蓋成陰高門曰開流水接軫皆願摩

頂至踵隨膽抽腸約同要焚妻子哲徇荊

鄉湛士族是曰勢交其流一世富坤陶曰貲巨

程羅山擅銅陵家藏金穴出平原而聯騎居

里閈而鳴鷦則有窮巷之賓繩樞之士翼宵

爛之末光邀潤屋之微澤魚豊貝踊颭昏鱗萃

分鷹鷙之稻梁沾玉弊之餘瀝衡恩進欸誠

援青松以示心指曰水而推信是曰勢交其流

二也陸大夫燕喜西都郭有道人倫東國公卿

貴其籍甚播紳羨其登仙加以頠順感頻涕

唾流沫騁黃馬之劇談縱碧鷄之雄辯叙溫煥

則寒谷成暄論嚴枯則春業藂藂葉飛沈出其

顧指榮辱定其一言於是鶡冠王孫縋紱公子

道不綴於通人聲未道於密闥鏧其鱗翼巧

其餘論詡所馺驥之髦端軼歸鴻於碼石是曰談

交其流三也陽舒陰慘生民大情憂合離乖品

物恒性故魚以泉涸而煦沫鳥因阱死而悲鳴

同病則相憐綴緝河上之悲曲咽隴剅頸起

典斯則斷金由於漱隘刎頸盖於甘苦蓋風之盛

負濯溉於宰尉顧張王撫翼於陳相是曰窮交其

流四也馳騖之俗澆薄之倫無不操權衡秉纖
纊衡所以揣其輕重纊所以屬其鼻息若衡不
能舉纊不能飛雖顏冉龍翰鳳鶵曾史蘭薰雪
白舒向金玉泉海卿雲黼黻江漢視若遊塵遇
同土梗莫肯費其半菽罕有落其一毛若衡重
錙銖纊微彯撇雖共工之蒐慝驩兜之掩義南
荊之跋扈東陵之巨猾皆為匍匐委蛇折枝舐
痔金膏翠羽將其意脂韋便辟導其誠故輪
蓋所遊必非夷惠之室苞苴所入實行張霍之
家謀而後動毫芒寡忒是曰量交其流五也凡
斯五交義同賈鬻故桓譚譬之於闤闠林回喻
之於甘醴夫寒暑遞進盛衰相襲或前榮而
後瘁或始富而終貧或初存而末亡或古約而
今泰循環翻覆迅若波瀾此則殉利之情未嘗
異變化之道不得一由是觀之張陳所以凶終
蕭朱所以隙末斷焉可知矣而翟公方規規然
勒門以箴客何所見之晚乎然因此五交是生
三釁敗德殄義禽獸相若一釁也難固易攜雖

所聚二釁也名陷貶議發毀員介所著三釁也古
人知三釁之為梗懼五交之速尤故王丹威子以
檟楚朱穆昌言而示絕有旨哉近世有樂安任
昉海內髦傑早綰銀黃夙昭民譽遒文麗藻方
駕曹王英特俊邁聯橫許郭類田文之愛客
同鄭莊之好賢見一善則盱衡扼腕遇一才則
揚眉抵掌雌黃出其脣吻朱紫由其月旦於是
冠蓋輻湊衣裳雲合輜軿擊轊坐客恒滿蹈
其閫閾若升闕里之堂入其隅隩謂登龍門之
坂至於顧眄增其倍價剪拂使其長鳴彯組雲
臺者摩肩走丹墀者疊迹莫不締恩狎結縟綢
繆想惠莊之清塵庶羊左之徽烈及瞑目東
越歸體魄浦繐帳猶懸門罕漬酒之彥墳未宿
草野絕動輪之賓藐爾諸孤朝不謀夕流離大
海之南寄命瘴癘之地自昔把臂之英金蘭之
友曾無羊舌下泣之仁寧慕郈成分宅之德嗚
呼世路險巇一至於此太行孟門豈云嶄絕是
以耿介之士疾其若斯裂裳裹足棄之長騖獨

立高山之頂雖與麋鹿同羣皦然絕其霧濁

誠恥之也誠畏之也昉撰雜傳二百四十七卷地

記二百五十二卷文章三十三卷昉第四子東

里顏有父風官至尚書外兵郎

陳吏部尚書姚察曰觀夫二漢求賢率先經術

近世取人多由文史三子之作辭藻莊麗允值

其時淹能沈靜昉持內行並以名任終始宜哉

江菲先覺任無舊恩則上秩顯贈亦未由也已

列傳第八　　　　梁書十四

梁書傳八　十六

列傳第九　　　　　梁書十五

散騎常侍姚　　　　恩廉　撰

謝朏　弟子覽

謝朏字敬沖陳郡陽夏人也祖弘微宋太常卿

父莊右光祿大夫並有名前代朏幼聰慧莊器

之常置左右年十歲能屬文莊遊土山賦詩使

朏命篇朏攬筆便就琅邪王景文謂莊曰賢子

足稱神童復爲後進特達莊笑因撫朏背曰真

吾家千金孝武帝遊姑孰勑莊攜朏從駕詔使

梁書傳九　一　　余政

爲洞井頌於坐奏之帝曰雖小奇童也起家撫

軍法曹行參軍遷太子舍人以父憂去職服闋

復爲舍人歷中書郎衛軍袁粲長史粲性簡

峻罕通賓客時人方之李膺朏謁既退粲曰謝

令不死尋遷給事黃門侍郎出爲臨川內史以

賄見劾案粲粲寢之齊高帝爲驃騎將軍

輔政選朏爲長史勑與河南褚炫濟陽江斅彭

城劉俁俱入侍宋帝時號爲天子四友續拜侍

中并掌中書散騎二省詔冊高帝進太尉又以

朏為長史帶南東海太守高帝方圖禪代恩佐
命之臣以朏有重名深所欽屬論魏晉故事因
曰晉革命時事異人兆石苞不早勸晉文死方慚
哭方之馮異知機也朏荅曰昔魏臣有勸魏
武即帝位者魏武曰如有用我其為周文王乎
晉文世事魏氏將必身然北面假使魏早依唐
虞故事朏亦當三讓高帝不悅更引王儉為左
長史以朏侍中領秘書監及齊受禪朏當解璽
直百僚陪位侍中當解璽朏佯不知曰有何公

三百二四　梁書列九　二　王戚

事傳詔云解璽授齊王朏曰齊自應有侍中乃
引枕卧傳詔乃使稱疾欲取兼人朏曰我無
疾何所道遂朝服步出掖門乃得車仍還宅
是日遂以王儉為侍中解璽既而武帝言於高
帝請誅朏帝曰殺之則成其名正應容之度
外耳遂廢朏帝家永明元年起家拜通直散騎常
侍累遷侍中領國子博士十五年出為冠軍將軍
義興太守加秩中二千石在郡不省雜事委付
綱紀曰吾不能作主者吏但能作太守耳視事

三年徵都官尚書中書令隆昌元年復為侍中
領新安王師未拜固求外出仍為征虜將軍吳
興太守受召便述職時明帝謀入關位朝之舊
臣皆引參謀策朏內圖止足且實避事弟滿時
為吏部尚書朏至郡致滿斛酒遺書曰可力
飲此勿豫人事朏居郡每不治而常務聚斂來
顧譏之亦不屑也建武四年詔曰夫起然榮觀風流自
令遂抗表不應召遣諸子還京師獨與常留樂
室郡之西郊明帝下詔曰天起然榮觀風流自

梁書傳九　三　金鏤

遠蹈彼幽人英華罕值故長揖忈巷相見稱南國
高謝漢臣取貴良史新除侍中中書令朏旱籍
羽儀鳳摽清尚登朝樹績出守馳聲遂敏跡康
衢拂衣林沚抱其穎之餘芳甘顯額而無悶摛
事懷人載留欽想宜加優禮用旌素既秦可賜林
帳褥席體以卿禄常出在所時國子祭酒廬江
何胤亦抗表遠會稽永明二年詔徵朏為散騎
常侍中書監胤為散騎常侍太常卿並不屈三
年又詔徵朏為侍中太子少傅胤散騎常侍太

— 147 —

子詹事時東宮皆下在所使迫遣之值義師已
近故竝得不到及高祖平京邑進位相國表請
胤胤曰天窮則獨善達以兼濟雖出處之道其
揆不同用捨惟時賢哲是蹟前新除散騎常侍太子
少傅胤前新除散騎常侍德聲康濟雅俗昔居
羽儀世胄徽猷冠冕道業簡通公卿預簪紱未禩
朝列素無官情實容簡互居其長清規雅俗裁
而風塵擺落且文宗儒肆互居其長清規雅俗裁
兼擅其美竝達照深識預觀亂萌見庸質之如

三二十　【梁書列傳九　四】　德裕

初知貽厥之無寄拂衣東山眇絕塵軌雖解組
昌運實避昏時家鼎食而甘茲橡艾世襲青
紫而安此懸鶉自澆風肇扇用南成俗淳流素
軌餘列頗存而誰其激貪功歸有道康運甫開
野一致雖在江海而久蘊瑚璉暫承明而可得求志
貧為聆況乎久蘊瑚璉暫承明而可得求志
海隅永追松子臣負荷殊重參贊萬機宴賴舉
才共成棟幹思抱清源取鏡止水愚欲屈居僚
首朝夕諮諏庶足以翼宣寶薄式是王虔請立

補臣府軍諮祭酒胤加後將軍竝至不至高祖踐
阼徵胤為侍中光祿大夫開府儀同三司胤散
騎常侍特進右光祿大夫又竝不屈仍遣詣領軍
司馬王果宣旨敦譬以為侍中司徒尚書令明年六月胤輕舟出詣闕
自陳既至詔乃以為侍中司徒尚書令胤辭腳疾
不堪拜謁乃輿巾自興詣雲龍門謝詔見於華
林園乘小車就席明旦輿駕出幸胤宅酬語盡
懽胤固陳本志不許因請自還東胤迎相望於
臨發輿駕復臨幸賦詩餞別王人送迎相望於
道到京師勑材官起府於舊宅高祖臨軒遣謁

三二三十　【梁書列傳九　五】　德裕

者於府拜授詔傳諸公事及朝望朝謁三年元
會詔胤乘小輿升殿其年遭母憂尋有詔攝職
如故後五年改授中書監司徒衛將軍竝固讓
不受遣謁者敦授乃拜受焉是冬薨於府時年
六十六輿駕出臨哭詔給東園祕器朝服一具
衣一襲錢十萬布百匹蠟百斤贈侍中司徒朝服一具
曰靖孝胤所著書及文章竝行於世子篔頗有
司徒右長史坐殺牛免官卒於家次子篔頗有

文才仕至晉安太守卒官

覽字景游滁胐弟瀹之子也選尚齊錢唐公主拜
駙馬都尉秘書郎太子舍人高祖為大司
馬召補東閤祭酒遷相國戶曹天監元年
為中書侍郎掌吏部事頃之即真覽為人美風
神善辭令高祖深器之嘗侍座受敕與侍中王
暕為詩答贈其文甚工高祖後進二少實名家宣伊
合旨乃賜詩云雙華既以母憂去職服闋除中庶
止棟隆信乃俱聲華以母憂去職服闋除中庶
子又掌吏部郎事尋除吏部郎遷侍中覽頗樂
酒因聯席與散騎常侍蕭琛辭詆致為有司
所奏高祖以覽年少不直出為中權長史太
敕掌東宮管記遷明威將軍新安太守九年夏
山賊吳承伯破宣城郡餘黨散入新安叛吏鮑
叙等與合攻沒黟諸縣進兵擊覽覽臨遣郡丞
周興嗣於錦沙立塢拒戰不敵遂棄郡本會稽
臺軍平山寇覽復還郡左遷司徒諮議參軍仁
威長史行南徐州事五兵尚書尋遷吏部尚書

覽自祖至孫三世居選部當世以為榮十二年
春出為吳興太守中書舍人黃睦之家居烏程
子弟專橫前太守之覽未到郡睦之
子弟來迎覽逐去其船杖吏為通者自是睦之
家杜門不出不敢與公私門通郡境多劫覽父
道思覽下車肅然一境清謐初齊明帝及覽過
滿東海徐嗣孝為吳興號稱廉潔時人方
之昔覽在新安顏敏至是遂稱廉潔中書令子
之王懷祖卒於官時年三十七詔贈中書令
罕早卒
陳吏部尚書姚察曰謝胐之於宋代蓋忠義者
歟當齊建武之世拂衣止足永元多難確然獨
善其跡蔣之流乎泊高祖龍興旁求物色角巾
來仕首陟台司極出處之致矣覽終能善政君
子懟之

列傳第九

梁書十五

列傳第十　散騎常侍姚思廉撰

王亮

張稷

王瑩

王亮字奉叔琅邪臨沂人晉丞相導之六世孫
也祖偃宋右光祿大夫開府儀同三司父攸給
事黃門侍郎亮以名家子宋末選尚公主拜駙
馬都尉祕書郎累遷桂陽王文學南郡王友祕
書丞齊竟陵王子良開西邸延才俊以為士林
館使工圖畫其像亦預為選中書侍郎大司
馬從事中郎出為衡陽太守以南土卑溼辭不
之官遷給事黃門侍郎亦拜晉陵太守在職清
公有美政時齊明帝作相聞而嘉之引為領軍
長史甚見賞納及即位累遷太子中庶子尚書
吏部郎詮序著稱遷侍中建武末為吏部尚書
是時尚書右僕射江祏督朝政多所進拔為士
子所歸亮自以身居選部每持異議始亮未為

梁書傳十　一

吏部郎時以祏帝之內弟故友祏祏為之延
譽公為帝所器至是與祏昵之如初及祏遇
誅舉小故命凡所除拜悉由內寵亮次而已當
世不謂為能頻加通直散騎常侍太子右衛率
外若詳審內無明鑒其所選用拘貧亮更弗能止
為尚書右僕射中護軍既而東昏肆虐涇刑已
遷亮傾側取容竟以免戮義師至新林內外百
僚皆道迎其未能拔者亦間路送款亮獨不
遣及城內既定獨推亮為首亮出見高祖高祖
曰顛而不扶安用彼相而弗之罪也霸府開以
亮為大司馬長史撫軍將軍琅邪清河二郡太
守梁臺建授侍中尚書令固讓不拜乃為侍中中
書監兼尚書令高祖受禪遷侍中尚書令中軍
將軍引參佐命封豫寧縣公邑二千戶天監二
年轉左光祿大夫侍中如故元日朝會萬國畢
集亮辭疾不登殿設餞別省而語笑自若數日
詔公卿問訊亮無疾色御床中永樂謁奏大不
敬論棄市刑詔削爵廢為庶人四年夏高祖諱

梁書傳十　二

於華光殿謂羣臣曰朕目具聽政思聞得失卿
幸可謂多士宜各盡獻替昌問書左丞范縝起曰
司徒謝朏本有虛名陛下擢之如此前尚書令
王亮頗有治實陛下棄之如彼是愚臣所不知
高祖變色曰卿可更餘言縝固執不已高祖不
悅御中丞任昉因奏曰臣聞縝固息夫歷詆漢有
正刑白衷一奏晉丞臣范縝目晉安還語
目口者哉以明罰況乎附下訕上毀譽
人云我不諂餘人惟詭詔王亮不銄餘人惟銄王
亮凱收縝曰從左右萬休到臺辨問與鳳聞符
同又今月十日御食梁州刺史臣珍國宴私既
治基臣坐已詔退時詔留侍中臣昂等十人訪
以政道縝不苓所問而橫議沸騰遂照裁司徒
臣朏家舉庶人王亮千時預奉恩留肩隨並
立耳目所接莈非風聞篤罰具罷當晨正立記
陛義深推毂情均洗露酒閭其國宴親御軒
事在前記言在後黔早朝之念深求瘵之情而
縝豈不遜妄陳衷聚傍辨濟之風鈇側席之望

三

不有嚴裁憲將穎縝即王臣謹案尚書左丞
臣范縝衣冠緒胄言行舛駮誣訕里落宣訕周
行曲學護聞未知去代弄口鳴舌祇足飾非乃
者義師近次縝丁罹艱辛曾不呼門墨縗景附
顏同先覺龍顏而今嘗協憂餘瓢為不楷
守名拜入司管轄苞簹罔遺民宗自居樞出
人而無恒成茲莈誠日者飲至策勳假稱折衣裾
所弊讒激失所許與疵瘝廷辱民宗自居樞惡直有
糾奏寂寞顏望縱容無至公之議惡直醜正有
私許之談宜寘之徽纆蕭正國典臣等參議蕭
以見事免縝所居官輒勒外收付廷尉法獄治
罪應諸連遠委之獄官以法制從軍縝位應黃
紙臣輒奉白簡詔聞可璽書詔縝曰亮少壬才
能無聞時輩昔經入羣英相與當晨晚節詭諦
事江祏為吏部末恊附梅蟲兒如法珍遂執昏
政比屋罹稱盡家塗炭四海沸騰天下橫潰此
誰之咎食亂君之祿不死於治世亮協固凶黨
作威作福靡衣玉食廿樂盈房勢危乃事過目相

四

吞噬建石首題啟雁靖罪朕錄其百族之來貫
其既往之咎且亮反覆不忠姦胠彭暴有何可論
妄相談述具以狀對所詰十條緝各支離而已
亮因昇居閉掃不通賓客遣母憂居喪盡禮八
年詔起為秘書監俄加通直散騎常侍數日遷
太常卿九年轉中書監加散騎常侍其年卒詔
賻錢三萬布五千四謚曰煬子
張稷字公喬吳郡人也父永宋右光祿大夫稷
所生母賈疾時稷始年十二夜不解衣而養

梁書傳十　五

永異之及母亡毀瘠過人杖而後起性躁率朗
悟有才略與族兄充融卷等具知名時稱之日
張稷起家著作佐郎不拜頻居
父母憂六載廬于墓側服除為驃騎法曹行參
軍遷外兵參軍辭求明中為驃騎法曹行參
多為山水遊會賊唐瑤作亂稷率廬縣人保全
縣境入為太子洗馬大司馬東曹掾轉護軍司
大司馬從事中郎武陵王曄為護軍司
馬尋為本州治中明帝領牧仍為別駕時魏寇

壽春以稷為寧朔將軍軍主副尚書僕射沈文
季鎮豫州魏眾稱百萬圍城眾自時經略奧分
文季悉委稷為軍退遷平西司馬南南
平內史魏又寇雍州詔以本號都督雍諸軍
事時雍州刺史曹武度樊城岸以稷知州事魏
師退稷還荊州就拜黃門侍郎復為司馬新興
永寧二郡太守犯私諱改永寧為長寧尋遷
司徒司馬加輔國將軍及江州刺史陳顯達舉
兵又以本號鎮歷陽南譙二郡太守遷鎮南長

梁書傳十　六

史尋陽太守輔國將軍行江州事尋徵還為持
節輔國將軍都督北徐州諸軍事北徐州刺史
出次白下仍遷都督兗州諸軍事兗州刺
史俄進督比徐州兗州冀五州諸軍事將軍並
如故求元末徵為侍中宿衛管城義師至乘衛
尉江淹出奔稷兼衛尉副王瑩鎮都督城內諸
軍事時東昏淫虐義師圍城已久城內諸
莫有先發北徐州刺史王珍國就稷謀之刃使
直閣張齊害東昏于含德殿稷召尚書石僕射

王亮等列坐殿前西鍾下謂曰昔桀有昏德鼎
遷于商紂暴虐鼎遷于周今獨夫自絕于天
四海已歸聖主斯實微子去殷之時項伯歸漢
之日可不勉哉乃遣國子博士范雲合人裴長
穆等使石頭城詣高祖高祖以穆為侍中左衛
將軍高祖總百揆遷大司馬左司馬梁臺建為
散騎常侍中書令高祖祭酒領驍騎將軍遷
邑一千戶又為侍中國子祭酒領驍騎將軍遷
護軍將軍揚州大中正以事免尋為度支尚書

前將軍太子右衛率又以公事免俄為祠部尚
書轉散騎常侍都官尚書揚州大中正以本職
知領軍事遷領軍將軍中正如故時魏寇
青州詔假節行州事會魏軍退仍出為散騎常
侍將軍吳與太守秩中二千石下車存問遺老
引其子孫置之右職政稱寬恕進號雲麾將軍
徵尚書左僕射輿駕將欲如穆宅以盛留幸
僕射省舊臨幸供具皆酬太官饌直帝以穆清
貧羊詔不受出為使持節散騎常侍都督青冀

二州諸軍事安北將軍青冀二州刺史會魏寇
胸山詔穆權頓六里都督衆軍退進號鎮北將
軍初彭城州接邊陸民俗多與魏人交市及胸山
叛或與魏通旣不自安矣穆寬弛無防備吏
頗侵漁之州人徐道角等夜襲州城害穆時年
六十三有司奏削爵土穆性烈亢善與人交歷
官無藐囿眾體祿皆頒之親故家無餘財初去吳
興郡以僕射道由吳鄉候穆者滿水陸穆單
裝徑還京師人莫之識其率素如此穆長女楚

瑗適會員稍孔氏無子歸宗至穆見害女以身蔽
刃先父卒穆子嶸別有傳卷字令遠穆從兄也
少以知理著穆能清言仕至都官尚書天監初卒
王瑩字奉光琅邪臨沂人也父懋光祿大夫南
鄉僖侯瑩選尚宋臨淮公主拜駙馬都尉除著
作佐郎累遷太子舍人瑩美風儀善占吐與從
徒左西屬齊高帝為驃騎將軍引為從事中郎
頃之出為義興太守代謝超宗去郡與瑩
交惡旣還間瑩於懋懋言之於朝廷以瑩供養

不足坐失郡廢棄父之為前軍諮議叅軍中書侍郎大司馬從事中郎未拜丁母憂服闋關為給事黃門侍郎出為宣城太守遷為驃騎長史復為黃門侍郎司馬太子中庶子仍遷侍中父憂去職服闋復為侍中領射聲校尉又為冠軍將軍東陽太守居郡有惠政遷吳興太守明帝勤憂庶政瑩頻歷二郡皆有能名甚見襄美以為太子詹事軍中領軍

能有所是非瑩從弟亮既嘗朝於瑩素雖而不時欲引與同事遷尚書左僕射未拜會護軍崔慧景自京口奉江夏王入伐瑩假節率衆拒慧景於湖頭夜為慧景所襲衆散瑩赴水乘榜入復假節都督宮城諸軍事建康平高祖為相國樂遊因得還臺城慧景敗還居領軍府義師至江陵帝至南洲遜位于別官高祖踐阼遷侍中引瑩為左長史加冠軍將軍奉法駕迎和帝于撫軍將軍封建城縣公邑千戶尋遷尚書左僕射侍中撫軍將軍如故頃之為護軍將軍復遷散騎

常侍中軍將軍丹陽尹視事三年遷侍中光祿大夫領左衛將軍俄遷尚書令雲麾將軍侍中如故累進號左中權將軍給鼓吹一部瑩性清慎居官恭格高祖深重之天監十五年遷左光禄大夫開府儀同三司丹陽尹侍中如故瑩將拜印工鑄其印六鑄而龜六毀既成頸空不實補而用之居職六日暴疾卒贈侍中左光禄大夫開府儀同三司

陳吏部尚書姚察曰孔子稱殷有三仁微子去

之箕子為之奴比干諫而死王亮之居亂世勢位見奪其於取捨何與三仁之異歟及奉興王蒙寶政為佐命固將愧於心其自取廢故非不幸也易曰非所據而據之身必危亮之進退失所據矣惜哉張稷因機制變亦其時也王瑩印章六毀豈神之害盈乎

列傳第十

梁書十六

散騎侍姚　思廉　撰

梁書十一

王珍國

馬仙琕

張齊

王珍國字德重沛國相人也父廣之齊世良將
官至散騎常侍車騎將軍珍國起家冠軍行參
軍累遷武貢中郎將南譙太守治有能名時郡
境苦饑乃發米散賑以拯窮之齊高帝手敕去
卿愛人治國甚副吾意也永明初遷桂陽內史
討捕盜賊培內肅清罷任還都路經江州刺史
柳世隆臨渚餞別見珍國還裝輕素乃歎曰此
真可謂良二千石也還為大司馬中兵參軍武
帝雅相知賞每歎曰晚代將軍入為越騎校尉冠軍
者少矣復出為安成內史入為越騎校尉冠軍
長史鍾離太守仍遷巴東建平二郡太守還為
游擊將軍以父憂去職建武末魏軍圍司州明
帝使徐州刺史裴叔業攻拔渦陽以為聲援起

珍國為輔國將軍率兵助焉魏將楊大眼大衆
奄至叔業懼棄軍走珍國率其衆殿故不至大
敗永泰元年會稽太守王敬則反珍國又率衆
距之敬則平遷寧朔將軍青冀二州刺史將軍
如故義師起東昏召珍國以衆還京師入頓建
康城義師至使珍國出屯朱雀門為王茂先所
敗乃入城仍密遣郗篡奉明鏡獻誠於高祖高
祖斷金以報之時城中感思從義莫敢先發侍中
衛尉張稷都督衆軍珍國潛結稷腹心張齊要
勒兵入自雲龍門即東昏於內殿斬之與稷會
尚書僕射王亮等於西鍾下使中書舍人義長
穆等奉東昏首歸高祖以功授右衛將軍辭不
拜又投徐州刺史固乞留京師復賜金帛珍國
又固讓敕答曰昔田子泰固辭絹穀體國情
深良在可嘉後因侍宴帝問曰卿明鏡尚存昔
金何在珍國答曰黃金謹在臣肘不敢失墜復
為右衛將軍加給事中遷左衛將軍加散騎常

（上欄）

侍天監初封溧陽縣侯邑千戶除都官尚書常
侍如故五年魏任城王元澄寇鍾離高祖遣珍
國因問討賊方略珍國對曰臣常患魏衆少不
苦其多高祖壯其言乃假節與衆軍同討焉魏
軍退班師出為使持節都督梁秦二州諸軍事
征虜將軍南秦梁二州刺史會梁秦二州諸豪
族陽道遷以州降魏珍國步道出魏與將龍襲之不
遂留鎮焉以無功累表請解高祖許改封宜
陽縣侯邑如前徵還為員外散騎常侍太子

三三五 ▌梁書傳十一 冬三

右衛率加後軍頃之復為左衛將軍九年出為
使持節都督湘州諸軍事信武將軍湘州刺史
視事四年徵還為護軍將軍遷通直散騎常
侍丹陽尹十四年卒詔贈軍騎將軍給鼓吹一
部賻錢十萬布百匹諡曰威子僧度嗣

馬仙琕字靈馥扶風郿人也父伯鸞為宋冠軍司
馬仙琕少以果敢聞遭父憂毀瘠過禮貧無以
送葬手植松栢起家郢州主簿遷武騎常侍為小
將隨齊安陸王蕭緬緬卒事明帝永元中蕭遙

（下欄）

光崔慧景亂累有戰功以勳至前將軍出為龍
驤將軍南汝陰譙二郡太守會壽陽新陷魏
將王蕭侵邊仙琕力戰以寡克衆魏人甚憚之
復以功遷寧朔將軍豫州刺史起義四方多
嚮應高祖使仙琕故人姚仲賓說之仙琕於軍
斬仲賓以徇義師至新林仙琕猶持兵於江西
日鈔高祖勞之漕建康城陷仙琕號哭經宿乃解兵歸
罪高祖笑而慰之俄而仙琕母
日蒙大造之恩未獲上報今復荷殊澤當與爾
以力自効耳天監四年王師北討仙琕每戰
卒高祖知其貧賻給甚厚仙琕號泣謂弟仲文
主飼之便復為用高祖笑而美之仙琕毋
使斷運漕苟自嫌絕也仙琕曰小人如失主大後

三二四 梁書傳十二 一四

勇冠三軍當其衝者莫不摧破與諸將論議曰
未嘗言功人問其故仙琕曰大丈夫為時所知當
進不求名退不逃罪乃平生願也何功可論授
輔國將軍宋安濟陽二郡太守遷南義陽太守
累破山蠻郡境清謐以功封洧浭縣伯邑四百

戶仍遷都督司州諸軍事司州刺史輔國將軍
如故俄進號貞威將軍魏豫州人白早生
刺史琅邪王司馬慶曾自號平北將軍推鄉人
胡遊為刺史以懸瓠來降高祖使仙琕赴之又
遣直閤將軍武會超馬廣率眾齊苟兒為援仙琕遣懸
頻中山王元英率眾十萬攻懸瓠執齊苟兒助守懸
瓠仙琕遣副將齊苟兒以兵二千助守懸瓠
超等守三關十二月英破懸瓠執齊苟兒仙琕不能救會
超馬廣又破廣生擒之送雒陽仙琕不能救會

超等亦相次退散魏軍遂進據三關仙琕坐徵
還為雲騎將軍出為仁威司馬府主豫章王轉
號雲麾復為司馬加振遠將軍十年胊山民殺
琅邪太守劉晰以城降魏詔假仙琕節討之魏
徐州刺史盧昶以眾十餘萬赴焉仙琕與戰累
破之昶遁走仙琕縱兵乘之魏眾免者十二收
其兵糧牛馬器械不可勝數振旅還京師遷太
子左衛率進爵為侯增邑六百戶十一年遷持
節督豫北豫霍三州諸軍事信武將軍豫州刺

史領南汝陰太守初仙琕幼名仙婢及長以婢
名不典乃以王代女因成琕云自為將及居州郡
能與士卒同勞逸身衣不過布帛所居無帷幕
裘屏行則飲食與廝養最下者同其在邊境故
常單身潛入敵庭伺知壁壘村落險要勍所故
戰多克捷士卒亦甘心為之用高祖雅愛仗之
在州四年卒贈左衛將軍諡曰剛子當嗣夫嗣
張齊字子響馮翊郡人世居橫桑或云橫桑人
也少有膽氣初事荊府司馬垣歷生歷生酗酒

遇下嚴酷不甚禮之歷生罷官歸吳郡張稷為
荊府司馬齊復從之稷甚相知重以齊為心腹雖
家居細事皆以任焉齊盡心事稷無所辭憚隨
稷歸京師稷為南兗州又擢為府中兵參軍始
委以軍旅齊永元中義師起東昏徵稷歸都督
宮城諸軍事居尚書省義兵至外圍漸急齊日
造王珍國陰與定計計定夜引珍國就稷造膝
齊自執燭以成謀明旦▊稷珍國即東昏於內
殿齊手刃為明年高祖受禪封齊安昌縣庶巳

五百戶仍為寧朔將軍歷陽太守齊手不知書
目不識字而在郡有清政吏事甚脩天監二年
還為虎賁中郎將未拜遷天門太守寧朔將
軍如故四年魏將王足寇巴蜀高祖以齊為輔
國將軍救蜀未至足退走齊進戍南安景
使齊軍大剹寒家二戍軍還益州十年郡人姚景
將軍巴西太守尋加征遠將軍討景和於
平昌破之初南鄭没於魏乃於益州西置南梁
和聚合蠻蜓抄斷江路攻破金井齊
州州鎮草創皆仰益州取足齊上夷獠義租得
米二十萬斛又立臺傳與冶鑄以應瞻南梁
一年進假節督益州外水諸軍十二年魏將傳
豎眼寇南安齊率衆距之豎眼退走十四年遷
信武將軍巴西梓潼二郡太守是歲䕫萌人任
令宗因衆之患魏也殺魏晉壽三萬督南梁州長
益州刺史鄱陽王遣齊迎令宗十五年魏東益州刺史
史席宗範諸軍迎來拒齊師南安太守皇甫諲
元法僧遣子景隆來拒齊師南安太守皇甫諲

及宗範逆擊之大破魏軍於葭萌屠之餘城魏
將兵突冀王穆等皆降而魏更增兵復來
拒戰齊兵少不利軍引還於是葭萌復没於魏
齊在益部累年討擊蠻獠身無寧歲其居軍
中能身親勞辱與士卒同其勤苦自畫居
壘皆委曲得其便調給衣粮資用人人無所困
乏既為物情所附蠻獠亦不敢犯是以威名行
於庸蜀巴西郡居益州之半又當東道衝要剌
史經過軍府遠涉多所窮匱齊緣路聚粮食
種蔬萊行者皆取給焉其能濟辦多此類也十
七年遷持節都督南梁州諸軍事智武將軍南
梁州刺史普通四年遷信武將軍征西鄱陽王
司馬新興永寧二郡太守未發而卒時年六十
七追贈散騎常侍右衛將軍賻錢十萬布百四
諡曰壯
陳吏部尚書姚察曰王珍國申冑徐元瑜李子
士齊末咸為列將擁彊兵或面縛請罪或斬關
獻捷其能後服馬仙琕理而巳仁義何常蹈之則

為君子信哉及其臨邊撫衆雖李牧無以加矣
張蔡之政績亦有異焉曾元瑜居士入梁事迹
鮮故不爲之傳

列傳第十一　　　　梁書十七

列傳第十二　　　　　　散騎常侍姚　梁書十八
　　　　　　　　　　　　　　　　　思廉
　　　　　　　　　　　　　　　　　　　撰

張惠紹
馮道根
康絢
昌義之

張惠紹字德繼義陽人也少有武幹齊明帝時
爲直閤後出補音陵橫桑戍主永元初母喪歸
葬於鄉里聞義師起趣歸高祖板爲中兵參軍
當盡獲其軍器義師次新林朱雀惠紹累有戰
功建康城平遷輔國將軍前軍直閤左細仗
主朱思遠遊過江中斷郢魯二城穀運郢城水
軍主沈難當帥輕舸數十挑戰惠紹擊破斬難
加寧朔將軍軍主師次漢口高祖使惠紹與軍
高祖踐阼封石陽縣矦邑五百戶遷驍騎將軍
直閤細仗主如故時東昏餘黨數百人竊入南
北掖門燒神獸門害衛尉張弘策惠紹率所
領赴戰斬首數十級賊乃散走以功增邑二百

戶遷太子右衛率天監四年大舉北伐惠紹與
冠軍長史胡辛生寧朔將軍張豹子攻宿預執
城主馬成龍送于京師使部將藍懷恭於水南
立城為犄角俄而魏援大至敗陷懷恭惠紹不
能守是夜奔還淮陰魏復得宿預六年魏軍攻
陽惠紹與馮道根裝冢等攻斷魏連橋短兵接
鍾離詔興左衛將軍曹景宗督眾軍為摸進據
戰魏軍大潰以功增邑三百戶還為左驍騎將
軍尋出為持節都督北兗州諸軍事冠軍將軍
北兗州刺史魏宿預淮陽二城內附惠紹撫納
有功進號智武將軍益封二百戶入為衛尉卿
遷左衛將軍出為持節都督司州諸軍事信威
將軍司州刺史領安陸太守在州和理吏民親
愛之徵還為左衛將軍加通直散騎常侍甲仗
百人直衛殿內十八年卒時年六十三詔曰張
惠紹志略開濟幹用貞果盡心朝夕奄至殞喪惻愴于懷宜追
寵命以章勳烈可贈護軍將軍給鼓吹一部布

百四蠟二百斤諡曰忠子澄嗣澄初為直閤將
軍丁父憂憂起為晉熙太守隨豫州刺史裴邃北
伐累有戰功與湛僧智胡紹世魚弘文並當時
之驍將歷官衛尉卿諡曰愍
馮道根字巨基廣平鄿人也少失父家貧傭賃
以養母行得甘肥不敢先食必遽還以進母年
十三以孝聞於鄉里郡召為主簿辭不就年十
六鄉人蔡道斑為湖陽戍主道斑攻蠻錫城反
為蠻所困道根救之四馬轉戰殺傷甚多道斑
以免由是知名齊建武末魏主托跋宏寇沒南
陽等五郡明帝遣太尉陳顯達率眾復爭之師
入沔均口道根與鄉里人士以牛酒候軍因說
顯達曰均水迅急難進易退魏若守隘則首
尾俱急不如乘其未集方道城方道步進建營
相次鼓行而前如是則立破之矣顯達不聽道
根猶以私屬從軍及顯達敗軍人夜走多不知
山路道根每所經要輒停馬指示之眾賴以全
尋為汋均口戍副永元中以母喪還家聞高祖

起義師乃謂所親曰金革奪禮古人不避揚名

後世豈非孝乎時不可失於是率鄉人子

弟勝兵者悉歸高祖時有蔡道福爲將從軍高

祖使道根副之皆隷於王茂茂伐沔攻郢城克

加湖道根常爲前鋒陷陣會道福次新林茂於朱雀

航大戰斬獲尤多高祖即位以爲驍騎將軍封

增城縣男邑二百戶領文德游擊將軍

令道根并領其衆大軍次新林隨王茂討平之天

歲江州刺史陳伯之反道根隨王茂討平之天

監二年爲寧朔將軍南梁太守領阜陵城戍初

到阜陵修城隍遠斥候有如敵將至者衆頗笑

之道根曰怯防勇戰此之謂也修城未畢會魏

將黨法宗傳豎眼率衆二萬奄至城下道根塹

壘未固城中衆少皆失色道根命廣開門緩服

登城選精銳二百人出與魏軍戰敗之魏人見意

閑且戰又不利因退走是時魏分兵於大小峴

東桑等連城相持魏將高祖珍以三千騎軍於是

閒道根率二百騎橫擊破之獲其戈甲軍儀於是

糧運既絕諸軍乃退遷道根輔國將軍豫州刺史

韋叡圍合肥克之道根與諸軍同進所在有

功六年魏攻鍾離高祖復詔叡救之道根率衆

三千爲叡前驅至徐州建計據邵陽洲築壘掘

塹以逼城道根能走馬步地計馬足以賦功如前累

百丈魏軍敗績封三百戶進爵爲伯遷雲

騎將軍領直閣將軍武旅將軍歷陽太

遷中權中司馬右游擊將軍武旅將軍歷陽太

守八年遷自毅將軍假節督豫州諸軍事豫州

刺史領汝陰太守爲政清簡境內安定十一年

徵爲太子右衛率十三年出爲信武將軍宣惠

司馬新興永寧二郡太守十四年徵爲員外散

騎常侍右游擊將軍領朱衣直閣十五年爲右

衛將軍道根性謹厚木訥少言爲將能撫循部

曲所過村陌爭道根儉然而已其部曲或怨

功諸將謹譁道根輒曰明主自鑒功之多少吾將何事

非之道根輒曰明主自鑒功之多少吾將何事

高祖嘗指道根示尚書令沈約曰此人口不論勳約曰此陛下之大樹將軍也處州郡和理清靜為部下所懷在朝廷雖貴顯而性儉約所居宅不營牆屋無器服侍衛入室則蕭然如素士之貧賤者當時服其清退高祖亦雅重之微時不學既貴粗讀書自謂少文常慕周勃之器重十六年復假節都督豫州諸軍事信武將軍豫州刺史高祖引朝臣宴別道根於武德殿召工視道根使圖其形像道根蹋蹻謝曰臣所可報國家惟餘一死但天下太平臣恨無可死之地豫部重得道根人皆喜悅高祖每稱曰馮道根所在能使朝廷不復憶有一州居州少時遘疾自表乞還朝徵為散騎常侍左軍將軍既至疾甚中使累加存問普通元年正月卒時年五十八是日輿駕春祠二廟既出宮有司以聞高祖問中書舍人朱异曰吉凶同日今行乎異對曰昔柳莊寢疾獻公當祭請於尸曰有臣柳莊非寡人之臣是社稷之臣也聞其死請往

梁書傳十二　六　王延

不釋祭服而往遂以謎之道根未為社稷之臣亦有勞王室臨之檀也高祖即幸其宅哭之甚慟詔曰豫章縣開國伯新除散騎常侍領左軍將軍馮道根奉上能忠有功不伐撫人留愛守邊難犯祭導馮異郭伋李牧不能過也奄致殞喪惻愴于懷可贈信威將軍左衛將軍給鼓吹一部賻錢十萬布百四謚曰威子懷嗣

康絢字長明華山人也其先出自康居初漢置都護盡臣西域康居亦遣侍子待詔於河西因留為黔首其後即以康為姓晉時隴右亂康氏遷于藍田絢曾祖因為苻堅太子詹事生穆穆為姚萇長史河南尹宋末穆舉鄉族三千餘家入襄陽之峴南宋為置華山郡藍田縣寄居子襄陽以穆為秦梁二州刺史未拜卒世父元隆父元撫並為流人所推相繼為華山太守絢少倜儻有志氣齊文帝為雍州刺史所辟皆取名家絢特以才力召為西曹書佐永明三年除奉朝請文帝在東宮以舊恩引為直後以

梁書傳十二　七　康絢

母憂去職服闋除振威將軍華山太守推誠撫
循荒餘悅服遷前軍將軍復為華山太守永元
元年義兵起絢與郡以應高祖身率敢勇三千
人私馬二百五十匹以從西中郎南康王中
兵參軍加輔國將軍義師方圍張沖於郢城曠
日持久東昏將吳子陽壁于加湖軍鋒甚盛絢
隨王茂力攻屠之自是常領游兵有急應赴輒
獲居多天監元年封南安縣男邑三百戶除輔
國將軍竟陵太守魏圍梁州刺史王珍國使請
救絢以郡兵赴之魏軍退七年司州三關為魏
所逼詔假絢節武旅將軍卒眾赴援九年遷假
節督北兗州緣淮諸軍事振遠將軍北兗州刺
史及朐山亡徒以城降魏絢馳遣司馬霍奉伯
分軍據嶮魏軍至不得越朐城明年
張稷為土人徐道角所殺絢又遣司馬茅榮伯
討平之徵驍騎將軍臨川王司馬加左驍騎將軍壽
轉朱衣直閤十三年遷太子右衛率甲仗百人
與領軍蕭景直殿內絢身長八尺容貌絕
雖

〔三州四 梁書傳十二〕
〔八〕

居顯官猶習武藝善高祖幸德陽殿戲馬敕絢馬
射撫弦貫的觀者悅之其日上使畫工圖絢形
遣中使持以問絢曰卿識此圖不其上見親如此
時魏降人王足陳計求堰淮水以灌壽陽及引
北方童謠曰荊山為上格浮山為下格潼沱為
激溝併灌鉅野澤高祖以為然使水工陳承伯
材官將軍祖暅視地形咸謂淮內沙土漂輕不
堅實其功不可就高祖弗納發徐揚人率二十
戶取三丁以築之假絢節都督淮上諸軍事并
護堰作人及戰士有眾二十萬於鍾離南起浮
山北抵巉石依岸以築土合脊於中流十四年
堰將合淮水漂疾輒復決潰眾患之或謂江淮
多有蛟能乘風雨決壞崖岸其性惡鐵因其引
東西二治鐵器大則金甌小則鋘鋤數千萬斤
沈于堰所猶不能合乃伐樹為井幹填以巨石
加土其上緣淮百里內岡陵木石無巨細必盡
力負擔者肩上皆穿夏日疾疫死者相枕蠅蟲晝
夜聲相合高祖愍役人淹久遺尚書石僕射袁

〔三州四 梁書傳十二〕
〔九〕

昂侍中謝舉假節慰勞之弁加鐈復是冬又寒
甚淮泗盡凍士卒死者十七八高祖復遣賜以
衣袴十一月魏遣將楊大眼揚聲決堰絢命諸
軍撤營露次以待之遣其子悅揚桃戰斬魏咸陽
王府司馬徐方興與魏軍小却十二月魏遣其尚
書僕射李墨定督衆軍來戰絢與徐州剌史劉
思祖等距之高祖又遣右衛將軍昌義之太僕
卿魚弘文直閤曹世宗徐元和相次距中十五
年四月堰乃成其長九里下闊一百四十丈上
廣四十五丈高二十丈深十九丈五尺夾之以
堤并樹杞柳軍人安堵列居其上其水清潔俯
視居人墳墓了然在其下或人謂絢曰四瀆
天所以節宣其氣不可久塞若鐈秋東注則游
波寬緩堰得不壞絢然之開瀆東注又縱及閒
於魏曰梁人所懼開瀆不畏野戰魏人信之果
鑿山深五丈開瀆北注水日夜分流淮猶不減
其月魏軍竟潰潰歸水之所及夾淮方數百里
地魏壽陽城戍稍從頓於八公山此南居人散

[梁書傳十二]　十

就岡壟初堰起於徐州界剌史張豹子宣言於
塣謂已必尸其事既而絢以他官來監作豹子
其慙怏而絢節度每事輒先諮豹子由
是遂諧絢與魏交通高祖雖不納猶以事畢徵
絢尋以絢為持節都督司州諸軍事信武將軍
司州剌史領安陸太守增封二百戶絢選後豹
子不脩堰至其秋八月淮水暴長堰荒壞決奔
流于海絢晡坐下獄絢在州三年大脩城隍號
為嚴政十八年徵為貞外散騎常侍領長水校
尉與護軍韋叡太子右衛率周捨直殿省並通
元年除衛尉卿未拜卒時年五十七與駕即日
臨哭贈右衛將軍給鼓吹一部賻錢十萬布百
匹謚曰壯絢寬和少喜懼在朝廷見人如不能
言號為長厚在省毎寒月見省官纔績輒遺以
襦衣其好施如此子悅嗣
昌義之歷陽烏江人也少有武幹蕭順之補防閤為武
征伐累有戰功烏江武為雍州以義之補防閤出為武
馮翊成主及武代還義之留事高祖時天下方

[梁書傳十二]　十二

王志

亂高祖亦厚遇之義師起板為輔國將軍軍主除建安王中兵參軍時音陵芊口有邸閣高祖遣驅每戰必捷大軍次新林隨王茂於新亭并朱雀航力戰斬獲尤多建康城平以為直閣將軍馬右夾轂主天監元年封永豐縣矦邑五百戶除驍騎將軍出為盱眙太守二年遷假節督魏寇州境義之擊破之三年進號冠軍將軍增封二百四年大舉北伐揚州刺史臨川王督眾軍戍口義之以州兵受節度為前軍攻魏梁城戍克之五年高祖以征役久有詔班師眾軍各退散魏中山王元英乘勢追躡攻沒馬頭城內糧儲魏悉裒之歸北議者咸曰魏運米北歸當無復南向高祖曰不然此必進兵非其實也乃遣土匠脩營鍾離城是冬英率其眾安樂王元道明平東將軍楊大眼等眾數十萬來寇鍾離鍾離城北阻淮水人於邵陽洲西岸作浮橋跨淮通道英據東岸

大眼據西岸以攻城時城中眾繞三千人義之督帥隨方抗禦魏軍乃以車載土填使其眾負土隨之俄而壍滿英與大眼躬自督戰晝苦攻分番相代而墜而復升城上輒頰落義之乃衝車撞之所值城上輒頰落義之之善射其所向莫不應弦而倒一颭輒馳往救之每彎弓所殺傷者萬計魏軍死者與城日戰數十合前後殺傷者萬計魏軍死者與城平六年四月高祖遣曹景宗韋叡帥眾二十萬救焉既至與魏戰大破之英大眼等各脫身奔走義之因率輕兵追至洛口而還斬首俘生不可勝計以功進號軍師將軍增封二百戶遷持節督青冀二州諸軍事征虜將軍青冀二州刺史未拜改督南兗兗徐青冀五州諸軍事輔國將軍南兗州刺史禁物出藩為有司所奏免其年補朱衣直閣除左驍騎將軍直閣如故遷太子右衛率領越騎校尉假節八年出為持節

督湘州諸軍事征遠將軍湘州刺史九年以本
號還朝俄為司空臨川王司馬將軍如故十年
遷右衛將軍十三年徙為左衛將軍是冬高祖
遣太子右衛率康絢督眾軍作荊山堰明年魏
遣將李曇定大衆逼荊山揚聲欲決堰詔假義
之節帥太僕卿魚弘文直閤將軍曹世宗徐元
和等救絢絢未至絢等已破魏又遣大將李平
攻峽石圍直閤將軍趙祖悅義之又率朱衣直
閤王神念等救之時魏兵盛神念攻峽石浮橋
不能克故進遂陷峽石義之班師
為有司所奏高祖以其功臣不問也十五年復
以為使持節都督湘州諸軍事信威將軍平北
刺史其年改授都督北徐州緣淮諸軍事平北
將軍北徐州刺史義之性寬厚爲將能撫御得
人死力及居藩任吏民安之俄給皷吹一部改
封營道縣侯邑戶如先普通三年徵為護軍將
軍皷吹如故四年十月卒高祖深痛惜之詔曰
護軍將軍營道縣開國侯昌義之幹略沈濟志

懷寬隱誠著運効彰邊服始効方申不牙寄以禁
旐奄至殞喪悯愴于懷可贈散騎常侍車騎將
軍皷吹一部給東園祕器朝服一具贈錢貳
萬布二百四蠟三百斤諡曰烈子寶業嗣官至
直閤將軍譙州刺史
陳吏部尚書姚察曰張惠紹爲道根康絢義
之初起從上其功則輕及羣盜焚門而惠紹以
力戰顯　肥邵陽之逼而道根義之功多浮山
之役起而康絢典其事牙有厥勞寵進宜矣先
是鎮星守天江而堰興及退舍而堰決非徒人
事有天道矣

列傳第十二

梁書十八

梁書十九

散騎常侍姚 思廉撰

宗史
劉坦
樂藹

宗史字明敬南陽涅陽人也世居江陵祖景宋
時徵太子庶子不就有高名父繁西中諮議參
軍史少勤學有局幹弱冠舉郢州秀才歷臨川
王常侍驃騎行參軍齊司徒竟陵王集學士於
西邸並見圖畫史亦預焉為求明中與魏和親敕
史與尚書殿中郎任昉同接魏使比日時選也武
帝婿孫南郡王居西州以史管書書記史既以筆
札被知亦以貞正見許故任為俄而文惠太子
薨王為皇太孫史仍管書記及太孫即位多失
德史頗自踈得為秣陵令遷尚書都官郎隆昌
末少帝見誅寵舊多羅其禍惟史及傅昭以清
正免明帝即位以史為鄞州治中有名一稱職以
父老去官還鄉里南康王為荊州刺史入引為別

駕義師起遷西中郎諮議參軍別駕如故時西
土位望惟史與同郡樂藹劉坦為州人所推信
故領軍將軍蕭穎曾深相委伏每事諮焉高祖
師發雍州穎曾遣史出自楊口回稟經略开護
送軍資高祖甚禮之天興初遷御史中丞以父
愛去職義起為冠軍將軍衛軍長史天監元年遷
征虜長史東海太守遷五兵尚書參掌大選三年卒時
右衛率是冬遷五兵尚書從弟岳有名行州稱
年四十九子曜卿嗣史從弟岳有名行州稱
之出於史右仕歷尚書庫部郎鄞州治中北中
郎錄事參軍事
劉坦字德度南陽安衆人也晉鎮東將軍喬之
七世孫坦少為從兄虬所知齊建元初為南郡
王國常侍尋補屏陵令遷南中郎錄事參軍事
居以幹濟稱南康王為荊州刺史坦為西中郎
中兵參軍領長流義師起遷諮議參軍時輔國
將軍楊公則為湘州刺史師起夏口西朝議
行州事者坦謂眾曰湘境人情易擾難信若專

用武士則百姓畏侵漁若遣文人則威略不振
必欲鎮靜一州城軍民足食則無踰老臣先零
之役竊以自許遂從之乃除輔國長史長沙太
守行湘州事坦嘗在湘州多舊恩道迎者其眾
下車簡選堪事吏分詣十郡悉發人丁運租米
三十餘萬解致之義師資糧用給時東昏遣安
成太守劉希祖移檄湘部於是始與內史王僧粲之
邵陵人逐其內史褚游求陽人周暉起兵攻始
安郡並應僧粲桂陽人邵曇弄鄧道介報復私
讎因合黨亦同為僧粲自號平西將軍湘州刺
史以永陽人周舒為謀主師于建寧羅四縣猶全
諸郡悉皆蜂起惟臨湘湘陰瀏陽羅四縣猶全
州人咸欲沈舟焚之遣將尹法
略距僧粲相持未決前湘州鎮軍鍾玄紹潛謀
應僧粲要結士庶數百人皆連名定計刻日反
州城坦聞其謀偽為不知因訟至夜而城門
遂不開以疑之玄紹未及發明旦詣坦問其故

坦久留與語密遣兵收其家書玄紹在坐未
起而收兵已報具得其文書本末玄紹即首伏
於坐斬之焚其文書其餘黨悉無所問眾愧且
服州部遂安法略與僧粲相持累月建康城平
公則還州群賊始散天監初論功封荔浦縣子
邑三百戶遷平西司馬新興太守天監三年遷
西中郎卒時年六十二子泉嗣
樂藹字蔚遠南陽清陽人晉尚書令廣之六世
孫世居江陵其舅雍州刺史宗慤普陳器物試
諸甥姪藹時尚幼而所取惟書慤由此奇之又
取史傳各一卷授藹等使讀畢言所記藹略讀
具舉慤益善之宋建平王景素為荊州刺史辟
為主簿景素為南徐州復為征北刑獄參軍遷
龍陽相以父憂去職藹民詣州請之葬訖起為
時齊豫章王嶷為荊州刺史以藹為
驃騎行參軍領州主簿參
知州事嶷嘗問藹風土舊俗城隍基跡山川險
易藹隨問立對若按圖諜嶷益重焉州人嫉之

或譖謐解門如市疑謐覘之方見謐閉閤讀書
嶷還都以謐為太尉刑獄參軍典書記遷枝江
令還為大司馬中兵參軍轉署記室求明八年
荆州刺史巴東王子響稱兵反既敗焚燒府舍
官曹文書一時蕩盡武帝引見謐問以西事謐
上對詳敏帝悅謐還州繕脩署數百區頃之咸畢而
府州事謐遷州治中敕付以脩復
役不及民荆部以為自晉王悅移鎮以來府舍
未之有也九年豫章王嶷薨謐解官赴喪率

荆湘二牧故吏建碑墓所累遷車騎平西錄事
參軍步兵校尉求助戍西歸南康王為西中郎
以謐為諮議參軍義師起蕭穎胄謐及宗支
劉坦任以經略參軍義師起蕭穎胄引謐及宗支
尚書左丞時營造器甲舟艦軍糧及朝廷儀憲
悉資謐焉尋遷給事黃門侍郎左丞如故和帝
東下道兼衛尉卿天監初遷驍騎將軍領少府
卿俄遷御史中丞領本州大中正初謐發江陵
無故於船得八車輻如中丞健步避道者至是

果遷為謐性公彊居憲臺甚稱職時長沙宣武
王遷葬而車府忽於庫失油絡欲推主者謐曰
昔晉武庫火張華以為積油萬匹必然今庫若
有灰非吏罪也既而檢之果有積灰時稱其博
物弘怨焉為二年出為持節督廣交越三州諸軍
冠軍將軍平越中郎將廣州刺史前刺史徐元
瑜罷財產遇元瑜走歸廣州借兵於謐託欲討賊
而實謀亂謐覽之誅元瑜進號征虜將
元瑜歸道元始興人士反逐內史崔睦舒因掠

軍卒官謐姊適徵士同郡劉虬亦明識有禮訓
謐為州迎妹居官舍參祿秩西土稱之子法
才字元備幼與弟藏俱有美名少遊京師造沈
約約見而稱之齊和帝為相國召為府參軍鎮
軍蕭穎胄辟主簿梁臺建除起部郎天監二年
謐出鎮嶺表法才留任京邑遷尚書右丞晉安
官服闋除中書通事舍人出為本州別駕入為
通直散騎侍郎復掌通事遷尚書右丞晉安王
為荆州重除別駕從事史後徵為尚書右丞出

為招遠將軍建康令不受俸秩比去任將至百
金縣曹啓輸臺庫高祖嘉其清節曰居職若斯
可以為百城表矣即日遷太府卿尋除南康內
史聦以讓俸受名辭不拜俄轉雲騎將軍少府
卿出為家割宅為寺樓心物表皇太子以法才舊
臣累有優令召使東下未及發而卒時年六十

三

陳吏部尚書姚察曰蕭穎曾起大州之眾以會
義當其時人心未之能悟此三人者楚之鎮也
經營締構蓋有力焉方面之功坦為多矣當官
任事誚則兼之咸登寵秩宜乎

三十二　　梁書傳十三　　　七　　沈亮

劉孝連
陳伯之

劉孝連字惠續彭城人也父絵以宋高祖族
弟顯於宋世位至金紫光祿大夫孝連有名春
早歷清官齊高帝受禪悉誅宋室近屬將及
季連等太宰褚淵素善之固請乃免建元中季
連為尚書左丞永明初出為江夏內史眾還平

三十四　　梁書傳十四　　　一　　卷

南長沙內史冠軍長史廣陵太守並行府州事
入為給事黃門侍郎轉太子中庶子建武中又
出為平西蕭遙欣長史南郡太守時明帝諸子
幼弱內親則伎遙欣兄弟外親則倚弟劉暄
至州多招賓客厚自封植明帝甚惡之季連族
甥琅邪王會為遙欣諮議參軍美容貌頗才辯
遙欣遇之甚厚會多所懼忽於公座與遙欣競
悔季連季連慚之乃密表明帝稱遙欣有異迹

明帝納為乃以遙欣為雍州刺史明帝心德季

連四年以為輔國將軍益州刺史據遙欣以上

流季連父宋世為益州貪鄙無政績州人猶以

義故善待父故李連下車存問故老撫納新舊

見父時故吏季連皆對之流涕辟遂寧為東昏

主簿惟龍襄穎之孫連為右衛將軍孫本以文吏

連聞東昏失德京師多故故累世有學行故引為府

位永元元年徵奉連為東昏即

■梁書傳古

知名性忌而褊狹至是遂嚴懷慘酷狠主人始懷

怨望廿年九月季連因聚會發人丁五千人聲

以譖武遂道中兵參軍宋買率之以襲中水穫

人季託豫知之設備守險買與戰不利退州郡

縣多叛亂矣是月新城人趙續伯殺五城令遂

始平太守十月晉原人樂寶稱李難當殺其太

守寶稱自號南秦州刺史難當益州刺史十二

月季連遣參軍崔茂相聚伐樹塞路軍人水火無

糧值歲大寒群賊相率率衆二千討之齋三日

所得大敗而還死者十七八明年正月新城人

帛養逐遂寧太守譙希淵三月巴西人雍道晞

率群賊萬餘逼巴西去郡數里道晞柵欄鎮西將

軍號建義巴西太守魯休烈與涪令李膺嬰城

自守季連遣中兵參軍李奉伯率衆五千救之

奉伯至與郡兵破擒道晞斬之日卒懷後計奉伯

進巴西之東鄉討餘賊李膺止之日卒懷後計奉伯

乘勝履險非良策也出遂奔還六月江陽

不納悉衆入山大敗而出遂奔還六月江陽

人程延期反殺太守何法藏魯休烈懼不自保

■梁書傳十四

奔投巴東相蕭慧訓十月巴西人趙續伯又反

有衆二萬出廣漢乘佛輿以五綵裹青石詫百

姓云天與我王印當王蜀愚人從之者甚衆季

連進討之遣長史趙越常前軍自濞亭與大軍

李奉伯由涪路討之奉伯別軍驅兵敗季連復遣

會於城進攻其柵大破之時會稽人石文安守

休隱居鄉里又代季連入為御史中丞與季連

為江夏內史又代季連八為尚書左丞出

相善子仲淵字欽回聞義師起率鄉人以應高

相天監初拜鄧州別駕從高祖平京邑明年春
道左右陳建孫逖送季連弟通直郎子淵及季連
二子使蜀喻旨慰勞季連受命飾還裝高祖以
西臺將鄧元起為益州刺史元起南郡人季連
為南郡之時素薄元起典籤朱道琛者嘗為季
連府都錄無賴小人有罪季連欲殺之逃叛以
免至是說元起曰益州亂離已久公私府庫必
多耗失劉季豈辦復能遠遣候遞糧未
易可得元起許之道琛既至言語不恭又歷造
府州人士見器物輒奪之有不獲者語曰會當
屬人何須苦惜於是軍府大懼謂元起至必誅
季連禍及黨與競言之於季連季連亦以必然
又惡昔之不禮元起也益憤懣司馬朱士略為說
季連遂召佐史矯稱齊宣德皇后令聚兵復反
收朱道琛殺之書報朱士略兼召李膺膺士略
並不受使歸元起收兵於巴西以待之季連

三0七　梁書傳十四　四　張戍

誅士略三子天監元年六月元起至巴西季連
遣其將李奉伯等拒戰兵交乎有得失矢之奉
伯乃敢退還成都李連驅兵略居人閉城固守元
起稍進圍之是冬李連城局參軍江希之等謀
以城降不果季連誅之季連蜀中嬰
親黨者又殺而食之季連食粥累月饑窘無計
二年正月高祖遣主書趙景悅宣詔降季連季
連肉袒請罪元起遣季連于城外俄而造為待

三一0　梁書傳十四　五　張戍

之以禮李連謝曰早知如此豈有前日之事元
起誅李奉伯并諸渠帥送季連還京師李連將
發人莫之視惟襲惋送為初元起在道懼事不
集無以為賞惟士之至者皆許以辟命於是受
駕治中撤者將二千人數步一稽顙以至高祖
引見之季連自東掖門入數步一稽顙以至高
祖前高祖笑謂曰卿欲慕劉備而曾不及公孫
述豈無臥龍之臣乎季連復稽顙謝救以至庶人
四年正月因出建陽門為蜀人藺道恭所殺季

連在蜀殺道恭父道恭出亡至是而報復焉

陳伯之濟陰睢陵人也幼有膂力年十三四好
著獺皮冠帶刺刀候伺隣里稻熟輒偷刈之嘗
為田主所見呵之云楚子莫動伯之謂田主曰
君稻幸多一檐何苦田主將執之皆反走伯之
而進將稻而歸及年長在鍾離數為劫盜嘗授面
覘人船人斫之獲其亡耳後隨鄉人車騎將
軍王廣之廣之愛其勇每夜臥下榻征伐嘗自
隨齊安陸王子敬為南兗州頗持兵自衛明帝
遣廣之討子敬廣之至歐陽遣伯之先驅因城
開獨入斬子敬又頻有戰功勳累遷為冠軍
將軍驃騎司馬封魚復縣伯邑五百戶義師起
東昏假伯之節督前驅諸軍事豫州刺史將軍
如故尋轉江州以拒義軍郢城平高祖
得伯之幢主蘇隆之使說伯之即以為安東將
軍江州刺史伯之雖受命猶懷兩端偽云大軍
未須便下高祖謂諸將曰伯之此答其心未定

及其貓豫宜遣之衆軍送次尋陽伯之退保南
湖然後歸附進號鎮南將軍與衆俱下伯之頓
雛門尋進西明門建康城未平每降出伯之輒
喚與耳語高祖恐其疑懼翻覆密語伯之曰聞
城中甚忿卿舉江州降鄭伯倫降高祖使伯
慮伯之未之信會東昏將鄭伯倫降卿宜以
倫過伯之謂曰城中甚忿卿欲遣信誘卿欲封
賞須卿復降當生割卿手脚卿若不降復欲遣
刺客殺卿宜深為備伯之懼自是無異志矣力
戰有功城平進號征南將軍封豐城縣公邑二
千戶遣還之鎮伯之不識書及選江州得文牒
辭訟惟作大諾而已有事簽傳口語與奪決
於主者伯之與豫章人鄧繕興人戴永忠並
有舊繕經藏伯之息英免禍伯之尤德之及在
州用繕為別駕惟永忠為揚州西曹軍河南褚緭京師
之薄行者齊末為揚州西曹遇亂居閭里而輕
薄平能自致駙馬即位緭頻造尚
書范雲雲不好緭堅距之緭益怒私語所知曰

建武以後草澤底下悉化成貴人吾何罪而見
棄今天下草創饑饉不已喪亂未可知陳伯之
擁彊兵在江州非代來臣有自疑意且欬感守
南斗詎非代我出今者一行事若無成入魏何
與滅作阿南郡於是遂投伯之書佐王思穆之
之大見親猶及伯之鄉人朱龍符為長流參軍
伯之子虎牙封示伯之高祖又遣代江州別駕
鄧繕伯之並不受命答高祖曰龍符驍勇健見

鄧繕事有績効臺所遣別駕請以為治中繕於
是日夜說伯之云臺家府庫空竭復無器仗三
會無米東境飢流此萬代一時也機不可失繕
永忠等每賛成之伯之謂繕今段啟卿若復不
得便與卿共下使反高祖敕部內一郡勵繕伯
之於是集府州佐史謂曰奉齊建安王教率江
北義勇十萬已次六合見使以江州見力運糧
速下我荷明帝厚恩拒言死以報今便算忠嚴備辦
使繕詐為蕭寅書以示僚佐於廳事前為壇殺

狂以盟伯之先飲長史已下次第歃血繕說伯
之曰今舉大事宜引眾望程元冲不與人同心
臨川內史王觀僧虔之孫人身不惡便可召為
長史以代元冲伯之從之仍以繕為尋陽太守
加討逆將軍求忠輔義將軍沈慧休為鎮南參軍
率五百人守太雷太雷成主沈慧休為節度陸為
李延又遣鄉人孫隋李景穆李景龍符
徐州景為鄧州豫章太守鄭伯倫起郡兵距守
程元冲既失職於家合率數百人使伯之典籤

呂孝通戴元則為內應伯之每且常作使曰晡
輒臥左右伏身皆休息元冲因其解弛從北門
入徑至廳事前伯之聞叫聲自率元冲力
不能敵走逃盧山初元冲起兵要彗陽張孝李
孝李從之既敗伯之遣信還都報虎牙兄弟李
蠟瀘殺之遺遣虎牙追得其母郎氏
盱眙見殺高祖遣遣王茂討伯之伯之聞茂來謂繕
反見白王觀既不就命鄭伯倫又不肯從便應空
等白王觀既不就命鄭伯倫又不肯從便應空

手受困今先平豫章開通南路多發丁力益運
資糧然後席卷北向以撲飢疲之衆不憂不濟
也乃留鄉人唐蓋人守城遂相率趣豫章太守
鄭伯倫堅守守伯之攻之不能下王戊前軍既至
伯之表裹受敵乃敗走命出江北與子
虎牙及褚緄俱入魏魏以伯之爲使持節散騎
常侍都督淮南諸軍事平南將軍光祿大夫曲
江縣侯天監四年詔太尉臨川王宏率衆軍北
討宓命記室丘遲私與伯之書曰陳將軍足下

無恙幸甚將軍勇冠三軍才爲世出棄鶡雀之
小志慕鴻鵠以高翔昔因機變化遭逢明主立
功立事開國承家朱輪華轂擁旄萬里何其壯
也如何一旦爲奔亡之虜聞鳴鏑而股戰對穹
廬以屈膝又何劣耶尋君去就之際非有他故
直以不能内審諸已外受流言沉迷猖獗以至
於此聖朝赦罪論功棄瑕錄用收亦心於天下
安反側於萬物將軍之所知非假僕一二談也
朱鮪涉血於友于張繡刃於愛子漢主不以

爲疑魏君待之若舊況將軍無昔人之罪而勳
重於當代夫迷途知反往哲是與不遠而復先
典攸高主上屈法申恩吞舟是漏將軍松栢不
翦親戚安居高臺未傾愛妾尚在悠悠爾心亦
何可述今功臣名將鴈行有序懷黃佩紫贊帷
幄之謀乘軺建節奉疆場之任並刑馬作誓傳
之子孫將軍獨靦顏借命驅馳異域寧不哀哉
夫以慕容超之強身送東市之盛面縛西
都故知霜露所均不育異類漢舊邦無取雜

種北虜僭盜中原多歷年所惡積禍盈理至燋
爛況僞孽昏狡自相夷戮部落攜離酋豪猜貳
方當繫頸蠻邸懸首藁街而將軍魚游於沸鼎
之中鷰巢於飛幕之上不亦惑乎暮春三月江
南草長雜花生樹群鶯亂飛見故國之旗鼓感
平生於疇日撫弦登陴豈不愴悢所以廉公之
思趙將吳子之泣西河人之情也將軍獨無情
哉想早勵良圖自求多福伯之乃於壽陽擁衆
八千歸虎牙爲魏人所殺伯之旣至以爲使持

節都督西豫州諸軍事平北將軍西豫州刺史
求新縣侯邑千戶未之任復以為通直散騎常
侍驍騎將軍又為太中大夫父之卒於家其子
猶有在魏者楮緄在魏魏人欲擢用之魏元會
緄戲為詩曰帽上著籠冠袴上著朱衣不知是
今是不知非昔非魏人怒出為始平太守曰曰
行獵墮馬死

史臣曰劉季連之文吏小節而不能以自保全
晉亂然也陳伯之小人而乘君子之器舉兵盜又
誣而奪之安能長久矣

二百七五　梁書傳十四　十二　張戍

散騎常侍姚　思廉　撰

王瞻
王志
王峻
王暕　子訓
王泰
王份　孫錫　僉
張充
柳惲
蔡撙
江蒨

二尖　梁書傳十五　一

王瞻字思範琅邪臨沂人宋太保弘從孫也祖
柳光祿大夫東亭侯父猷廷尉卿瞻年數歲嘗
從師受業時有伎經其門同學皆出觀瞻獨
不視習誦如初從父尚書僕射僧達聞而異
之謂瞻父曰吾宗不衰寄之此子年十二
居父憂以孝聞服闋襲封東亭侯瞻幼

時輕薄好逸遊爲閭里所患及長頗折節有士操涉獵書記於碁射尤善起家箸作佐郎累遷太子舍人太尉主簿太子洗馬頃之出爲鄱陽內史秩滿授司徒中舍人又爲齊南海王友尋轉司徒竟陵王從事中郎王甚賓禮南海王爲護軍將軍瞻爲長史又出補徐州別駕從事史遷驃騎將軍王晏長史晏誅出爲晉陵太守瞻潔己爲政妻子不免飢寒時大司馬王敬則

〔梁書傳十五 二〕

舉兵作亂路經晉陵郡民多附敬則軍敗臺軍討賊黨瞻言於朝曰愚人易動不足窮法明帝許之所全活者萬數徵拜給事黃門侍郎撫軍建安王長史高祖霸府開以瞻爲大司馬相國諮議參軍領錄事梁臺建爲侍中遷左民尚書俄轉吏部尚書瞻性率亮居選部所舉多行其意頗嗜酒每飲或彌日而精神益朗瞻不廢簿領高祖每稱瞻有三術射碁酒也尋

加左軍將軍以疾不拜仍爲侍中領驍騎將軍未拜卒時年四十九諡康侯子長玄箸作佐郎早卒

王志字次道琅邪臨沂人祖曇首宋左光祿大夫豫寧文族父僧虔司空簡穆公並有重名志年九歲居所生母憂哀容毀瘠爲中表所異弱冠選尚宋孝武女安固公主拜駙馬都尉秘書郎累遷太子舍人武陵王文學太尉行參軍主簿褚淵爲司徒引志爲主簿淵謂僧虔曰朝廷

〔梁書傳十五 三〕

之本爲殊特所可光榮在屈賢子累遷鎮北竟陵王功曹史安陸南郡二王友入爲中書郎尋除宣城內史清謹有恩惠郡民張倪吳慶等爭田經年不決志到官父老乃相謂曰王府君有德政吾曹鄉里乃有此爭感之慶倪因相攜請罪所訟地遂成閑田徵拜黃門侍郎尋遷吏部侍郎出爲寧朔將軍東陽太守郡獄有重四十餘人冬至日悉遣還家過節皆返惟一人失期獄司以爲言志曰此自太守事主者勿憂明旦囚自詣

177

獄辭以婦孕吏民益歎服之視事三年齊永明
二年入為侍中未拜轉吏部尚書在選以和理
稱崔慧景平以例加右軍將軍封臨汝侯圖讓
不受改領右衛將軍義師至城內害東昏百僚
署名送其首志聞而歎曰冠雖弊可加足乎因
取庭中樹葉授服之偽悶不署名高祖覽歲無
志署心嘉之弗以讓也霸府開以志為右軍將
軍驃騎大將軍長史梁臺建遷散騎常侍
中書令天監元年以本官領前軍將軍其年

梁書傳十五　四　苹

遷冠軍將軍丹陽尹為政清靜去煩苛京師
有寡婦無子姑亡舉債以斂葬既葬而無以還
之志愍其義以俸錢償焉時年饑每旦為粥於
郡門以賦百姓民稱之不容口三年為散騎常
侍中書令領游擊將軍志為中書令及居京尹
便懷止足常謂諸子姪曰謝莊在宋孝武世位
止中書令自視豈可以過之因多謝病簡通
賓客遷並前將軍太常卿六年出為雲麾將軍
安西始興王長史南郡太守明年遷軍師將軍

平西鄱陽郡王長史江夏太守並加秩中二千
石九年遷為散騎常侍金紫光祿大夫十二年
卒時年五十四志善草隸當時以為楷法齊游
擊將軍徐希秀亦號能書常謂志為書聖志
家世居建康禁中里馬蕃巷父僧虔以來門風
多覽恕志尤博厚所歷職不稱其善兄弟子姪
客嘗游其門者專覆其過之志知而不問待之如初
賓實謙和時人號馬蕃諸王為長者普通四

梁書傳十五　五　至祖

年志改葬高祖厚賻賜之追諡曰安者五子緝
休譔操素並知名
王峻字茂遠琅邪臨沂人曾祖敬弘有重名於
宋世位至左光祿大夫父秀之吳興太守峻少美風姿
金紫光祿大夫開府儀同三司祖瓚之
善舉止起家著作郎不拜累遷中軍廬陵
王法曹行參軍太子舍人邵陵王文學太傅主
簿府主齊竟陵王子良甚相賞遇遷司徒主簿
以父憂去職服闋除太子洗馬建安王友出為

寧遠將軍桂陽內史會義師起上流諸郡多相
驚擾峻閉門靜坐一郡帖然百姓賴之天監初
還除中書侍郎高祖甚悅其風采與陳郡謝覽
同見賞擢俄遷吏部尚書當官不稱職轉征虜功
拜侍中遷度支尚書又以本官起部尚書
宣城太守爲政清和吏民安之視事三年徵爲
成王長史又爲太子中庶子游擊將軍出爲
郡太守壽爲智武將軍鎮西長史蜀郡太守還
監起太極殿事畢出爲征遠將軍平西長史南
爲左民尚書領步兵校尉遷吏部尚書處選甚
得名譽峻性詳雅無競心嘗與謝覽約官至
侍中不復謀進仕覽自吏部尚書出爲吳興郡
平心不畏彊禦亦由虛世之情既薄故也峻爲
侍中以後雖不退身亦淡然自守無所營務久
之以疾表解職遷金紫光祿大夫未拜普通二
年卒時年五十六諡惠子琮玩琮爲國子生
尚始翼王女敏昌縣主不惠爲學生所嗤逐離
婚峻謝王王曰此自上意僕撾不顧如此峻曰臣

太祖是謝仁祖外孫亦不籍蔽下姻媾爲門戶
王暕字思晦琅邪臨沂人父儉宋太尉南昌文
憲公暕年數歲而風神警言擢有成人之度時文
憲作宰賓客盈門見暕相謂曰公才公望復在
此矣弱冠選尚淮南長公主拜駙馬都尉除貟
外散騎侍郎不拜改授晉安王文學遷廬陵王
友祕書丞明帝詔求異士始安王遙光表薦暕
及東海王僧孺曰臣聞求賢暫勞垂拱永逸方
之疏壤取類導川伏惟陛下道隱旒纊信充符
璽白駒空谷振鷺爲在庭猶懼隱鱗卜祝藏器屠
保物色開下委袞河上非取製於一狐諒求味於
兼采而五聲倦響九王是詢褰議廟堂借聽與
阜臣位任隆重義兼邦家當裕以清談英俊下僚不
幸路絕勢門上品猶當祕書丞琅邪王暕年二十一
可限以位親竊覯堂器寶理
葉重光海內冠冕神清氣茂允迪中和叔寶理
遣之談彥輔名教之樂故以暉映先達領袖後進
居無塵雜家有賜書辭賦清新屬言玄遠室通

人曠物疎道親養素丘園台階虛位庫序公朝
萬夫頹首豈徒荀令可想李公不亡而已哉乃
東序之祕寶瑚璉之茂器除驃騎從事
祖霸府開引爲戶曹屬遷司徒左長史天監元
年除太子中庶子領驍騎將軍入爲侍中出爲
寧朔將軍事脩理然世貴顯與物多隔不能留心
尚書俄領國子祭酒睍遷尚書右僕射加侍中
五兵尚書加給事中出爲晉陵太守徵爲吏部
選曹職事脩理然世貴顯與居
寒素衆頗謂爲刻薄遷尚書右僕射加侍中
復遷右僕射以母憂去官起爲雲麾將軍吳
郡太守還爲侍中尚書左僕射領國子祭酒普
通四年冬暴疾卒時年四十七詔贈侍中中書
今中軍將軍給東園祕器朝服一具衣一襲錢
十萬布百四謚曰靖有四子訓承釋訏並通顯
訓字懷範幼聰警有識量徵士何胤見而奇之
年十三聰亡憂毀家人莫之識十六召見文德
殿應對爽徹上目送久之顧謂朱异曰可謂

相門有相矣補國子生射策高第除祕書郎遷
太子舍人祕書丞轉宣城王文學友太子中庶
子掌管記俄遷侍中既拜入見高祖從容問何
敬容曰褚彥回年幾爲宰相敬容對曰少過三
十上曰今之王訓無謝彥回訓美容善進止
文章之美爲後進領袖在春宮屢被恩禮以疾
終于位時年二十六贈本官謚溫子
王泰字仲通志長兄慈之子也慈時歷侍中
吳郡知名在志右泰幼敏悟年數歲蔵祖母集
諸孫姪散騎常葉於上羣見皆競之泰獨不取
問其故對曰不取自當得賜由是中表異之既
長通和溫雅人不見其喜慍之色起家著作
郎不拜改除祕書郎遷前將軍法曹行參軍司
徒東閤祭酒車騎主簿高祖霸府建參軍司
驃騎功曹史天監元年遷祕書丞齊永元末
後宮火延燒祕書圖書散亂泰盡意補綴篇卷
校定繕寫高祖從之項之遷中書侍郎出爲
南徐州別駕從事史居職有能名復徵中書侍

郎敕掌吏部郎事累遷給事黃門侍郎貟外散
騎常侍並掌吏部如故俄即真自過江吏部郎
不復典大選令史以下小人求競者輻湊前後
少能稱職泰為之不通關求吏先至者即補不
為貴賤請囑易意天下稱平累遷為廷尉司徒
左長史出為明威將軍新安太守俄在郡和理得
民心徵為寧遠將軍安右長史俄遷侍中尋為
太子庶子領步兵校尉復為侍中仍遷仁威長
史南蘭陵太守行南康王府州國事王遷職復
為北中郎長史行豫章王府州國事太守如故
入為都官尚書泰能接人士士多懷望泰每顧其
居選官頃之為吏部尚書屬衣冠屬望未及選舉
仍疾改除散騎常侍左驍騎將軍未拜卒時年
四十五謚夷子初泰無子養兄子祁晚有子廊
王份字季文琅邪人也祖續明宋開府儀同三
司元公父粹黃門侍郎份十四而孤解褐車騎
主簿出為寧遠將軍始安內史袁粲之誅親故
無敢視者份獨往致慟由是顯名遷太子中舍

人太尉屬出為晉安內史累遷中書侍郎轉大
司農份兄奐於雍州被誅奐子肅奔于魏份自
拘請罪齊世祖知其誠款喻而遣之屬蕭鸞引
魏人來侵疆場世祖嘗因侍從容謂份曰比
有臣帝亦以此亮為尋除寧朔將軍零陵內史
徵為黃門侍郎以父終於此職固辭不拜遷秘
書監天監初除散騎常侍領步兵校尉兼起部
尚書高祖嘗於宴席問羣臣曰朕為有為無份
對曰陛下應萬物為有體至理為無高祖稱善
出為宣城太守轉吳郡太守遷寧朔將軍北
郎豫章王長史蘭陵太守行南徐州府州事遷太
常卿太子右率散騎常侍侍中東宮除金紫光祿
大夫復為智武將軍南康王長史秩中二千石
復入為散騎常侍金紫光祿南徐州大中正給
親信二十人遷尚書左僕射加侍中時脩建
二郊份以本官領大匠卿遷散騎常侍右光祿
大夫加親信為四十人遷侍中特進左光祿復

以本官監丹陽尹普通五年三月卒時年七十
九詔贈本官賻錢四十萬布四百匹蠟四百斤
給東園祕器朝服一具衣一襲楬征虜建安王琳
字孝璋舉南徐州秀才釋褐征虜建安王法曹
司徒東閤祭酒南平王文學尚義與公主拜駙
馬都尉累遷中書侍郎衛軍謝朏長史員外散
騎常侍出為明威將軍東陽太守徵司徒左散
史錫字公瑕琳之第二子也幼而警悟與兄弟
受業至應休散常獨留不起年七八歲猶隨公
主入宮高祖嘉其聰敏常為朝士說之精力不
勸致擯若目公主每節其業寫飾居宇雖童稚
之中一無所好十二為國子生十四舉清茂除
祕書郎與范陽張伯緒齊名俱為太子舍人丁
父憂居喪盡禮服闋除太子洗馬王錫祕書郎張
纘親表英華除晉安王友稱可以師友事之以戚屬
封求安厝除晉安王友稱疾不行敕許受詔停
都王冠日以府僚攝事普通初魏始連和使劉

三百卅三　高衍

善明來聘敕使中書舍人朱异接之預識者皆
歸化北人善明負其才氣酒酣謂异曰南國辯
學如中書舍人幾人异對曰异所以得接賓宴者
乃分職是司二國通和所敕親好若以才辯相
尚則不容見使於南苑設宴遍論經史兼以嘲
云何可見异具啟敕即使於南苑設宴遍論經史
纘朱异四人而已善明造席遍論經史兼以嘲
謔錫纘隨方酬對無所稽疑未嘗訪彼一事善
明甚相歎揖伫曰謂异曰一日見一賢實副所
期不有君子安能為國轉中書郎遷給事黃
門侍郎尚書吏部郎中時年二十四謂親友曰
吾以外戚謬被時知多叨人爵本非其志兼比
贏病庶務難堪安能捨其所好而徇所不能乃
稱疾不拜便謝徒拒絕賓客捲簾覃思室
字蕭然中大通六年正月卒時年三十六贈侍
中給事中會錫朝服一具衣一襲丁父憂衰毀過禮
僉字公會錫第五弟也八歲丁父憂衰毀過禮
封閔召補國子生祭酒袁昂稱為通理第高第
服闋

除長史兼祕書郎中歷尚書殿中郎太子中舍
人與吳郡陸襄掌東宮管記出為建安太守山
寇方善謝稀聚徒依險屢為民患僉潛設方略
率衆平之有詔襃美頒示州郡除威武將軍始
興內史丁所生母憂固辭不拜又除安成內史以
南康內史屬循作亂復轉僉為安西武陵王長史
蜀郡太守令懂岨峻固以疾辭因以黜免久之
除戎昭將軍左丞復補黃門侍郎遷太子
承聖三年世祖追詔曰賢而不伐曰恭謐恭子
四十五贈侍中給事中給東園祕器朝服一具衣一襲
中庶子掌東宮管記太清二年十二月卒時年
張充字延符吳郡人父緒齊特進金紫光祿大
夫有名前代充少時不持操行好逸遊緒嘗讀
書充至便放紲脫韝拜於水次緒曰一身
兩役遇緒船至便跪對曰充聞三十而立今二
十九矣請至來歲而敬易之緒曰過而能改顏

氏子有焉及明年便脩身改節學未盈載多所
該覽尤明老易能清言與從叔稷俱有令譽起
家撫軍行參軍遷太子舍人尚書殿中郎武陵
王友時尚書令王儉當朝用事武帝皆取決焉
武帝嘗欲以充父緒為尚書僕射訪於儉儉對
曰張緒少有清望誠美選也然東士比無所執
緒諸子又多輕俠充少時又不護細行故儉言之
充兄弟皆少時宜詳擇行故儉言之
充聞而慍因與儉書曰吳國男子張充致書於
琅邪王君僕侍者頃日路長愁霖霖凉暑來
平想無虧攝充幸以魚釣之閒鎌採之暇時復
以卷軸自娛逍遙前史從萬古勤黙之路多
端紛綸百年昇降之徒不一故以圓行方止用
之異也金剛水柔性之別也善御性者不違金石
之質善為器者不易方圓之用所以比海掛簪
帶之高河南隆墨言之貴充生平少偶介然之
欲千懷三十六年差得以棲貧自濟介然之志
峭聳霜崖確乎之情峰橫海岸影縈天閣旣

謝郎廟之華綴組雲臺終斯衣冠之秀所以攬
跡江皋陽往隴畔者寔由氣岸疏凝情塗狥隔
獨師懷抱不見許於俗人孤秀神崖每頹回於
在世故君山直上感壓於當年叔陽眞舉輀輬
平千載充所以長羣魚鳥畢影松以桑麻嘯歌
足以輸稅五畝之宅樹以桑麻嘯歌於川澤之
閒諷味於湎池之上汎濫於漁父之遊偃息於
上居之下如此而已充何謝焉若夫驚巖竇白
壯海蓬天竦石崩尋分危落仍桂蘭綺靡叢雜

於山幽松柏森陰相繚於澗曲元卿於是乎不歸
伯休亦以茲長往若遊飛笻釣渚濯足滄洲獨
浪煙霞高卧風月悠悠琴酒岫遠誰來灼灼文
談空罷方寸不卷聊因疾隙略舉諸襟持此片言輕
枉高聽丈人歲路未彊學優而仕道佐蒼生功
橫海望入朝則协情之誠出議則抗仲子之
節可謂盛德維時孤松獨秀者也素襞未詳斯
旅尚眇茂陵之彥望冠蓋而長懷霸山之峴佇

衣車而聲歡得無惜平若鴻裝撰御鶴駕軒空
則岸不辭枯山被其潤奇金門異羽或巖際而逹
迎弱霧輕煙乍林端而蓊蔚東都不足奇南山
豈爲貴充昆西之百姓岱表之一民蓑而衣耕
且食充之間其歡甚矣丈人早遇承華中遊崇
於屠博之春望充溢於早辰鄉下之言謬延於造
禮肆上之眷望充溢於早辰鄉下之言謬延於造
次然舉世皆謂充爲狂充亦何能與諸君道之
哉是以被閒見掃心貽迷平生論語默所以通

夢交魂推衿送抱者其惟丈人而已閒山雙阻
書罷莫因儻過樵者妄塵執事儻言之武帝兒
充官廢廁父之後爲司徒諮議參軍與琅邪王
思遠同郡陸慧曉等並爲司徒明帝作相以
爲中軍鎮軍長史出爲義興太守爲政清靜民
充之尋以母憂去職服闋除太子中庶子遷侍
中義師近次東昏召百官入宮充省朝士憚禍或
往來酬宴充獨居侍中省不出閤內旣害東

昏百官集西鍾下召充不至高祖霸府開以充為大司馬諮議參軍遷深王國郎中令桐部尚書領屯騎校尉轉冠軍將軍司徒左長史天監初除太常卿累遷吏部尚書居選稱為平允俄為散騎常侍雲騎將軍素居陵太守秩中二千石徵拜散騎常侍國子祭酒充於義理登堂講說皇太子以下皆至時王疾多在學執經以拜充朝服而立不敢當也轉左衛將軍祭酒如故入為尚書僕射頃之除雲麾將軍吳郡太守中下車郵貧老故舊莫不欣悅以疾自陳徵為散騎常侍金紫光祿大夫未及還朝十三年卒于吳時年六十六詔贈侍中護軍將軍諡穆子子晟嗣

柳惲字文暢河東解人也少有志行好學善尺牘與陳郡謝瀹隣居瀹所友受初宋世有秣之學特窮其妙齊竟陵王聞而引之以為法曹行參軍雅被賞狎王嘗置酒後園有晉相謝安

鳴琴在側以授惲惲彈為雅弄子良目卿巧越嵇心妙臻良體良質美手信在令展豈止當世稱奇足可追蹤古烈累屬太子洗馬父憂去官服闋試中鄗陽相聽吏屬騎從事中郎高祖至京文教百姓稱為還除冠軍將軍征東府司馬時邑惲候謁石頭以為冠軍將軍上戰陳惲便宜請城平之日先收圖籍及遵漢祖寬大愛民之義宜請城平之之會蕭穎胄薨于江陵使惲西上迎和帝仍除給事黃門侍郎嶺步兵校尉遷相國右司馬天監元年除長史兼侍中與僕射沈約等共定新律惲立行貞素以貴公子早有令名少工篇什始為詩曰亭皋木葉下隴首秋雲飛琅邪王元長見而嗟賞因書齋壁至是預曲宴必被詔賦詩嘗奉和高祖登景陽樓中篇云太液滄波起長楊高樹秋翠華承漢遠雕輦逐風遊深為高祖所美當時咸共稱傳惲善奕棋坐仍令定其譜第其優為二年出為吳興太守每敕侍

六年徵爲散騎常侍遷左民尚書八年除持節
都督廣交桂越四州諸軍事仁武將軍平越中
郎將廣州刺史徵爲祕書監領左軍將軍復爲
吳興太守六年爲政清辭民吏懷之於郡感疾
自陳解任父老千餘人拜表陳請事未施行天
監十六年卒時年五十三贈侍中護軍將軍懍
既善蔡曇嘗以今聲轉葉古法乃箸清調論具有
條流少子懍字彦游年十二引見詔問讀書
對曰尚書又曰有何美句對曰德惟善政政在
養民衆咸異之詔尚長城公主拜駙馬都尉都

卒蔡撙字景節濟陽考城人父興宗宋左光祿
大夫開府儀同三司有重名前代撙少方雅退
默與兄寅俱知名選補國子生舉高第爲司徒
法曹行參軍齊左衛將軍王儉高選府僚以撙
爲主簿鎭軍將軍引爲從事中郎遷中書侍郎中軍
帝爲鎭軍將軍引爲從事中郎遷中書侍郎中軍
長史給事黃門侍郎丁母憂廬于墓側歠粥未多

難服閣因居墓所除太子中庶子太尉長史並
不就梁臺建爲侍中遷臨海太守坐公事左遷
太子中庶子復爲侍中吳興太守天監元年宣
城郡吏吳承伯挾妖道聚衆攻宣城殺太守朱
僧勇因轉屠旁縣吳興所過皆殘破衆
有二萬奄襲郡城東道不習兵董承伯
散兵請撙避之撙堅守不動募勇敢固郡承伯
盡銳攻撙撙命衆出拒戰於門應手摧破臨陣
斬承伯餘黨悉平加信武將軍徵慶支尚書遷
中書令復爲崇武將軍晉陵太守還除通直散
騎常侍領國子祭酒遷吏部尚書居選弘簡有名
稱又爲侍中領祕書監轉中書令侍中如故普
通二年出爲宣毅將軍吳郡太守四年卒時年
五十七追贈侍中金紫光祿大夫宣惠將軍諡
康子子彦彦熙歷官中書郎宣城內史

江蒨字彦標濟陽考城人曾祖湛宋左光祿儀
同三司父戩齊太常卿並有重名於前世稱幼
聰慧言讀書過目便能諷誦選爲國子生通尚書

舉高第起家祕書郎累遷司徒東閤祭酒廬陵
王主簿居父憂以孝聞廬於墓側明帝敕遣齊
仗二十人防墓所服闋除太子洗馬累遷司徒
左南屬太子中舍人祕書丞出爲建安累遷視
俄極原起爲後軍臨川王外兵參軍累遷臨川
王友中書侍郎太子中庶子黃門侍郎領南兗州
大中正遷太子中庶子中正如故轉中權始興
事舉弟義師下次江州道寧湖將軍劉誃之爲
郡舊師吏民據郡拒之及建康城平舊坐禁錮
王長史出爲伏波將軍晉安內史在政清約務
在寬惠吏民便之詔徵爲寧朔將軍南康王長
史行府州國事頃之遷太尉臨川王長史轉尚
書吏部郎右將軍舊方雅有風格僕射徐勉以
權重自遇在位者並宿士敬之惟舊及王規與
抗禮不爲之屈勉因舊門客翟景爲第七兒縣
求舊女壻舊不答景再言之乃杖景四十由此
與勉有忤除散騎常侍不拜是時勉又爲子求
舊第葦及至泰女三人並拒之葦爲吏部郎坐

杖曹中幹兔官泰以疾假出守乃遷散騎常侍
皆勉意也初天監六年詔以侍中常侍並非華
幄分門下二局入集書其後官品視左長史初
胄所悅故勉斥泰爲之舊羣歷資應居選部勉
對曰舊有眼患又不悉人物高祖止之遷光祿
大夫大通元年卒時年五十三詔贈本官謐蕭
子清好學尤悉朝儀故事撰江左遺典三十卷
未就卒文集十五卷子絲經在孝行傳
史臣曰王氏自姬姓已降及乎秦漢繼有英哲
洎東晉王茂弘經綸江左時人方之管仲其後
蟬冕交映台袞相襲勳名帝籍慶流子孫斯
爲盛族矣王瞻等承藉茲基國華是貴子有
才行可得而稱張充少不持操晚乃折節在於
典選寔號廉平柳惲以多藝稱蔡撙以方雅著
江舊以風格顯俱爲梁室名士焉

列傳第十五 梁書二十一

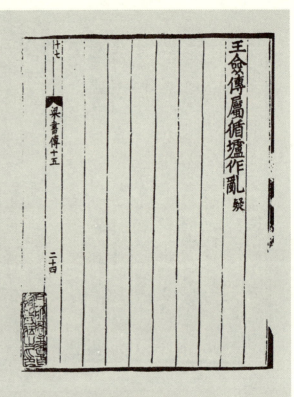

王僉傳屬循壃作亂　疑

十七

梁書傳十五

二十四

列傳第十六　　　　　梁書二十二

散騎常侍姚　思廉　撰

太祖五王

太祖十男張皇后生長沙宣武王懿永陽昭王
敷高祖衡陽宣王暢李太妃生桂陽簡王融懿
及融齊永明中爲東昏所害敷暢建武中卒高
祖踐阼並追封郡王陳太妃生臨川靜惠王宏
南平元襄王偉吳太妃生安成康王秀始興忠
武王憺費太妃生鄱陽忠烈王恢

臨川靜惠王宏字宣達太祖第六子也長八尺
美鬚眉容止可觀齊永明十年爲衛軍廬陵王
法曹行參軍遷太子舍人時長沙王懿鎮梁州
爲魏所圍明年給宏精兵千人赴援未至魏軍
退遷驍騎晉安王主簿尋爲北中郎桂陽王功
曹史衡陽王暢有美名爲始安王蕭遙光所禮
及遙光作亂暢遍入東府暢懼禍先赴臺高祖
在雍州常懼諸弟及禍謂南平王偉曰六弟明
於事理必先還臺及信至果如高祖策高祖義

梁書傳十六　　一

三九三

師下宏至新林奉迎拜輔國將軍建康平遷
西平郎將中護軍領石頭戍軍事天監元年
封臨川郡王邑二千戶尋爲使持節散騎常
侍都督楊南徐州諸軍事後將軍楊州刺史
又給鼓吹一部三年加侍中進號中軍將軍四
年高祖詔北伐以宏爲都督南北兗北徐青冀
豫司霍八州北討諸軍事宏以帝之介弟所領
皆器械精新軍容甚盛北人以爲百數十年所
末之有軍次洛口宏前軍克梁城斬魏將晶清

會征役父有詔班師六年夏遷驃騎將軍開府
儀同三司侍中如故其年遷司徒領太子太傅
八年夏爲使持節都督楊南徐二州諸軍事司
空楊州刺史侍中如故其年冬以公事左遷驃
騎大將軍開府同三司之儀侍中如故未拜遷
使持節都督楊徐二州諸軍事楊州刺史侍中
將軍如故十二年遷司空使持節侍中都督刺
史將軍並如故十五年春所生母陳太妃寢疾
宏與母弟南平王偉侍疾並衣不解帶每二宮

央問輒刺使涕泣及太妃薨水漿不入口者五
日高祖每臨幸慰勉之宏少而孝謹齋之末年
避難潛伏與太妃異處每遣使參問起居或謂
宏曰逃難須密不宜往來宏銜淚答曰乃可無
我此事不容暫廢尋起爲中書監驃騎大將軍
使持節都督如故固辭弗許十七年夏以公事
左遷侍中中軍將軍行司徒其年冬遷侍中中
書監司徒普通元年遷使持節都督楊南徐州
諸軍事大尉楊州刺史侍中如故二年改創南

北郊以本官領起部尚書事竟罷七年三月以
疾累表目陳詔許解楊州餘如故四月薨時年
五十四自疾至于薨與焉七出臨視及薨詔曰
侍中大尉臨川王宏器宇沖貴體星弘通茂初
弱齡行立譽紛履逮干應務嘉猷載緝自皇業
啓基地維介弟父司神甸歷位台階論道啓朝
物無異聲朕友于之至家國兼情方弘爕諧儀
刑列辟六不憖遺奄焉不承衰痛抽切震慟于
厥心宜追旌峻禮秩式昭榮典可贈侍中大將軍

揚州牧假黃鉞王如故并給羽葆鼓吹一部增
班劍為六十人給溫明祕器斂以袞服諡曰靖惠
宏性寬和篤厚在州二十餘年未嘗以吏事按
郡縣時稱其長者宏有七子正仁為吳興太守有治
則正立正表正信世子哀世子正仁為吳興太守正德正
能天監十年卒正嘉世子由宏意也宏薨正立表讓正
平矦正立為世子諡曰哀世子也宏薨正立為建安矦正
義為嗣高祖嘉而許之改封正立為建安矦正
義為嗣先封平樂矦正德西豐矦
千戶卒子貴嗣正義先封平樂矦正德西豐矦

【梁書傳十六】 四

正則樂山矦正立羅平矦正表封山陰矦正信武
化族正德別有傳

安成康王秀字彥達高祖第七子也年十二所
生母吳氏妃亡秀母弟不與始興王憺時年九歲並
以孝聞居喪累日不進漿飲太祖親取粥授之
哀其早孤命側室陳氏弁母二子陳亦無子有
母德視二子如親生焉秀既長美風儀性方靜
雖左右近侍非正衣冠為著作佐郎累遷後軍法
人咸敬焉齊世弱冠為著作佐郎累遷後軍法

曹行參軍太子舍人求元中長沙宣武王懿入
平崔慧景為尚書令居端右弟暢陽王暢為衛
尉掌管籥東昏日夕逸遊出入無度衆頗勸懿
因其出閉門舉兵廢立並閒懿懿不聽巾左右既懿
勳高又慮廢立並臨川王宏以忄諸弟姪各得
咸為之備及難作師至新林禾與諸王矦並
奔避方其逃也皆不出京師而空有發覺惟桂
陽王融及禍高祖義師至新林禾...與諸王矦並
自拔赴軍高祖以秀為輔國將軍雷是時東昏第

【梁書傳十六】 五

晉熙王寶嵩為冠軍將軍南徐州刺史鎮京口
長史范岫行府州事遣使降且請兵於高祖以
秀為冠軍長史南東海太守鎮京口建康平仍
為使持節都督南徐兗二州諸軍事征虜將軍
史輔國將軍如故天監元年進號征虜將軍
封安成郡王邑二千戶京口自生民慧景作亂
累被兵革民戶流散秀招懷撫納惠愛大行
仍值年飢以私財賑贍百姓所濟活甚多二年
以本號徵領石頭戍軍加散騎常侍三年進號

右將軍五年加領軍中書令給鼓吹一部六年
出為使持節都督江州諸軍事平南將軍江州
刺史將發主者求堅曰船以為齋舫秀曰吾豈愛
財而不愛士乃敕所由以牢者給參佐下者載
齋物既而遭風齋舫遂破及至州陶潛為西曹
徵士陶潛曾孫為里司秀歡曰刺史梁取
不及後世即日辟為西曹時盛夏水汎長津梁
斷絕木潦為患可利之平給船而已七年遭慈
不德木潦為患依舊贖度收其價直秀教曰刺史
母陳太妃憂詔起視事尋遷都督荊湘雍益寧
南北梁秦州九州諸軍事平西將軍荊州刺史
其年遷號安西將軍立學校招隱逸下教曰夫
鶉火之禽不匿影於丹山昭華之寶不耀采於
藍田是以江漢有濯纓之歌空谷著來思之詠
弘風闡道靡不由茲處士河東韓懷明南平韓
望南郡庾承先河東純之形骸祐橋或橡飯
事兩韓之孝友純先河東韓並脫落風塵高蹈其
菁莪性日不足或葭牆艾席樂在其中昔伯武

貞堅就仕河內史雲孤劭屈志陳留豈場苗
實惟攻王可加引辟并遣諭意既同魏族致禮
之請庶無辟疆三緘之歎是歲魏縣瓠城民反
殺豫州刺史司馬悅引司州刺史馬仙琕仙琕
簽荊州求應之宜速赴臺報秀曰彼待軍司馬
而為援援之宜待勅雖舊非應急也即遣兵
赴之先是巴陵馬營蠻為緣江寇害之蠻遂盛
高江產以郢州軍伐之不尅江產死之蠻遂逆
秀遣防閤文熾率眾討之燔其林木絕其蹊逕
蠻失其嶮藏歲而江路清於是州境盜賊遂絕
及沮水暴長民田秀以穀二萬斛贍之使
長史蕭琛簡府州貧老單丁吏一日散遣五百
餘人百姓甚悅十一年徵為侍中衛將軍領
宗正卿石頭戍事十三年復出為使持節散騎
常侍都督郢司霍三州諸軍事安西將軍郢州
刺史郢州當塗為劇地百姓貧至以婦人供役
其弊如此秀至鎮務安之主者或求召吏秀曰
不識救弊之術此州凋殘不可擾也於是務存

約已省去遊費百姓安堵境內晏然先是夏口
常為兵衝露骸積骨於黃鶴樓下秀祭而埋之
一夜夢數百人拜謝而去每冬月常作襦袴以
賜凍者時司州叛蠻田魯生弟魯賢魯超據蒙
籠來降高祖以魯生為北司州刺史魯賢北豫
州刺史超為定州刺史各於境接敵而魯生超
秀平相讒毀有去就心秀撫喻懷納各得共用
當時賴之十六年遷使持節都督雍梁南秦
四州郢州之竟陵司州之隨郡諸軍事鎮北將

軍寧蠻校尉雍州刺史便道之鎮十七年春行
至竟陵之石梵薨時年四十四高祖聞之甚痛
悼焉遣皇子南康王績緣道迎候初秀之西也
郢州民相送出境聞其疾百姓商賈咸為請命
既薨四州民烈袒裳為白帽哀哭以迎送之雍
州郢州民聞秀薨奔哭至京師高祖聞其喪至京師
舉迎秀聞薨奔哭而去喪至京師高祖百僚屬目
贈侍中司空諡曰康秀有容觀每朝送迎所
性仁恕喜慍不形於色左右嘗以石擲殺所養
鵝齋帥請治其罪秀曰吾豈以鵝傷人在京師

旦臨公事廚人進食誤而覆之去而登車竟朝
不飯亦不之誚也精意術學摭集經記招學士
平原劉孝標使撰類苑書未及畢而已行於世
秀於高祖布衣昆弟及為君臣小心畏敬過於
疎賤者高祖益以此賢之少偏孤於始興王憺
尤篤梁與憺久之秀秀稱心受之兄弟辭多也昆弟
得俸中分與秀秀稱心受之兄弟辭多也昆弟
之睦時議歸之故吏夏侯亶墓守表豈墓碑詔許
焉當世高才遊王門者東海王僧孺

彭城劉孝綽河東裴子野吳郡張率其文古未之有
也世子機嗣機字智通天監二年除安成國世
子六年為寧遠將軍會稽上八字還為給事中普
通元年二年遷明威將軍丹陽尹三年遷持節
書侍郎二年薨于桂州時年三十機美姿容善吐納家
督湘衡桂三州諸軍事湘州刺史大
通二年薨于桂州時年三十機美姿容善吐納家
人為州專意聚斂無治績頻被案劾及將葬有

司請謚高祖詔曰王好內忘政可謚曰煬所著
詩賦數千言世祖集而序之子操嗣南浦疾推
守智進機次弟也少清敏好屬文深為太宗所
賞普通六年以王子例封歷寧遠將軍淮南太
守遷輕車將軍晉陵太守給事中太子洗馬祕
書丞出為戎昭將軍吳郡太守所臨必市地大
早吳人號早母焉庶景之亂守東府城賊設樓
車盡銳攻之推隨方抗拒頻擊挫之至夕東北
樓主許彥華啓關延賊城遂陷推握節死之

南平元襄王偉字文達太祖第八子也 十一 〔梁書傳十六〕
好學齊世起家晉安鎮北法曹行參軍府遷驃
騎轉外兵高祖為雍州盧天下將亂求偉及
始興王憺來襄陽俄聞已入沔高祖欣然謂佐
吏曰吾無憂矣義師起南康王承制拔為冠軍
將軍留行雍州開府事義師發後州內儲備及
人皆虛竭親與太守裴師仁並興太守顏僧都
並據郡不受命憺兵將襲雍州偉與始興王憺
遣兵於始平郡待師仁等要擊大破之州境以

安高祖既對郢曾下尋陽圍建業而巴東太守
蕭慧訓子璝及巴西太守魯休烈起兵逼荊州
屯軍上明連破荊州鎮軍蕭穎冑乃割州府
等距之反所敗冑憂憤暴疾卒西朝克
將吏配始興王憺往赴之憺既至璝等比降和
懼尚書僕射夏侯詳議徵丘雍偉北秦四州郢
州之竟陵司州之隨郡都督諸軍事寧蠻校尉雍
帝詔以偉為使持節都督雍梁南北秦四州郢
州刺史將軍如故尋加侍中進號鎮北將軍天

監元年加散騎常侍進督荊寧二州餘如故 十一 〔梁書傳十六〕
封建安郡王食邑二千戶給鼓吹一部四年徙
都督南徐州諸軍事南徐州刺史使持節常
侍將軍如故五年至都改為撫軍將軍丹陽
尹常侍如故六年遷使持節都督楊南徐二州
諸軍事右軍將軍揚州刺史未拜進號中權將
軍七年以疾表解州事侍中中撫軍知司徒事
九年遷護軍石頭戍軍事侍中將軍鼓吹如故
其年出為使持節散騎常侍都督江州諸軍事

鎮南將軍江州刺史鼓吹如故十一年以本號
加開府儀同三司其年復以疾陳解十二年徵
爲中撫將軍儀同常侍如故以疾不拜十三年
改爲左光祿大夫加親信四十人歲給米萬斛
布絹五千匹藥直二百四十萬廚供月二十萬
并二衛兩營雜役二百人倍先置防閤白直左
右職局一百人偉末年疾浸劇不復出山藩故俸
秩加焉十五年所生母陳太妃寢疾偉及臨川
王宏侍疾並衣不解帶及太妃薨號慟過禮水
漿不入口累日高祖每臨幸譬抑之偉雖奉詔
而毀瘠殆不勝喪十七年高祖以建安王瘠改
封南平郡王邑戶如故遷侍中左光祿大夫開
府儀同三司普通四年增邑一千戶五年進號
鎮衛大將軍中大通元年以本官領太子太傅
四年遷中書令大司馬五年薨時年五十八詔
歛以袞冕給東園祕器又詔曰旌德紀功前王
今典慎終追遠列代通規故侍中中書令大司
馬南平王偉器宇弘曠臨金識弘簡爰在弱齡清

風載稷翼佐草昧勳高樊鄧契闊艱難勤勞
任寄兼貳務論道弘茲袞職奄焉薨逝朕用
震慟于厥心宜隆寵命式昭茂典可贈侍中大室王
如故給羽葆鼓吹一部并班劍四十人諡曰元襄
偉少好學篤誠通恕趣賢重士常如不及由
是四方遊士當世知名者莫不畢至齊世青溪
宮改爲芳林苑天監初賜偉爲第偉又加穿築
增植嘉樹珍果窮極雕麗每賓客遊其中命
從事中即蕭子範爲之記梁世藩邸之盛無以
過焉而性多恩惠尤愍窮之常遣腹心左右歷
訪閭里人士其有貧困吉凶不舉者即遣贍卹
之太原王曼頴卒家貧無以殯友人江革往
哭之其妻兒對革號訴革曰建安王當知必爲
營埋言未訖遺人載米隨之絕義者即賦給之
祁寒積雪則遺人載樵米隨乏絕者即賑給之
晚年崇信佛理尤精玄學著二旨義別爲新通
又製怛性情幾神等論其義僧寵及周捨殷鈞
陸並名精解而不能屈偉四子恪恭虔抵世子

怡嗣恭字敬範天監八年封衡山縣侯以元襄
功加邑至千戶初樂山戾正則有罪勃讓諸王
獨謂元襄曰汝兒非直無過亞有義方恭起家
給事中遷太子洗馬出為督齊月安等十一郡
事寧遠將軍西陽武昌二郡太守徵為祕書丞
遷中書郎監丹陽尹行徐南徐州事轉廣衡州刺
史毋憂去職尋起為雲麾將軍湘州刺史恭善
解吏事所在見稱而性尚華侈廣營第宅重齋
步闌撲寫宮殿尤好賓友酣讌終辰座客滿筵
言談不倦時世祖居藩頗事聲譽勤心著述危
酒未嘗妄進恭母從容謂人曰下官歷觀世人
多有不好歡樂乃仰眠床上看屋梁而著書千
秋萬歲誰傳此者勞神苦思竟不成名豈如臨
清風對朗月登山泛水肆意酣歌也尋以雍州
蠻文道拘引魏寇詔恭赴援仍除持節仁威將
軍寧蠻校尉雍州刺史便道之鎮太宗少與恭
遊特被賞狎至是手令曰彼士流骷髏有關輔
餘風黥首扞格但知重劍輕死降胡惟尚貪婪

邊之蠻不知敬讓懷抱不可卑白法律無所施
願克寶實邊戍無數遷徙徙以惟遠箱庚積長
以控短靜以制躁早家愛念敢布腹心恭至州
治果有聲績百姓陳奏乞於城南立碑頌德詔
許焉後由是免官削爵數年竟不敘用戾景亂
含恭後多取官米瞻給私宅為荊州刺史盧陵
王所啟城中時年五十二詔特復本封世祖追贈
侍中左衛將軍諡曰僖世子靜字安仁有美名
號為宗室後進有文才而篤志好學既內足於
財多聚經史散書滿席手自離校何敢容欲以
女妻之靜思其太盛距而不納時論服為歷官
太子舍人入東宮領直遷丹陽尹丞給事黃門侍
郎深為太宗所愛賞直遷太清三年卒贈侍中
鄱陽忠烈王恢字弘達太祖第九子也幼聰頴
年七歲能通孝經論語義及擿無所遺既長美
風表涉獵史籍齊隆昌中明帝作相內外多虞
明帝就長沙宣武王懿求諸弟有可委以腹心

者宣武言恢焉明帝以恢為寧遠將軍甲仗百
人衛東府且引為驃騎法曹行參軍明帝即位
東宮建為太子舍人累遷北中郎外兵參軍前
軍主簿宣武之難逃在京師高祖義兵至恢於
新林奉迎以為輔國將軍時三吳多亂高祖
命出頓破崗建康平還為冠軍將軍領石頭戍軍事
封鄱陽郡王食邑二千二千出為使持節都
督南徐州諸軍事征虜將軍南徐州刺史四
年政授都督郢司二州諸軍事後將軍郢州刺
史持節如故義兵初郢城內疾疫死者甚多不
及藏殯及恢下車遽命埋掩又遣四使巡行州
部境內大治七年進號平西將軍
年復進號平西將軍十年徵為佐
石頭戍軍事領宗正卿十一年出
督荊州軍荊州刺史給鼓吹一部十二年遷散騎
西將軍荊湘雍益寧南北秦九州諸軍事平
常侍都督益寧南北秦沙七州諸軍事鎮西將

軍益州刺史使持節如故便道之鎮成都去新
城五百里陸路往來悉訂之家資其騎
不能政恢力市馬千四以付所訂之家資累政
乘有用則以次發之百姓賴焉十七年徵為侍
中安前將軍領軍將軍十八年出為使持節散
騎常侍都督荊湘雍益寧南北秦八州諸軍
事征西將軍開府儀同三司荊州刺史普通五
年進號驃騎大將軍七年九月薨于州時年五
十一詔曰故使持節散騎常侍都督荊湘雍梁
益寧南北秦八州諸軍事驃騎大將軍開府儀
同三司荊州刺史鄱陽王恢風度開朗器情凝
質貞幹在弱歲美譽克宣洎于從政嘉猷載緝方
入正論道弘獎台階奮焉逝朕用傷慟千厥
心宜論道弘獎命以申朝典可贈侍中司徒王如故
分給班劍二十人諡曰忠烈遣中書令人劉顯
護喪事恢有孝性初鎮蜀所生費太妃猶停都
後於都下不豫恢未之知一夜忽夢還侍疾既
覺憂遑便廢寢食慨而都信至太妃已瘳後又目

有疾久廢視瞻有北渡道人慧龍得治眼術怳
請之既至空中忽見聖僧及慧龍下鍼豁然開
朗咸謂精誠所致恢性通恕輕財好施凡歷四
州所得俸祿隨而散之在荊州常從容問賓僚
曰中山好酒趙王好吏二者孰愈未有對者
顧謂長史蕭琛曰漢時王羨藩屏而已視民親
於侵官今之王羨不守藩國當佐天子臨民清
白其優平坐賓咸服世子範嗣範字世儀溫和
有器識起家太子洗馬祕書郎歷黃門郎遷衛
尉卿每夜自巡警高祖嘉其勞苦出為益州刺
史開通劍道剋復華陽增邑二千戶加鼓吹徵
為領軍將軍侍中範雖無學術而以籌略自命
愛奇翫古招集文才率意題章亦時有奇致復
為使持節都督雍梁東益南北秦五州諸軍
事鎮北將軍雍州刺史範作牧莅民甚得時譽
撫循將士盡獲歡心太清元年大舉北伐以範
為使持節征北大將軍總督漢北征討諸軍事

進伐穰城尋遷安北將軍南豫州刺史侯景敗
於渦陽退保壽陽乃改範為合州刺史鎮合肥
時景已苞藏姦謀不臣將霧路範屢啟言之朱异每
抑而不奏及景圍京邑範遣世子嗣與裴之高
等入援遷開府儀同三司進號征北將軍京城
不守範乃華合肥竟不出師助範範進退無計乃
質魏人據合肥欲出東關請兵于魏遣二子為
沂流西上軍于樅陽遣信告尋陽王尋陽王至
九江欲共治兵西上範得書大喜乃引軍至
溢城以晉熙為晉州遣子嗣為刺史江州郡縣
輒更敗易尋陽政令所行惟存一郡時論以此少
之既商旅不通信使距絕範數萬之眾皆無復
食人多餓死範發背旦月薨時年五十二世子嗣
字長胤猶據晉熙城中食盡士卒皆盡其死力範之
僚也嗣不護細行而能傾身養士比臨其死得
攻嗣躬擐甲冑出壘距之時賊勢方盛景咸勸且
止嗣按劍叱之曰今之戰何有退乎此蕭蘭嗣咸效

命死節之秋也遂中流矢卒於陣

始興忠武王憺字僧達太祖第十一子也數歲
所生母吳太妃卒憺哀感傍人齊世弱冠爲西
中郎法曹行參軍義師起南康王
承制以憺爲冠軍將軍西中郎諮議參軍遷相
國從事中郎與南平王偉留守和帝立以憺爲
給事黃門侍郎時巴東太守蕭慧訓子璝等及
巴西太守魯休烈舉兵逼荊州屯上明鎮軍
將軍蕭穎冑暴疾卒西朝其懼尚書僕射夏侯
詳議徵兵雍州南平王偉遣憺赴之憺以書喻
璝等旬日皆請降是冬高祖平建業明年春和
帝將發江陵詔以憺爲使持節都督荊湘益寧
南北秦六州諸軍事平西將軍荊州刺史未拜
天監元年加安西將軍都督刺史如故封始
興郡王食邑三千戶時軍旅之後公私空乏
憺厲精爲治廣闢屯田減省力役存問兵死
之家供其窮困民甚安之憺自以少年始居
重任思欲開導物情乃謂佐吏曰政之不臧士

君子所宜惜共惜言可用之可也如不用於我
何傷吾意開懷矣爾其無妄於是小人知恩而君
子盡意民辭訟者皆立前待符教決於俄頃曹
無留事下無滯獄民益悅焉三年詔加鼓吹一
部六年州大水江溢堤壞憺親率府將吏冒兩
賦丈王尊欲身塞河堤我獨何心以免水乃
憺曰王尊尚欲身塞河而水壯衆皆恐或請憺避焉
白馬祭江神俄而水退堤立邠州在南岸歡呼
家見水長驚走登屋緣樹憺募人救之一口賞
一萬估客數十人應募救焉州民乃以免又分
遣行諸郡遭水死者給棺槥失田者與糧種是
歲嘉禾生於州界吏民歸美憺謙讓不受七年
慈母陳太妃薨水漿不入口六日居喪過禮高
祖優詔勉之使攝州任是冬詔徵以本號還朝
民爲之歌曰始興王民之爹徒何興仁急如水
火何時復來哺乳我八年爲平北將軍中書
軍領石頭戍事尋遷中軍將軍護軍將
尉卿憺性勞謙降意接士常與賓客連榻而坐

時論稱之是秋出為使持節散騎常侍都督南

北兗徐青冀五州諸軍事鎮北將軍南兗州刺

史九年春遷都督益寧南梁南北秦沙六州諸

軍事鎮西將軍益州刺史開立學校勸課就業

遣子映親受經焉由是多向方者時魏龍襲巴南

西圍南安南安太守垣季珪堅壁固守憺遣軍

救之魏人退走所牧器械甚眾十四年遷都督

荊湘雍寧南梁南北秦七州諸軍事鎮右將軍

荊州刺史同兄安成王秀將之雍州薨於道憺

聞薨自投于地席豪哭泣不飲不食者數日傾

財產賻送部伍小大皆取足焉天下稱其悌十

八年徵為侍中中撫將軍開府儀同三司領軍

將軍普通三年十一月薨時年四十五追贈侍

中司徒驃騎將軍給班劍三十人羽葆鼓次一

部冊曰洛侍中司徒驃騎將軍始興王夫忠

為令德武謂止戈于以卬之戴在前志王有佐

命之元勳利民之厚德契闊二紀始終不渝是

用方軌往賢稽擇故訓　鴻名美義允臻其極今

遣兼大鴻臚程文季益曰中正魂而有靈歆茲顯

號嗚呼哀哉憺未薨前夢改封中山王策授如

他日意願惡之數旬而卒世子亮嗣

史臣曰自昔王者創業廣樹親親割裂州國封

建子弟是以大橋少帛崇於魯衛盤石凝脂樹

斯梁楚高祖遠遵前軌藩屏懿親至於安城南

平鄱陽始興俱以名跡著蓋亦漢之間平矣

列傳第十六

梁書二十二

列傳第十七　　梁書二十三

　　　　散騎常侍姚思廉撰

長沙嗣　王業

　求陽嗣王伯游

　衡陽嗣王元簡

　桂陽嗣王象

長沙嗣王業字靜曠高祖長兄懿之子也懿字元達少有令譽解褐齊安南邵陵王行參軍襲爵臨湘縣侯遷太子舍人洗馬建安王友出為晉陵太守曾未朞月訟理人和稱為善政入為中書侍郎永明季授持節都督梁南北秦沙四州諸軍事西戎校尉梁南鄭二州刺史加冠軍將軍是歲魏人入漢中遂圍南鄭懿隨機拒擊傷殺甚多乃解圍遁去懿又遣氏帥楊元秀攻魏歷城皁蘭略火坑池等六戍戍六城冠攻懼邊境遂寧進號征虜將軍增封三百戶遷督益寧二州軍事益州刺史入為太子右衛率尚書吏部郎衛尉卿永元二年裴叔業據豫州友

授持節征虜將軍督豫州諸軍事豫州刺史須歷陽南譙二郡太守討叔業叔業懼降于魏玄而平西將軍崔慧景入寇京邑泰江夏王寶玄圍臺城齊室大亂詔徵懿懿時方食令都督率銳卒三千人援城慧景遣其子覺來拒懿奮擊大破之覺單騎走懿未拜仍遷尚書令都督征討水陸諸軍事持節將軍如故增邑二千五百戶時東昏肆虐茹法珍王咺之等執政宿臣舊將並見誅夷懿既立元勳獨居朝右深為法珍等所憚乃命在旦夕懿曰古皆有死豈有叛密具舟江渚勸令西奔懿不走尚書令耶懿遂遇禍中興元年追監司徒宣德太后臨朝改贈侍中中書監司徒崇丞相封長沙郡王謚曰宣武給九旒鑾輅輼輬車黃屋左纛前後羽葆鼓吹挽歌二部武賁班劍百人葬禮一依晉安平王故事業幼而

明敏識度過人仕齊爲著作郎太子舍人宣武

之難與二弟藻象俱逃匿高祖既至乃赴于軍

以爲寧朔將軍中興二年除輔國將軍南琅邪

清河二郡太守天監二年襲封長沙王徵爲冠

軍轉散騎常侍置佐史遷〈秘書監〉四年改授侍中六

爲中護軍領石頭戍軍事七年出爲使持節都

督南兗徐青冀五州諸軍事仁威將軍南兗

州刺史八年徵爲護軍九年除中書令改授安

後將軍鎮琅邪彭城二郡領南琅邪太守十年

徵爲安右將軍散騎常侍十四年復徵爲護軍領

南琅邪彭城鎮牙琅邪復徵中書令出爲輕車

將軍湘州刺史業性敦篤所在留惠深信因果

篤誠佛法高祖每嘉歎之普通三年徵爲散騎

常侍護軍將軍四年改爲侍中金紫光祿大夫

七年薨時年四十八諡曰元有文集行於世子

孝儼嗣

孝儼字希莊聰慧有文才射策甲科除秘書郎

太子舍人從幸華林園於座獻相風烏華光殿

景陽山等頌其文甚美高祖深賞異之普通元

年薨時年二十三諡曰章子睿嗣

藻字靖藝云元王第也少立名行志操清潔豫食

邑五百户出爲持節都督益寧二州諸軍事冠

軍將軍益州刺史時天下草創邊徵未安州民

焦僧護聚衆數萬郡樊作亂藻年未弱冠集僚

佐議欲自擊之或陳不可藻大怒斬于階側乃

乘平肩輿巡行賊壘賊弓亂射矢下如雨從者

舉楯禦箭又命除之由是人心大安賊乃夜遁

藻命騎追之斬首數千級遂平之進號信威將

軍九年徵爲太子中庶子十年爲左驍騎將軍

領南琅邪太守入爲侍中藻性謙退不求聞達

善屬文辭尤好古體自非公讌未嘗妄有所爲

縱有小文成輒弃本一年出爲軍事仁威將軍寧蠻

梁泰二州竟陵隨二郡諸軍事仁威將軍寧蠻

校尉雍州刺史十二年徵爲使持節都督南兗

究徐青冀五州諸軍事兗州刺史軍號如故頻蒞數鎮民吏稱之推善下人常如弗及徵爲太子詹事普通三年遷領軍將軍加侍中六年爲軍師將軍與西豐侯正德北伐渦陽輒班師焉有司所奏免官削爵士七年起爲宗正卿八年復封爵尋除左衛將軍領步兵校尉大通元年遷侍中中護軍時渦陽始降乃以藻爲使持節比討都督征北大將軍鎮于渦陽二年爲中權將軍金紫光祿大夫置佐史加侍中中大通元年遷護軍將軍中權如故三年爲中軍六子詹事出爲丹陽尹高祖每歡曰子弟並如迎藻吾復何憂如葉藻小名也入爲安左將軍尚書左僕射加侍中藻固辭不就詔不許大同五年遷中衛將軍開府儀同三司中書令侍中如故藻性恬靜獨處一室床有膝痕宗室衣冠莫不楷則常以爵祿太過每思屏退門庭閴寂賓客罕通太宗尤敬愛之自遭家禍恒布衣蒲席不食鮮禽非在公庭不聽音樂高祖每以此稱之

出爲使持節都督南徐州刺史疾景亂藻遣長子或率兵入援及城開加散騎常侍大將軍景遣其儀同蕭邑代之據京口藻因感氣疾旣不自療或勸奔江北藻曰吾國之台鉉位任特隆旣不能誅翦賊正當同死朝廷安能役身異類欲保餘生因不食累日太清三年薨時年六十七求陽嗣王伯游字士仁高祖次兄敷字數字仲達解褐齊後將軍征虜行參軍轉太子舍人洗馬遷丹陽尹丞入爲太子中舍人除建威將軍隨郡內史招懷遠近黎庶安之以爲前後之政莫之及也進號寧朔將軍徵爲盧陵王諮議參軍建武四年薨高祖即位追贈侍中司空封求陽郡王諡曰昭伯游雖年識未弘理天監元年四月詔曰兄子伯游美風神善言玄意尚粗可浙東奧區宜須撫莅可督會稽東陽新安永嘉臨海五郡諸軍事輔國將軍會稽太守二年襲封求陽郡王五年薨時年二十三諡曰恭衡陽嗣王元簡字熙遠高祖第四弟暢之子暢

仕齊至太子舍封江陵縣族卒天監元年追侍
中驃騎大將軍開府儀同三司封衡陽郡王謚
曰宣元簡二年襲封除中書郎遷金紫光祿太
三年入爲給事黃門侍郎出爲持節都督廣交
越三州諸軍事平越中郎將廣州刺史還爲太
子中庶子遷使持節都督郢司霍三州諸軍事
信武將軍郢州刺史十八年正月卒於州謚曰
孝子俊嗣

桂陽嗣王象字世翼長沙宣武王第九子也初
叔父融仕齊至太子洗馬求元中宣武之難融
遇害高祖平京邑贈給事黃門侍郎大監元年
加散騎常侍撫軍大將軍封桂陽郡王謚曰簡
無子乃詔象爲嗣龍襲封爵象容止閑雅善於交
遊事所生母以孝聞起家寧遠將軍丹陽尹到
官未幾簡王妃薨去職服闋復授明威將軍丹
陽尹象生長深宮始親庶政舉無失德朝廷稱
之出爲持節督司霍郢三州諸軍事輕車將軍
郢州刺史尋遷湘衡二州諸軍事輕車將軍湘

州刺史湘州舊多虎暴及象在任一爲之靜息故
老咸稱德政所感除中書侍郎俄以本官行石
頭戍軍事轉給事黃門侍郎兼領軍又以本官
兼宗正卿尋遷侍中太子詹事未拜改授持節
督江州諸軍事信武將軍江州刺史以疾免尋
除太常加侍中遷祕書監領步兵校尉大同
二年薨謚曰敦子愷嗣

史臣曰長沙諸嗣王並承襲土宇克有蕃服桂
陽王象以孝聞在於牧湘猛虎息暴蓋德所
致也昔之善政何以加焉

列傳第十七

蕭景字子昭高祖從父弟也父崇之字茂敬即
左光祿大夫道賜之子道賜三子長子尚之字
茂先次太祖文皇帝次崇之初左光祿居於鄉
里專行禮讓爲衆所推仕歷宋太尉江夏王參
軍終于治書侍御史齊末追贈散騎常侍左光
祿大夫尚之敦厚有德器爲司徒建安王中兵

三百廿三　梁書傳六　一　張慶

參軍一府稱爲長者琅邪王僧虔尤善之每事
多與議決遷步兵校尉辛官天監初追諡文宣
矣尚之子靈鈞仕齊廣德令高祖義師至行會
稽郡事頃之卒高祖即位追封東昌縣矦邑一
千戶子賽嗣崇之以幹能顯爲政尚嚴屬宦至
冠軍將軍東陽太守永明中錢唐唐寓之反別
衆破東陽崇之遇害天監初追諡忠簡矦景八
歲隨父在郡居喪以毀聞旣長好學才辯能斷
齊建武中除晉安王國左常侍還求寧令政爲

百城最永嘉太守范述曾居郡號稱廉平雅
服景爲政乃牓郡門曰諸縣有疑滯者可就
求寧令決之頃之以疾去官永嘉人胡仲宣等千
人詣闕表請景爲郡不許勳除步兵校尉是冬
元二年以長沙宣武王懿勳師至以景爲寧
宣武王遇害景亦逃難高祖義師至以景爲寧
朝將軍行南兗州軍事時天下未定江北偽楚
各據塢壁景示以威信渠帥相率百縛請罪旬
日境內皆平中興二年遷督南兗州諸軍事輔

三百廿十　梁書傳六　二　張慶

國將軍監南兗州高祖踐阼封吳平縣矦食邑
一千戶仍爲使持節都督北兗徐青冀四州諸
軍事冠軍將軍南兗州刺史詔景居州清恪
太夫人禮如王國太妃假金章紫綬景居州清恪
敬如神會年荒計口賑爲饘粥於路以賦之
有威裁明解吏職文案無擁下不敢欺吏人畏
死者給棺具人甚賴焉天監四年王師北伐景
師衆出淮陽進屠宿遷丁毋憂詔起攝職五年班
師除太子右衛率遷□□國將軍衛尉鄉七年遷

左驍騎將軍兼領軍將軍領軍管天下兵要監
局官僚舊多驕慢景在職峻切官曹肅然制局
監皆近倖頗不堪命以是不得久留中尋出為
使持節督雍梁南北秦郢州之竟陵司州之隨
郡諸軍事信武將軍寧蠻校尉雍州刺史八年
三月魏荊州刺史元志率衆七萬寇淯溝迫羣
蠻羣蠻悉渡漢水來降議者以蠻累為邊患可
因此除之景曰窮來歸我誅之不祥且魏人來
侵每為矛楯若悉誅蠻則魏軍無礙非長策也
乃開樊城受降因命司馬朱思遠寧蠻長史曹
義宗中兵參軍孟惠儁擊志於淯溝大破之生
擒志長史杜景斬首萬餘級流屍蓋漢水景遣
中兵參軍崔績率軍士收而瘞焉景初到州省
除參迎羽儀器服不得煩擾吏人修營城壘申
警邊備理辭訟勸農桑郡縣皆改節自勵州內
清肅綠漢水陸千餘里抄盜絕迹十一年徵為
將軍領石頭戍軍事十二年復為使持節督南
北兗北徐青冀五州諸軍事信威將軍南兗州

刺史十二年徵為領軍將軍直殿省知十州損
益事月加祿五萬景為人雅有風力長於辭令
其在朝廷為衆所瞻仰於高祖屬雖為從弟而
禮寄甚重軍國大事皆與議決十五年加侍中
十七年太尉揚州刺史臨川王宏坐法免詔曰
揚州應須緝理宜得其人越親居揚州將軍兵平
矦景才任此舉可以安右將軍臨揚州弁寶佐
史侍中如故即宅為府景越親居揚州辭讓甚
懇惻至于涕泣高祖不許在州尤稱明斷符教
嚴整有田舍老姥訴得符還至縣縣吏未即
發姥語曰蕭臨州符火爛汝手何敢留之其為
人所長敬如此十八年累表陳解高祖未之許
明年出為使持節散騎常侍都督郢司霍三州
諸軍事安西將軍郢州刺史將發高祖幸建興
苑餞別為之流涕既還魏界多盜賊景秘書
復有能名齊安晉陵郡接魏界多盜賊景秘書
告示魏即禁斷焉成保境不復侵略普通四年卒
于州時年四十七詔贈侍中中撫軍開府儀同

三司諡曰忠子勵嗣

昌字子建景第二弟也齊豫章末為晉安王左
常侍天監初除中書侍郎出為豫章內史五年
加寧朔將軍六年遷持節督廣交越挂四州諸
軍事輔國將軍平越中郎將廣州刺史七年進
號征遠將軍九年分湘州置衡州以昌為持節
督廣州之綏建湘州之始安諸軍事信武將軍
衡州刺史坐免十三年出為安右長史累遷太子中
官兼宗正卿其年出為散騎侍郎尋以本

五

庶子通直散騎常侍又兼宗正卿昌為人亦明
悟然性好酒酒後多過在州郡每醉輒逕出入
人家或獨詣草野其於刑戮頗無期度每時所
殺醒或求焉亦無悔也屬為有司所劾為留京
師忽忽不樂遂縱酒虛悸在石頭東齋引刀自
刺左右救之不殊十七年卒時年三十九子伯言
昂字子明景第三弟也天監初累遷司徒右長
史出為輕車將軍監南兗州初兄景再為南兗
德惠在人及昂來代時人方之馮氏徵為琅邪

後序葉第四五行上二字原脱據明北監本補

彭城二郡太守軍號如先復以輕車將軍出為
廣州刺史遊晉通二年為散騎常侍信威將軍
年韓散騎侍郎中領軍太子中庶子出為吳興
太守韓大通二年徵為仁威將軍衛尉卿尋為侍
中兼領軍將軍中大通元年為領軍將軍二年
封湘陰縣戶邑一千戶出為江州刺史大同元
年卒時年五十三諡曰恭

昱字子真景第四弟也天監初除秘書郎累遷
太子舍人洗馬中書舍人中書侍郎每求自試

六

高祖以為淮南永嘉襄陽郡並不就志願邊州
高祖以其輕脫無威望抑而不許遷給事黃門
侍郎上表曰夏初陳啟未垂採照追懷懇懼實
戰慄心臣聞暑雨祁寒小人猶怨榮枯寵辱誰
能忘懷心籍以往因得預枝戚之重緣報既雜
時逢坎壈之運昔在齊季義師之始臣乃紉弱
粗有識慮東西阻絕歸赴無由雖未能負戈擐
甲實銜涕憤懣潛伏燕境備嘗艱危首尾三年
嘔移歎處雖復飢寒切身亦不以凍餒為苦每

張成

涉驚焉疑惶怖失魄既殞致命之節空有頊領之憂
希望闕泰北異豪家共樂豈期二十餘年功名無紀
畢此身骸方填溝壑丹誠素願溘至長罷俯自
衰憐能不傷歎夫自媒自衒誠可鄙自譽自
伐實不易叨錦不羞裁誠難其製過去業部所
寧敢乘箄測是以常願一試屢成干請夫上應玄
以致乘言是以窺監既謂臣愚短不可試用豈容久
象顯禁徒穢黃樞禾竊積恐招物議請解令

職乞屏退私門伏願天照特垂允許臣雖叨榮兩
宮報效無地方達省闈伏深藥悚高祖手詔答
曰昱表如此古者用人必前明試比須績用既
立乃可自退之高昔漢光武兄子章與二人並
有名宗室就欲習吏事不過章爲平陰令輿爲
緱氏宰政事有能方遷郡守非直政績見稱即
是光武猶子昱之才豈得比類爲往歲以
淮南郡既不肯行續用爲招遠將軍鎮北長史
襄陽太守又以違外致辭改除招遠將軍永嘉

太守復云內地非願復問晉安臨川隨意所擇
亦復不行解巾臨郡事不爲薄數有致辭意欲
何在且昱諸兄遞居藩鎮朕豈厚於景而薄於
其同產兄景今正居藩鎮次第反若斯於其一
昱正是朝序物議次第反若斯於其一門差以
愧無論今日不得如此昱兄弟普在布衣以
成長於何取立豈得任情反道背天違地孰謂
朝廷無有憲章特是未欲致之于理既表解職
可聽如啓坐免官因此杜門絕朝觀國家慶弔

不復通並目通五年坐於宅內鑄錢爲有司所
廷尉得免死徙臨海郡行至上虞有敕追還且令
受菩薩戒昱既至恂恂盡禮蹈道持戒又
精潔名迹除煩苛明法憲嚴於姦吏優養百姓
車團郡中大化俄而暴疾交至百姓行坐號
旬日之間郡中大化俄而暴疾交至百姓行坐號
哭市里爲之誼沸設祭奠於郡庭者四百餘人
田舍有女人夏氏年百餘歲扶曾孫出郡悲泣
不自勝其惠化所感如此百姓相率爲立廟建

碑以紀其德又詔京師求贈諡詔贈湘州刺史

諡曰恭

史臣曰高祖光有天下慶命傍流枝戚屬婕咸

被任遇蕭景之才辯識斷葢政佐時葢梁宗室

令望者矣

列傳第十八　　　　　梁書二十四

梁書列傳十八　九　庵

列傳第十九　　　　　　梁書二十五

周捨

徐勉

散騎常侍姚思廉撰

梁書十九

周捨字昇逸汝南安成人晉左光祿大夫顗之

八世孫也父顒齊中書侍郎有名於時捨幼聰

穎顒異之臨卒謂曰汝不患不富貴但當讀書

以通德既長博學多通尤精義理善誦書音文

諷說音韻清辯起家齊太學博士遷後軍行參

軍建武中魏人吳包南歸有儒學尚書僕射江

祏招包講捨造坐累折包辭理遂迭由是名為口

辯王亮為丹陽尹聞而悅之群為主簿政事多

委焉遷太常丞梁臺建為奉常丞高祖即位博

求異能之士吏部尚書范雲與顗素善音重之

蜚言之於高祖召拜尚書祠部郎時天下草創

禮儀損益多自捨出尋為後軍記室參軍秣陵

令入為中書通事舍人累遷太子洗馬散騎常

侍中書侍郎鴻臚卿時王亮得罪歸家故人莫

有至者獨敦恩舊及衰老身營殯葬時人稱之
遷尚書吏部郎太子右衛率右衛將軍雖居職
屢徙而常留省內宿得休下國史詔誥儀體法
律軍旅謀謨皆兼掌之日夜侍上預機密二十
餘年未嘗離左右捨素辯給與人汎論談諧終
日不絕口而竟無一言漏泄機事眾尤歎服之
性儉素為夏華堂閣重遂居素服之貧者每
入官府雖廣處林席如布衣之貧者則塵埃
滿積以荻為郭壞堂亦不營為右衛毋憂去職 起

為明威將軍右驍騎將軍服闕除侍中領步兵
校尉未拜仍遷貞外散騎常侍太子左衛率頃
之加散騎常侍本州大中正遷太子詹事普通
五年南津濮武陵太守白渦書許遺捨面錢百
萬津司以聞雖書自外入猶為有司所奏捨坐
免遷右驍騎將軍知太子詹事以其年卒時年
五十六上臨哭至殯襄慟怛愴于懷其學思堅明志
行開敏勦勞機事多歷歲年才用未窮彌可嗟

梁書傳十九 二

懃宜隆追遠以旌善人可贈侍中護軍將軍鼓
吹一部給東園祕器朝服一具衣一襲喪事隨
由資給諡曰簡子明年又詔曰故侍中護軍將
軍簡子捨義該立儒博窮文史奉親能孝事君
盡忠歷掌機窞清貞自居食不重味身靡兼衣
終亡之日內無妻妾外無田宅兩見單貧有過
古烈往者南司白渦之劾恐外議謂朕有私致
此黜免追愧若人一介之善外可量加褒異以
旌善人 子弘義弘信

梁書傳十九 三

徐勉字脩仁東海郯人也祖長宗宋高祖霸府
行參軍父融南昌相勉幼孤貧早勵清節年六
歲時屬與霖雨家人祈霽勉為文見稱著宿及
長篤志好學起家國子生太尉文憲公王儉時為
祭酒每稱勉有宰輔之量射策舉高第補西陽
王國侍郎尋遷太學博士鎮軍參軍尚書殿中
即以公事免又除中兵郎領軍長史琅邪王元
長才名甚盛嘗欲與勉相識每託人召之勉謂
人曰王郎名高望促難可輕撤衣裾從而元長

汲本葉第八九行上八字原缺壞明北監本補

— 209 —

及禍時人莫不服其機鑒初與長沙宣武王遊
高祖深器賞之及義兵至京邑勉於新林謁見
高祖甚加恩禮使管書記高祖踐阼拜中書侍
郎遷建威將軍後軍諮議參軍本邑中正尚書
左丞自掌樞憲多所糾舉時論以為稱職天監
二年除給事黃門侍郎尚書吏部郎參掌軍書勉
勞夙夜勤經國忘家乃一還宅毎還輦大驚吠勉
歎曰吾憂國忘家旬乃至於此若吾亡後亦是傳

中一事六年除給事中五兵尚書遷吏部尚書
勉居選官彝倫有序旣關尺牘兼善辭令雖文
案填積坐客充滿應對如流手不停筆又讒綜
百氏皆為避諱常與門人夜集客有虞暠求諮
事五官勉正色答云今夕止可談風月不宜及
公事故時人咸服其無私除散騎常侍領游擊
將軍未拜改領太子右衛率遷左衛將軍領太
子中庶子侍東宮昭明太子尚幼勅知宮事太
子禮之甚重毎事詢謀嘗於殿內講孝經臨川

靜惠王尚書令沈約備二傳勉典國子祭酒張
克為執經王瑩至張稷柳惲王暕為侍講時求選極
親賢妙盡時譽見陳讓數四又與沈約書求換
侍講詔不許然後就為轉太子詹事領雲騎將
軍尋加散騎常侍還尚書右僕射詹事如故又
多不遵禮朝終久須相尚以速勉上疏曰禮記
問喪云三日而後歛者以俟其生也三日而不
生亦不生矣自頃以來不遵斯制送終之禮頗

以春日潤屋豪家力或半畚衣裳榱榱以速為
榮親戚徒隸各念休及故屬讎德畢友釦已具
忘狐鼠之顧赴燕雀之廻翔傷情感理莫此
為大且人子承衾之時志瀝心絕裹事所貴悉
關他手愛憎深淺事難原如覘視或衾斂存沒
遠濫使萬有其一怨已多豈不緌其告歛之
晨申其望生之酷請自今士庶宜悉依古三日
大歛如有不奉加以糾繩詔可其奏蓁授宣惠

將軍置佐史侍出僕射如故又除尚書僕射中

衛將軍勉以舊恩越升垂王位盡心奉上知無不

為愛自小選迄于此職常參掌衡石其得士心

禁省中事未嘗漏泄每有表奏輒焚藁草博

通經史多識前載朝儀國典婚冠吉凶輒預

圖議與陽立六年上修五禮國典表曰仁與義故稱

齊之以禮夫禮所以安上治人弘風訓俗經國

家利後嗣者也唐虞三代咸必由之在乎有周

憲章尤備因殷革夏損益可知雖復經禮三百

曲禮三千經文三百威儀三千其大歸有五即

宗伯所掌典禮吉為上凶次之賓次之軍次之

嘉為下也故祠祭不以禮則不齊不莊喪紀不

以禮則背死忘生者衆賓客不以禮則朝覲失

其儀軍旅不以禮則致亂於師律冠婚不以禮

則男女失其時為國修身於斯偃急泊周室大

壞王道既羨廢舊章缺失其序禮樂征伐出

自諸侯小雅盡廢叔姪庶在晉辨郊勞之儀戰國從橫政

周公之德

教愈泯暴秦滅學掃地無餘漢氏鬱興日不

暇給猶命叔孫於外野方知帝王之為貴末

葉紛綸遞有興毀或以武功銳志或好黃老

之言禮義之式於焉中止及東京曹襄南宮制

述集其後散略百有餘篇雖互寫以尺簡而終闕平

奏其後兵革相尋異端互起章句既淪俎豆斯

輟方領矩步之容事滅於旌鼓蘭臺石室之文

用盡於帷蓋至乎晉初爰定新禮班顯制之於

前輩虞翻刪之於末既而中原喪亂罕有所遺江

左草創因循而已薙革之風是則末暇伏惟陛

下睿明啓運先天改物撥亂惟武經時以文作

樂在平功成制禮弘於業定光啓二學皇枝等

於貴遊闢茲五館草萊升以好爵爰自受命近

于告成盛德形容備矣天下能事畢矣明明穆

穆無德而稱焉至若玄符靈貺之祥浮滇機山

之賮固亦日書左史副在司存今可得而略也

是以命彼羣才搜甘泉之法延茲碩學闢曲臺

之儀淄上淹中之儒連蹤繼軌負笈懷鈆之彥

匪旦伊夕諒以化穆三雍人從五典秩宗之教
敎焉以與伏曼容共詳訂定五禮起齊永明三年太子
步兵校尉伏曼容表求制一代禮樂于時參議
置新舊學士十人止修五禮諮稟衞將軍丹陽
尹王儉學士亦分住郡中製作歷年猶未克就
及文憲薨阻遺文散逸後又以事付國子祭酒
何佟經涉九載猶未畢建武四年佟還東山
齊明帝敎委尚書令徐孝嗣

梁書傳十九　八　高昱

第永元中孝嗣於此遇禍又多零落當時鳩斂
所餘權付尚書左丞蔡仲熊驍騎將軍何佟之
共掌其事時修禮局住在國子學中門外東昏
之代頗有軍火其所散失又踰太半天監元年
佟之啓審省置之宜敕使外詳時尚書參詳以
天地初革庶務權興宜俟隆平徐議刪撰欲且
省禮局併還尚書儀曹詔旨云禮壞樂缺故國
異家殊實宜以時修定以為永准但頃之修撰
以情取人不以學進其掌知者以貴總一不以
稽古所以歷年不就且有名無實此既經國所先

外可議其人人定便即撰次於是尚書僕射沈
約等參議請五禮各置舊學士一人各自舉
學士二人相助抄撰其中有疑者以舊學士右
後漢白虎通源以聞請旨斷波乃依前漢石渠
軍記室參軍明山賓掌吉禮中軍騎兵參軍
植之掌凶禮中軍田曹行參軍兼太常丞賀瑒
掌賓禮征虜記室參軍陸璉掌軍禮右

司馬褧掌嘉禮尚書左丞何佟之總參其事佟之

梁書傳十九　九　明

後以鎮北諮議參軍伏暅代之後又以晡代嚴植
之掌凶禮晡尋遷官以五經博士緣昭掌凶禮後
以禮儀深廣記載殘缺宜須博論共盡其致更
使鎮軍將軍丹陽尹沈約太常卿張充及臣三
人同參厥務臣又奉敕遄知其事末又使中
書侍郎周捨二人復豫參知若有疑義
所掌學士當職先立議通諮五禮舊學士及參
知各言同異條牒啓聞決之制旨疑事既多歲
時又積制旨裁斷其數不少莫不網羅經誥王
振金戞羲貫幽微理入神莫前儒所不釋後學

所未聞凡諸奏決皆載篇首其列聖旨爲不刊
之則洪規盛範冠絶百王茂實英聲方垂千載
寧孝宣之能擬豈孝章之足云五禮之職事有
敕簡及其列畢不得同　時嘉禮儀注以天監六
年五月七日上尚書合十有二秩百一十六卷
五百四十六條賓禮儀注以天監六年五月二
十日上尚書合十有七秩一百三十卷四十五
條軍禮儀注以天監九年十月二十九日上尚
書合十有八秩一百八十九卷二百四十條吉
禮儀注以天監十一年十一月十日上尚書合二
十有六秩二百二十四卷一千五條凶禮儀注
以天監十一年十一月十七日上尚書合十有
七秩五百二十四卷五千六百九十三條大凡
一百二十秩一千一百七十六卷八千十九條
又列副祕閣及五經典書各一通繕寫校定以
普通五年二月始獲洗畢竊以撰正履歷代
罕就皇明在運厥功克成周代三千舉其盈數
今之八千隨事附益質文相變故其數兼倍猶

如八卦之交因而重之錯綜成六十四也昔文
武二王所以綱紀周室君臨天下公旦脩之以
致太平龍鳳之瑞自斯厥後甫備茲曰孔子曰
其有繼周雖百代可知所謂齊功允當斯責兼勤
臣以庸識謬司其任海留歷稔功力不周求
成之初未違表上宣由才輕務廣思力不周求
軍禮閱其條章靡不該備所謂郁郁文哉煥乎
言懃惕其條章靡不該備所謂郁郁文哉煥乎
洋溢信可以懸諸日月頒之天下者矣愚心喜
扑彌思陳述兼前後聯官一時皆逝臣雖幸存
毫已將及慮皇世大典遂闕騰奏不任下情輒
具載撰修始末弁職掌人所成卷秩條目之數
謹拜表以聞詔曰經禮大備政典弘令詔有
司案以行事也又詔曰勉表如此因革免聾憲
章孔備功成業定於是乎在可以光被八表施
諸百代俾萬世之下知斯文在斯主者其按以
遵行勿有失墜尋加中書令給親信二十人勉
以疾自陳求解內任詔不許乃令停下省三日

一朝有事遭王書論波腳疾轉劇又闕朝觀固
陳求解詔乃齎假須疾差還省勉雖居顯位不
營產業家無畜積俸祿分贍親族之窮乏者者
人故舊或從容致言曰人遺子孫以財
我遺之以清白子孫才也則自致輜軒如其不
才終為他有嘗為書誡其子崧曰吾家世清廉
故常居貧素至於產業之事所未嘗言非直不
經營而已薄身遭逢遂至今日尊官厚祿可謂
備之每念叨竊若斯豈由才致仰藉先代風範

及以福慶故臻此耳古人所謂以清白遺子孫
不亦厚乎又云遺子黃金滿籯贏不如一經詳求
此言信非徒語吾雖不敢實有本志庶得遵奉
斯義不敢墜失所以顯貴以來將三十載門人
故舊亟薦便宜或使創開田園或勸興立邸店
又欲舳艫運致亦令貨殖聚斂若此事衆皆距
而不納非謂拔葵去織且欲省息紛紜中年聊
於東田間營小園者非在播藝以要利入正欲
穿池種樹少寄情賞又以郊際閑曠終可為宅

儻獲懸車致事實欲歌哭於斯慧日十住等既
應營婚又須住止吾清明門宅無相容處所以
爾者亦復有以前剗西邊施宣武寺既失西廂
不復方幅意亦謂此迤旅舍何事須華常恨
時人謂是我宅古往今來豪富繼蹤高門甲第
連闥洞房宛其死矣定是誰堂但不能不為培
壞之山聚石移果雜以花卉以娛休沐用為好性
靈隨便架立不在廣大惟功德處小以為託
以內中逼促無復房宇近營東邊兒孫二宅乃

籍十住南還之資其中所須猶為不少既牽挽
不至又不可中塗而輟郊間之園遂不辦保住
與妻顗乃獲百金成就兩宅已消其半尋園價
所得何以至此由吾經始歷年粗已成立桃李
茂密桐竹成陰塍陌交通渠畎相屬華樓迥榭
頗有臨眺之美孤峯叢薄不無糾紛之興渚中
並饒菰蔣湖裏殊富芰蓮雖二人外關密通
草生欲合之亦雅有情趣追述此事非有奢心蓋
是筆勢所至耳憶謝靈運山家詩云中為天地

物今成鄙夫有吾此園有之二十載夾今為天

地物物之與我相校幾何哉此吾所餘今以分

汝營小田舍親累飲多理亦須此且擇氏之教

以財物謂之外命儒典亦稱何以聚人日財況

汝曹常情安得忘此間汝所買姑就田地甚異

烏鹵彌復髣髴孔子曰居家理治可移於官既

巳營之宜使成立進退兩亡更貼恥笑若有所

寢立聊可騎驢內外大小宜令得所非吾所

收獲汝可自分贍內外大小宜令得所非吾所

知又復應沾之諸女耳汝既居長故有此及凡

為人長殊復不易當使中外諧緝人無間言先

物後巳然後可貴老生云其身而身先若能

爾者更招巨利汝當自勖自見賢思齊不宜忽略

以棄日也棄日乃是棄身名美惡豈不大哉

可不慎歟今之所救略言此意正謂為家巳來

不事資產既立堅舍以乖舊業陳其始末無愧

懷抱兼吾年時朽暮心力稍殫牽課奉公略不

克舉其中餘暇裁可自給或復冬日之陽夏日

之陰良辰美景文萊閒隙負杖躡屐逍遙陋館

臨池觀魚披林聽鳥濁酒一杯彈琴數刻

之暫樂庶居常以待終不宜復勞家間細務汝

交關既定此書又行凡所資付給如別自茲

以後吾不復言及田事汝亦勿復與吾言志

使竟水湯旱吾豈知如何若其滿庾盈箱爾之

幸遇如斯之事迨無俟云云全吾此志

善繼人之志善述人之事今吾且望汝全吾孝者

則無所恨矣勉第二子悱卒痛悼甚至不欲父

廢王務乃為答客喻其辭曰普通五年春二月

丁丑余第二息悱安西內史悱喪之問至焉舉家

傷悼心情若隕三宮遽降中使以相慰最親遊

賓客畢來弔問輒慟哭失聲悲不自已所謂父

子天性不知涕之所從來也於是門人慮其肆

情所鍾容致委頓乃敘社而進曰僕聞古往今

來理運之常數春榮秋落氣象之定期人居其

間譬諸逆旅生寄死歸著於通論豈足以深識之

士悠爾志懷東門歸無之旨見稱往哲西河喪

明之過取誚友朋足下受遇於朝任居端右憂
深責重休成是均宜其遺情下流止哀加飯上
存奉國俯示隆家豈可縱此無益同之兒女傷
神損識或觸生務門下竊議咸為君庶亦常
余雪泣而答曰彭殤之達義延吳之雅言不取也
聞之矣顏所以未能弭意者請陳其故秀
階庭欽柯葉之茂為山累仞惜覆簣之功故秀
而不貴尼父為之歎息新彼岐路揚子所以留
連車有可深聖賢靡抑今吾所悲亦以俳始踰
立歲孝悌之至自幼而長文章之美得之天然
好學不倦居無塵雜多所著述盈篋淡然
得失之際不見喜愠之容及翰飛東朝參伍盛
列其所遊往皆一時才俊賦詩頌詠終日忘疲
每從容謂吾以遭逢時來位登隆任要當應推賢
下士先物後身然後可以報恩明主克保元吉
俾余二紀之中忝竊若是幸無大過者緊此子
之助焉自出閨區政存清靜冀其旋及少慰衰
暮言念今日眇然長往加以闔棺千里之外未

知歸骨之期雖後無情之倫庸詎不痛於昔夷
雨孩抱中物尚盡慟以待賓安仁未及七旬猶
慇懃於詞賦況夫名立而廢者亦焉
可已哉求其此懷可謂苗實之義諸賢事焉既貽
通三年又以疾即日輒言哀命駕親信四十人兩
中中衛將軍置佐史餘如故增資天府有救每
宮安問冠蓋結轍服膳醫藥皆資天府有救每
欲臨幸勉以拜伏有廢殘啟傳出詔許之遂停
輿駕大同元年卒時年七十高祖聞而流涕即
日車駕臨殯乃詔贈特進右光祿大夫開府儀
同三司餘並如故給東園秘器朝服一具衣一
襲賵贈錢二十萬布四百疋皇太子亦舉哀朝堂謚
曰簡肅公勉善屬文勤著述雖當機務下筆不
休嘗以起居注煩雜乃加刪撰為別起居注六
百卷左丞彈文二卷以孔釋二教殊途同歸撰會
撰太廟祝文二卷以孔釋二教殊途同歸撰會
林五十卷凡所著前後二集四十五卷又為婦

人集十卷皆行於世大同
丞劉覽等詣闕陳勉行狀請刊石紀德即降詔
許立碑於墓云
俳字敬業幼聰敏能屬文起家箸作佐郎轉太
子舍人掌書記之任累遷洗馬中舍人猶管書
記出入宮坊者歷稔以兄疾出為湘東王友遷
晉安內史
陳吏部尚書姚察曰徐勉少而屬志食發憤
脩身慎言行擇交遊加屬興王依光日月故
能明經術以組青紫出闈闥而取卿相及居重
任竭誠事主動師古始則先王提衡端執物
無異議為梁宗臣盛矣

梁書傳十九　十八

范岫
傅昭　弟映
蕭琛
陸杲

二百五十一　梁書傳二十　一

范岫字懋賓濟陽考城人也高祖宣皇之徵士
義宋宛州別駕岫早孤事母以孝聞與吳興沈
約俱為蔡興宗所禮泰始中起家奉朝請興宗
為安西將軍引為主簿累遷臨海長城二縣令
驃騎參軍尚書刪定郎護軍司馬齊竟陵
王子良記室參軍尚書累遷太子家令文惠太子之
在東宮記室沈約之徒以岫文才見引岫亦預焉岫文
雖不逮約而名行為時輩所與博涉多該博
胡廣無以加南鄉范雲削代舊事也遷國子博
魏晉以來吉凶故事約謂人曰范公進止威儀
當問范長頭以岫多識劓代舊事也遷國子博
士永明中魏使至有詔妙選朝士有詞辯者接

使於界首以岫兼淮陰長史迎為還遷尚書左
丞母憂去官尋起攝職出為寧朔將軍南蠻
長史南義陽太守未赴職遷右軍諮議參軍南郡
如故除撫軍司馬出為建威將軍安成內史為
給事黃門侍郎遷御史中丞領前軍將軍安北
為尚書吏部郎參大選梁臺建為度支尚書
安王長史行南徐州事義師平京邑承制徵
宛二州大中正永元末出為輔國將軍冠軍將軍晉
天監五年遷散騎常侍光祿大夫侍皇太子給

扶六年領太子左衛率七年從通直散騎侍
右衛將軍中正如故其年表致事詔不許八年出
為晉陵太守秩中二千石九年入為祠部尚書
領右驍騎將軍其年遷金紫光祿大夫加親信
二十八人十三年卒官時年七十五贈錢百
匹岫身長七尺八寸恭敬儼恪進止以禮自親
喪之後疏食布衣以終身每所居官恒以廉潔
著稱為長城令時有梓材巾箱至數十年經貴
遂不改易在晉陵惟作牙管筆一雙猶以為費

所著文集禮論雜儀字訓行於世二子襄偉
傅昭字茂遠北地靈州人晉司隸校尉咸七世
孫也祖和之父淡善三禮知名宋世淡事宋竟
陵王劉誕誕反淡坐誅六歲而孤哀毀如成
人者宗黨咸異之昭六歲於朱雀航賣曆
日為雍州刺史袁顗客顗嘗來昭所讀書自
司徒建安王休仁聞而悅之因欲致昭以宋
氏多故遂不往或有稱昭於廷尉虞願願乃
遣車迎昭時願宗人通之在坐並當世名流通
之贈昭詩曰英妙擅山東才子傾洛陽清塵誰
能嗣及爾遘遺芳太原王延秀薦為郡主簿使諸子從昭定其
束粲深為所禮辟為郡主簿使諸子從昭定其
所制每經昭戶輒歎曰經其戶寂若無人披其
帷其人斯在豈得非名賢尋為總明學士奉
朝請齊永明中累遷員外郎司徒竟陵王子良
參軍尚書儀曹郎先是御史中丞劉休薦昭於
武帝永明初以昭為南郡王侍讀王嗣帝位故

時臣隸爭求權寵惟昭及南陽宗史保身守正
無所參入竟不罹其禍明帝踐阼引昭爲中書
通事舍人時居此職皆勢傾天下昭獨廉靜無所
干豫器服率陋身安麤糲常挿燭於板柎明
帝聞之賜漆合燭盤等救曰卿有古人之風故賜
卿左丞本州大中正高祖素悉昭能建康城平
書古人之物累遷車騎將軍臨海王記室參軍尋除尚
校尉太子家令驃騎晉安王諮議參軍長史
引爲驃騎錄事參軍梁臺建遷給事黃門侍郎
領著作郎頃之兼御史中丞黃門著作中正竝
如故天監三年兼五兵尚書參選事四年即眞

六年徙爲左民尚書未拜出爲建威將軍平南
安成王長史尋陽太守七年入爲振遠將軍中
權長史八年遷通直散騎常侍領步兵校尉復
領本州大中正十年復爲左民尚書十一年出
爲信武將軍安成內史安成內人夜夢見兵馬鎧甲甚
盛又聞有人云當遊善人軍衆相與騰虛而逝
舍號凶及昭爲郡郡內人

夢者驚起俄而疾風暴雨俄聞屋俱
倒即夢者所見軍馬踐蹦之所也自後郡舍遂
安成以昭正直所致郡溪無魚或有暑月薦昭
魚者昭既不納又不欲拒遂餧于門側十二年
入爲祕書監領後軍將軍臨海太守郡有蜜巖前
七年出昭爲智武將軍臨海太守郡以周文之園與
後太守比自封固專收其利昭以周文之園與
百姓共之大可諭小乃教勿封諭縣令常餉栗實
絹于薄下昭還之普通二年入爲通直散
騎常侍光祿大夫領本州大中正尋領祕書監
五年遷散騎常侍光祿大夫金紫光祿大夫中正如故昭
所涖官常以清靜爲政不尚嚴肅居常以書
所請謁不畜私門生不交私利終日端居以書
記爲樂雖老不衰博極古今尤善人物故晉
以來官官簿伐姻通內外舉而論之無所遺失
性尤篤愼子婦嘗得家餉牛肉以進昭召其
子曰食之則犯法告之則不可取而埋之其居
身行已不負闇室類皆如此京師後進宗其

學重其道人人自以為不逮大通二年九月卒
時年七十五詔贈錢三萬布五十匹即日舉哀
諡曰貞子長子諤尚書郎臨安令次子胐

映字徽遠昭弟也三歲而孤兄弟友睦修身履
行非禮不行始昭之守臨海陸倕餞之賓主俱懽
日昏不反映以昭年高不可連夜極樂乃自往
迎候同乘而歸兄弟斑白時人美而服焉
及昭卒映每言輒感慟映泛涉記傳有文才而不以
雖除每言輒感慟映泛涉記傳有文才而不以

篇什自命少時與劉繪蕭琛相友善繪之為
南康相映時為府丞文教多令具草褚彥回聞
而悅之乃屈與子賁等遊處年未弱冠彥回欲
令仕映以昭未解褐固辭須昭仕乃官永元元年
參鎮軍江夏王軍事出為武康令及高祖師次
建康吳興太守袁昂自謂門世忠貞固守誠節
乃訪於映曰卿謂時事云何映答曰徒當寄託之
開闢未有故太尉殺身以明節司徒當寄託之
重理無苟全所以不顧夷險以殉名義今嗣主

梁書傳二十　六　德裕

三国志

昏虐狎近羣小親賢誅戮君子道消外難屢
作曾無悛改今刺雍協舉兵據上流背昏向明
執無不濟百姓思治天人之意可知既明且哲
忠孝之途無爽願明府更當雅慮無祗悔也壽
以公事免天監初除征虜鄱陽王參軍建安王
權錄事參軍南臺治書安成王
干兄復為臨川王錄事參軍南臺治書安成王
錄事太子胡軍校尉累遷中散大夫光祿卿太
中大夫大同五年卒年八十三子弘

蕭琛字彥瑜蘭陵人祖僧珍宋廷尉卿父惠
訓太中大夫琛年數歲從伯惠開撫其背曰
必興吾宗琛少而朗悟有縱橫才辯起家齊太
學博士時王儉當朝琛年少未為儉所識負其
才氣欲候儉時儉宴于樂遊苑琛乃著虎皮靴
策桃枝杖直造儉坐儉與語大悅儉為丹陽尹
辟為主簿舉為南徐州秀才累遷司徒記室永
明九年魏始通好琛再街命至桑乾還為通直
散騎侍郎時魏遣李道固來使齊帝讌之琛於

梁書傳二十　七　陳壽

御筵舉酒勸道固道固不受曰公庭無私禮不
容受勸琛徐答曰詩所謂爾公我田遂及我私
座者皆服道固乃受琛酒遷司徒右長史出
爲晉熙王長史行南徐州事還兼少府卿尚書
左丞東民初嗣立時議以無廟見之典於是從之
周頌烈文閔予皆爲即位朝廟議遷給事
黃門侍郎梁臺建徵爲衛尉卿俄遷員外散騎
子出爲宣城太守

〔梁書傳二十〕 八　　　董辰

常侍三年除太子中庶子散騎常侍九年出爲
寧遠將軍平西長史江夏太守始琛在宣城有
北僧南度惟賫一葫蘆中有漢書序傳僧曰三
輔舊老相傳以爲班固真本琛固求得之其書
多有異今者而紙墨亦古文字多如龍舉之例
非隸非篆琛甚祕之又是行也以書饟鄱陽王
範範乃獻于東官琛尋還安西長史南郡太守
母憂去官又丁父艱起爲信武將軍護軍長史
俄爲貞毅將軍太尉長史出爲信威將軍東陽

太守遷吳與太守郡有項羽廟土民名爲憤王
甚有靈驗遂於郡廳事安施幕爲神座公
私請禱前後二千石皆於廳拜祠而避居他室琛
至徙神還廟處之不疑又禁殺牛解祀以脯代肉
琛頻徙大郡不治產業有關則取不以爲嫌普通
元年徵爲宗正卿還左驍騎將軍領南徐州大中
正太子右衛率徙度支尚書左驍騎將軍領軍
將軍轉祕書監後軍將軍遷侍中高祖以琛在西邸
早與琛狎每朝讌接以舊恩呼爲宗老琛亦奉

〔梁書傳二十〕 九　　　德祖

陳昔恩以早筮中陽凤忝同開雖迷興運循荷
洪慈上答曰雖云早契闊乃自非同志勿談與
運初且道狂奴異琛常言少壯三好音律書
酒年長以來二事都廢惟書籍不衰而琛性
通脫常自解竉事畢餞餘必陶然致醉大通二
年爲金紫光祿大夫加特進給親信三十人中大
通元年爲雲麾將軍晉陵太守秩中二千石以
疾自解改授侍中特進金紫光祿大夫卒年五
十二遺令諸子與妻同墳異藏祭以蔬菜葬

日止車十乘事存率素乘輿臨哭甚哀詔贈
本官加雲麾將軍給東園祕器朝服一具衣一襲
賻錢二十萬布百匹諡曰平子
陸杲字明霞吳郡吳人祖徽宋輔國將軍益州
刺史父齘揚州治中杲少好學工書畫舅張融
有高名杲與甥主簿起家齊中軍法曹行參軍太子
日下惟舅與甥風韻舉動頗類於融時稱之曰無對
舍人衛軍王儉主簿遷尚書殿中曹郎拜曰八
座丞郎竝到上省交禮而杲至晚不及時刻坐
免官久之以爲司徒竟陵王外兵參軍遷征虜
宜都王功曹史驃騎晉安王諮議參軍司徒從
事中郎梁臺建以爲驃騎記室參軍遷相國西
曹掾天監元年除撫軍長史母憂去職服闋拜
建威將軍中軍臨川王諮議參軍尋遷黃門
侍郎右軍安成王長史五年遷御史中丞杲性
直無所顧望山陰令虞肩在任贓污數百萬
杲奏收治中書舍人黃睦之以問杲杲不
答高祖聞之以問杲杲答曰有之高祖曰卿識睦

之不杲答曰臣不識其人時睦之在御側上指
示杲杲答曰此人是也杲謂睦之失色君小人何敢以
罪人屬南司睦之失色領軍將軍張稷是杲從
舅杲嘗以公事彈稷因侍宴訴高祖曰陸
杲是臣通親小事彈臣不貸高祖曰杲職司其
事卿何得爲嫌杲在臺號稱不畏彊禦六年
遷祕書監頃之爲嫌杲爲太子中庶子光祿卿
義興太守在郡寬惠爲民下所稱還爲司忽臨
川王長史領揚州大中正十四年遷通直散騎
侍郎俄遷散騎常侍中正如故十五年遷司徒
左長史十六年入爲左民尚書遷太常卿普通
二年出爲仁威將軍臨川內史五年入爲金紫光
祿大夫又領揚州大中正中大通元年加特進
中正如故四年卒時年七十四諡曰質子杲素
信佛法持戒甚精著沙門傳三十卷第煦學
涉有思理天監初歷中書侍郎尚書左丞太子
家令卒撰晉書未就又著陸史十五卷陸氏驪
泉志一卷竝行於世子罩少篤學有文才仕至

列傳第二十　　　　梁書二十六

太子中庶子光祿卿

史臣曰范岫傳昭篤行清慎善始令終斯石
建石慶之徒矣蕭琛陸昊俱以才學箸名琛
朗悟辯捷加諳究朝典高祖在田與琛遊舊
及踐天曆任遇甚隆美矣昊性婞直無所忌憚
既而執法憲臺糾繩不避權幸可謂允茲正色
詩云彼己之子邦之司直昊其有焉

列傳第二十一　　　散騎常侍姚

　　　　　　　　　　　　思廉　撰

　　　　　　　梁書二十七

陸倕
到洽
明山賓
殷鈞
陸襄

陸倕字佐公吳郡吳人也晉太尉玩六世孫祖
子真宋東陽太守父慧曉齊太常卿倕少勤學
善屬文於宅內起兩間茅屋杜絶往來晝夜讀
書如此者數載所讀一遍必誦於口嘗借人漢
書失五行志四卷乃暗寫還之略無遺脫其為
外祖張岱所異代常謂諸子曰此兒汝家之陽
元也十七舉本州秀才刺史竟陵王子良開西
邸延英俊倕亦預焉議曹從事參軍廬陵
王法曹行參軍天監初為右軍安成王外兵參
軍轉主簿倕與樂安任昉善為感知已賦以
贈昉昉因此名以報之曰信偉人之世篤本朕

服於陸鄉綢風流與道素襲袞衣與繡裳還
伊人而世載並三駿而龍光過龍津而一息望鳳
條而曾翔彼白玉之雖潔此幽蘭之信芳思在
物而取璧非斗斛之能量正聲峻於東岳比擬
厲於秋霜不一飯以妄過每三錢以投渭匪蒙袂
之敢噬豈子瀵羹之能衣既蘊藉而有餘文煥然
而無味得意同乎卷懷違方似乎仗氣類平叔
而靡雕似子雲之不朴冠衆善而貽操綜羣言
而名學析高戴於后臺異鄰顏平董帷採三詩
於河間訪九師於淮曲術兼口傳之書藝廣
鏗鏘之樂時坐睡而梁懸裁枝梧而雛握既文
過而意深又理勝而辭綺省余生之荏苒迫歲
暮而傷情測祖於堂下聽鳴鍾於洛城唯忘
年之陸子定一遇於班荊余獲田蘇之價得
海上之名信落魄而無產終長對於短生飢虛
表於徐步逃責顯於疾行子比我於叔則又方
余於耀卿心照情交流靡惑萬類求千里
懸得言象可廢蹄筌自默居非連棟行則同

梁書傳卅一 二 詩

三百卅

車冬日不足夏日靡餘有核非飯緣竹豈娛
我未捨駕矛已回輿中飯相顧悵然動色邦壤
既殊離會莫測存異山陽之居沒非要雖之側
似膠投漆中離婁豈能識其為士友所重如此
遷驃騎臨川王東曹掾是時禮樂新濶慶多所創
革高祖雅愛匡才乃敕撰新漏刻銘其文甚美
遷太子中舍人管東宮書記又詔為石闕銘記
奏之敕曰太子中舍人陸倕所製石闕銘辭義
典雅足為佳作昔虞丘辨物邯鄲獻賦賞以金
帛前史美談可賜絹三十四遷太子庶子國子
博士母憂去職服闋為中書侍郎給事黃門
侍郎揚州別駕從事史以疾陳解遷鴻臚卿入
為吏部郎參選事出為雲麾晉安王長史尋陽
太守行江州府州事以公事免左遷中書侍郎
司徒司馬太子中庶子廷尉卿又為中庶子加
給事中揚州大中正復除國子博士中庶子中
正甄如故守太常卿中正如故普通七年卒年
五十七文集二十卷行於世第四子繼早慧十

梁書傳卅一 三 辰高

歲通經為童子奉車郎卒

到洽字茂㳂彭城武原人也宋驃騎將軍彥之
曾孫祖仲度驃騎江夏王從事中郎父坦齊中
書郎洽年十八為南徐州迎西曹行事洽少知名
清譽有才學行謝朓文章盛於一時見洽深相
賞好日引與談論每謂洽曰君非直名人乃
亦兼資文武朓後為吏部洽去職欲薦洽
觀世方亂深相拒絕除晉安王國左常侍洽
遂築室巖阿幽居者積歲樂安任昉有知己
與洽兄沼溉並善常訪洽於田舍見之歎曰此
子日下無雙遂申拜親之禮天監初沼溉蒙
擢用洽尤見知賞從弟沉亦相與齊名高祖問
待詔丘遲曰到洽如何沉溉遲對曰正清過於
沉文章不減溉加以清言殆將難及即召為太
子舍人御華光殿認以及沉蕭琛任昉侍讌賦
二十韻詩以洽辭為工賜絹二十匹高祖謂昉曰
諸到可謂才子昉對曰臣常竊議宋得其武
梁得其文二年遷司徒主簿直待詔省敕使

（欄外：四　高）

部書五年遷尚書殿中郎洽兄弟羣從
遞居此職時人榮之七年遷太子中舍人與庶
子陸倕對掌東宮管記俄為侍讀侍讀省仍
置學士二人洽復充其選九年遷國子博
撰太學碑十二年洽復給事黃門侍郎兼國子博
士入為太子家令遷尚書吏部郎請託一無所
年入為太子中庶子普通元年以本官領
博士頃之入為尚書左丞準繩不避貴戚尚書省
遷員外散騎常侍復領博士母憂去職五年
復為太子中庶子領步兵校尉未拜仍遷給事
黃門侍郎領尚書親戎軍國容禮多自洽
賄賂莫敢干時蕭清以公事左降猶居職舊制中丞不得
出六年遷御史中丞彈糾無所顧望號為勁直
入尚書下舍洽兄溉為左民尚書洽引服親不
有礓刺省詳決左丞蕭子雲議許入溉省亦以
其兄弟素篤不能相別也七年出為貞威將軍
雲麾長史尋陽太守大通元年卒於郡時年

（欄外：十四　五　三志）

五十一贈侍中諡曰理子昭明太子與晉安王

諱令曰明北兗到長史遂相係綢落傷恒悲

愴不能已去歲陸太常俎歿今茲二賢長謝

陸生資忠履貞冰清王潔文該四始學遍九

流高情勝氣貞然直上明公儒學稽古淳厚

篤識立身行道始終如一懍值夫子必外孔堂

子風神開朗文義可觀當官莅事介然無私

皆海內之俊乂東序之秘寶此之嗟惜更復伺

論但遊盧周旋竝淹歲序造膝規言豈可勝

說幸免祇悔寶貫二三子之力也談對如昨音言

在耳零落相仍皆成異物每一念至何時可言

天下之寶理當惻愴近張新安又致故其人文

筆弘雅亦足嗟惜隨弟府朝東西日久九當

傷懷也比人物零落特可傷愴屬有令信乃復

及之治文集行於世子伯淮仲率

明山賓字孝若平原鬲人也父僧紹隱居不

仕宋末國子博士徵不就山賓七歲能言名理

十三博通經傳居喪盡禮服闋州辟從事史

（梁書二十一 六一 王高）

起家奉朝請兄仲璋嬰痼疾家道屢空王賓

乃行千祿齊始安王蕭遙光引為撫軍行參

軍後為廣陽令頃之去官義師至高祖引為

相府田曹參軍梁臺建為尚書駕部郎遷治書

侍御史記室參軍掌治吉禮時初置五經

博士山賓首膺其選遷北中郎諮議參軍侍

皇太子讀累遷中書侍郎國子博士率更

令中庶子博士如故天監十五年出為持節督

緣淮諸軍事征遠將軍北兗州刺史普通二

年徵為太子右衛率加給事中遷御史中丞以

公事左遷黃門侍郎司農卿四年遷散騎常侍領

青冀二州大中正東宮新置學士以山賓居之

俄以本官兼國子祭酒初山賓在州所部平陸縣

不稔啟出倉米以贍人後刺史檢州曹失簿書以

山賓為耗闕有司追責其宅入官山賓默不自

理更市地造宅昭明太子聞葉室不就有令曰

祭酒雖出撫大藩推轂載班金拖紫而恒事屢

空聞構宇未成今送薄助并貽詩曰平仲古稱奇

（梁書傳王 七）

疾閉閤臥治而百姓化其德劫盗皆奔出境軍
禽劫帥不加考掠但和言誚責劫帥稍頼乞改
過鈞便命遣之後遂為善人郡舊多山獠更
暑必動自鈞在伍郡境無復瘴疾母憂去職
喪過禮昭明太子憂之手書誠喻曰知比諸德
遺割俯存禮制饘粥果蔬少加勉彊憂懷既
哀頓為過又所進殆無一溢甚以酸耿迴然一
身宗奠是寄毀而滅性聖教所不許宜微自
深指故有及并令繆道臻曰具鈞答曰奉賜手
令并繆道臻宣旨伏讀感咽肝心塗地小人無
情動不及禮但稟生尫劣假推年歲罪戾所鍾
復加橫疾頃者綿微守盡昬漏目亂玄黃心
迷哀樂惟救危苦未能以遠理自制薑桂之
滋實開前典不避梁肉復忝令慈臣亦何人降
此憂愍謹當循復聖旨思自補績如脫申延復
由臣亭造服闋遷五兵尚書猶以頓療經時不
堪拜受乃更授散騎常侍領步兵校尉時東
宫尋改領中庶子昭明太子薨官屬罷又領石

游擊除國子祭酒常侍如故中大通四年卒時
年四十九謚曰貞子二子構渥
陸襄字師卿吳郡吳人也父閑齊始安王遙
光揚州治中永元末遙光據東府作亂或勸
閑去之閑曰吾為人吏何所逃死不獲遂以身殉後
見執將害之哀痛父兄之酷喪過于禮服釋後
刑者俱害刑第二子繆求代死不獲遂以身救刃
猶若居憂天監三年都官尚書范岫表薦襄
起家擢拜著作佐郎除尋寧令秩滿累遷司
空臨川王法曹外兵輕車廬陵王記室參軍昭明
太子聞襄業行啓與高祖引與遊處除太子洗馬
遷中舍人並掌管記出為揚州治中襄父終此
官固辭職與府司馬換居之昭
明太子敬者老襄每年將八十與蕭琛傅昭陸
杲每月常遣存問加賜珍羞衣服襄母嘗卒
患心痛醫方須三升粟漿是時冬月日又通暮
求索無所忽有老人詣門貨漿量如方劑始欲
酬直無何失之時以襄孝感所致也累遷國子

博士太子家令復掌管記母憂去職襄年已
五十戰頓過禮太子憂之日遣使誡喻服闋除
太子中庶子復掌管記中大通三年昭明太子薨
官屬罷如蔡氏別居金華宮以襄為中散大夫
領步兵校尉金華宮家令知金華宮事七年出為
鄱陽內史先是郡民鮮于琛服食脩道法晝人
山採藥拾得五色幡眊又於地中得一石璽竊怪
之琛先與妻別室望琛所奧常有異氣益以為
神大同元年遂結其門徒殺廣晉令王筠疏上

願元年署置官屬其黨轉相誑惑有衆萬餘
人將出攻郡襄先巳帥民吏脩城隍為備禦及賊
至連戰破之生獲琛餘衆逃散時隣郡豫章安
成等守宰安治黨與因求賄貨皆不得其實或
有善人盡室離禍惟襄郡部杜直無濫民作
歌曰鮮于平後善惡分民無枉死賴有陸君
又有彭李二家先因忿諍遂相誣告襄引入內
室不加責誚但和言解喻之二人感恩深自咎悔
乃為設酒食令其盡歡酒罷同載而還因相親

厚民又歌曰陸君政無怨家鬮既罷雖共軍在
政六年郡中大治民李眰等四百二十人詣闕
拜表陳襄德化求於郡立碑降勑許之又表乞留
襄襄固求還徵為吏部郎遷祕書監領揚州大
中正太清元年遷度支尚書中正如故二年侯景
舉兵圍宮城以襄直侍中省三月城陷襄
逃還吳興賊尋寇東境没吳郡景
錢塘會海鹽人陸黯舉義有衆數千人夜出襲
郡殺偽太守蘇單于推襄行郡事時淮南太守

文成侯蕭寧逃賊入吳襄遣迎寧為盟主遣
黯及兄子映公帥狼兵拒子仙子仙聞兵起乃退還
與黯等戰於松江黯敗走吳下軍聞之亦各奔散
襄匿于草下一夜憂憤卒時年七十襄翁冠
遭家禍終身弗食布衣不聽音樂口不言殺
害五十許年侯景平世祖追贈侍中雲麾將軍
以建義功追封餘干縣侯邑五百戶
陳吏部尚書姚察曰陸倕博涉文理到洽匡躬
貞勵明山賓儒雅篤實殷鈞靜素恬和陸襄

列傳第二十一　　　　　　梁書二十七

三十三　　梁書傳三十　　四

列傳第二十二　　　　　　梁書二十八

裴邃　　　　　　　　　散騎常侍姚

夏侯亶　弟夔　魚弘

韋放

　　　　　　　　　　　思廉　撰

兄子之高　之平之橫

裴邃字淵明河東聞喜人魏襄州刺史綽之後
也祖壽孫寓居壽陽爲宋武帝前軍長史父仲
穆驍騎將軍邃十歲能屬文善左氏春秋齊建
武初刺史蕭遙昌引爲府主簿壽陽有八公山
遙昌爲立碑使邃爲文甚見稱賞舉秀才對
策高第奉朝請東民踐祚始安王蕭遙光爲撫
軍將軍揚州刺史引邃爲參軍後遙光敗邃還
壽陽值刺史裴叔業以壽陽降魏豫州勒家族皆
被驅掠邃隨衆北徙自效以
爲司徒屬中書郎魏郡太守魏道王肅鎮壽陽
邃固求還圖南歸天監初自披還朝除後
軍諮議參軍時魏將邃求邊境自效以爲輔國將軍
盧江太守時魏將呂頗率衆五萬奄來攻郡邃

二国七十　梁書傳二十二　一　傳裕

率廄下拒破之加右軍將軍五年征邵陽洲魏
人為長橋斷淮以濟遂築壘逼橋每戰輒克
於是密作沒突艦會甚雨淮水暴溢遂乘艦徑
造橋側魏衆散潰遂乘勝追擊大破之進克
羊石城斬城主元康又破霍立城斬城主霄永仁
平小峴攻合肥以功封夷陵縣子邑三百戶遷冠
軍長史廣陵太守遂與鄉人共入魏武廟因論
帝王功業其妻甥王篆之密啓高祖云裴邃志欲

三百二十　梁書傳二十二　二　德裕

大言有不臣之迹由是左遷為始安太守遂欲
立功邊陲不願開遠乃致書於呂僧珍曰昔阮
或顔延有二始之歎吾才不逮古人今為三始
非其願也將如之何未及至郡會魏攻宿預詔
遂拒焉行次直瀆魏衆退遂老軍談議參軍豫
章王雲庵府司馬率所領助守石頭出為竟陵
太守開置屯田公私便之遷為游擊將軍西戎校尉
北梁秦二州刺史復開劍屯田數千頃倉廩盈
寧省息邊運民吏獲安乃相率餉絹千餘匹遂

從容曰汝等不應爾吾又不可逆納其絹二匹
而已還為給事中雲騎將軍朱衣直閤將軍
遷大匠卿普通二年義州刺史文僧明以州叛
入於魏魏軍來援以遂為假節信武將軍督衆
軍討焉遂深入魏境從遂邊城道出其不意魏所
署義州刺史封壽據城遂擊破之遂圍其
城壽面縛請降義州平除持節督北徐州諸軍
事信武將軍北徐州刺史未之職又遷督豫州諸軍

三陽卅　梁書傳二十二　三　德裕

事豫霍三州諸軍事豫州刺史鎮合肥四年進號
宣毅將軍是歲大軍北伐以遂督征討諸軍
事率騎三千先襲壽陽九月壬戌夜至壽陽攻
其邪斬關而入一日戰九合為後軍蔡秀成失
道不至遂以援絕技還於是遂復整兵收集士
卒令諸將各以服色相別遂自為黃袍騎先攻
狄立麾城黎漿等城皆別技之屠安成馬頭沙陵
等戍是冬始修荼陵明年復破魏新蔡郡略
地至于鄭城汝潁之間所在響應魏壽陽守
將長孫稚河間王元琛率衆五萬出城挑戰遂

勒諸將為四甄以待之令直閤將軍李祖憐偽
遁以引稚等悉眾追之四甄競發魏眾大敗
斬首萬餘級稚等奔走閉門自固不敢復出其年
五月卒於軍中追贈侍中左衛將軍給鼓吹一
部進爵為侯增邑七百戶諡曰烈遂少言笑沈
深有思略為政寬明能得士心居身方正有威
重將吏憚之少敢犯法及其卒也淮肥間莫不
流涕以為遂不死洛陽不足技也子之禮字子
義自國子生推弟補郡陵王國左常侍信威行參
軍王為南兗除長流參軍未行仍留宿衛補直
閤將軍丁父憂服闋龍襄封因請隨軍討壽陽除
雲麾將軍遷散騎常侍又別攻魏廣陵城平之
除信武將軍西豫州刺史加輕車將軍除黃門
侍郎遷中軍宣城王司馬尋為都督北徐州
三州諸軍事信武將軍比徐州刺史徵太子左
衛率兼衛尉卿轉少府卿卒諡曰壯子政承制
中官至給事黃門侍郎江陵陷隨例入西魏
之高宇如山遂兄中散大夫髡之子也起家州

從事新都令奉朝請遷鎮衛軍頗讀書少負意氣
常隨叔父遂征討所在立功甚為遂所器重戎
政咸以委焉壽陽之役遂卒于軍所之高隸夏
侯夔平壽陽仍除平北豫章長史梁郡太守封
都城縣男邑二百五十戶時魏潁州刺史士民夜
反踰城而入之高率家僮與麾下舊擊賊乃
高應接仍除假節驍勇將軍率下舊擊賊乃
散走父憂還京起為光遠將軍合討陰陵盜賊
平之以為譙州刺史又還又為左軍將軍出為南譙
太守監北徐州遷貞外散騎常侍尋除雄信將
軍西豫州刺史餘如故侯景亂入援
南豫州刺史鄱陽王範命之高總督江右援
舡艀二百餘艘迎致仲禮與葦粲等俱會青塘
車諸軍事頓于張公洲柳仲禮至橫江之高遣
立營據建與茨及城陷之高還合肥與鄱陽王
範西上稍至新蔡眾將一萬未有所屬元帝遣
肅慧正召之以為侍中護軍將軍到江陵承制
除特進金紫光祿大夫卒時年七十三贈侍中

儀同三司鼓吹一部諡曰恭子繼累官太子右

衛率雋州刺史西魏攻陷江陵繼遂力戰死之

之平字如原之高第五弟少亦隨逐征討以軍

功封都亭侯歷武陵王常侍扶風弘曲辰二郡太

守不行除譙州長史陽平太守拒侯景城陷後

遷散騎常侍右衛將軍太子詹事

之橫字如岳之高第十三弟也少好賓遊重意

俠不事産業之高以其縱誕乃爲狹被疏食以

激厲之之橫歡曰大丈夫富貴必作百幅被遂

與僮屬數百人於芍陂大譽田墅遂致殷積太

宗在東宮聞而要之以爲河東王常侍直閤主

帥遷直閤將軍侯景亂出爲貞威將軍隸鄱陽

王笵討景景濟江仍與笵長子嗣入援連營度

淮據東城京都陷退還合肥與笵訴流赴溢城

景遣任約上逼晉熙笵令之橫下援未及至笵

薨之橫乃還時尋陽王大心在江州笵副梅思

立密要大心襲溢城之橫斬思而拒大心大心

以州降景之橫率衆與兄之高同歸元帝承制

除散騎常侍廷尉卿出爲河東内史又隨王僧

辯拒侯景於巴陵景退遷持節平北將軍東徐

州刺史中護軍封豫寧侯邑三千戶又隨僧辯

追景平郢魯江晉等州恒陷陣仍至石

頭破景景東奔僧辯令之橫與關晉安王諱承

及陸納據湘州叛又隸武陵王僧辯討焉於斬

納將李賢明遂平之又破武陵王僧於硤口還除吳

與太守乃作百幅被以成其初志後江陵陷齊

遣上黨王高澳挾貞陽侯攻東關晉安王諱承

制以之橫爲使持節鎮北將軍徐州刺史都督

衆軍給鼓吹一部出守新城之橫營壘未周而

魏軍大至兵盡矢窮遂於陣沒時年四十一贈

侍中司空公諡曰忠壯子鳳寶嗣

夏侯夔字世龍車騎將軍詳之長子也齊初起家

奉朝請永元末詳爲西中郎南康王司馬隨府

荊州宣留京師爲東昏聽政主帥及崔惠景作

亂夔以捍禦功除驍騎將軍及高祖起師詳與

長史蕭穎胄協同義舉夔遣信下都迎宣宣

乃齋宣德皇后令令南康王纂承大統封十郡
為宣城王進位相國置僚屬選百官建康城平
以宣為尚書吏部郎俄遷侍中奉璽於高祖天
監元年出為宣城太守尋入為散騎常侍領右
驍騎將軍六年出為平西始興王長史南郡太
守父憂解職喪盡禮盧于塋側遺財悉推諸
弟八年起為持節督司州諸軍事信武將軍司
州刺史領安陸太守服闋龔封豐城縣公居州
甚有威惠為邊人所悅服十二年以本號還朝
除都官尚書遷給事中右衞將軍領豫州大中
正十五年出為信武將軍安西長史江夏太守
十七年入為通直散騎常侍太子右衞率遷左
衞將軍領前軍俄出為明威將軍吳興太
守在郡復有惠政吏民圖其像立碑頌美焉普
通三年入為散騎常侍領右驍騎將軍轉大府卿
常侍如故以公事免未幾優詔復職五年遷中護
軍六年大舉北伐先遣豫州刺史裴遂帥譙州
刺史湛僧智歷陽太守明紹世南譙太守魚弘

晉熙太守張澄並世之驍將自南道伐壽陽城未
克而遽卒乃加宣使持節馳驛代遂與魏將河間
王元琛臨淮王元彧等相拒頻戰克捷尋有密
救班師合肥以休士馬須堰成復進七年夏淮
堰水盛壽城將沒高祖復遣北道軍元樹師
彭寶孫陳慶之等稍進置帥湛僧智魚弘張澄
等通清流澗將入淮肥魏軍夾肥築城出宣軍
後宣與僧智還襲破之進攻黎漿貞威將軍韋
放自比道會并為兩軍既合所向皆降下凡降城五
十二獲男女口七萬五千人米二十萬石詔以
壽陽依前代置豫州合肥鎮改為南豫州以置
為使持節都督豫州緣淮南豫霍義定五州諸
軍事雲麾將軍豫南豫二州刺史壽春父雖兵
荒百姓復多流散宣輕刑薄賦務農省役頃之民
尸充復大通二年進號平北將軍三年卒於州
鎮高祖聞之即日素服舉哀贈車騎將軍諡曰
襄州民夏侯簡等五百人表請為宣立碑置祠
詔許之宣為人美風儀寬厚有容量涉獵文史

辭給能專對宗人夏侯溢為衡陽內史辭曰亶
侍御坐高祖謂亶曰夏侯溢於卿疏近亶荅曰
是臣從弟高祖知溢於卿疏乃曰卿儉人好
不辯族從亶對曰臣聞服屬已疏所以不忍言
族時以為能對亶歷為六郡三州不修產業祿
賜所得隨散親故性儉率居易尠用充足而已
不事華侈晚年頗好音樂有妓妾十數人並無
被服姿容每有客常隔簾奏之時謂簾為夏
侯妓也亶二子詡詡襲封豐城公歷官太
子舍人洗馬太清中侯景入寇詡與弟捐帥部
曲入城並卒圍內

十

德裕

蔓爰字季龍亶弟也起家齊南康王府行參軍
興初遷司徒屬天監元年為太子洗馬中舍人
中書郎父憂服闋除大匠卿知造太極殿事
普通元年為邵陵王信威長史行府國事其年
出為假節征遠將軍隨機北討還除給事黃門
侍郎二年副裴遂討義州平之三年代兄亶為
吳興太守尋遷假節征遠將軍西陽武昌二郡

太守七年徵為衛尉未拜改授持節督司州諸
軍事信武將軍司州刺史領安陸太守八年救
亶師壯武將軍裴之禮直閤將軍任思祖出義
陽道攻武平靜穆陵陰山三關克之是時譙州刺
史湛僧智圍魏東豫州刺史元慶和於廣陵入
其郭魏僧智顯伯率軍赴援僧智逆擊破之亶志
自武陽魏會僧智斷魏軍歸路慶和於內築柵以
自固及亶至遂請降僧智曰慶和志
欲降公不願降僧智今往必乖其意且僧智所
將為合募人不可御之以法公持軍素嚴必無
犯令受降納附深得其宜於是亶乃登城拔魏
幟建官軍旗鼓眾莫敢安動慶和束兵共以出軍無
私焉凡降男女口四萬餘人粟六十萬斛餘物稱
是顯伯聞之夜遁眾軍追之生擒二萬餘人斬
獲不可勝數詔以僧智領東豫州鎮廣陵亶引
軍屯安陽亶又遣偏將屠楚城盡俘其眾由是
義陽北道遂與魏絕三年魏郢州刺史元願達
請降高祖救郢州刺史元樹往迎願達亶亦自

十一

德裕

楚城會之遂留鎮焉詔改魏郢州為北司州以
變為刺史兼督司州三年遷使持節進號仁威
將軍封保城縣侯邑一千五百戶中大通二年
徵為右衛將軍丁所生母憂去職時魏南兗州
刺史劉明以譙城入附詔遣鎮北將軍元樹帥
軍應接起變為雲麾將軍隨機北討尋授使持
節督南豫州諸軍事南豫州刺史六年轉使持
節督豫淮陳穎建霍義七州諸軍事豫州刺史

豫州積歲寇戎人頗失業變乃帥軍人於蒼陵
立堰溉田千餘頃歲收穀百餘萬石以充儲備
兼贍貧人境內賴之變兄霍先經此任者是變
又居為兄弟並有恩惠於鄉里百姓歌之曰我
之有州頻仍夏侯前兄後弟布政優優在州七年
甚有聲績遠近多附之有部曲萬人馬二千四
並服飾金翠者亦有百數愛好人士不以貴勢
羅毅飾金翠者亦有百數愛好人士不以貴勢
自高文武賓客常蒲坐時亦以此稱之大同四
年卒於州時年五十六有詔舉哀贈錢二十萬

布二百四追贈侍中安北將軍謚曰桓子譔嗣
官至太僕卿譔弟譜少歷除薄行常傳鄉里領
其父部曲為州助防刺史蕭淵明引為府長史
淵明濟江頓城戰沒復為侯景長史尋舉兵反譜
前驅濟江頓城西士林館破掠第及居人
富室子女財貨略有之淵明沒魏其妾並還京第
於王阮並有國色淵明沒魏其妾並還京第譜
至破第納焉

魚弘襄陽人身長八尺白皙美姿容累從征討
常為軍鋒歷南譙肝胎竟陵太守常語人曰我
為郡所謂四盡水中魚鱉盡山中麞鹿盡田中
米穀盡村里庶民盡丈夫生世如輕塵栖弱草
白駒之過隙人生幾何時於旦暮意
甜賞侍妾百餘人不勝金翠服翫車馬皆窮一
時之絕還為平西湘東王司馬新興永寧二郡
太守卒官

韋放字元直車騎將軍叡之子初為齋晉安王
寧朔迎主簿高祖臨雍州又召為主簿放身長

七尺七寸鬢帶八圍容貌甚偉天監元年為肝
眙太守還除通直郎尋為輕車晉安王中兵參
軍遷鎮右始與王謐議參軍以父憂去職服闋
襲封求昌縣侯出為輕車南平王長史襄陽太
守轉假節明威將軍竟陵太守為貞威將軍與吏
民所稱六年大舉北伐以放為藩佐尋遷雲麾
龍牙會曹仲宗進軍七年夏侯夔攻黎漿不
克高祖復使帥師會之魏大將費穆帥眾
南康王長史尋陽為藩佐並著聲績

晉通八年高祖道會領軍曹仲宗等攻渦陽又
以放為明威將軍帥師會之魏大將費穆
奄至放軍營未立庵下止有二百餘人放從弟
洵驍果有勇力一軍所杖放令洵單騎擊刺屢
折魏軍洵馬亦被傷不能進放甲三貫流矢
眾皆失色請放突圍下馬據胡牀此之日今唯有
死耳乃免胄下馬據胡牀逐北至渦陽魏又
戰莫不一當百魏軍遂退放乞佛寶費穆等眾五
遣常山王元昭大將軍李獎

萬來援放率所督將陳慶之趙伯超等夾擊大破
之渦陽城主王偉以城降放乃登城簡出降口四
千二百人器仗充牣又諸營壘一時奔潰眾軍乘之斬獲
穆等魏人棄諸營壘一時奔潰眾軍乘之斬獲
略盡擒穆弟超并王偉送於京師還為太子右
衛率轉通直散騎常侍出為持節督梁南秦二
州諸軍事信武將軍梁南秦二州刺史中大通二
年徙督北徐州諸軍事北徐州刺史增封四百
戶持節將軍如故在鎮三年卒時年五十九謚

曰宜侯放性弘厚篤實輕財好施於諸弟尤雍
睦每將遠別及行役初還常同一室臥起時稱
為三姜初放與吳郡張率皆有側室懷孕因指
為婚姻其後各產男女未及成長而率亡遺嗣
孤弱放常贍恤之及為北徐州時有貴族請姻
者放曰吾不失信於故友乃以息岐娶率女又
以女適率子時稱放能篤舊長子梁嗣別有傳
史臣曰裴邃之時稱放能篤舊長子梁嗣別有傳
之奸學辯給綴文采早著兼思略沈深夏侯侯置
之奸學辯給綴文采其奢且家愛士韋放之弘厚篤行

並遇主逢時展其才用矣及牧州典郡破敵安
邊咸著功績允文武之任蓋梁室之名臣歟

梁書傳二十二

十六

高祖三王

高祖八男丁貴嬪生昭明太子統太宗簡文皇
帝盧陵威王續阮脩容生世祖孝元皇帝充華
嬪生豫章王綜董淑儀生南康簡王績丁充華
生邵陵攜王綸葛脩容生武陵王紀綜及紀別
有傳

南康簡王績字世謹高祖第四子天監八年封

梁書傳二十三

南康郡王邑二千戶出為輕車將軍領石頭戍
軍事十年遷便持節都督南徐州諸軍事南徐州
刺史進號仁威將軍績時年七歲主者有受貨
洗改解書長史王僧孺弗之覺績見而輒詰之
便即時首服衆咸歎其聰警言十六年徵為宣毅
將軍領石頭戍軍事十七年出為使持節都督
南北兗徐青冀五州諸軍事南兗州刺史在州
著稱尋有詔徵還民曹嘉樂等三百七十人詣
闕上表稱績尤異二十五條乞留州任優詔許

之進虢北中郎將普通四年徵為侍中雲麾將
軍領石頭戍軍事五年出為使持節都督江州
諸軍事江州刺史丁董淑儀憂居喪過禮高祖
手詔勉之使攝州任固求解職乃徵授安右將
軍領石頭戍軍事尋加護軍贏瘵弗堪視事大
通三年因感病薨于任時年二十五贈侍中中
軍將軍開府儀同三司給鼓吹一部諡曰簡績

【梁書傳二十三】

寡玩好少嗜慾居無僕妾躬事約儉所有租秩
悉寄天府及薨後有南廉國無名錢數千萬

【二】　羅正

子會理嗣字長才少聰慧好文史年十一而孤
特為高祖所愛衣服禮秩與正王不殊年十五
拜輕車將軍湘州刺史又領石頭戍軍事遷侍
中兼領軍將軍尋除宣惠將軍丹楊尹置佐
史出為使持節都督南兖州刺史太清元年
七州諸軍事平北將軍北兖北徐青冀東徐譙
督眾軍北討至彭城為魏師所敗歸本鎮二
年侯景圍京邑會理治嚴將入援會北徐州刺
史封山侯正表將應其兄正德外託赴援實謀

龍表廣陵會理擊破之方得進路臺城陷侯景遣
前臨江太守董紹先以高祖手敕召會理其偽
佐咸勸納之會理曰諸君心事難成而行以城輸紹
年尊受制賊虜令有手敕召我入朝臣子之心
豈得違背且遠處江北功業難成不若身赴京
都圖之肘腋吾計決矣遂席卷而行以城輸
先至京景以為侍中司空兼中書令雖在寇手
每思匡復與西鄉侯勸等潛布腹心要結壯士

時范陽祖皓斬紹先據廣陵城起義期以會理
為內應皓敗辭相連及景矯詔免會理官猶以
白衣領尚書令是冬景往晉熙京師虛弱會理
復與柳敬禮謀之敬禮曰舉大事必有所資今
無寸兵安可以動會理曰湖熟有吾舊兵三千
餘人昨來相知克期響集聽吾日定便至京師
計賊守兵不過千人耳若大兵外攻吾等內應
直取王偉事必有成縱景後歸無能為也敬禮
曰善因贊成之于時百姓厭賊咸思用命自丹
陽至于京口靡不同之後事不果與建安侯通

【梁書傳二十三】　【三】　高昱

理並遇害通理字季英會理第六弟也生十旬而簡王薨至三歲而能言見內人分散涕泣相送通理問其故或曰此簡王宮人喪畢去爾通理便號泣悲不自勝諸宮人見之莫不傷感為之悌者三人焉服闋後見高祖又悲泣不自勝高祖為之流涕謂左右曰此兒大必為奇士大同八年封建安縣侯邑五百戶通理性慷慨慕立功名每讀書見忠臣烈士未嘗不廢卷歎曰一生之內當無愧古人博覽多識有文才嘗祭

孔文舉墓并為立碑製文甚美太清中侯景內寇通理聚賓客數百輕裝赴南兗州隨兄會理入援恓親當矢石為士卒先及城陷又隨會理還廣陵因入齊為質乞師行二日會侯景遣董紹先據廣陵遂追會理因為所獲侯景防之甚嚴不得與兄相見謂其姊安固公主曰事旣如此豈可合家受戮兄若至顧為言之善為計自勉勿賜以為念也家國阽危雖死非恨前途亦思立効但未知天

命何如耳至京師以魏降人元貞立節忠正可以託孤乃以玉柄扇贈之貞立故不受通理奔長日後當見憶幸勿推避會祖起兵通理性盧收軍得千餘人其左右有應賊者因閒劫會理其眾遂駭散為景所害時年二十一元貞始悟其前言往收葬焉

盧陵威王續字世訴高祖第五子天監八年封琅邪郡王邑二千戶十年拜輕車將軍南彭城琅邪太守十三年轉會稽太守十六年為都督江州諸軍事雲麾將軍江州刺史普通元年徵為宣毅將軍領石頭戍軍事續少英果督力絕人馳射游獵應發命中高祖常歎曰此我之任城也嘗與臨賀王正德及胡貴孫趙伯超等馳射於高祖前續冠於諸人高祖大悅通趙伯超持節都督南徐梁秦沙四州諸軍事西中郎將南徐州刺史七年加宣毅秦沙四州軍事平北將軍使持節都督雍梁秦沙四州諸軍事平北將軍寧蠻校尉雍州刺史給鼓吹一部續多聚馬仗

玄甲養驍雄金帛內盈倉廩外實四年遷安北將
軍大同元年為使持節都督江州諸軍事安南
將軍江州刺史三年徵為護軍將軍領石頭戍
軍事五年為驃騎將軍開府儀同三司又出為
使持節都督荊郢司雍南北秦梁巴華九州諸
軍事荊州刺史中大同二年薨於州時年四十
四贈司空散騎常侍驃騎大將軍鼓吹一部諡
曰威長子安嗣
邵陵攜王綸字世調高祖第六子也少聰穎博

學善屬文尤工尺牘天監十三年封邵陵郡王
邑二千戶出為寧遠將軍琅邪彭城二郡太守
遷輕車將軍會稽太守十八年徵為信威將軍
普通元年領石頭戍軍事尋為江州刺史五年
以西中郎將權攝南兗州坐事免官奪爵七年
拜侍中大通元年為丹陽尹四年丞何智通以
史中大通元年為丹陽尹尋加信威將軍置佐
軍揚州刺史以債漁細民少府丞何智通以事
啟聞綸知之令客戴子高於都巷刺殺之智通

子訴子闕下高祖令圍綸第擁子高綸匿之竟
不出坐免為庶人頃之復封爵大同元年為侍
中雲麾將軍七年出為使持節都督郢定霍司
四州諸軍事平西將軍郢州刺史遷為鎮東將
軍丹陽尹中大同元年出為鎮東將軍南徐州
刺史太清二年進位中衛將軍開府儀同三司
侯景構逆加征討大都督率眾討景將發高祖
誡曰侯景小豎頗習行陣未可以一戰即殄當
以歲月圖之綸次鍾離景巳度採石綸乃晝夜

兼道遊軍入赴濟江中流風起人馬溺者十一
二遂率寧遠將軍西豐公大春新塗公大成等
步騎三萬發自京口將軍趙伯超曰若從黃城
大道必與賊遇不如逕路直指鍾山出其不意
與戰大破之眾從之斬首千餘級翌日賊又來
晚賊稍引却南安侯駿以數十騎馳之賊回拒
駿駿部亂賊因逼大軍軍遂潰綸至鍾山眾裁
千人賊圍之戰又敗乃奔還京口三年春綸復

與東揚州刺史大連等入援至于驃騎洲進位
司空臺城陷本禹穴大寶元年綸至郢州刺史
南平王恪讓州於綸綸不受乃上綸爲假黃鉞
都督中外諸軍事綸於是置百官政廳事爲正
陽殿數有災怪綸甚惡之時元帝圍河東王譽
於長沙既父內外斷絕綸聞其急欲往救之以
軍糧不繼遂止乃與世祖書曰伏以先朝聖德
孝治天下九親雍睦四表無怨誠爲國政實亦
家風唯余與爾同奉神訓宜敢旨喻共承無改

且道之斯美以和爲貴況天時地利不及人平豈
可手足肱支自相屠害曰者聞舉專情先訓以
幼陵長湘峽之內迷至交鋒方等身遇亂兵毙
於行陣殞斯干吳局方此非冤聞問號怛惟增摧
憤念以兼悼當何可稱吾在州所居遙隔雖知
其狀未喻所然及屆此藩備加覲訪咸云舉應
接多贊兵糧閉壅并弟教亦不悛故與師以代舉
未識大體意斷所行雖存急難豈知竊思不能
禮爭復以兵來蕭牆與緣體親成敵一朝至此能

不鳴呼既有書聞雲雨傳流哾咯其聞委棄無
因詳究方全社稷危恥創巨痛深人非禽虫在
知君父即日大敵猶強天雠未雪余爾昆季在
外三人如不匡難安用臣子唯應剖心嘗膽泣
血枕戈感誓蒼穹憑靈宗祀計夕計詎無
康復至於甚餘小忿或宜寬賓誠復子感須更
將奈國冤未遲正當輕重相推通識勉之今已
益之情割下流之悼弘齨以理勉之今已
喪鍾山復誅猶子將非揚湯止沸吞冰療若

以譽之無道近遠同疾弟復劫尤收非獨罪辛
寬於衆議忍以事寧如使外寇未除家禍仍構
料今訪古未或弗亡夫征戰之理義在克勝至
於骨肉之戰愈勝愈恩酷捷則非功敗則有喪勞
兵損義虧失多矣侯景之軍所以未窺汗者
正爲藩屏盤固宗鎮強密若自相魚肉是代景
行師景便不勞兵力坐致成效醜徒聞此何快
如之又莊鐵小豎作亂父挾觀寧懷安三侯以
爲名號當陽有事充犁殊廢備境第聞征伐

復致分兵便是自於瓜州至于湘雍莫非戰地
悉以勞師侯景卒承虛藉暨浮江豕突豈不表
裏成虞首尾難救可爲寒心其事已切弟若苦
陷洞庭兵戈不戰侯景卒雍川疑迫何以自安引進
魏軍以求形援侯景事等內癰況復貪狼難獨能引進
直置關中已爲咽氣矣吾非有深鑒測勢必侵吞
弟若不安家國去矣吾非有深鑒測勢必解體正
是採藉風謠博參物論咸以爲疑皆欲解體故
耳自我國五十許年恩格玄穹德彌赤縣雖

梁書傳二三 　[十]　朱言

有逆難未亂邑熙溥天率土忠臣憤慨比屋羅
禍忠義奮發無不抱甲負戈衝冠裂眥咸欲
剚刃於侯景腹中所須兵一主唱耳今人皆樂死
赴者如流弟英略振雄伯當代唯德唯藝貪
文資武拯溺濟難朝野咸屬二匡九合非弟如所
誰當得自達物望無勞請著驗之以實寧須引吾
陳斯理皎然無勞請著驗之以實寧須確引吾
所以間關險道出自東川政謂上游諸藩必連
師押至庶以殘命頒在行間及到九江安北兄

遂泝流更上金甾饋懸幽卒食坐叔阻以菜色
無因進取侯景方延假息復緩誅刑倍墻號憤
啟處無地計瀟湘穀粟猶當紅番若阻弟嚴兵
唯事交切至於運轉恐無眼發運即日萬心慊
望唯在民天若遂等西河時事殆矣必希令弟
豁照茲途解汩川之圍存社稷之計使其運輸
糧儲應贍軍旅庶叶力一舉指日寧泰宗廟重
安天下清復推弟之功豈非幸甚吾子懷岳愛
安能爲役所令弟庶得申情朝闕少死萬殉

梁書傳二三 　[十一]　任連

何恨聊陳聞見幸無怪焉臨紙號迷諸失次紆
世祖辯復書陳河東有罪不可解圍之狀編省書
近於是大修器甲將討侯景元帝聞其彊盛乃道
流涕曰天下之事一至於斯左右聞之莫不掩
王僧辯編軍陳遂與子確等十餘人輕舟武等降
僧辯迎之於是復收散卒屯于齊昌郡將帥魏
昌時編長史韋質司馬姜律先在于外聞編敗
魵往迎之於是復收散卒屯于齊昌郡將帥魏
軍共攻南陽侯景將任約聞之使鐵騎二百襲

綸綸無備又敗走定州定州刺史田龍祖迎綸綸

以龍祖荊鎮所任懼爲所執復歸齊昌行至汝

南西魏所署汝南城主李素者綸之故吏聞綸敗

開城納之綸乃修浚城池收集士卒西將攻青陵

西魏安州刺史馬岫聞之報于西魏西魏遣大

將軍楊忠儀同侯幾通率衆赴焉二年二月忠

等至于汝南綸嬰城自守會天寒大雪忠等攻

之不能克死者甚衆後李素中流矢卒城乃陷

忠等執綸綸不爲屈遂害之時年三十三姓慘之

色不變鳥獸莫敢近焉

爲立祠廟後世祖追諡曰攜長子堅字長白天

同元年以例封汝南侯邑五百戶亦善章隸性

顗庸短景圉城堅屯太陽門終日蒲飲不撫

軍政吏士有功未嘗申理疫癘所加亦不存邮

士咸憤怨太清三年三月佐董勛華白雲朗

尋以繩引賊登樓遂陷堅遇害弟確字仲正少

驍勇有文才大同二年封爲正階侯邑五百戶

後從封永安常在第中習弓騎射學兵法時人

梁書傳二十三　十二　任遵

皆以爲狂左右或以進諫確曰聽吾爲國家破

賊使汝知之除祕書丞太子中舍人鐘山之役

確苦戰所向披靡臺鬥慞懼之確毋臨陣對敵意

氣詳膽帝甲擐鞍自朝及夕馳鶩往反不以爲

勞諸將服其壯勇及侯景乞盟確在外慮爲後

患啓求召確入城詔乃召確確知此盟必淪沒因

欲南奔攜王閹之通確使人確猶不肯攜王流

涕謂曰汝欲反邪時臺使周石珍在坐確謂石

珍曰侯景雖云欲去而不解長圍以立威而摧其

事可見今召我入未見其益也石珍曰敕旨如

此侯豈得辭確執意循堅攜王大怒謂趙伯超

確曰我識君耳刀我斬之當賫首赴闕伯超撝刃眄

曰城及景背盟復圍圍城城陷入啓高祖

入城已陷矣景高祖曰猶可一戰不對曰不可臣向

者親格戰勢不能禁自縋下城僅得至此高祖

歎曰自我得之自我失之亦復何恨乃使確爲

梁書傳二十三　十三　審

慰勞文確既出見景景愛其賛力恒令在左右
後從景行見天上飛鳶羣兒竸射不中確射
之應弦而落賊徒忿嫉咸勸除之先是攜王遺
人密詣確確謂使者曰侯景輕佻可一夫力致
確不惜死正欲伺手刃之但未得其便耳卿還啓
家王願勿以爲慮念也事未遂而爲賊所害
史臣曰自周潘天廣樹藩屏固本深根高祖之封
建將導古制也南康廬陵並以宗室之貴據磐石
之重績以孝元者繢以勇聞綸聰誉言有才學性險
躁屢以罪黜□父太清之亂忠孝獨存斯可嘉矣

列傳第二十三　　　梁書二十九

散騎常侍姚　　思廉　　撰

裴子野
　顧協
　徐摛
　鮑泉

裴子野字幾原河東聞喜人晉太子左率康
八世孫兄黎弟楷緯竝有盛名所謂四裴也曾
祖松之宋太中大夫祖駰南中郎外兵參軍父
昭明通直散騎常侍子野生而偏孤爲祖母所
養年九歲祖母亡泣血哀慟家人異之少好學
善屬文起家齊武陵王國左常侍右軍江夏
王參軍遭父憂去職居喪盡禮每之墓所哭泣
處草爲之枯有白兔馴擾其側天監初尚書
射范雲嘉其行表奏之會雲卒不果樂安
任昉有盛名爲後進所慕遊其門者昉必相薦
達子野於昉獨不至昉亦恨焉父之
除右軍安成王參軍俄遷兼廷尉正時三官

通署獄牒子野嘗不在同僚輒署其名奏有
不允子野從坐免職或勸言諸有司可得無咎
子野笑而答曰雖慙柳季之道豈因訟以受服
自此黙父之終無恨意二年吳平侯蕭景為
南兗州刺史引為冠軍錄事府遷職解時中書
范縝與子野未遇聞其行業而善焉會遷國
子博士乃上表讓之曰伏見前冠軍府錄事參
軍河東裴子野年四十字幾原幼稟至人之行
長屬國士之風居喪有禮毀瘠幾滅免憂之
外蔬水不進栖遲下位身賤名微而性不憚憚
情無汲汲是以有識嘆服且家貧素
業世習儒史苑囿經籍遊息文藝著宋略
二十卷彌綸首尾勒成一代屬辭比事有足觀
者且章句洽悉訓故可傳脫置之膠庠以弘
獎後進庶多士盈庭官人邁乎有媿棫樸
惟皇家淳耀多士宜錄
越於姬氏苟片善宜錄無論厚薄一介可求不
由等級臣歷觀古今人君欽賢好善未有聖

朝玫玫若是之至也敢緣斯義輕陳愚瞽乞
以臣斯忝回授子野如此則聊與否各全其
所訊之物議誰曰不允臣與子野雖未嘗銜杯
聞伏願陛下哀憐悾款鑒此其愚實干犯除尚
乞垂敕宥有司以資歷非次弗為通尋除尚
書比部郎仁威記室參軍州為諸暨令在縣不
行鞭罰民有爭者示之以理百姓稱悅合境無
訟初子野曾祖松之宋元嘉中受詔續修何承
天宋史未及成而卒子野常欲繼成先業及齊
永明末沈約所撰宋書既行子野更刪撰為宋
略二十卷其敘事評論多善約見而嘆曰吾弗逮
也蘭陵蕭琛地傳昭汝南周捨咸稱重之至
是吏部尚書徐勉言之於高祖以為著作郎掌
國史及起居注頃之兼中書通事舍人尋除通
直正員郎著作如故又敕掌中書詔誥是
時西北徵外有白題及滑國遣使由岷山道入貢
此二國歷代弗實莫知所出子野曰漢潁陰侯五族

斬胡白題將一人服虔注云白題胡名也又漢
定遠疾擊虜八滑從之此其後平時人服其博
識救仍使撰方國使圖廣述懷來之盛自要
服至于海表九二十國子野與沛國劉顯南陽
劉之遴陳郡殷芸陳留阮孝緒吳郡顧協京兆
韋棱皆博學書深相賞好顯尤推重之時
吳平蕭勵范陽張纘毎討論墳籍咸折中
於子野焉晉通七年王師北伐敕子野為喻魏

文受詔立成高祖以其事體大召尚書僕射徐
勉太子詹事周捨鴻臚卿劉之遴中書侍郎
朱异集壽光殿以觀之時並歡服高祖目子野
而言曰其形雖弱其文甚壯俄又敕為書喻魏
相元乂其夜受旨子野謂可待旦方奏未之為
也及五鼓敕催令開齋速上子野徐起操筆昧
爽便就既奏高祖深嘉焉自是凡諸符檄皆
令草創子野為文典而速不尚麗靡之詞其制
作多法古與今文體異當時或有詆訶者及其
末皆貴翕然重之咸問其為文速者子野荅云人

皆成於手我獨成於心雖有見否之異其於刊
改一也俄遷中書侍郎餘如故大通元年轉鴻
臚卿尋領步兵校尉子野在禁省十餘年靜默
自守未嘗有所請謁外家及中表貧乏所得俸
悉分給之無宅借官地二畝起茅屋數間妻子恒
苦飢寒唯以教誨為本子姪飯麥食蔬中

末年深信釋氏持其戒終身嚴君
大通二年卒官年六十二先是子野自剋死期
不過庚戌歲是年自省移病謂同官劉之亨
曰吾其逝矣遺命儉約務在節制高祖悼惜
為之流涕詔曰鴻臚卿領步兵校尉知著作郎
兼中書通事舍人裴子野文史足用廉白自居
勤勞通事多歷年所奄致喪逝惻愴懷可贈
散騎常侍賻錢五萬布五十四即日舉哀諡曰
貞子子野少時集注喪服續裴氏家傳各二卷
抄合後漢事四十餘卷又敕撰衆僧傳二十卷
百官九品二卷附益諡法一卷方國使圖一卷
文集二十卷並行於世又欲撰齊梁春秋始

草創未就而卒子鶱官至通直郎

顧協字正禮吳郡吳人也晉司空和七世孫協
幼孤隨母養於外氏外從祖宋右光祿張永嘗
攜內外孫姪遊武丘山協年數歲永撫之曰兒
欲何戲協對曰兒正欲枕石漱流永歎息曰兒
氏興於此子既長好學以精力稱家楊州議
賢達有識鑒從內弟率尤推重焉起書令沈約覽
曹史兼太學博士舉秀才尚書令沈約覽
其策而歎曰江左以來未有此作遷安成王左

常侍兼廷尉正大尉臨川王聞其名召掌書記
仍侍西豐矦正德讀正德為巴西梓潼郡協除
所部安都令未至縣遭母憂服闋出補西陽
郡丞還除北中郎行參軍復兼廷尉正久之出
為廬陵郡丞未拜會西豐矦正德為吳郡除中軍
參軍領郡五官遷輕車湘東王參軍事兼記室
普通六年正德受詔比討引為府錄事參軍掌
書記軍還會有詔舉士湘東王表薦協曰臣聞
貢玉之士歸之潤山論珠之人出於枯岸是以芻

芻之言擇於廊廟者也臣府兼記室參軍吳
郡顧協行稱鄉閭學兼文武服膺道素雅量
遠安貧守靜奉公抗直傍關知己志不自營年
方六十室無妻子欲言於官人申其屈滯協
必苦執員退立志難奪可謂東南之遺寶矣從
惟陛下未明求衣思賢如渴爰發明詔各舉所
知臣識非許郭雖無知人之鑒若守固無言懼
貽蔽賢之咎昔孔愉表韓績之才庾亮薦翟
湯之德臣雖未齒二臣協實無慙兩士即召拜

通直散騎侍郎兼中書通事舍人累遷步兵校
尉守鴻臚卿員外散騎常侍卿舍人並如故大同
年卒時年七十三高祖悼惜之手詔曰員外散
騎常侍鴻臚卿兼中書通事舍人顧協廉潔
居白首不衰久在省闥內外稱善奄然殞喪惻
恒之懷不能已傍無近親彌足哀者大殮既
畢即送其喪柩還鄉并營家櫬並此皆貧給恤
使周辦可贈散騎常侍令便舉哀諡曰溫子協少
清介有志操初為廷尉正冬服單薄等卿蔡法

度謂人曰我願解身上襦與顧郎恐顧郎難
食者貢不敢以遺之及為舍人同官者皆潤屋
協在省十六載與思服飲食不改於常有門生始來
事協知其廉潔不敢厚餉止送錢二千協遂發怒
杖二十因此事者絶於饋遺自丁艱憂遂終身
布衣蔬食少時艸瀨娶婦男息艽未成婚而協母
亡喪後不復娶至六十餘此女猶未他適
義而迎之晚雜判合博物詳學書於
文字及禽獸艸木尤稱精詳撰異姓苑五卷鎮
語十卷並行於世

梁書傳二十四　〔八〕　潘

徐摛字士秀東海郯人也祖憑道宋海陵太守
父超之天監初仕至員外散騎常侍摛幼而好
學及長遍覽經史屬文好為新變不拘舊體起
家太學博士遷左衛司馬會晉安王諱出戍石
頭高祖謂周安遊處捨曰為我求一人文學俱長兼有
行者欲令與晉安遊處捨曰臣外弟徐摛形質
陋小若不勝衣而堪此選高祖曰為我得之
陋亦不簡其容顙以摛為侍讀後王出鎮

仍補雲麾府記室參軍又轉平西府中記室
王稷鎮京口復隨府轉為安北中錄事參軍帶
郯令以母憂去職王為丹陽尹起摛為秣陵令
普通四年王出鎮襄陽摛固求隨府西上遷晉
安王諮議參軍大通初王總戎北伐以摛兼寧
蠻府長史參贊戎政兼掌書記自斯而起高祖聞
既別春坊盡學之宮體之號自斯而起高祖聞
之怒召摛加讓及見應對明敏辭義可觀高

梁書傳二十四　〔九一〕　徐摛

祖意釋因問五經大義次問歷代史及百家雜
說末論釋教摛商較縱橫應荅如響高祖甚加
歡異更被親狎寵遇日隆領軍朱异不說謂所
親曰徐叟出入兩宮漸來逼我須早為之所遂
承間白高祖曰摛年老又愛泉石意在一郡以
自怡養高祖謂摛欲之乃召摛曰新安大好山
水任昉等並經為之卿為我臥治此郡中大通三
年遂出為新安太守至郡為治清靜教民禮
義勸課農桑朞月之中風俗便改秩滿還為

中庶子加戎昭將軍是時臨城公納夫人王氏
即太宗妃之姪女也晉宋已來初婚三日婦見
舅姑衆賓皆列觀引春秋義云丁丑夫人妻
氏王戊寅公使大夫太宗婦觀用幣戊寅丁丑之
明日故禮官據此皆云宜依舊貴太宗以問撝
撝曰儀禮云質明贊見婦於舅姑雜記又云婦
見舅姑兄弟姊妹皆立于堂下政言婦是外宗
未審孀嬭令所以傳坐三朝觀其七德舅延於
客姑率內賓堂下之儀以備盛禮近代婦於
舅姑本有戚屬不相瞻看夫人乃妃姪女有
異他姻觀見之儀謂應可略太宗從其議除太
子左衛率太清三年侯景攻陷臺城時太宗
居永福省賊泉奔入舉兵上殿侍衛奔莫有
存者撝獨疑然侍立不動徐謂景曰侯景乃拜
以禮見何得如此凶逆遂折簡景乃拜由是常
憚撝太宗嗣位進授左衛將軍固辭不拜太宗
後被幽閉撝不復朝謁因感氣疾而卒年七十
八長子陵曰最知名

梁書傳二十四 〔十〕 〔十一〕 舉珂

鮑泉字潤岳東海人也父機湘東王諮議參軍泉
博涉史傳兼有文筆少軍元帝早見權任及
元帝承制累遷至信州刺史太清三年元帝命
泉征河東王譽於湘州泉至長沙作連城以逼
之譽率衆攻泉泉據柵堅守譽不能克泉因
其弊出擊之譽大敗俘其衆遂圍其城久余
能拔世祖遣泉罷遣平南將軍王僧辯代泉
為都督僧辯至泉愕然顧左右曰得王音陵助
我經略賊不足平矣僧辯入乃背泉而坐曰
鮑郎有罪令旨使我鎖卿卿勿以故意見期因
出令示泉鎖之肤下泉曰稽緩王師甘罪是分
但恐後人更思鮑泉之憤憤耳乃為啟謝淹遲
之罪世祖尋復其任令與僧辯等率舟師東
逼邵陵王於郢州郢州平元帝以長子方諸為
刺史泉為長史行府州事侯景密遣將宋子仙
任約率精騎襲之方諸與泉不恤軍政唯蒲酒
樂賊騎至百姓奔告方諸與泉方雙陸不信曰
徐文盛大軍在東賊何由得至既而傳告者衆

梁書傳二十四 〔十二〕 任達

始令閽門賊繼火焚之莫有抗者賊騎遂入城
乃陷執方諸及泉送之景所後景攻王僧辯
於巴陵不克敗還乃縊泉於江夏沈其屍于
黃鵠磯而祖覺而告之後未旬果見凶執泉
又夢泉著朱衣而行水上又告泉曰君勿憂尋
得免矣因說其夢泉密記之俄而復見任皆
如其夢泉於儀禮尤明撰新儀四十卷行
於世

陳吏部尚書姚察曰阮孝緒常言仲尼論四科
始乎德行終乎文學有行者多尚質朴有文
者少踰規矩故衞石靡餘論可傳屈賈無立
德之譽若夫憲章游夏祖述回騫體兼文行
於裴幾原見之矣

列傳第二十四　　　　梁書三十

袁昂字千里陳郡陽夏人祖詢宋征虜將軍
吳郡太守父顗冠軍將軍雍州刺史泰始初舉
兵奉尋陽王子勛事敗誅死昂時年五歲乳
媼攜抱匿於廬山會赦得出徙晉安至元徽
中聽還時年十五初顗敗傳首京師藏於武庫
至是始還昂號慟嘔血絕而復蘇從兄彧常撫
視抑譬昂更制服廬于墓次後與家同見從叔
司徒粲粲謂秉曰其幼孤而能至此故知名器
自有所在齊初起家冠軍安成王行參軍遷征
虜主簿太子舍人王儉鎮軍府功曹史儉時為
京尹經於後堂獨引見昂指北堂謂昂曰卿必
居此中武帝謂之曰昂即千里昂之駒有之乎今
明此累遷祕書丞黃門侍郎昂本名千里齊永
改卿名為昂即千里昂出為安南邵陽王長
史尋陽公相還為太孫中庶子衞軍武陵王長

史丁內憂哀毀過禮服未除而從兄豪卒昂
幼孤為豪所養乃制朞服人有怪而問之者昂
致書以喻之曰竊聞禮由恩斷服以情申故小
功他邦傾乾一等同爨有緦麻之典籍莫承藐藐
以不天幼朱紫從兄敬未奉過庭承藐藐
沖人未達朱紫從兄提養訓教示以義方每假
其談價虛處華曠同財共有怨其取足爾來三
拓房宇處華曠同財共有怨其取足爾來三
十餘年憐愛之至無異於己姊妹孤姪成就一

三百卅

時篤念之深在終彌固此恩此愛畢壞不追既
情若同生而服為諸從言心即事實未忍安者
馬稜與弟毅同居毅亡稜為心服三年由也之
不除喪雖綠情而致制雖識不及古誠情感慕
常願千秋之後從服酷尋惟慟絕彌劇衰禍集一旦
草土殘息復罹罔今酷尋惟慟絕彌劇深今
以餘端欲逐素志庶寄其罔慕之痛少申無已
之情雖禮無明據乃事有先例率迷而至必欲
行之君問禮所歸謹以諮白臨紙號哽言不識

次服闋除右軍郡陵王長史俄還御史中丞時
尚書令王晏弟詡為廣州多納賄貨昂依事
劾奏不憚權豪當時號為正直出為豫章內
史丁所生母憂去職以喪還江路風浪暴駭昂
乃縛衣著柩誓同沈溺及風止舟訖皆沒雉
昂所乘船獲全咸謂精誠所致葬訖起為建
武將軍吳興太守永元末義師至京師州牧
郡守皆望風降款昂獨拒境不受命高祖手
書喻昂曰夫禍福無門興亡有數天之所棄人孰
能匡機來不再圖之宜早頃藉聽道路承欲
狼顧一隅既未悉雅懷聊申往意獨夫任勦
古未聞窮凶極虐歲月滋甚天未絕齊明居
運北民有賴百姓來蘇吾荷任前驅掃除京
邑方撥亂反正伐罪弔民至止以來前無橫陣
今皇威四臨長圍已合通畢集少神同舊銳
卒萬計鐵馬千羣以此攻戰何往不克況建業
孤城人懷離阻面縛軍門日夕相繼胥膂潰少期
勢不支遠兼樊鄧感出端門太白入氐室天文表

三

於上人事符於下不謀同契意在兹辰且范峴
申甫久薦誠款各率所由仍為掎角沈法瓌孫
貯朱端巳先蕭清吳會而足下欲以區區之郡禦
堂堂之師根本既傾枝葉安附童　兒牧賢等謂
其非求之明鑒實所未達令鳩力昌主未足為
忠家門屠滅非所謂孝忠孝俱盡將欲何俠豈為
若韣然改圖自招多福進則遠害遂往同惡不
守祿位去就之宜幸加詳擇若執迷遂往則長
懐大軍臨誅及三族貽後悔寧復去補欲布 ［宋書傳二十五］［四］
所懐故致令白昂蒼目都史至辱誨承藉以衆 ［宋末］
論謂僕有勤王之舉兼蒙謫責獨無送款箱
復嚴旨若臨萬仞三吳內地非用兵之所況以
偏隅一郡何能為役近奉敕以此境多虞見使安
慰自承麾掃届止莫不摧祖軍門惟僕一人敢
後至者政以內機庸素文武無施直是陳國戰
男子耳雖欲獻心不增大師之勇置其感黙寧
沮衆軍之威幸藉將軍含弘之大可得從容以
禮竊以一飡微施尚復投殞況食人之祿而頓

志一旦非惟物議不可亦恐明公部之所以躊
躇未違薦壁意遂以輕微爰降重命震灼于心
忘其所厯誠推理鑒猶懼威臨建康城平昂
東身詣關高祖宥之不問也天監二年以為後
軍臨川王參軍事昂奉啓謝曰恩降絶望之晨
慶集寒心之日燼灰非喻蕪枯末擬衣聚足
顧須不勝臣遍歷三墳備詳六典校賞罰之
科調檢生死之律莫不嚴五辟於明君之朝峻
三章於聖人之世是以塗山始會致防風之誅 ［梁書傳二十五］［五］
鄧邑方構有崇侯之伐未有緩憲於斬戮之 ［宋言］
人賒刑於耐罪之族出萬死入一生如臣者也推
恩及罪在臣實大披心瀝血敢乞言之臣東國
賤人學行何取既殊鳴鳳直木故無結綬彈冠
徒藉羽儀易農就仕往年濫職守秩東隅仰屬
龔襄行風驅電掩當其時也負圖大義殉鴻毛之
玉帛者相望獨在愚臣頓昏大義殉鴻毛之
輕忘同德之重但三吳險薄五湖交通屢起田
儋之釁每懼殷通之禍空慕君魚保境遂失

師消抱器後至者斬臣甘斯戰明刑殉衆誰曰一
不然幸約法之弘承解網之宥猶當降等薪燎
遂乃頓釋鉗鋸斂骨吹塊還編黔庶濯疵蕩穢
入楚遊陳天波皴洗雲油邊沬古人有言非死
之難處死之難苔曰朕之所荷曠古不書臣之死所未
知何地高祖荅曰朕遣射鉤卿無自外俄除給

為左民尚書兼右僕射七年除國子祭酒兼後 〔梁書傳二十五〕
守行江州事六年遷侍中明年出為尋陽太
事黃門侍郎六年勘為吏部尚書累表陳讓從
射如故領豫州大中正八年出為忠威將軍吳
郡太守十一年入為五兵尚書復兼右僕射未拜
有詔即真封尋以本官領起部尚書加侍中十
四年馬仙琕破魏軍於胸山詔權假昂節佳譽
軍十五年遷右僕射尋為尚書令富惠將軍
普通三年為中書監丹陽尹其年進號中衛
將軍復為尚書令即本號開府儀同三司給
親信三十人尋表解祭酒進號中撫軍大將軍
吹未拜又領國子祭酒大通元年加中書監

〔六〕

〔宋書〕

遷司空侍中尚書令親信鼓吹並如故五年加
特進左光祿大夫增親信為八十人大同六年薨
時年八十詔曰侍中特進左光祿大夫司空昂奄
至薨逝惻怛于懷公器寓凝素志誠貞方端
朝爰理嘉謀獻載緝追榮表德寔惟令典可贈
本官鼓吹一部給東園祕器朝服一具衣一襲錢
二十萬絹布一百四蠟二百斤即日舉哀初昂
臨終遺疏不受贈諡敕諸子不得言上行狀及
立誌銘凡有所須悉皆停省復曰吾釋褐從
仕不期富貴但官序不失等倫衣食粗知榮
辱以此閭稽無慙鄉里往乎吳興屬在昏明
之際既聞於前覽無識於聖朝不知天命甘貽
顯戮幸遇殊恩遂得全門戶自念罪門階榮望
絕保存性命以為幸甚不謂叨竊寵靈一至於
此常欲竭誠酬報申吾心所以朝廷每興師
北伐吾輒啓求行誓之丹款實非矯言既庸
懦無施皆不蒙許雖欲罄命其議莫從今日
瞑目畢恨泉壤若魂而有知方期結草聖朝

〔梁書傳二十五〕

〔三○卅〕

〔七〕

導古知吾名品或有追遠之恩雖是經國怛

典在吾無應致此脫有贈官慎勿祇奉諸子累

表陳奏詔不許冊謚曰穆正公

子君正美風儀善自居奧以貴公子得當世名

譽頃之兼吏部郎以母憂去職服闋爲邵陵王

友北中郎長史東陽太守尋徵還都郡民徵士

徐天祐等三百人詣闕乞留一年詔不許仍除豫

章内史尋轉吳興太守疾景亂率數百人隨

邵陵王赴援及京城陷還郡君正當官莅事有

名稱而蓄聚財産服玩靡麗賊遣于子悅攻

之新戍主戴僧易勸令拒守吳陸映公等懼

賊脫勝略其資産乃曰賊軍其銳其鋒不可當

今若拒之恐民心不從也君正性怯懦乃送米

及牛酒郊迎子悅子悅既至掠奪其財物子女

因是感疾卒

史臣曰夫天尊地卑以定君臣之位松筠等質

無革歲寒之心袠千里命屬崩離身逢厄季

雖獨夫喪德臣志不移及抗跡高祖無衛忠

節斯亦存夷叔之風矣終爲梁室台鼎何其一

美焉

列傳第二十五

梁書三十一

陳慶之
蘭欽

陳慶之字子雲義興國山人也幼而隨從高祖
高祖性好某每從夜達旦不輟等輩皆倦睡惟
慶之不寢聞呼即至甚見親賞從高祖東下平
建鄴稍為主書散財聚士常思効用除奉朝請

梁書傳二十六　一

普通中魏徐州刺史元法僧於彭城求入內附
以慶之為武威將軍與胡龍牙成景儁率諸軍
應接還除宣猛將軍文德主帥仍率軍二千送
豫章王綜入鎮徐州魏遣安豐王元延明臨淮
王元或率眾二萬來拒屯據陟　延明先遣其
別將丘大千築壘浮梁觀兵近境慶之進薄其
壘一鼓便潰後豫章王棄軍奔魏眾皆潰諸將
莫能制止慶之乃斬關夜追軍士得全普通
七年安西將軍元樹出征壽春除慶之假節總
知軍事魏豫州刺史李憲遣其子長鈞別築兩

二百八十六

城相拒慶之攻之憲力屈遂降慶之入據其城
轉東宮直閤賜爵關中侯大通元年隸領軍曹
仲宗代渦陽魏遣征南將軍常山王元昭等率
馬步十五萬來援前軍至駞澗去渦陽四十里
慶之欲逆戰韋放以賊之前鋒必是輕銳與戰
若捷不足為功如其不利沮我軍勢不如勿擊
慶之曰魏人遠來皆已疲倦去我既遠必不見疑及其未集須挫其
氣出其不意必無不敗之理且聞虜所據營

梁書傳二十六　二

林木甚盛必不夜出諸君若疑慶之請獨取
之於是與麾下二百騎奔擊破其前軍魏人震
恐慶之乃還與諸將連營而進據渦陽城與魏
軍相持自春至冬數十百戰師老氣衰魏之援
兵復欲築壘於軍後仲宗等恐顧背受敵謀欲
退師慶之杖節軍門曰共來至此涉歷一歲麋
費糧使其數極多諸軍並無關心皆謀退縮豈
是欲立功名直聚為抄暴耳吾聞置兵死地乃
可求生須虜大合然後與戰審欲班師慶之別

三百卅

有密救今日犯者便依明詔仲宗壯其計乃從
之魏人掎角作十二城慶之銜枚夜出陷其四
壘渦陽城主王緯乞降所餘九城兵甲糧儲盛乃
陳其俘馘鼓噪而攻之遂大奔潰斬獲略盡渦
水咽流降城中男女三萬餘口詔以渦陽之地
置西徐州眾軍乘勝前頓城父高祖嘉焉賜慶
之手詔曰本非將種又非豪家解望風塵而至
於此可深思奇略善克令終開朱門而待宵揚
聲名於竹帛豈非大丈夫哉大通初魏北海王
元顥以本朝大亂自拔來降求立為魏主高祖
納之以慶之為假節飆勇將軍送元顥還比
於渙水即魏帝號授慶之使持節鎮北將軍護
軍前軍大都督發自銍縣進拔滎城遂至雎陽
魏將丘大千有眾七萬分築九城以相拒慶之
攻之自旦至申陷其三壘大千乃降時魏征東
將軍濟陰王元暉業率羽林庶子二萬人來救
梁宋進屯考城城四面縈水守備嚴固慶之命
浮水築壘攻陷其城生擒暉業獲租車七千八

百兩仍趣大梁望旗歸款顥進慶之衛將軍徐
州刺史武都公仍率眾歸而西魏姝左僕射楊昱西
阿王元慶撫軍將軍元顥恭率御伏羽林宗子
庶子眾凡七萬據滎陽拒顥五皓精強城又險
固慶之攻未能拔魏將元天穆大軍復將至先
遣其驃騎將軍夏州刺史王羆騎一萬據武牢
曹安領兵步騎九千援揚昱又遣左僕射爾
朱隆西荊州刺史王羆騎萬據武牢六穆皆沒
兒前後繼至旗鼓相望時滎陽未拔士眾皆恐
慶之乃解鞍秣馬宣諭眾曰吾至此以來屠城
略地實為不少君等殺人父兄略人子女又為
無筭天穆之眾並是仇讎我等纔有七千虜眾
三十餘萬今日之事義不圖存吾以虜騎不可
爭力平原又未盡至須平其城壘諸君無假
狐疑自貽屠膾鼓采使登城壯士東陽榮景
休義與魚天愍踰堞而入遂克之俄而魏陣於連
合慶之率騎三千背城逆戰大破之曹女又於連
乞降元天穆爾朱吐沒兒單騎獲免收滎陽儲

實牛馬穀帛不可勝計進赴武牢尒朱隆棄城
走魏主元子攸懼奔幷州尒朱兆迎王元曄安豐
王元延明率百僚封府庫備法駕奉迎顥入洛
陽宮御前殿改元大赦顥以慶之為侍中車騎
大將軍左光祿大夫增邑萬戶魏大將軍上黨
王元天穆王老生李叔仁又率衆四萬攻陷大
梁分遣老生天穆兵一萬據武牢刁宣刁雙十餘騎
梁宋慶之隨方摧襲並皆降款天穆與十餘騎
北渡河高祖復賜手詔稱美焉慶之麾下悉著
白袍所向披靡先是洛陽童謠曰名師大將莫
自牢千兵萬馬避白袍自發銍縣至于洛陽十
四旬平三十二城四十七戰所向無前初元子攸
止單騎奔走宮衛不復視事與安豐臨淮共
于酒色乃日夜宴樂煩侍無改於常顥既得志荒
立姦計將背朝恩絕賓貢之禮直以時事未安
且資慶之之力用外同内異言多忌刻慶之心
知之亦密為其計乃說顥曰今遠來至此求伏
尚多若人知虛實力更連兵而安不忘危須預

為其策宜啓天子更請精兵幷勒諸州有南人
沒此者悉須部送顥欲從之元延明說顥曰陳
慶之兵不出數千已自難制今增其衆寧肯復
為用乎權柄一去動轉聽人魏之宗社於斯而
滅顥由是致疑稍成疎貳慮慶之密啟乃表高
祖曰河北河南時已定唯尒朱榮尚敢跋扈
臣與慶之自能擒討今州郡新服正須綏撫不
宜更加兵摇動百姓高祖詔衆軍皆停界
首洛下南人不出一萬羌夷十倍軍副馬佛念
言於慶之曰功高不賞震主身危二事既有將
軍豈得無慮自古以來廢昏立明扶危定難鮮
有得終今將軍威震中原聲動河塞屠顥據
洛則千載一時也慶之不從顥前以慶之為徐州
刺史固求之鎮顥心憚之遂不遣乃曰主上以
洛陽之地全相任委忽聞捨此朝寄欲往彭城
謂君遠取富貴不為國計手敕頻仍恐成僕責
慶之不敢復言魏天柱將軍尒朱榮左僕射尒
朱隆大都督元天穆驃騎將軍尒朱吐沒兒見榮

長史高歡鮮卑芮芮勒衆號百萬挾魏主元子
攸來攻顥顥據洛陽六十五日凡所得城一時反
叛慶之渡河守北中郎城三日中十有一戰傷
殺甚衆榮將退時有劉助者善天文乃謂榮曰
不出十日河南大定榮乃縛木為筏濟自硤石
與顥戰於河橋顥大敗走至臨潁遇賊被擒為
陽陷慶之馬步數千結陣東反榮親自來追
值嵩高山水洪溢軍人死散慶之乃落須髮為
沙門間行至豫州豫州人程道雍等潛送出汝
陰至都仍以功除右衛將軍封永興縣侯邑一
千五百戶出為持節都督緣淮諸軍事奮武將
軍北兖州刺史會有妖賊沙門僧強自稱為帝
主真家蔡伯龍起兵應之僧強頗知幻術更相扇惑
衆至三萬攻陷北徐州濟陰太守楊起文棄城
走鍾離太守單希寶見害使慶之討焉當卿
幸白下臨賊謂慶之曰江淮兵勁其鋒難當卿
可以策制之不宜決戰慶之受命而行曾未淺辰
斬伯龍僧強傳其首中大通二年除都督南北司

西豫豫四州諸軍事南北司二州刺史餘並如
故慶之至鎮遂圍懸瓠破魏潁州刺史婁起揚
州刺史是云寶於溱水又破魏行臺孫騰大都督
侯進豫州刺史堯雄梁州刺史司馬恭於楚城
罷義陽鎮兵傳水陸轉運江湖諸州並得休息
之又表省南司州復安陸郡置上明郡大同二
年魏遣將侯景率衆七萬寇楚州刺史桓和陷
開田六千頃二年之後倉廩充實高祖每嘉勞
沒景仍進軍淮上貽慶之書使降敕遣湘潭侯
退右衛夏侯夔等赴援軍至黎漿慶之已擊
破景時大寒雪景棄輜重走慶之收之以歸進
號仁威將軍是歲豫州饑慶之開倉賑給多所
全濟州民李昇等八百人表請樹碑頌德詔許
焉五年十月卒時年五十六贈散騎常侍左衛
將軍鼓吹一部諡曰武敬興郡發五百丁會
喪慶之性祗慎衣不純綺不好絲竹射不穿札
馬非所便而善撫軍士能得其死力長子昭嗣
第五子昕字君章七歲能騎射十二隨父入洛

於路遇疾還京師詣鴻臚卿朱异异訪比間形
勢昕聚土畫地指麾分別异甚奇之大同四年
為邵陵王常侍文德主帥右衛仗主救遺助防
義陽魏豫州刺史堯雄北間號將軍兄子寶樂特
為敢勇慶之圍懸瓠雄來赴其難寶樂求單
討焉勤宗躍平除陰陵戍主比讓太守以疾不之
騎校戰昕躍馬直趣實樂雄即散潰仍陷湊城
六年除威遠將軍小峴城主以昕為宣猛將軍假節
賊王勤宗起於巴山郡以昕為宣猛將軍妖

官又除驃騎外兵俄為臨川太守太清二年俟
景圍歷陽敕召昕還昕啟六採石急須重鎮王
質水軍輕弱恐應不濟乃校昕為雲旗將軍代
質未及下渚景已渡江仍遣率所領遊防城外
不得入守欲奔京口乃為景所檎景見昕殷勤
因留極歡曰我至此得卿餘人無能為也令昕
收集部曲將用之昕因說桃棒令率所領歸降襲殺
桃棒嚴禁之昕因說桃棒令率所領歸降襲殺
王偉宋子仙為信桃棒許之遂盟約射啟城中

遣昕夜縋而入高祖大喜敕即受降太宗遲疑
累日不決外事發洩昕弗之知猶依期而下景邀
得之乃過昕令更射書城中云桃棒且輕將數
十人先入景欲畏甲隨之昕既不肯為書期以
必死遂為景所害時年三十三
蘭欽字休明中昌魏人也父子雲天監中軍功
官至雲麾將軍冀州刺史欽幼而果決魏蕭蘭城
人隨父比征授東宮直閤大通元年攻趙捷過
拔之仍破彭城別將郊仲進攻峴山城破其大

都督劉貴眾二十萬進攻龍城獲馬千餘匹又
破其都大將柴集及襄城太守高宣別將范思念
鄭承宗等仍攻歐固張龍子城未拔魏彭城守
將楊目遣子孝邕率輕兵來援欽逆擊走之又
破譙州刺史劉海游還拔歐固收其家口楊目
又遣都督范思念別將曹龍牙數萬眾來援欽
與戰都督斬龍牙傳首京師又假欽節都督
州三郡兵討桂陽陽山始興板蠻至即平破之
封安懷縣男邑五百戶又破天漈蠻帥晚時得

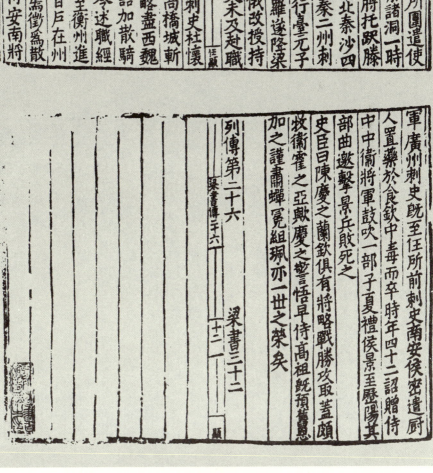

會衡州刺史元慶和為桂陽人嚴容所圍遣使
告急欽往應援破容羅溪於是長樂諸洞一時
平蕩又密敕欽向魏興經南鄭魏將托跋勝
寇襄陽仍敕赴援除持節都督南梁南北秦沙四
州諸軍事光烈將軍　西校尉梁南秦二州刺
史增封五百戶進爵為侯破通生擒行臺元子
禮大將薛儁張菩薩魏梁州刺史元羅遂降梁
漢氐定進號智武將軍增封二千戶俄改授持
節都督衡桂二州諸軍事衡州刺史未及赴職

魏遣都督董紹張獻玫圍南鄭梁州刺史杜懷
瑶請救欽率所領援之大破紹獻於高橋城斬
首三千餘級紹獻奔退追入斜谷斬獲略盡西魏
相宇文黑泰致馬二千四請結隣好詔加散騎
常侍進號仁威將軍增封五百戶仍令述職經
廣州因破俚帥陳文徹兄弟並擒之至衡州進
號平南將軍改封曲江縣公增邑五百戶在州
有惠政吏民詣闕請立碑頌德詔許焉徵為散
騎常侍左衞將軍尋改授散騎常侍安南將

軍廣州刺史既至任所前刺史南安侯密遣廚
人置藥於食欽中毒而卒時年四十二詔贈侍
中中衞將軍鼓吹一部子夏禮侯景至歷陽其
部曲邀擊景兵敗死之
史臣曰陳慶之蘭欽俱有將略戰勝攻取蓋頗
牧衞霍之亞歟慶之警悟早侍高祖既預舊恩
加之謹肅蟬冕組珮亦一世之榮矣

列傳第二十六

王僧孺

張率

劉孝綽

王筠

王僧孺字僧孺東海郯人魏衛將軍肅八代孫
曾祖雅晉左光祿大夫儀同三司祖准宋司徒
左長史僧孺年五歲讀孝經問授者此書所載

二百五十　[梁書傳二十七]　一　太㝵

述曰論忠孝二事僧孺曰若爾常願讀之六歲
能屬文既長好學家貧常傭書以養母所寫
既畢諷誦亦通佐齊起家王國左常侍太學博
士尚書僕射王晏深相賞好晏為丹陽尹召補
郡功曹使僧孺撰東宮新記遷大司馬豫章王
行參軍又兼太學博士司徒竟陵王子良開西
邸招文學僧孺亦遊焉文惠太子聞其名召入
東宮直崇明殿欲擬為宮僚文惠薨不果時王
晏子德元出為晉安郡以僧孺補郡丞除候官

令建武初有詔舉士揚州刺史始安王遙光表
薦祕書丞五睰及僧孺曰前候官令東海王僧
孺年三十五理尚棲約思致敏既筆耕先言養
亦備書成學至乃照螢映雪編蒲緝柳言往
行人物雅俗甘泉遺儀南宮故事畫地成圖抵
掌可述當豈直颭鼠有必對之辯竹書無落簡之
謀訪對不休質疑斯在除尚書儀曹郎遷治書
侍御史出為唐令初僧孺與樂安任昉遇竟陵
王西邸以文學友會及是將之縣昉贈詩其略

三百卅　[梁書傳二十七]　二　太㝵

曰惟子見知惟余知子觀行視言要終猶始敬
之重之如蘭如芷形應影隨曩行今止百行之
首立人斯著子之有之誰譽譽修名既立老
至何遽誰其執鞭吾為子御劉略班藝虞志荀
錄伊昔有懷交相欣勗下帷無倦升高有屬嘉
爾晨燈惜余夜燭其為士友推重如此天監初
除臨川王後軍記室參軍待詔文德省尋出為
南海太守郡常有高涼生口及海舶每歲數至
外國賈人以通貨易舊時州郡以半價就市又

昔人爲蜀部長史終身無蜀物吾欲遺子孫者
不在越裝並無所取視事朞月有詔徵還郡民
道俗六百人詣闕請留不許既至拜中書郎領
著作復直文德省撰中表簿及起居注遷尚書
左丞領著作俄除游擊將軍兼御史中丞
僧孺幼貧其母鬻紗布以自業嘗擔僧孺至市
道遇中丞鹵簿驅迫溝中及是拜日引騶卒清道
悲感不自勝尋以公事降爲雲騎將軍兼職如
故頃之即真是時高祖制春景明志詩五百字
敕在朝之人沈約已下同作高祖以僧孺詩爲
工遷少府卿出監吳郡還除尚書吏部郎參大
選請謁不行出爲仁威南康王長史行府州國
事王典籤湯道愍遂誣訟僧孺遣詣南司奉牒辭曰
抑之道愍遂誣訟僧孺遣詣南司奉牒辭曰
下官不能避溺山隅而正冠李下既貽疵辱方致
徽纆解籙收簪且歸初服竊以董生偉器止相
驕王賈子上才委質甲士下官生年有值謬仰

買而即賣其利數倍歷政以爲常僧孺乃歎曰

三四冊　〈梁書傳二十七〉　三　緜謙

清應假冀西雍竊步東閤多慚祗服取亂長裾
高襟相望直居坐右長階如晝恩禮遠過申白榮望
從容之詞假以寬和之色恩禮遠過申白榮望謂
多廁鴈徐厚德披誠何能以酬屢顧寧謂
不足以報一言露膽逢小人易說方謂離腸隕首
爵羅裁舉微禽先落間闉始吹細草仍隆一
辭寄心骸何施眉目方當橫潭亂海就魚鱉而
爲羣拔榛捫樹從虵虺而相伍豈復仰聽金辭
執九畹方去五雲縱天網是漏聖恩可恃亦復
武瞻玉色顧步高軒悲如戲委蜘蹰下席淚若
緜縻僧孺坐免官久之不調友人盧江何烱猶
爲王府記室乃致書於烱以見其意曰近別之
後將隔暄寒思子爲勞未能忘祖昔季叟入
秦梁生適越猶懷悵恨且或吟謠岐路之日
將離嚴網辭無可憐罪有不測蓋畫地刻木
昔人所惡業棘既累於何可聞所以握手戀戀
離別珍重弟愛同鄒季子淫淫承睫吾猶復抗手
分背蓋學婦人素鍾擊節金戚戒序起居無恙

三○冊　〈梁書傳二十七〉　四　緜遒

動靜履宜子雲筆札元瑜書記信用既然可樂
為甚且使目明能祛首疾甚善吾無斯人
之才而有其病顛眩屢動消渴頻增委化任期
故不復呼醫飲藥但恨一旦離大厚蹈明科去
皎皎而非自汗抱鬱結而無誰告丁年蓄積與
此鎮亡徒切高價厚名橫叨公器人爵智能無所
報筋力未之酬所以悲至撫膺泣盡而繼之以血
顧惟不肖文質無所底蓋困於衣食迫於飢寒
依隱易農所志不過鍾庾父為尺板斗食之吏

三、卅 五

〔梁書傳二十七〕

以從卑衣黑綬之役非有奇才絕學雄略高謀
吐一言可以匡俗振民動一議可以固邦興國全
壁歸趙飛矢救燕偃息藩魏甘臥鄧腦日逐
髓月支攤十萬而橫行提五千而深入將能執
主裂壞勳勤景鍾錦繡爲衣朱丹被載斯大文
夫之志非吾曹之所能及已直以章句小才蟲
篆末藝含吐綱縹之上翩躚蹰趄之側委曲同
之鍼縷繁糸碎壁之米鹽孰致顯榮何能至到加
性疎澁拙於進取未嘗去來許史遨遊梁竇倖

首有肩斧先意承旨是以三葉靡遷不與運弄
十年未徙執非能薄及除舊布新清墾方旦
抱樂街圖訟謳有主板中消預衣裳之會隸千
里於泉亭不得奉板中消預衣裳之會提戈
後勁廁龍豹之謀及其投勁歸來恩均舊隸升
文石登玉陛一見而降顏色再覲而接話言非藉
左右之容無勞羣公之助又非同席共研之風
逢竇餖危酒之早識一旦陪武帳仰文陛備
佚之柱下充嚴朱之席上入班九棘出專千里

三、卅 六

〔梁書傳二十七〕

據操撮之雄官參人倫之顯職雖古之爵人不
次取士無名未有蹃景追風奔驟之若此者也
蓋基薄牆高塗遙力蹟傾躋必然顛墜可俟竟
以福過災生人指鬼瞰將均宥器有驗傾危是
以不能早從曲影逐乃取疑邪徑故司隸憭憬
思得應弦壁事異縣廚之獸如離繳之鳥將充庖鼎
以餌鷹鸇雖事異鑄皮文非刺骨猶復因茲校
抄成此筆端上可以投畀北方次可論翰左
變為丹赭充彼春薪幸聖主留善貸之德紓好

生之施解網呪禽下車泣罪愍茲真訥憐其
骸鍊加肉朽皆布葉祐株轅新止火得不銷爛
所謂還魂斗極追氣素山止復除名為民幅巾
家巷此五十年之後人君之賜焉衣术右感陰陽
大馬識厚薄負苟方足乾不戴天而獨目有悲
者蓋士無賢不肖在朝見類惡其鄉原恥彼威
姬何以從人何以徇物外無奔走之友內之強近
之親是以搆市之徒隨相媒蘗又一朝捐棄以快
悠者之心呼悲可矣蓋並先貴後賤古言合貧李
倫所以發此哀耆雍門所以和其悲曲又迫以
嚴秋殺氣具物多悲長夜展轉百憂俱至況復
霜銷草色風搖樹影寒蟲夕叫合輕重而同悲
秋葉晚傷雜黃紫而俱墜蜘蛛絡幕熠燿爭飛
故無車轅馬聲何聞鳴雞吠犬倪眉事妻子舉
手謝息忽不覺生之為重素無一廛之田而有
其長遊方與飛走為隣永用蓬萬自没愀
數口之累豈曰飽而不食方當長為傭保糊口

寄身溢死滿渠以實蠶蟻悲夫豈復得與二三
士友抱膝之歡履足有攜將穀之清文談
希微之道德唯吳馮之遇夏馥范或之值孔嵩
恩其留賃為憐此行乞耳儻不以若累時存寸札
則雖先犬馬猶松喬焉去矢何生高樹芳列載
書代面筆淚俱下久之起為安西成王象軍事
遷鎮右始興王中記室北中郎南康王諮議參
軍入直西省知撰譜事普通三年卒時年五十
八僧孺好墳籍聚書至萬餘卷率多異本與沈
約任昉家書相埒少篤志精力於書無所不觀
其文麗逸多用新事人所未見者世重其富僧
孺集十八州譜七百二十卷文集三十卷
東南譜集抄十卷文集三十卷兩臺彈事不
入集內為五卷及東宮新記並行於世
張率字士簡吳郡吳人祖永宋右光祿大夫父
瓌齊世顯貴歸老鄉邑天監初授右光祿加給
事中率年十二能屬文常日限為詩一篇稍進
作賦頌至年十六向二千許首齊始安王蕭遙

光為揚州召主簿不就起家著作佐郎建武
三年舉秀才除太子舍人與同郡陸倕幼相
友神常同載詣左衛將軍沈約適值任昉在焉約
乃謂昉曰此二子後進才秀皆南金也卿可與
定交由此與昉友善遷尚書殿中郎出為西中
郎南康王功曹史為鄱陽王友遷司徒謝朏掾
高祖霸府建引為相國主簿天監初臨川王已
下並置文學以率為之疾不就父之除太子洗馬
直文德待詔省敕使抄乙部書又使撰婦人事
二十餘條勒成百卷使工書人琅邪王深吳郡
范懷約褚洵等繕寫以給後宮率文為待詔賦
奏之甚見稱賞手敕荅曰省賦殊佳相如工而
不敏枚皐速而不工卿可謂兼二子於金馬矣
又侍宴賦詩乃別賜率詩曰東南有才子
故能服官政余雖慙勣古昔得人今以為盛率
往返數首其年遷祕書丞引見五衡殿高祖曰
祕書丞天下清官東南胄望未有為之者今以
相薦足為卿譽其恩遇如此四年三月禊飲華

光殿其日河南國獻舞馬詔率賦之百臣聞天
用莫如龍地用莫如馬故稱驪顯詩誦駉駱
先景遺風之美世所得閒吐圖騰光之異有時
而出泊我大梁光有區夏廣運貞中貸照無外
日入之所浮琛委贄風被之域越險效珍軿服
鳥號之駿駒駼蔡龍之名而河南又獻赤龍駒
有奇貌絕足能拜善舞天子異之使臣作賦曰
維梁受命四載元符既臻協律之事真畢膠摩
之教必陳櫃輿之用已偃五輅之御方巡考帝文
而率通披皇圖以大觀慶惟道而必先靈匪聖
不窮諒無所乎朝夕並承流以請吏咸向風而
其誰贄見河龍之瑞唐賜天馬之禎漢既叶符
而比德且同條而共貫詢國美於斯今邁皇王於
曩昔散大明以燭幽揚義聲而遠斥固范之於
赤文爰在竝而朱翼既劲德於炎運亦表祥於
率職納奇貢於絕區致龍媒於殊域伊況古而
尚色資皎月而載生祖河房而挺授種比唐之
絕類嗣西宛之鴻胄稟粟妙足而逸倫有殊姿而特

茂善環旋於薄夏知踣躓於金奏超六種於圓
闕諭八品於漢廄伊自然之有質寧改觀於肥
瘦當徒服阜而養安與進駕以馳驟闕其挾
尺縣鑿之辨附蟬伏兔之列十形五觀之次女三
毛八肉之勢何得而稱焉固已詳於前製
秀駬而並末駟眹代視其家異軼跨野而忽踰輪齊
天驪信無等於漏面執有取於波卑可以迹章
亥之所未遊踰疵益之所不至將不得而屈指

梁書傳二十七
【十二】
【田二】

亦何暇以理戀若跡遍而忘友非我皇之所事
方潤色於前古邈深文而儲思旣而機事多服
青春未移時惟上已美景在斯導鑣飲之校實
陳冷謙之舊儀漕伊川而分沐引激水以回池
集國臭於民憸列櫩武於皇枝粉高冠以連袿
鋪鳥王而肩隨道治於上林蕭華臺之連
座墊發色於綠荀佇流蘇於紫裏聽磐之金
畢翠聆儀龠於咸播承夏之皽
巳成均儀龠於唐序同舞獸於虞庭懷真宄之

九代想陳王之紫騮乃命涓人劲良駿經周衛
入鉤陳言右牽之巳來寧執朴而後進旣傾首
於律同又蹀足於鼓振權龍首回鹿軀睨而踤中
感雙鳧旣就場而雅拜時赴曲驂行驍動獸發龍驥
於促節捷繁縶外於驚將駬行盤之縝約陵九劍
雀躍豈借儀於榆柣寧假器於琵皇娙脊投
之抑揚豈借儀於榆柣寧假器於琵皇娙脊九劍
頌俔臂合雅露沬歃紅沾汗流赭乃卻走於集
靈驪恵養於豐夏蔚風雷之壯心思展足於南

梁書傳二十七
【十二】
【田】

野若波符瑞之富可以臻介丘而昭卒業福紳
羣后誠希末光天子深穆焉廢末之訪也何則
進讓殊事豈非帝者之彌文哉今四衛外封五
岳內郡宜弘下禪之規增上封之訓背清都而
日行指玄郊而立運將絕塵而弭轍類飛鳥與
驅驢總三才而驅鶩椌五御而超攄翳卿雲於
華蓋異條風於屬車無逸御於王輈不泛駕
於金興飾中岳之絶軹營奉高之舊墟訓厚
況於人神弘施育於黎獻壺景炎於長世集繁

社於斯萬在庸臣之方剛有從軍之大願必自
益而屢采將同界於庖煇悼長卿之遺書惆周
兩之留惆時與到洽周興嗣同奉詔爲賦高祖
以率及興嗣爲工其年父憂去職其父侍殺數
十人善謳者有色貌邑子儀曹郎顧玩之求娉
馬謳者不願遂出家爲尼嘗因齋會率宅玩之
乃飛書言與率愛南司以事奏聞高祖惜其守
寢其奏然猶致世論焉服闕後久之不仕七年
敕召出除中權建安王中記室參軍預長名問

評不限日俄有敕直壽光省治景中記丁部書抄八
年晉安王戎石頭以率爲雲麾中記室王還南
兗州轉宣殺諮議參軍並兼記室王還都率除
中書侍郎十三年王爲荊州以率爲宣惠諮
議領江陵令府遷江州以諮議領記室出監豫
章臨川郡率在府十年恩禮甚篤還除太子僕
累遷招遠將軍司徒右長史揚州別駕奏率雖歷
居職務未嘗留心簿領及爲別駕奏事高祖覽歷
問之並無對但奉答古事在牒中高祖不悅俄

遷太子家令與中庶子陸僷僕射劉孝綽對掌
東宮管記遷黃門侍郎出爲新安太守秩滿還
都未至丁所生母憂大通元年服未闋卒時年
五十三昭明太子遣使贈賻與晉安王譯令曰
近張新安又致故其人才筆弘雅亦足嗟惜隨
弟府朝東西日久尤當傷懷也比人物零落特
可潛慨屬有令信乃復及之率嗜酒事事寬懲
於家務尤忘懷在新安遺家僮載米三千石還
吳宅既至遂耗太半率問其故荅曰崔鼠耗也
率笑而言曰壯哉崔鼠音不研問少好屬文而
七略及藝文志所載詩賦令亡其文者並補作
之所著文衡十五卷文集三十卷行於世子長
公嗣

劉孝綽字孝綽彭城人本名冉祖勔宋司空忠
昭公父繪齊大司馬霸府從事中郎孝綽幼聰
敏七歲能屬文舅齊中書郎王融深賞異之常
與同載適親友號曰神童融每言曰天下文章
若無我當歸阿士阿士孝綽小字也繪齊世掌

詔諸孝綽年未志學便代草之父當亦沈約
任昉范雲等聞其名並命駕先造焉昉尤相賞
好范雲年長十餘歲其子季才與孝綽年並十
四五及雲遇孝綽便申伯季乃命季才拜之天
監初起家著作佐郎為歸沐詩以贈任昉昉報
章曰彼美洛陽子投我懷秋作詎慰塵暮人徒
深老夫託直史兼褰脫轄司專耕勵秋穫其為
疢匪報庶良藥子其崇鋒穎春耕勵秋穫其為
名流所重如此遷太子舍人俄以本官兼尚書
水部郎奉啟陳謝手敕荅曰美錦未可便製簿
領亦宜稱習頃之即真高祖雅好蟲篆時因宴
幸命沈約任昉等言志賦詩孝綽亦見引嘗侍
宴於坐為詩七首高祖覽其文篇篇嗟賞由是
朝野改觀焉尋有敕知青北徐南徐三州事出
為平南安成王記室隨府之鎮尋補太子洗馬
遷尚書金部侍郎復為太子洗馬掌東宮管記
出為上虞令還除秘書丞高祖謂舍人周捨曰
第一官當用第一人故以孝綽居此職 公事免

梁書傳二十七　十五

尋復除秘書丞出為鎮南安成王諮議入以事
免起為安西記室累遷安西驃騎諮議參軍敕
權知司徒右長史事遷太府卿太子僕復掌東
宮管記時昭明太子好士愛文孝綽與陳郡殷
鈞吳郡陸倕琅琊王筠彭城到洽等同見賞禮
之遷員外散騎常侍兼廷尉卿頃之即真初孝
綽與到洽友善同遊東宮孝綽自以才優於洽
章繁富羣士咸欲撰錄太子獨使孝綽集而序
太子起樂賢堂乃使畫工先圖孝綽焉於坐
每於宴坐嗤鄙其文洽銜之及孝綽為廷尉正
攜妾入官府其母猶停私宅洽尋為御史中丞
遣令史案其事遂劾奏之云攜少妹於華省棄
老母於下宅高祖為隱其惡改妹為妹坐免官
孝綽諸弟時隨藩皆在荆雍乃與書論共洽不平
者十事其辭皆鄙到本封呈東宮昭
明太子命焚之不開視也時世祖出為荆州至
鎮與孝綽書曰君屏居多暇差得肆意典墳吟
詠情性比復稀數古人不以委約而能不伐檦且

梁書傳二十七　十六

虜獲史邊由斯而作想搞屬之興益當不少洛
地紙貴京師名動彼此一時何其盛也近在道務
閒微得點翰雖無紀行之作頗有懷舊之篇至
此已來衆諸屑役小生之詆恐取屛於盧江遮
道之姦慮興謀方且寨帷自屬求獲不
明珠雖卞愧下隨猶爲好事新有所製想能示之
歐思樂惠音淸風靡聞聲夫夢想溫王飢渴
休筆墨愧下隨虛其請無由賞愁道此代懷數路
勿等淸慮徙虛其請無由賞愁道此代懷數路

梁書傳三十七 〔十七〕 王筠

計行運還芳礼孝綽荅曰伏承自辭皇邑愛
至荊臺未勞刺舉且擒高麗近預觀尺錦
而不親全玉昔臨淄詞賦悉與楊脩未殫寶奇
顧慙先哲渚宮舊俗朝衣多故李固之薦二
邦徐珍之奏七邑感懷之道兼而有之當欲使
金石流切耶用翰墨垂迹雖乖倫之不出譬張
爰自退居素里卻掃窮愁閈比楊得失漢巨鬱志廣
叙感羹彼此一時擬非其匹竊以文豹何韋以文

為罪由此而談义何容易故翰翰呀墨多歷寒者
旣闕子幼南山之哥又微卻通渭水之賦無以自
同獻笑少酬痠誘且才乖體物不擬作於玄根
事殊宿寶諂寧貽懼於朱玄顧已反躬戴懷累息
但瞻言漢廣遐若天涯區區一心分宵九逝殿
綽免職後高祖數使僕射徐勉宣旨慰撫之每
朝宴常引與爲及高祖爲籍田詩又使勉先示孝
下降情白屋存問相尋食棋懷音剗伊人矣孝
綽時奉詔作者數十人高祖以孝綽尤工即日

梁書傳三十七 〔六〕 〔鈇〕

有敕起爲西中郎湘東王諮議啓謝曰臣不能
衛珠避罪傾柯衛足以茲踪倖與物多忤兼遭
匿怨之友遂居司隸之官交構是非用成妻娶
日月昭回俯明非關陳正之辯遂漏斯密網免彼嚴
灸骸見明枉直獄書毋御觀鑒蔣潛彼施
臣誠無識執不戴天踈遯斯肉骨豈倖其施
餘得使還同士伍比屋唐民生死陷望高闕況剛而降
其接引優孰以旨喻於臣微物足爲榮陷况剛條
落葉忽沾雲露周行所實複齒盛沐但雕朽污

養侯成延獎捕影繫葉風終無效答文啓謝東宮曰臣聞之先聖以眾惡之必監焉眾好之必監焉豈非孤特則積毀所歸比周則積譽斯信知好惡之間必待明鑒故晏嬰再爲阿宰而前毀後譽後譽出於阿意前毀由於直道是以一犬所噬旨酒賀其甘酸二手所搖愚至若藏文之又鄰陽有言士無賢愚入朝見妬至若藏文之下展季斯尚之放靈均縫侯之排賈生平津之陷主父自茲厥徒其徒寔蘩曲筆短辭不暇殫

述寸管所窺常由切齒道觀書俯同好學前載枉直備該神睨臣因立侍親承緒言飄風貝錦壁言讒慝聖旨殷勤深以爲歎臣資愚履直不能杜微會未幾何逢法肆姦其難雖吹毛洗垢在朝而同嗟何逢法肆姦難必奏不顧賣友志欲要君自非上帝運超已之光昭陵陽之虐舞文虛誣裁下免黙之書仍頒朝會之緄幸得鍋於庸暗裁下免黙之書仍頒朝旨小人未識通方藝馬懸車息絕朝觀方願滅

影銷聲遂移林谷不悟天聽固已造次必彰不以距違見疵復使引籍雲陛降寬和之色垂布帛之言形之千載所家巳厚況乃思等特召榮同起家望古自惟彌覺多恭但未渝丹石永藏輪軌相彼工言構茲款冬而生且憂憂去職延德澤無謝陽春後爲太子僕母夏去職服關除安西湘東王諮議參軍遷黃門侍郎尚書吏部郎坐受人絹東爲餉者所訟左遷信威臨賀王長史頃之遷祕書監大同五年卒官時年

五十九孝綽少有盛名而仗氣負才多所陵忽有不合意極言詆訾領軍臧盾太府卿沈僧昃等並被時遇孝綽尤輕之每於朝集會同處卿間無所與語及呼驅卒訪道途間事由此多忤於物孝綽辭藻爲後進所宗世重其文每作[篇]朝成暮遍好事者咸諷誦傳寫流聞絕域文集數十萬言行於世孝綽兄弟及羣從諸子姪當時有七十人並能屬文近古未之有也其三妹適琅邪王叔英吳郡張嶸東海徐悱並有

才學非妻文尤清拔非僕射徐勉子爲晉安郡卒
既選京師妻爲祭文辭甚悽愴勉本欲爲哀文
有文才九博悉晉代故事時人號曰皮裏晉書中
歷官著作佐郎太子舍人王府主簿功曹史中
城王記室參軍
王筠字元禮一字德柔琅邪臨沂人祖僧虔齊
司空簡穆公父楫太中大夫筠幼警言語七歲能
屬文年十六爲芍藥賦甚美及長清靜好學與

▲梁書傳卅七　二王　竹

從兄泰齊名陳郡謝覽覽弟舉亦有重譽時
人爲之語曰謝有覽舉王有養炬炬是泰養即
筠並小字也起家中軍臨川王行參軍遷太子
舍人除尚書殿中郎王氏過江以來未有居郎署
者或勸逡巡不就筠曰陸平原東南之秀王文
度獨步江東吾曾祖親見此蹤人何所多恨乃欣然
就職尚書令沈約當世辭宗昔毎見筠文咨嗟吟
味以爲不遠也嘗謂筠曰昔蔡伯喈見王仲宣稱
曰王公之孫也吾家書籍悉當相與僕雖不敏

請附斯言自謝眺諸賢零落已後平生意好殆
將都絶不謂疲暮復逢於君約郊居宅造閣齋
筠爲草木十詠書之於壁皆直寫文詞不加篇
題約謂人云此詩指物呈形無假題署約製書
賦構思積時猶未都畢乃要筠示其草讀至
雌霓（五反）

▲梁書傳卅七　夔

霓（五反）連蜷約撫掌欣抃曰僕嘗恐人呼爲
政在此數句耳筠爲詩呈約即報書云覽
所示詩實爲麗則聲和被紙光影盈字夔安接
響聯翩超已不可多愧古情拙目毎
仔新音爛然總至權輿已盡會昌發蘭揮王
振克諧之義寧止笙簧思力所該一至乎此歎
服吟研周流忘念昔時幻壯顏愛斯文含咀之
歸吾子遲比開日清覩乃申筠爲文能壓強韻
毎公宴並作辭必妍美約常從容啓高祖曰晚
來名家唯見王筠獨步累遷太子洗馬中舍人

並掌東宮管記昭明太子愛文學士常與筠及
劉孝綽陸倕到洽殷芸等遊宴玄圃太子獨執
筠袖撫孝綽肩而言曰所謂左把浮丘袖右拍洪
崖肩其見重如此筠又與殷芸方雅見禮焉出
為丹陽尹丞北中郎諮議參軍遷中書郎奉敕
制開善寺寶誌大師碑文詞甚麗逸又載中
書表奏三十卷及所上賦頌都為一集俄丁憂去
湘東王長史行府國郡事除太子家令復掌管
記普通元年以母憂去職筠有孝性毀瘠過

禮服闋後疾廢父之六年除尚書吏部郎遷太
子中庶子領羽林監又改領步兵中大通二年
遷司徒左長史三年昭明太子薨敕為哀策
文復見嗟賞尋出為貞威將軍臨海太守在
郡被訟不調累年大同初起為雲麾豫章王長
史遷祕書監五年出為明威將軍永嘉太守以疾
中大同元年出為明威將軍永嘉太守以疾
固辭徙為光祿大夫俄遷雲旗將軍司徒左長
史太清二年侯景寇過筠時不入城明年太宗

即位為太子詹事筠舊宅先為賊所焚乃寓居
國子祭酒蕭子雲宅夜忽有盜攻之驚懼墜井
卒時年六十九家人十餘人同遇害筠狀貌甚
小長不滿六尺性弘厚不以藝能高人而少擅
才名與劉孝綽見重當世其自序曰余少好書
老而彌篤雖遇見觀皆即疏記後重省覽
興彌深習與性成不覺筆倦自年十三四載

武二年乙亥至梁大同六年四十載矣幼年讀
五經皆七八十遍愛左氏春秋吟諷常為口實
廣略去取凡三過立抄餘經及周官儀禮國語
爾雅山海經本草並再抄子史諸集皆一遍
未嘗倩人假手並躬自抄錄大小百餘卷不足
傳之好事蓋以備遺忘而已又與諸兒書論家
世集云吾家世好學雖並不能立身揚名
有文才如七葉之中名德重光爵位相繼人
三世耳非有七葉也沈少傳約語人云吾少
好百家之言身為四代之史自開闢已來未有

爵位蟬聯文才相繼如王氏之盛者也汝等仰
觀堂構思各努力筍自撰其文章以一官為
一集自洗馬中書中庶子吏部佐臨海太府各十
卷尚書三十卷凡一百卷行於世
史臣陳吏部尚書姚察曰王僧孺之巨學劉孝
緯之詞藻圭非不好也才非不用也其拾青紫
取極貴何難哉而孝緯不拘言行自躓身名徒
鬱抑當年非不遇也

列傳第二十七　　　　　　梁書三十三

列傳第二十八　　　　　散騎常侍姚　思廉　撰　梁書三十四

張緬
　弟纘綰

張緬字元長車騎將軍弘策子也年數歲外祖
中山劉仲德異之嘗曰此兒非常器為張氏寶
也齊永元末義師起弘策從高祖入伐留緬襄
陽年始十歲每聞軍有勝負憂喜形於顏色天
監元年弘策任衛尉卿為妖賊所害緬痛父之
酷喪過於禮高祖遣戒諭之服闋襲洗陽縣侯
召補國子生起家祕書郎出為淮南太守時年
十八高祖疑其年少未閑吏事乃遣主書封取
郡曹文案見其斷決允愜其稱賞之還除太子
舍人雲麾外兵參軍緬少勤學自課讀書手不
輟卷尤明後漢及晉代衆家客有執卷質緬者
隨問便對略無遺失殿中郎缺高祖謂徐勉曰
此曹舊用文學且居職顯之首宜詳擇其人勉
舉緬充選項之出為武陵太守還拜太子洗馬
中舍人緬母劉氏以父沒家貧葬禮有闕遂終

身不居正室不隨子入官府緬在郡所得祿俸
不敢用乃至妻子不易衣裳及還都並供其母
賑贍親屬雖累所畜一朝隨盡緬私室常闕
然如公貧素者累遷北中郎諮議參軍寧遠長史
出為豫章内史緬為政任恩惠不設鉤距吏人
化其德亦不敢欺故老咸云數十年未之有也
子中庶子領羽林監俄遷御史中丞坐收捕人
與外國使關左降黃門郎兼領先職俄復為具緬

梁書傳二十八　二　　崔民

居憲司推繩無所顧望虢為勁直高祖乃遣畫
工圖其形於臺省以勵當官中大通三年遷侍
中未拜卒時年四十二詔贈侍中加貞威將軍
疾如故贈錢五萬布五十匹高祖舉哀昭明太
子亦往臨哭相之讀墳曲郗叡之歡詩書該通太
事明敏雖倚相之讀墳典郗叡之歡詩書該通今
望古蔑以斯過自列宮朝二紀將及義惟僚屬
情實親友文筵講席朝遊夕宴何曾不同茲勝
賞共此言寄如何長謝奄然不追且年甫強仕

方申才力摧苗落穎彌可傷悅念天倫素睽一
旦相失如何可言言及增哽瞋筆無次緬性愛
墳籍聚書至萬餘卷抄後漢晉書眾家異同為
後漢紀四十卷晉抄三十卷又抄江左集未及
成文集五卷子傳嗣

梁書傳二十八　三　　蕭廣

緬字伯緒緬第三弟也出後從伯弘籍高
祖舅也梁初贈廷尉卿封利亭侯召補國子
女富陽公主拜駙馬都尉高祖第四
生起家秘書郎時年十七身長七尺四寸眉目
疎朗神彩奕發高祖異之嘗曰張壯武後八
葉有遺五昆者其此子乎讚好學兒緬有書萬餘
卷晝夜披讀殆不輟手秘書郎有四員宋齊以
來為甲族起家之選待次入補其居職例數十
百日便遷任繢固求不徙欲遍觀閣內圖籍嘗
執四部書目曰若讀此畢乃可言優仕矣如此
數載方遷太子舍人轉洗馬中舍人並掌管記
繢與琅邪王錫齊名普通初魏遣彭城人劉善
明詣京師請和求識繢繢時年二十三善明見

而嗟服累遷太尉諮議參軍尚書吏部郎俄為
長史兼侍中時人以為早達河東裴子野張
吏部在喉舌之任巳恨其晚矣子野性曠達自
云年出三十不復詣人未與繢遇便虛曠相推
重因為忘年之交大通元年出為寧遠將軍華容公
長史行琅邪彭城二郡國事二年仍遷華容公
北中郎長史南蘭陵太守加貞威將軍行府州
事三年入為度支尚書母憂去職服闋出為吳
興太守蒞治郡務清靜民吏便之大同
二年徵為吏部尚書繢居選其後門寒素有一
介皆引拔不為貴要屈意人士翕然稱之五
年高祖手詔曰繢外氏英華朝中領袖司空以
後名冠范陽可尚書僕射初繢與父掌何敬容
意趣不協敬容居權軸嘗有過詣繢者
輒踞自出守股肱入尸衡尺可以仰首伸眉論
列是非者矣而寸衿所滯近蔽耳目深淺清濁
豈有能預加以矯心飾貌酷非所開不喜俗人

與之共事此言以指敬容也繢在職議南郊御
乘輿素輦適古今之宜又議即縠官備朝服宜並
著縠時並施行九年遷宣惠將軍丹陽尹朱拜
改為使持節都督湘桂東寧三州諸軍事湘州
刺史述職經途乃作南征賦述職詞曰歲次姻告
月惟中呂余謁帝於承明將述職於南楚忽中
川而反顧懷舊鄉而延佇漫漫以無端情容
容而莫與乃弭節歎曰人之寓於宇宙也何異
夫栖蜩之爭附蝸之遊禽而盈虛倚伏谛仰
浮沈矜榮華於尺景緫萬庾於十陰彼志機其
韓日乃聖達之明箴妙品物於自觀曾何足而
縶心撫余躬之末迹屬興王之盛世蒙三樂之
休寵荷通家之渥惠登石渠之三閣居校文平
六藝振長纓於承華養儲皇之上叡居衛籥而
接席出方舟以同濟彼華坊與茲禁苑常宵盤而
晝懃思明德離之永翳惟平生之編能貫有志於
及茲悲歎惟平生之永翳惟平生之編能貫有志於
樓息新滅没之千里謝韓哀於八極如裳衰表之

代用璧晉輪轅之曲直愧周任之清規諒無取於
陳力逢濯纓之嘉運遭井汲之明時懷君恩而
未荅顧猶靈瑣而依遲緫揆以居副長庶僚而
稱師猶深泉之短綆若高埭而未基伊吾人之
罪薄豈顧斯滿之能持奉皇命以奏舉方驅傳於
南逝心眷眷而西悲爾乃橫濟牽牛傍瞻雄庫
前觀隱脈却視雲布進晉氏之啓戎覆中州之
鼎林翰三川於茂草靄沿兩京於朝霽故黃旗紫

蓋運在震方金陵之兆允符厥祥及歸命之衡
璧愛獻璽割於武王啓中興之英主宣十世而重
光觀其內招人望外攘干紀草劉江南緒構基
址豈徒能布其德主晉有祀雲漢作詩斯千見
美而已哉乃得正朔相承于茲四代多歷年所
二百餘載割疆場於華戎拯生靈於宇內不被
竇之左杜繁明德其是賚次臨涂之層巘峯叔
寶之舊堁蘊珠王之餘潤昭羅綺之遺妍懷若
人之遠理豈喜慍其能遷雖塊埋於百世猶映
爽而

澈於九泉經法王之梵宇覩因時之或躍從四
海之宅心故取亂而誅虐在蒼稜之將季翦洪
柯以鎖落旣觀蝎而逞刑又施獸之黥首思假
逢炎以巧笑俟長星而懼嗓何憬慄之嶷作我師
命其無託信人欲而天從炙物親而聖作我皇
帝膺籙受圖聰明神武乘豐而運席卷三楚師
克在和仁義必取形猶積決應若颺舉於是殯
桑林之封狶繚青立之大風戢干戈以耀德肆
時夏而成功放流聲於鄭衛屏讟貢於傾宮配

軒皇以邁迹豈商周之比隆化致升平于茲四
紀六夷膜拜八蠻敎穆於上庠冤申於大
理顯三光之照燭降五靈之休祉諒殊功於百
王固無得而稱矣沂金牛之迅渞覿靈山之雄
壯實顏文於翠嶂平雲霄而竦狀標素嶺乎青
壁茸江南之丘墟冝石以駭湍批衝嚴而駿
鎗鏗千尋之嶠岸渙萬川之大壑隱日月以蔽
浪搏風煙而回薄崖映川而晃朗水騰光而儵
虧積霜霰散之往還皷波濤之前却下流沫以洄
爍

險上岑盦而將落　聞知命之是虞吳　故違風而靡
託訊會骸之詭狀　云怒特之來奔　及漁人之垂
餌沈潛鎖於洪源　鑒幽塗於忠武　馳四馬之高
軒不語神以徵怪　情存之而勿論　曬熟之舊
朝訪迴天而震宇　雖季葉其能處　懼貽笑於文
輔歷遺迹今宣武　挾仲謀之雄氣　朝委裹而作
岱威祖宗之明君　猶負芒於咸主　勢傾河以覆
舉刿有功而無志　豈季葉其能興　終夷宗而珍
景憂象賢之覆餗　雖苞藥以代興

族彼僑石之嬴儲　尚邀之而俟福　況神明之大
寶乃闇千於天祿　造局鍵之候司　發傳書於關
尉據轅轅乎伊洛　守衡津於河渭　無矯且以招
賓闕捐緰而待貴　實祗敬於王典　懷鞠躬而屏
氣惟函谷之襟帶　疑武庫之精兵　採風謠於往
昔聞乳獸於窮戍　在當今而簡易　止譏鑒其姦
情陋文仲之廢職　部形門之食征　於是近睇赭
本遙瞻鵲岸島嶼　蒼茫風雲蕭散　屬時雨之新
晴觀百川之浩澌　浙水泓澄以闇　夕山參差而辨

旦忽臨眺於故鄉　眇江天其無畔　遡迴流而為石
阻遵長薄而左豈　貫獨向風以舒情　蹇芳洲其誰
覩息銅山而繁繞　訪叔文之靈宇　得舊名而猶
存皆攢蕪而積楚　想夫君之令問　實有聲於前
古挺巴漢之歷業　羡配名於鄉魯　辨山精以息
訟對祠星而窟主　每撫事以懷人　非末學其能
觀嘉梅根之孝女　尚棄肥於勝姫　嗟吳人之重
辟憂峻網於將沈　瓜而顯義指滄波而為
期此浮覆以明節　赴丹爛其何疑　信理感而情
悼實悽悵於余悲　空沈吟以遐想　愧邯鄲之妙
詞望南陵以寓目　美牙門之守志　當晉師之席
卷豈藩籬而不庇　攜老弱於窮城　猶區區乎一
簣雖契範之小善　寔君子之所識　闕一句
是謂事人之禮入　雷池之長浦　想又有生為令
塵臨魚官以輟膳　踐寒蒲之抽筍　恭岱之芳
德沒為明神或　捐家事主攜手　拜親或正身殉
義長感市人所以　家稱純孝國號能臣揚清徵
於上列並異世而為鄰　發曉渚而遄風苦神吳

之難冒岸曜舟而不進水騰沙以篤憲天瞳瞳其
垂陰雨霏霏而來集愁征夫之勞瘁每寨帷而行
辛由江沱之派別望彭匯之通津涂未中平及絳
日己盈於浹旬於是千流共歸萬嶺分狀倒景
出没摇漾漭岷山嶙家悠遠寂寥青盈赤岸控沙
懸高浮天瀉壯清江洗滌平湖夷暢翻光轉彩
翠薄耿長虹於青霄若夫灘莱川渥層潭水府
引潮墊歸雲於青霄若夫攢聚羣飛沙漲掩薄
游泳之所往還喧鳴之所攢聚羣飛沙漲掩薄
流之衝要因習坎以守固既固之而設險又居
之而發德南通珠崖夜群西款玉津華墨莫不
內清兹究外弭奇慝離屏京師事有均於齊德
也眇臣嶺以躊躇想霓裳於雲閗流姶娥之逸
響發王子之清韻若夜光而可投旦榮華之難
擴兹還舟其何術竹一九於來信徑邊途平鄂
渚迷孫氏之霸墓陳利兵而蓄粟抗十倍之銳

師在賢才之必用寧推誠而忍欺圖富強以法
立屬貞臣而日嬉識徐基於江畔云釣臺之舊
址方戰國之多虞猶從容而宴喜欽輔吳之忠
諒歎仲謀之虛已處君臣而並得良致霸其有
以伊文侯之雅望誠一代之偉人禕觀書以經
服玉既逼而譽均邁時雄之應運方協義以經
綸名既逼而言雖聞其弗與悲盛業之未
獻俾漢京之惟新何天命其弗與悲盛業之未
申汎蘆洲以延佇聞伍負之所濟出懷珠而免
讎歸投金以荅彼惠無求於萬鍾唯長歌而鼓
枻慨斯誠之未感乃沈軀以明誓空負恨其何
追徒臨僉而先祭及旋師於鄭國美邀福於來
裔入郢都而抵掌天噉之難窺允分荆之勝
略成百代之良規賈生方於指大應戾塵譬之未
披所以居宗振末強本弱枝聞古今之通制歷
盛言於城郢播終古之芳獻忘我躬之匪閒顧
忠言於城郢播終古之芳獻忘我躬之匪閒顧
社稷而懷憂服莊王之高義乃徵名於夏州恥

蹊田之過罰納申叔之嘉謀觀巫臣之獻箴鑒
周書以明喻何自謀其多僻要桑中而遠趙若
申之誅丹實臣君以成務在兩臣而優劣居
二王其並裕臨赤崖而懷愾摧雄圖於魏武乘
戰勝以長驅志吞吳而弁楚總八州之毅卒期
姑蘇而振旅時有便乎建瓴事無留於蕭介霸
孫赫其霆奮萬杖萬俗之英輔裂宇宙而三分誠
決機乎一槩嗟玄德之矯矯思興復於舊京招
卧龍於當世配管仲而稱英收散亡之餘弱結

三外州　十二

與國而連橫延五紀乎岷漢紹四百於炎精望
巳丘以邅回遵洞庭而敞悅沈輕舟而不繫何
靈胥之浩蕩眺君禍之雙峯臨風以增想償
瑤艦而一酌駕彩蜺而獨往爾乃南其衡霍北
距沮漳包括沅澧汲引瀟湘瀁瀁長邁漫漫回
翔蕩雲沃日吐霞含光青單嶼間河洲而斷
絕回曉交於中川起長飆而半滅稅遺構之舊
蘭從風素沙被雲霞霞以舒卷萬頃澄澈緒
浦瞻汩羅以隕泗豈懷寶而迷邦猶殷勤而一

致羅芳華以襲積非嘗人之所媚合小雅之怨
辭兼國風之美志譬彈冠而振衣猶目別於涅
滓且殺身以成義志寧露才而揚己悲先生之不
展逢椒蘭之妬美有驥騵而不馳焉遑遑於干
里既踐境而思人彌流連其無已備行潦之薄
薦敢憑誠於沼沚調黃陵而展姤算瑤席之平川
湣具蘭香以胃沐椒糈而要眇之延帝子于三
后降夔龍於九疑騰河靈之水駕下太一之靈
旗撫安哥以會傑跌綾即而依遲日徘徊以將

十三　王生

暮情眇默而無辭愠秦皇之川幸土壤以加
慘昧天道之無親勤望杞以祈福將人怨而神
怒故飛川而蕩谷推其理以歸儻言遂刊山而轉
木於是下車入部班條理務破課膚久楊鏡
懼存問長老隱恤珉庶奉宜皇恩覽徑省賦遠
哉盛乎斯邦之蹟決太伯之舊也有虞巡方以託
圖而跋涉太伯聖賢之蹤輟也若夫屈平懷
固是明王之塵軌聖賢之蹤以來遊　臣祈仙而舊橐
沙之賦賈子遊湘之篇史遷之摭文以投弔楊雄

反驪而沈川其風謠雅什又是詞人之所流連
也亦有仲宣咸德仍世相繼父子三台緝衣改
散古初抱於烈火劉先高而怵世蔣公琰之弘
通桓伯緒之臣濤鄧究時之絕述谷思恭之藻
麗實川嶽之精靈常閒出而無替也至於殊庭
而却老金人植杖以尊泉蘇生麟龍而出入處
靜駕鹿以周旋配北燭之神女偶南榮之僵偃
時髣髴其遷見往往而有焉廟乃歷省府庭

獻青陽而北質鄉生所謂遷舟彼楚於焉乘駟
巡高山之累阨襄吳文之為宰彼非劉於八王
皆以金人而身臨在長沙而著令經五葉其未改
知天道之福謙勝一時之經始尋太傅之故宅
今築室以安禪邑無改於舊井尚開流而冽泉
懷伊管之政術遇庸臣而見遷終被知於時主
嗟漢宗之得賢受啟居之遠託豈理謝而生全
哀懷王之不秀遂抱恨而傷年偹定祀于北郭

（十四　皇）

對林野而幽藹庶無吐於馨香祀瓊茅而沃酹
景十二以啟國惟君王其能大逍炎正之中微
寔斯藩而是賴顧四阜之紆餘乍升高以遊目
審山川之面帶將取名於衡麓下彌漫以窦邊
上欽矚而重複風瑟瑟以鳴松水珃珃而響谷
低四照於若華竦千尋於建木冀遊仙之靈族
登嚴阿而窟宿捨域中之常戀慕遊仙之可屏
是時涼風暮節萬實西成華池迥遠飛閣淒明
嘉南州之炎德愛蘭蕙之秋榮卜名甘於曲糵

撩芳菊於高城樹羅軒而並列竹被嶺而叢生
翫棲禽之夕返送旅鴈之晨征悲去鄉而遠客
寄覽物而娛情惟傳重之所駕揚其罳掌
或解組以立威乍露服而加賞遵聖主之恩刑
荷天地之厚德沾河潤於九里澤自家而刑國
闕小道之可觀寧良困石之非擄承焗戒乎明則
憂取果於長縄聞困石之非擄也續至州傅遷
愧壽陵之餘子學邯鄲而匍匐
十郡尉勞解放老疾吏役及關市成遷先所防

（十五　王祖）

— 281 —

人比皆省併州界零陵衡陽等郡有莫徭蠻者
依山險為居歷政不賓服因此向化益陽縣人
作田二頃此旦異畝同頃蠻在政四年流人自歸
戶口增益十餘萬州境大安太清二年徵為領
軍俄改授使持節都督雍梁北秦東益州之
竟陵司州之隨郡諸軍事平北將軍寧蠻校尉
纘初聞邵陵王綸當代己為湘州其後定用河
東王譽纘素輕少王州侯迎及貧待甚薄譽
深銜之及至州遂託疾不見纘仍檢括州府廨事
三○州二　梁書傳二十八　十六
留纘不遣會開庚景寇京師譽飾裝當下援時
荊州刺史湘東王赴援軍次郢州武城纘馳信
報曰河東已堅橋上水將襲荊州王信之便回
軍鎮荊湘因構嫌隙尋棄其部伍單舸赴江陵
王即遣使責讓言索纘部下既至仍遣纘向襄
陽前刺史岳陽王詧推遷未去鎮但以城西白
馬寺處之會聞賊陷京師詧下必不容使君助防
杜岸紿纘曰觀岳陽殷下必不容使君素
得物情若走入西山招聚義眾遠近必當投集

又帥部下繼至以此義舉無往不克纘信之與
結盟約因夜遁入山岸又以告詧仍遣岸師軍
追纘纘眾望岸軍大喜謂是赴期既至即執纘為
弁其纘並傶送之始被四欸尋又通纘剗殺為
道人其年警舉兵襲江陵常載纘隨後及軍退
敗行至逯水南防守纘者慮追兵至遂害之纘
尸而去時年五十一元帝承制贈纘侍中中衛
將軍開府儀同三司謚簡憲公纘有譽鑒自見
三圖
元帝便推誠委結及元帝即位追恩之誓為詩
其序曰簡憲之為人也不事王庭負才任氣見
梁書傳二十八　十七
余則申旦達夕不能已巳懷夫人之德何日忘
之纘著鴻實一百卷文集二十卷次子希字子
顏早知名選尚太宗第九女海鹽公主承聖初
官至黃門侍郎
縚字孝卿纘第四弟也初為國子生射策高第
起家長兼祕書郎遷太子舍人洗馬中含人並
掌管記累遷中書郎國子博士出為北中郎長
史蘭陵太守還除員外散騎常侍時為丹陽尹西

昌侯蕭深藻以久疾未拜敕縬權知尹事遷中軍宣城王長史俄從御史中丞高祖遣其弟中書舍人絢宣旨曰為國之急惟在執憲直繩用人本不限外降晉宋之世周閔蔡廓並以侍中為之卿勿疑是左遷也時宣城王府丞重故有此旨焉大同四年元日舊制僕射及司隷就列東西相當時縬兄纘為僕射及百司就列兄弟導騶分趨兩陛前代未有也時人榮之纘餘出為豫章內史縬在郡述制旨禮記正言義四姓衣冠士子聽者常數百人八年安成人到勬官

縣南中久不習兵革吏民怔擾奔散或勒縬宜避其鋒縬不從仍修城隍設戰備募占敢勇得萬餘人刺史湘東王遣司馬王僧辯帥兵討賊挾袄道遂聚黨攻郡內史蕭俙棄城走賊轉寇南康廬陵屠破縣邑有眾數萬人進宼草新淦受縬節度旬月開賊黨悉平十年復為御史中丞加通直散騎常侍申為憲司彈糾無所回避豪右憚之是時城西開士林館聚學者縬與

右衛朱异太府卿賀琛遞述制旨禮記中庸義太清二年遷左衛將軍會侯景寇至入守束掖門三年遷吏部尚書宮陷縬出奔外轉王江陵湘東王承制授侍中左衛將軍湘東內史承聖二年徵為尚書右僕射尋加侍中明年江陵陷朝中如故出為尚書右僕射雲麾將軍湘東內史承聖二年官至太子洗馬祕書泉

士旨俘入關縬以疾免後卒於江陵時年六十三次子交尸守少游頗涉文學選尚太宗第女安陽公主承聖二年官至太子洗馬祕書泉掌東宮管記

陳吏部尚書姚察曰太清版蕩親屬離貳縬不能叶和藩岳成溫陶之舉荀懷私怨橫隙瀟湘遂及禍於身非由忠節繼以江陵淪覆悲莫於此以縬之風格卒為梁之亂階惜矣哉

蕭子恪　弟子範　子顯　子雲

蕭子恪字景沖蘭陵人齊豫章文獻王疑第二

子也永明中以王子封南康縣侯年十二和

兄司徒竟陵王高松賦衛軍王儉見而哥之初

為寧朔將軍淮陵太守建武中遷輔國將軍吳

郡太守及司馬子恪則於會稽舉兵友以奉子

恪為名明帝惡召子恪兄弟親從七十餘人入

西省至夜當害之會子恪棄郡章文獻是日亦至

明帝乃止以子恪為太子中庶子東昬即位遷

祕書監領右軍將軍俄為侍中中興二年遷輔

國諮議參軍天監元年降爵為子除散騎常侍

領步兵校尉以疾不拜徙為光祿大夫俄為司

徒左長史子恪與弟子範等嘗因事入謝高祖

在文德殿引見之從容謂曰我欲與卿兄弟有

言夫天下之寶本是公器非可力得苟無期運

雖有項籍之力終亦敗亡所以班彪彰王命論云

所求不過一金然終轉死溝壑卿不應不讀此

書宋孝武為性猜忌兄弟粗有令名者無不因

事鴆毒所遺唯有景和至餘朝臣之中或疑有

天命而致害者或枉濫相繼然而或疑有天命

而不能害者或不知有天命而不得又有不疑

者如宋明帝本為蕭常被免豈有疑而得全又復

我于時已年二歲豈知彼我應有今日富知有

天命者非人所害害亦不能得我初平建康城

朝廷內外皆勸我云時代革異物心須一宜行

處分我于時依此而行誰謂不可我政言江左

以來代謝必相誅戮此是傷於和氣所以國祚

例不靈長所謂殷鑒不遠在夏后之代此是一

義二者齊梁雖曰革代義異往時我與卿兄弟

雖復絕服二世宗屬未遠卿勿言往時我與卿兄弟

家兄弟自有周旋者有不周旋者況五服之屬

邪嘉業之初亦是甘苦共嘗腹心在我卿兄弟

年少理當不悉我與卿兄弟便是情同一家豈

當鄴不念此作行路事此是二義我有今日非
是本意所求且建武屠滅鄉門致卿兄弟塗炭
我起義兵非惟自雪門恥亦是為卿兄弟報仇
卿若能在建武永元之世撥亂反正我雖起獎
鄧豈得不釋戈推奉其雖欲不已亦望卿盡即
報我耳且我自藉爽亂代明帝家天下耳不取
名我今為卿報仇且時代革異望不卿盡即無
鄉家天下昔劉子輿自稱成帝子光武言假使
成帝更生天下亦不復可得況子輿乎梁初人
勸我相誅滅者我答之猶如向孝武時事彼若
苟有天命非我所能殺若其無期運何忽行此
政足示無慮量曹志親是魏武帝孫陳恩之子
事晉武能為晉宣惠旦即卿事例卿是宗室情
義異他方坦然相期懷身外之意小待
自當知我寸心又文獻王時內帳閣人趙
祖天監初入為臺齋帥在壽光省高祖呼叔
叔祖天監初入為臺齋帥以洗舊人故每使洗
比見北第諸郎不叔祖奉答云此多在直出外

甚蹤假使暫出亦不能得往高祖曰若見北第
諸郎道我此意我今日雖是華代情同一家但
今磐石未立所以未得用諸郎著非惟在我未
宜亦是欲使諸郎得安耳但閉門高枕後自當
見我心叔祖即出外具宣敕語子恪尋出為永
陵太守十七年入為散騎常侍輔國將軍晉通
嘉太守還除光祿卿秘書監出為明威將軍吳
元年遷宗正卿遷都官尚書四年轉吏部
六年遷太子詹事大通二年出為雲遠將軍吳
郡太守三年卒于郡舍時年五十二詔贈侍中
中書令諡曰恭子恪兄第十六人並仕梁有文
學者子恪子質子顯子雲子暉五人子恪嘗謂
所親曰文史之事諸弟備之矣不煩吾復牽率
但退食自公無過足矣亦知名太清中官
隨棄其本故不傳文集子琰亦涉學顏屬文
至吏部郎避亂東陽後為盜所害
子範字景則子恪第六弟也齊永明十年封祀
陽縣侯拜太子洗馬天監初降爵為子除後軍

記室參軍復為太子洗馬儀遷司徒主簿丁所
生母憂去職子範有孝性君喪以毀聞服闋又
為司徒主簿累遷丹陽尹丞太子中舍人出為
建安太守還累遷大司馬南平王戶曹屬從事中
郎王愛文學士子範偏被恩遇嘗曰此宗室奇
才也使製千字文其辭甚美王命記室蔡遠注
釋之自是府中文筆皆使草之王薨子範遷宣
惠諮議參軍護軍王正德長史領尹丞正德為丹
陽尹復為正德信威長史領尹丞歷官十餘年

不出藩府常以自慨而諸第並登顯意不能
平及是到府歲日上藩首佐於茲冊忝河南
雌伏自此重昇以老少異將盛袞殊日雖佩恩
寵還羞年躋少子範少與第子顯子雲才名略相
比而風彩容止不逮故官途有優劣每讀書
杜緩兄第五人至大官唯中第歘少不至而最
知名常吟諷之以況己也尋復為宣惠廷尉卿出為
司馬不就仍除中散大夫遷光祿廷尉卿出為
戎昭將軍始與內史還除太中大夫遷祕書監

太宗即位召為光祿大夫加金章紫綬以逼賊
不拜其年葬簡皇后使與張纘俱製哀策文太
宗覽讀之曰今葬禮雖關此文猶不減於舊尊太
遇疾卒時年六十四賊平後世祖追贈金紫光
祿大夫謚曰文前後文集三十卷三子湧碓少
有文章太宗東宮時嘗與邵陵王數詣蕭文士
湧碓亦預焉湧碓至尚書殿中郎中軍宣城王
記室先子範卒碓太清中歷官宣城王友司徒
右長史賊平後赴江陵因沒關西

子顯字景陽子恪第八第也幼聰慧文獻王異
之愛過諸子七歲封寧都縣侯永元末以王子
例拜給事中天監初降爵為子累遷安西外兵
仁威記室參軍司徒主簿太尉錄事子顯偉容
貌身長八尺好學工屬文嘗著鴻序賦尚書令
沈約見而稱曰可謂得明道之高致蓋幽通之
流也又探眾家後漢考正同異為一家之書又
啟撰齊史書成表奏之詔付祕閣累遷太子中
舍人建康令邵陵王友丹陽尹丞中書郎守宗

正鄉出為臨川内史還除黃門郎中大通二年
遷長兼侍中高祖雅愛子顯才又嘉其容止吐
納每御筵侍坐偏顧訪焉甞從容謂子顯曰我
造通史此書若成衆史可廢子顯對曰仲尼讚
易道黙然索述職方除九丘五聖製符同復在兹
日時以為名對三年以本官領國子博士高祖
所製經義未列學官并晉通比代記其年還
生十人又啓撰高祖集并普通比代記其年還
國子祭酒又加侍中 於學遞述高祖五經義五

年選吏部尚書侍中 如故子顯性凝簡頗負其
才氣及掌選見九流賓客不與交言但舉扇一
撝而已衣冠竊恨之然太宗素重其為人在東
宮時每引與促宴子顯甞起更衣太宗謂坐客
曰常聞異人間出今日始知是蕭尚書其見重
如此大同三年出為仁威將軍吳興太守至郡
未幾卒時年四十九詔曰仁威將軍吳興太守
子顯神韻峻舉宗中佳器分竹未久奄到喪殞
惻愴于懷可贈侍中中書令今便舉哀及葬請

謚手詔特才傲物宜謚曰驕子顯甞為自序其
略云余為邵陵王友尒還京師遠思前比即楚
之唐宋梁之嚴鄒追尋平生頗好辭藻雖在名
無忘求心已足若乃登高目極臨水送歸風動
春朝月明秋夜早鷹初擊馬邯鄲路之徒並
每不能已也前世賈傅崔開花落葉有來斯應
必文章顯所以屢上歌頌自比古人天監十六
年始預九日朝宴稠人廣坐獨受旨云今云物
甚美卿得不斐然賦詩詩既成又降帝旨曰可
謂才子余退謂人曰一顧之恩非望而至遂方
賈誼何如哉未易當也每有製作特寡思功須
其自來不以力構少來所為詩賦則鴻序一作
體兼衆製文備多方頗為好事所傳故虛譽易
遠子顯所著後漢書一百卷齊書六十卷並普
此伐記五卷貴儉傳三十卷文集二十卷並行
序愷並少知名序太清中歷官太子家令中庶
子並掌管記及亂於城内卒愷初為國子生對
策高第州又舉秀才起家祕書郎遷太子中舍

人王府主簿太子洗馬父憂去職服闋復除太
子洗馬遷中舍人並掌管記累遷宣城王文學
中書郎太子家令又掌管記僧孺于學棄豎時論
以方其父太宗在東宮早引接之時中庶子謝
瞰出守建安於宣猷堂宴餞並召時才賦詩同
用十五劇韻僧孺詩先就其辭又美蕭僧孺可稱信為
才子先是時太學博士顧野王奉令撰玉篇太
宗嫌其書詳略未當以僧孺博學於文字尤善使

更與學士刪改遷中庶子未拜徙為吏部郎太
清二年遷御史中丞頃之俄景寇亂僧孺於城內
遷侍中尋卒官時年四十四文集並亡逸
子雲字景喬幼恪自製章便有文彩天監初降
年封新浦縣侯勤學以晉代音無全書弱冠便留
爵為子既長勤學以晉代音無全書弱冠便留
心撰著至年二十六書成表奏之詔付秘書郎
雲性沈靜不樂仕進年三十方起家為秘書郎
遷太子舍人撰東宮新記奏之勅賜東帛束遷

比中郎外兵參軍晉安王文學字司徒主簿丹陽
尹丞時湘東王為京尹深相賞好如布衣之交
遷北中郎廬陵王諮議參軍兼尚書左丞大通
元年除黃門郎俄遷輕車將軍兼司徒左長史
二年入為吏部三年遷長兼侍中大通二年轉
太府卿三年出為貞威將軍臨川內史在郡以
和理民吏悅之還除散騎常侍俄復為侍中大
同二年遷員外散騎常侍祭酒領南徐州
大中正頃之復為侍中祭酒如故梁初郊

廟未革牲牷樂辭皆沈約撰至是承用子雲始
建言宜改啓曰伏惟聖敬卒由尊嚴郊廟得西
隣之心知周孔之迹載革牢俎德通神明蒸稷
蘋藻鬻誠嚴配經國制度方懸日月垂訓百王
於是乎在臣比兼職齋官見伶人所歌猶未
革牲前曲圜立眠燎尚言式備牲牷以潔誠雅
亦奏牲亢孔備清廟登歌而稱我牲以潔三朝
食舉猶詠朱尾碧鱗聲被鼓鍾未符盛制臣職
司儒訓意以為疑未審應改定樂辭以不敕答

曰此是主者守株宜急改也仍使子雲撰定敕
曰郊廟歌辭應須典誥大語不得雜用子史文
章淺言而沈約所撰亦多舛謬子雲答敕曰殷
薦朝饗樂以雅名理應正採五經聖人成教而
漢來此製不全用經典約之所撰彌復淺雜臣
前所易約十曲惟知牲牷既革宜改歌辭而猶
承例不嫌流俗乖體既奉令旨始得發曚臣夙
本庸滯昭然忽朗謹依成旨悉改約制惟用五
經為本其次爾雅周易尚書大戴禮即是經誥

之流懸意亦取兼用臣又尋唐虞諸書殷頌周
雅稱美是一而復各述時事大梁革服偃武脩
文制禮作樂義高三正而約撰歌辭惟浸稱聖
德之美了不序皇朝制作事雅頌前例於體為
違伏以聖旨所定樂論鍾律緯緒文思深微命
世一出方懸日月不刊之典禮樂之教致治所
成謹一二採綴各隨事顯義以明制作之美覃
思累日今始克就謹以上呈敕並施用子雲善
草隸書為世楷法自云善效鍾元常王逸少而

微變字體答敕云臣昔不能拔賞隨世所貴規
摹子敬多歷年所年二十六著晉史至二王列
傳欲作論語草隸法言不盡意遂不能成略指論
飛白一勢而已十許年來始見敕旨論書一卷
商略筆勢洞澈字體又以逸少之不及元常猶
子敬之不及逸少自此研思方悟隸式始變子
敬全範元常逮爾以來自覺功進其書迹雅為
高祖所重嘗論子雲書曰筆力勁駿心手相應
巧踰杜度美過崔寔當與元常並驅爭先其見

賞如此七年出為仁威將軍東陽太守中大同
元年還拜宗正卿太清元年復為侍中國子祭
酒領南徐州大中正二年侯景寇逼子雲逃民
間三年三月宮城失守東奔晉陵餧卒于顯靈
寺僧房年六十三所著晉書一百一十卷東宮
新記二十卷第二子特字世達早知名亦善草
隸高祖嘗謂子雲曰子敬之書不及逸少近見
特迹遂逼於卿歷官著作佐郎太子舍人宣惠
主簿中軍記室出為海鹽令坐事免年二十五

子暉字景光子雲第也少涉書史亦有文才起
家貞外散騎侍郎遷南中郎記室出為臨安令
為講賦奏之甚見稱賞遷安西武陵王諮議帶
性恬靜嘗預重雲殿聽制謙三慧經退
新繁令隨府轉儀同從事中騎長史卒
陳吏部尚書姚察曰昔魏藉兵威而革漢運晉
因宰輔乃移魏歷異乎古之禪授以德相傳故
抑前代宗枝用絕民望然劉曄曹志猶顯於朝
及宋遂為廢姓而齊代宋之戚屬一皆殲焉其
祚不長抑亦由此有梁革命弗取前規故恪
兄弟及羣從並隨才任職通貴滿朝不失於舊
豈惟魏幽晉顯而已哉君子以是知高祖之弘
量度越前代矣

列傳第二十九　　　　梁書三十五

梁書傳二十九　十二
梁書傳二十九　十三

列傳第三十　　梁書三十六

　　　　　散騎常侍姚　思廉　撰

孔休源
江革

孔休源字慶緒會稽山陰人也晉丹陽太守沖
之八世孫曾祖遙之宋尚書水部郎父瓘齊零
陵王記室參軍早卒休源年十一而孤居喪盡
禮每見父手所寫書必哀慟流涕不能自勝見
者莫不為之垂泣後就吳興沈驎士受經略通
大義建武四年州舉秀才太尉徐孝嗣省其策
深善之謂同坐曰董仲舒何以尚此可
謂後生之准也觀其此對足稱王佐之才琅邪王
融雅相友善乃薦之於司徒竟陵王為西邸學
士梁臺建與南陽劉之遴同為太學博士當時
以為美選入廟侍中范雲一與相遇深加賞
宅曾不期忽觀清顏頓祛鄙吝各觀天拔霧睹
實曰不期忽觀清顏頓祛鄙吝各觀天拔霧謂當
今日後雲命駕到少府門登便攝延整帶謂當

梁書傳三十　一

詣已既而獨造休源高談盡日同載還家登深
以為愧尚書令沈約當朝貴顯軒蓋盈門休源
或時後來必虛襟引接過之坐右商略文義其
為通人所推如此俄除臨川王府行參軍高祖
嘗問吏部尚書徐勉曰今帝業初基須一人有
學藝解朝儀者為尚書儀曹郎為朕思之誰有
堪其選勉對曰孔休源識具清通諳練故實自
晉宋起居注誦略上口高祖亦素聞之即日除
兼尚書儀曹郎中是時多所改作每遷訪前事休

二

源即以所誦記隨機斷決曾無疑滯吏部郎任
昉常謂之為孔獨誦遷建康獄正及辨訟折獄
時罕冤人後有選人為獄司者高祖尚引休源
以勵之除中書令人司徒臨川王府記室參軍
遷尚書左丞彈蕭穎達禮闈允朝望時太子詹事
周捨撰禮疑義自漢魏至于齊梁班皆搜採休
源所有奏議咸預編錄除給事黃門侍郎遷長
兼御史中丞正色直繩無所回避百寮莫不憚
之除少府卿又兼行丹陽尹事出為宣惠晉安

王府長史南郡太守行荊州府州事高祖謂之
曰荊州總上流衝要義高分陝今以十歲兒委
卿善匡翼之勿憚周昌之舉也對曰臣以庸鄙
曲荷恩遇方揣丹誠効其一割上善其對乃敕
晉安王曰孔休源人倫儀表汝年尚幼當每事
師之尋而始興王憺代為荊州復為儋府長史
南郡太守行府州事如故在州素政甚有治績
平心決斷請託不行高祖深嘉之除通直散騎
常侍領羽林監轉祕書監遷明威將軍復為晉

三一

安王府長史南蘭陵太守別敕專行南徐州事
休源累佐名藩甚得民譽王深相倚仗軍民機
務動止詢謀常於中齋別施一榻雲此是孔長
史坐人莫得預焉其見敬如此徵為太子中庶
子領步兵校尉以足疾出為晉陵太守在郡以
授都官尚書頃之領太子中庶子普通七年揚
州刺史臨川王宏薨高祖與群臣議遷代居州
任者久之時貴戚公王咸望遷授高祖曰朕辨
已得人孔休源才識通敏實應此選乃授宣惠
將軍監揚州休源初為臨川王行佐及王薨而

管州任時論榮之而神州都會濟領殷繁休源
割斷如流傍無私謂中大通二年加授金紫光
祿大夫監揚州如故累表陳讓優詔不許在州
晝決辭訟定覈簿籍毒車駕巡幸常以軍國
事委之昭明太子薨有敕夜召休源入宴居殿
與羣公參定謀議立晉安王詳為皇太子四年
遘疾高祖遣中使候問并給醫藥日有十數其
年五月卒時年六十四遺詔謂今薄葬節朔薦蔬菜
而已高祖為之流涕顧謂謝舉曰孔休源奉職

三卅四　梁書傳三十　四　歲

清忠當官忠直方欲共康治道以隆王化奄至
殞歿朕甚痛之舉曰此人清介彊直當今罕有
微臣竊為陛下惜之詔曰慎終追遠歷代通規
褒德疇庸宣惠將軍金紫光祿大夫
監揚州孔休源風業貞正雅量沖邈并柴建禮
譽重搢紳理務神州化覃哥詠常侍金紫
尋倫奮然永逝倍用悲惻可贈散騎常侍金紫
光祿大夫賻第一村一具布五十四錢五萬蠟
二百斤尅日舉哀喪事所須隨便資給諡曰貞

子皇太子手令曰金紫光祿大夫孔休源立身
中正行己濟恪昔歲西浮湘官東泊枌壤眎佐
蕃政實盡厥誠安國之詳審公儀之廉白無以
過之奄至殞喪情用慟怛今須舉哀外可備禮
休源少孤立志操風範彊正明練治體持身約
學窮文藝當官理務不憚彊禦常以天下
為己任高祖深委仗之累居顯職纖毫無犯性
惇密寡嗜好出入惟幄未嘗言禁中事世以此
重之聚書盈七千卷手自校治凡奏議彈文勒

梁書傳三十　五

成十五卷長子雲童顧有父風而篤信佛理通
持經戒官至岳陽王府諮議東揚州別駕少子
宗軌聰敏有識度歷尚書都官郎司徒左西掾
中書郎
江革字休映濟陽考城人也祖齊之宋尚書金
部郎父柔之齊尚書倉部郎有孝行以母憂毀卒
革幼而聰敏早有才思六歲便解屬文柔之深
加賞器曰此兒必與吾門九歲丁父艱與弟觀
同生孤貧傍無師友兄弟自相訓勖讀書精力

不倦十六喪母以孝聞照鄰與觀俱詣太學補
國子生舉高第齊中書郎王融吏部謝朓雅相
欽重朓嘗宿衛還過候革時大雪見革弊氈單
席而耽學不倦嗟嘆久之乃脫所著襦并手割
半氈與革充卧具而去司徒竟陵王聞其名引
為西邸與學士謁冠舉南徐州秀才時豫章胡諧
之行州事革融與諧之書令薦革詣之方貢舉
相引接祜為太子詹事啟革為府丞祜時權
邪王汎便以革代之解褐奉朝請僕射江祏深
傾朝右以革才堪經國令參掌機務詔語文檄
皆委以具革防杜形迹外人不知祏誅賓客皆
罹其罪革獨以智免除尚書駕部郎中興元年
高祖入石頭時吳興太守袁昂據郡距義師延
使革製書與昂於坐立成辭義典雅高祖深賞
歎之因令與徐勉同掌書記以革為征北記
史表求管記以革為征北記室參軍帶中廬令
與弟觀少長共居不忍離別苦求同行乃以觀
為征北行參軍兼記室時吳興沈約樂安任昉

並相賞重昉與革書云此段雍府妙選英才文房之
職總卿昆季可謂驅二龍於長途騁騏驥於千里
途次江夏遇疾卒革時在雍為府王所禮款若布
衣王被徵為丹陽尹以革為記室領五官操除通直
散騎常侍建康正頻遷秣陵建康令為治明畺
豪彊憚之入為中書舍人尚書左丞司農卿復
出為雲麾晉安王長史尋陽太守行江州府事
徙為仁威盧陵王長史太守行事
百城所憚時少王行事多傾意於籤帥革以正
直自居不與籤帥等同坐俄遷左光祿大夫南
平王長史御史中丞彈奏豪權一無所避除少
府卿出為貞威將軍北中郎南康王長史廣陵
太守改授鎮北豫章王長史廣陵時
魏徐州刺史元法僧降附革被敕隨府王鎮彭
城城既失守革素不便馬乃泛舟而還途經下
邳遂為魏人所執魏徐州刺史元延明聞革才
名厚加接待革思脚不拜延明將加害焉見
革辭色嚴正更相敬重時祖暅同被拘執延明

使瞻作歌器漏刻銘革罵瞻曰卿荷國厚恩已
無報苔今乃為虜立銘孤負朝廷延明聞之乃
令革作大小寺碑并貶祖文革辭以囚執既
久無復心思延明逼之逾苦將加箠撲革顏色
而言曰江革行年六十不能殺身報主今日得
死為幸誓不為人執筆延明知不可屈乃止曰
給脁粟三外僅餘性命值魏王討中山王元略
反比乃放革及祖暅還朝詔曰前貞威將軍鎮
北長史廣陵太守江革才思通贍出內有聞在
朝正色臨危不撓首佐臺曰鉉實兌會謹可太尉
臨川王長史時高祖盛於佛教朝貴多啓求受
戒革精信因果而高祖未知謂革不奉佛乃
賜革覺意詩五百字云惟當勤精進自彊行
勝惰當可作底突如彼必死囚以此告江革并
及諸貴遊又手敕云間果報不可不信甚得
底突如對元延明邪革因啓乙受菩薩戒重除
少府卿長史校尉時武陵王在東州頗自驕縱
上召革面敕曰武陵王年少臧盾性弱不能正

正欲以卿代為行事非卿不可不得有辭乃除
折衝將軍東中郎武陵王長史會稽郡丞行
府州事革門生故吏家多在東州聞革應至並
齎持緣道迎候革曰我通不受餉不容獨當故
人筐篚至鎮惟資公俸食不兼味郡境殷廣
訟日數百革分判辨析曾無疑滯功必賞過必
罰民安吏畏百城震恐琅邪王驀為山陰令贓
貨狼藉望風自解府王憚之遂雅相欽重每至
侍宴言論必以詩書王因此耽學好文典籤沉
織文以王所制教詩呈高祖高祖謂僕射徐勉曰
江革果能稱職乃除都官尚書將還民皆戀惜
之贈遺無所受故依舊訂舫革曰昔並不納惟乘
臺所給一舸舸艚偏狹不得安卧或謂革曰船
既不平濟江甚險當移徙重物以迮輕艚革既
無物乃於西陵岸取石十餘片以實之其清貧
如此尋守監吳郡千待境內荒儉劫盜公行革至
郡惟有公給仗身二十人百姓皆懼不能靜惡
反省遊軍尉民下逾恐革乃廣施恩撫明行制

令盜賊靜息民吏安之武陵王出鎮江州乃曰
我得江革文華清麗豈能一日忘之當與其司
飽乃表革同行又除明威將軍南中郎長史尋
陽太守徵入爲度支尚書好獎進闊闊爲後生
延譽由是衣冠士子翕然歸之時尚書令何敬
容掌選序用多非其人革性彊直每至朝宴閒
有褻聚以此爲權勢所疾乃謝病還家除先祿
大夫領步兵校尉南北宄二州大中正優遊閒
放必文酒自娛大同元年二月卒諡曰彊子有
集二十卷行於世革歷官入府長史四王行事
二爲二千石傍無姬侍家徒壁立以此高之
長子行敬好學有才俊官至通直郎早卒有集
五卷次子從簡少有文性年十七作採荷詞以
剌敬容爲當時所賞歷官司徒從事中郎廬景
亂爲任約所害子兼叩頭流血乞代父命以身
蔽刃遂俱見殺天下莫不痛之
史臣曰高祖留心政道追孔休源以識治見知既
遇其時斯爲卒矣江革聰敏亮直亦一代之盛

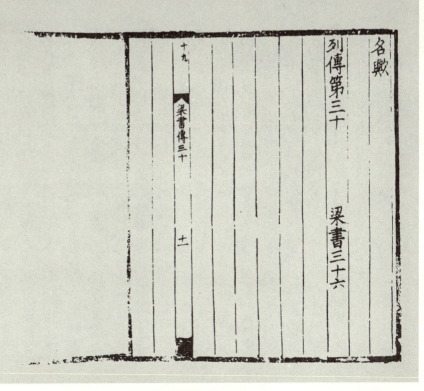

名歟
列傳第三十
梁書三十六

散騎常侍姚　思廉　撰

謝舉　何敬容

謝舉字言揚中書令覽之第也幼好學能清言
與覽齊名舉年十四嘗贈沈約五言詩約稱
賞世人為之語曰王有養炬謝有覽舉養炬王
筠王泰小字也起家秘書郎遷太子舍人輕車
功曹史秘書丞司空從事中郎太子庶子家令
掌東宮管記深為昭明太子賞接秘書監任昉
出為新安郡別舉詩云詎念耋嗟人方深老夫
託其屬意如此嘗侍宴華林園高祖訪舉於覽
覽對曰識藝過臣其遠惟飲酒不及於臣高祖
大悅轉太子中庶子猶掌管記天監十一年遷
侍中十四年出為寧遠將軍豫章內史為政和
理甚得民心十八年復入為侍中領步兵校尉
普通元年出為貞毅將軍太尉臨川王長史
四年入為左民尚書其年遷掌吏部尋以公事

免五年起為太子中庶子領右軍將軍六年復
為左民尚書領步兵校尉俄徙為吏部尚書尋
加侍中出為仁威將軍晉陵太守在郡清靜百
姓化其德境內肅然罷郡還民詣闕請立碑
詔許之大通二年入為侍中如故舉祖少博玄
掌吏部侍中如故舉祖莊宋世再典選至舉又
三為此職前代未有也舉少博涉多通尤長玄
理及釋氏義為晉陵郡時常與義僧遞講經論
徵士何胤自虎丘山赴之其盛如此先是北渡
人盧廣有儒術為國子博士於學發講僕射徐
勉以下畢至舉造坐屢折廣辭理通遠廣深歎服
仍以所執麈尾薦之以況重席焉四年加侍中
五年遷尚書右僕射侍中如故大同三年出
為雲麾將軍吳郡太守先是何敬容居郡有
美績世稱為何吳郡及舉遷政聲跡略相比六
年入為侍中中書監未拜遷太子詹事領左將
軍侍中如故舉父瀹齊世終此官累表乞改授

敕不許久之方就職九年遷尚書僕射侍中將
軍如故舉雖居端揆未嘗肯碩時務多因疾陳
解敕輒賜假并手敕勞勉分加給上藥其恩遇如
此其年以本官參掌選事太清二年遷尚書
令侍中將軍如故歷太子中庶子出為建安
內詔贈侍中中衛將軍開府儀同三司侍中尚
書令如故文集亂中並亡逸二子禧嘏並知
名嘏字國禮盧江人也祖收之宋太常卿父
何敬容字國禮盧江人也祖收之宋太常卿父

昌寓齊吏部尚書並有名前代敬容以名家子
弱冠選尚齊武帝女長城公主拜駙馬都尉天
監初為祕書郎歷太子舍人尚書殿中郎太子
洗馬中書舍人祕書丞遷揚州治中出為建安
內史清公有美績民吏稱之還除黃門郎累遷
太子中庶子散騎常侍中司徒左長史普通
二年復為侍中領羽林監俄又領本州大中正
頃之守吏部尚書銓序明審號為稱職四年出
為招遠將軍吳郡太守為政勤恤民隱辨訟如

神視事四年治為天下第一吏民詣闕請樹碑
詔許之大通二年徵為中書令未拜復為吏部
尚書領右軍將軍俄加侍中中大通元年改太
子中庶子敬容身長八尺白皙美鬚眉性矜莊
衣冠尤事鮮麗每公庭就列容止出入三年遷
尚書右僕射參掌選事侍中如故時僕射徐勉
參掌機密以疾陳解因舉敬容自代故有此授
焉五年遷左僕射加宣惠將軍置佐史侍中參
掌如故大同三年正月朱雀門災高祖謂羣臣
曰此門制甚狹我始欲構遂遭天火並相顧未

有答敬容獨曰此所謂陛下先天而天不違時
以為名對俄遷中權將軍丹陽尹待中參掌佐
史如故五年入為尚書令侍中將軍參掌佐
史如故敬容父處臺閣詳悉舊事且聰明識治勤
於薄領自文義自逸敬容獨勤庶務為世所嗤鄙時蕭
琛子巡者頗有輕薄才因制嘲戲蕭
嘲之敬容處之如初亦不屑也十一年坐妾第

費慧明為道子舍丞夜盜官米為禁司所執送
領軍府時河東王譽為領軍將軍敬容以書解
慧明譽即封書以奏高祖大怒付南司推劾御
史中丞張綰奏敬容挾私罔上合棄市刑詔特
免職初天監中有沙門釋寶誌者嘗遇敬容謂
曰君後必當為其禍故抑没宗族無仕進者至是
謂何姓當為貴然終是何敗何耳及敬容為宰相
竟為河東所敗中大同元年三月高祖幸同泰
寺講金字三惠經敬容請預聽教許之又有敕

聽朔望問訊尋起為金紫光祿大夫未拜又加
侍中敬容舊時賓客門生誼譁如昔冀其復
用會稽郁致書戒之曰草萊之人聞諸道路
君庶已得瞻望多士出入禁門醉尉將不敢呵灰
然不無其漸甚休甚有嬰時農爹而求親者也且
流言裁作公旦東奔燕書始來子孟不入夫聖
賢被虛過以自斤未有嬰時曝鰓之鱗不念杯杓之水雲霄之翼豈豆顧籠撥
之糧何者所託已盛也昔君庶納言加首鳴王

在要回豐貂以步文昌贅高蟬而趨武帳可謂
盛矣不以此時薦才拔士少報聖主之恩今卒
如愛絲之說受責見過方復欲更竊朝廷缺望
萬分竊不為左右取也昔寶嬰楊惲亦得罪
明時不能謝絕賓客獨交黨援卒無後福終為
前禍僕之所弔實在於斯人人所以頗有躓
君庶之門者未必皆感惠懷仁有灌夫任安之
義乃戒翟公之大署冀君庶之復用之意未可為智者說矣君庶

宜杜門念失無有所通築茅茨於鍾阜即優游
以卒歲見可憐之意著待終之情復仲尼能改
之言惟子貢更也之譬少言於眾口微自救
於竹帛所謂失之東隅收之桑榆如此令明主
聞知尚有冀也東皐鄙人入穴幸無衒恥
天下之士不為執事道之故披肝膽示情素君
庶豈能鑒正乎太清元年遷太子詹事侍中如故
二年庶景襲京師敬容自府移家臺內初景於
渦陽退敗未得審實傳者乃云其將暴顯及

景身與衆並沒朝廷以爲憂敬容尋見東宮太宗
謂曰淮比此始更有信歲景定得身免不如所傳
敬容對曰得景遂死深是朝廷之福太宗失色
問其故敬容曰景翻覆叛臣終當亂國是年太
宗頻於玄圃自講老莊二書學士吳孜乱顏由
祖尚玄虛胡賊殄覆中夏今東宮復襲其言此殆非
人事其將爲戎乎俄而戻景難作其言有微也
事府每日入聽敬容謂孜曰昔晉代喪乱顏由
三年正月敬容卒于圃内詔贈仁威將軍本官
法並建立塔寺至敬容又捨宅東爲伽藍趨勢
者因助財造構敬容並不拒故此寺堂宇校飾
顧爲宏麗時輕薄者因呼爲衆造寺焉及敬
容免職出宅止有常用器物及橐衣而已竟無
餘財貨時亦以此稱之子穀祕書丞早卒
陳吏部尚書姚察曰魏正始及晉之中朝時俗
尚於玄虛貴爲放誕尚書丞郎以上簿領文案
不復經懷皆成於令史遂乎江左此道彌扇惟

卜壺以臺閣之務頗欲綜理阮孚謂之曰卿常
無閒暇不乃勞乎宋世王敬弘身居端右未嘗
省牒風流相尚其流遂遠望百署空是稱清貴
恪勤匪懈終滯鄙俗是使朝經廢於上職事隳
於下小人道長抑此之由鳴呼傷風敗俗曾莫之
悟永嘉不競戎馬生郊宜其然矣何國禮之識
治見譏薄俗惜哉

列傳第三十一

梁書傳三十一

梁書三十七

散騎常侍姚　思廉　撰

　　朱异

　　賀琛

朱异字彥和吳郡錢唐人也父巽以義烈知名
官至齊江夏王參軍吳平令巳异年數歲外祖顧
歡撫之謂异祖昭之曰此兒非常當成卿門
戶年十餘歲好羣聚蒲博頗為鄉黨所患既長
乃折節從師遍治五經尤明禮易涉獵文史兼
通雜藝博弈書算皆其所長年二十詣都尚書
令沈約面試之因戲异曰卿年少何乃不廉异
逡巡未達其旨約曰天下唯有文義棊書卿
一時將去可謂不廉也其年上書言建康宜置
獄司比廷尉敕付尚書議詳從之舊制年二十
五方得釋褐時异適二十一特敕擢為揚州議
曹從事史尋有詔求異能之士五經博士明山
賓表薦异曰竊見錢唐朱异年時尚少德備老
成在獨無散逸之想處闇有對賓之色器宇弘

深神表峯峻金山萬文綠陟未登玉海千尋窺
映不測加以珪璋新琢錦組初構觸響鏗鏘值
采便發觀其信行非惟十室所稀若使負重遠
途必有千里之用高祖召見曰朱异實異後見明
山賓謂曰卿所舉殊得其人仍召异直西省俄兼太學博
士其年高祖自講孝經使异執讀遷尚書儀曹
郎入兼中書通事舍人累遷鴻臚卿太子右衛
率尋加員外常侍普通五年大舉北伐徐州
刺史元法僧遣使請舉地內屬有司議其虛
實异曰王師北討剋獲相繼徐州地轉削弱
咸願歸罪法僧懼禍之至其降必非偽也
高祖仍遣异報法僧并敕衆軍應接受异節度
既至法僧遂承朝旨如异策焉中大通元年遷
散騎常侍自周捨卒後异代掌機謀方鎮改換
朝儀國典詔誥敕書並兼掌之每四方表疏當
局簿領詶詢詳斷填委於前异屬辭落紙覽事
下議從橫敏贍不暫停筆頃刻之間諸事便了

大同四年遷右衛將軍六年異啟於儀賢堂奉
述高祖老子義教許之及就講朝士及道俗聽
者千餘人為一時之盛時城西又開士林館以
延學士異與左丞賀琛遞日述高祖禮記中庸
義皇太子又召異於玄圃講易八年改加侍中
太清元年遷左衛將軍領步兵二年遷中領軍
舍人如故高祖夢中原平舉朝慶旦以語異
異對曰此宇內方一之徵及侯景歸降敕召群
臣議尚書僕射謝舉等以為不可高祖欲納之

末決嘗風興至武德閤自言我國家承平若此
今便受地誠是事宜脫致紛紜悔無所及異探
高祖微旨應聲荅曰聖明御宇上應蒼玄北土
遺黎誰不慕仰為無機會未達其心今侯景分
魏國太半輸誠送款遠歸聖朝豈非天誘其衷
人獎其計原心審事有可嘉今若不容忽絕
後來之望此誠易見願陛下無疑高祖深納
言又感前夢遂納之及貞陽敗沒自魏使還述
魏相高澄欲更申和睦敕有司定議異又以和

為允高祖果從之其年六月遣建康令謝挺通
直郎徐陵使此通好事時疾景鎮壽春累啟絕
和及請追使文致書與異辭意甚切異但述敕
旨以報之八月景遂舉兵反以討異為名遣景
得三千人及景至仍以其眾半反司馬門初景
謀反合州刺史鄱陽王範司州刺史羊鴉仁並
累有啟聞異以景孤立寄命必不應爾乃謂使
者都陽王遂不許以景至城內文武咸尤之皇太
朝廷不為之備及寇至城內文武咸尤之皇太

子又製圍城賦其末章云彼高冠及厚顏拉圖鼎
食而乘肥外紫霄之丹地排玉殿之金扉陳謀
謨之啟沃宣政刑之福咸四郊以之多墨萬邦
以之末綱問豺狼其何者訪虺蜴之為誰蓋以
指於異因慾發病卒時年六十七詔曰故
中領軍異器宇弘通才力優贍謀惟惟悼兼懷歷
年所方贊朝經永申寄任奄先物化惻悼兼懷
可贈待中尚書右僕射給祕器一具凶事所須
隨由資辦舊尚書官不以為贈及異卒高祖惜

之方議贈事左右有善異有乃啓曰昇天歷雖
多然平生所懷願得執法者同祖因其宿志特有
此贈焉爲異居權要三十餘年善窺人主意曲能
阿諛以承上旨故特被寵任歷官自員外常侍
至侍中四職並驅鹵簿近代未之有也異及諸
子自潮溝列宅至青溪其中有臺池毎月常棄十數車雖諸
日與賓客遊宴焉四方所饋財貨充積性恡嗇未嘗
有散施厨下珍羞腐爛世貪
子別房亦不分贍所撰禮易講疏及儀注文集

百餘篇亂中多亡逸長子肅官至國子博士次
子閏司徒掾並遇亂卒
賀琛字國寶會稽山陰人也伯父瑒步兵校尉
爲世碩儒琛幼孤瑒授其經業一聞便通義理瑒
異之曰此兒當以明經致貴瑒卒後琛家貧
常往還諸暨販粟以自給閑則習業尤精三禮
初瑒於鄉里聚徒教授至是又依琛焉普通中
刺史臨川王辟爲祭酒從事史琛始出都高祖
聞其學術召見文德殿與語悅之謂僕射徐勉

曰琛殊有世業仍補王國侍郎俄兼太學博士
稍遷中衛參軍事尚書通事舍人參禮儀事累
遷通直正員郎舍人如故又征西鄱陽王中錄
事兼尚書左丞滿歲爲眞詔琛撰新諡法至今
施用時皇太子議大功之末可得冠子嫁女琛
駮之曰令旨以大功之末可以冠子嫁女不得
自冠自嫁推以記文竊猶致感竊尋冠之禮本
是父之所成無父之人乃可自冠故稱得爲子已不
功並以冠子嫁子爲文非關惟得爲子已身不
得也小功之末既得自嫁娶而亦云冠子嫁婦
其義益明故先列二服毎明冠子嫁子結於後
句方顯自娶之義既明小功自娶大功子服小功
蓋是約言而見旨若謂緣父服大功服重故不得自
小功服輕故得爲子冠嫁大功子服殊不應復
嫁自冠子則小功之末非明父子服已可聚大功
云冠子嫁子也若謂小功之文言已可取嫁大功
之文不言已冠故知身有大功不得自取嫁嫁
但得爲子冠嫁竊謂有服不行嘉禮本爲吉凶

不可相干子雖小功之末可得行冠嫁猶應須
父得為其嫁冠若父於大功之末可以冠子嫁
子是於吉凶禮無礙吉凶禮無礙豈不得自冠
自嫁若自冠於事有礙則冠子寧獨
可通今許其冠子而塞其自冠是琛之所惑也
又令旨推下殤小功不可娶則降服大功亦
不得為子冠娶伏尋此旨若謂婦降服大功不
冠子嫁子則降服小功亦不可自冠娶是為
凡厭降降服大功小功皆不得冠娶矣記文應云
降服則不可寧得惟稱下殤今不言降服的舉
下殤實有其義夫出嫁出後或有再降出後之
身於本姊妹降為大功若是大夫服士又以尊降
則成小功其於冠嫁義無以異所以然者出嫁
則有受我出後則有傳重立欲茲薄於此而厚於
彼此服雖可嫁服則夫甚降大功大功降猶依
小功之禮可冠若夫甚降大功大功降猶依
小功止是一等降殺有倫服未嫁冠故無有異
惟下殤之服特明不娶之義者蓋緣以幼稚之

故夫喪情深既無受厚佗姓又異傳重彼宗纂
其年稚服輕頓成殺略故特明不娶以示本重
之恩是以凡厭降服冠嫁不殊惟在下殤乃明
不娶其義若此則下殤皆不
冠子嫁子則降服大功之降服冠皆不可
服皆不冠嫁上中二殤小功亦不娶冠若殤者記之所疑
中上語小功則不得兼於大功若實大小功降於
云下殤小功則不可恐非文意此又琛之所疑
也遂從琛議還員外散騎常侍舊尚書南坐無
貂貂自琛始也頃之遷御史中丞參禮儀事如
先琛家產既曹賣貝主等為有司所奏坐免
官俄復為尚書左丞遷給事黃門侍郎兼國子
博士未拜改為通直散騎常侍領尚書左丞並
象禮儀事琛前後居職凡郊廟諸儀多所創定每
見高祖儀注與語常移晷刻故省中為之語曰上殿
不下有賀雅琛容止都雅故時人呼之遷散
騎常侍參禮儀如故是時高祖任職者皆綠飾
姦諂深害時政琛遂摩陳事條封奏曰臣荷拔

上

擇之恩曾不能効一職居巖納之任又不能薦
一言竊聞慈父不愛無益之子明君不畜無益
之臣臣所以當食廢飡中宵而歎息也輒言時
事列之於後非謂謀猷寧云啓沃獨緘臆臆不
語妻子辭無粉飾削藁則焚既得聽覽胃臆不
鑒如不允亮其懇愚其一事曰今比邊稍服
戈甲解息政是生聚教訓之時而天下戶口減
落誠當今之急務雖是處彫流而關外彌甚郡
不堪州之控緫縣不堪郡之衰削更相呼擾莫

梁書傳三十二　九　王僧明

得治其政術惟以應赴徵斂為事百姓不能堪
命各事流移或依於大姓或聚於屯封蓋不獲
已而竄亡非樂之也國家於關外賦稅蓋微乃
至年常租課動致通積而民失安居寧非牧守
之過東境戶口空虛皆由使命繁數夫犬不夜
吠故民得安居今大邦大縣皆必至每有一
十數所摧擾況復煩攝積理深為民害為困邑
使屬蜀所摧擾況復煩攝理深為民害為困邑
宰則拱手聽其漁獵桀黠縣長吏又因之而為貪

下

殘縱有廉平郡猶掣肘故邑宰懷印類無考
績細民棄業流冗者多雖年降復業之詔屢下
蠲賦之恩而終不得反其居也其二事曰聖主
恤隱之心納隍之念聞之遍至於翻飛蠕動
猶且度脫況在兆庶而州郡無恤民之志故天
下顒顒惟注仰於一人誠所謂愛之如父母仰
之如日月敬之如鬼神畏之如雷霆廷苟須貪員
逗藥豈可不治之哉今天下牧宰所以皆尚謠奢
殘罕有廉白者良由風俗侈靡使之然也謠奢

梁書傳三十三　十　王明

之弊其事多端粗舉二條言其尤者夫食方丈
於前所甘一味今之燕喜相競誇豪積果如山
列肴同綺繡露臺之產不周一燕之資而賓
主之間裁取滿腹未及下堂已臭腐又歌姬
儛女本有品制二八之錫良待和戎令言妓之
夫無有等秩雖復庶微人皆盛姬妾務在貪
汙爭飾羅綺故使民競為侈靡剝削雖致貲
巨億罷歸之日不支數年便已消散蓋由宴醻
所費既破數家之產歌謠之具必侯千金之資

— 304 —

所費事等丘山爲歎止在俄頃乃更追恨回所

取之少今所費之多如復傅翼增其搏噬一何

悖哉其餘淫侈著之凡百習以成俗日見滋甚

欲使人守廉隅吏尚清白安可得邪今誠宜嚴

爲禁制悔之以節儉殷黜雕飾約奏浮華使衆

皆知變其耳目政其好惡夫失節之嗟亦民所

自患正耻不及羣故其勉彊爲之苟力所不至

遂受其弊矣今若羣趨其風而正其失易於反掌

夫論至治者必以淳素爲先正彫流之學其有

過儉朴者也其三事曰聖躬荷負蒼生以爲任

弘濟四海以爲心不憚胼胝之勞不辭癯瘦之

苦當止日從旦夜分廢寢至於百司莫不奏

事上息責下之嫌下無逼上之咎斯實道邁百

王事超千載但斗筲之人藻梲之子既得伏奏

帷扆便欲詭競求進不說國之大體不知當一

官處一職貴使理其紊亂匡其不及心在明恕

事乃平章但務吹毛求疵摘肌分理運筆墨之

智徼分外之求以深刻爲能以繩逐爲務迹雖

梁書傳三十二　十一　陝

似於奉公事更成其威福犯罪者多巧避濟其

曠官廢職長姦增姦寔由於此今誠願責其公

平之效黜其譏愚之心則下安上謐無徽倖之

患矣四事曰自征伐比境幣藏空虛今天下無

事而猶其費事省則養民豐民阜若積以歲

年之　尚於無事必能使國豐民阜若積以歲

月斯乃范蠡蠡滅吳之術管仲霸齊之由今應

省職掌各檢其所部凡京師治署肆應所爲

梁書傳三十三　十二　王明　戎備在

或十條宜省其五或三條宜除其一叉國

昔應多在今宜少雖於後應多卽事未須皆悉減

省應四方屯傅邸治或舊有或無益或妨民有所

宜除除之有所宜減減之凡興造几廐貴財有

非惠者有役民者又凡廐討召凡廐徵求難關國計

權其事宜皆

不息費則無以聚財難關國計

則無以聚力故蓄其財者所以大用之也息其民者

所以大役之也若言小事不足害財則終年不息矣

以小役不足妨民則終年不止矣擾其民而欲求

生聚殷阜不可得矣耗其財而務賦歛繁興則
姦詐盜竊彌生是弊不息而其民不可使也則
難可以語富彊而圖遠矣今魏氏和親彊場無
餘年刑役荐起民力彫流大夫自普通以來二十
貴令府庫當積一旦異境有虞關河可掃則國
奧民疲安能振其遠略事方圖知不及矣言
有闕殊稱所期但朕有天下四十餘年公車譏
警告不及於此時大息召至書於前口授敕責琛曰塞暮

梁書傳三十二　十三　元年

言見聞聽覽所陳之事與卿不異常欲承用無
替懷抱每苦怱怱更增慨惋卿珥貂紆組博問
洽聞不宜同於閭巷止取名字宣之行路言我
能上事明言得失恨朝廷之不能用或誦老子知我者
蕩蕩其無人逐不御乎千里或誦離騷騷
希則我貴人也卿可分別言事啟乃心沃朕心卿云
皆其人也卿教訓之時而民失安居
牧守之過朕無則哲之知觸同多弊四聰一下開
今北邊耤服政是生聚教訓之時而民失安居

四明不達內省責躬無慮咎竟為聖主四凶
在朝況乎朕也能無惡人但大澤之中有龍有
蛇縱某不盡善不容卿可分明顯出某刺史
橫暴某太守貪殘某官長凶虐尚書蘭臺主
書舍人某人姦猾某人取與明言其事得以黜
陟向令舜但聽公車上書四凶終自不知為
永為闇主卿又云東境戶口空虛良由使命繁
多但未知此是何使卿云驁困邑宰則拱手聽
其漁獵桀黠長吏文因之而為貪殘竟何姓名

梁書傳三十二　十四　元年

廉平制肘復是何人朝廷思賢有如飢渴
掣肘實為異事宜速條聞當更擢用凡所遣使
多由　或復軍糧諸所懸急盡不獲已而遣
之若不遣使天下枉直云何綜理事實云何瀝
辨惡人日滋善人日蔽欲求安卧而行無翼而飛
遺使而得事理此乃佳事豈不幸甚其可得乎不
能到在所不威而伏豈不幸甚卿餞言之應有
深見宜陳祕術不可懷寶迷邦卿又云守宰貪
殘皆由滋味過度貪人殘廉費已如前若漢文雖

愛露臺之產鄧通之錢布於天下以此而治朕無愧焉若以下民飲食過差亦復不然天監之初思之已甚其勤力營產則無不富饒惰遊緩事則家業貧窶勤惰產業以營盤案自已營之自已食之何損於天下無賴子弟惰營產業致於貧窶窶無可施設此何益於天下且又意雖曰同富富有不同慳而富者終不能設奢而富宦者於事何損若使朝廷緩其刑此事終不可斷若急其制則曲屋密房之中去何可知若家家搜檢其細已甚欲使吏不呼門其可得乎更相恐脅以求賕帛足長禍萌無益治道若以此指朝廷我無此事昔之牲牢久不宰殺朝中曾食菜蔬而已意粗得奢約之節若復減此必有蟋蟀之譏若以為功德事者皆是圖中之所產育功德之事亦無多費變一瓜為數十種食一菜為數十味不變瓜菜亦無多種以變故多何為於事亦復亦豪侈不關國家如得財如法而用此不愧乎人我自除公宴不食國家之食多歷

[十五]

年稔乃至宮人亦不食國家之食積累歲月凡所營造不關材官及以國匠皆資雇借以成其事近之得財頗有方便民得其利國得其利我得其利營財諸功德或以卿之心度我之故不能得知所得財用暴於天下不得曲辭辯論卿又云女妓越濫此所得財用既有司之責亦有多畜妓樂至於勳附若兩掖若言其人當令家有多畜女妓者此並宜具其言所取為少如復傳翼增其霜豪卿又云乃追恨所取為少如復傳翼增其搏噬一何悖哉勇怯不同貪廉各用勇者可使進取怯者可使守城貪者可使捍禦廉者可使牧民向使叔齊守於西河豈能濟事吳起育民必無成功若使吳起而不重用則西河之功廢令之文武亦復如此取其搏噬之用不能得不重更任彼亦非為朝廷為之傳翼卿以朝廷為悖乃自甘之當思致悖所以卿云宜導之以節儉又云至治者必以淳素為先此言大善夫子言其身正不令而行其身不正雖令不從朕

[十六]

上

絕房室三十餘年無有淫佚朕頗自計不與女
人同屋而寢亦三十餘年至於居處不過一床
之地雕飾之物不入於宮此亦人所共知受生
不飲酒受生不好音聲所以朝中曲宴未嘗奏
樂此輩賢之所觀見朕三更出理事隨事多少
事少或中前得竟或事多至日昃方得就食日
常一食若晝若夜時疾苦之日或亦再食晝要
腹過於十圍今之瘦削裁二尺餘舊帶猶存非
為妄說為誰為之救物故也書曰股肱惟人良

梁書傳三十二　　十七

臣惟聖向使朕有股肱故可得中主今乃不免
九品之下不令而行徒虛言耳卿今懶言周
知所啓卿又云百司莫不奏事詭言競求進此又
是誰何者復是說事今不使外人呈事於義可
否無人廢職職可廢乎職廢則人亂人亂則國
安乎以咽廢殑此之謂也若斷呈事誰尸其任
專委之人云何可得是故古人云專聽生姦獨
任成亂猶二世之委趙高元后之付王莽呼鹿
為馬卒有閻樂望夷之禍王莽亦終移漢鼎卿

三四冊

下

云吹毛求疵復是何人所吹之疵壁肌分理復
是何人乎事及深刻繩逐並復是誰又云治署
郎肆何者宜除何者宜省國容戎備何者宜省
何者未須四方屯傳何者無益何者宜省何處
興造而是役民何處卿云若不及於時大
若欲徵賦朝廷從來無有此事靜息之方復何
者宜各出其事具以奏聞卿云不及於時大
息其民事至方圓知無及也如卿此言即時便
是大役其民事是何處卿云國弊民疲誠如卿

梁書傳三十二　　十八　玉元

言終須出其事不得空作漫語夫能言之必能
行之富國彊兵之術急民省役之宜號令遠近
之法並宜具列若不具列則是欺罔朝廷空示
頗舌凡人有為先須內省惟無瑕者可以戮人
卿不得歷詆內外而不極言其事仔聞重奏當
後省覽付之尚書班下海內庶亂羊求除害馬
長息惟新之美復見今日琛奉勅但謝過而已
不敢復有指斥久之遷太府卿太清二年遷雲
驃騎將軍中軍宣城王長史屢舉兵龍驤京師王

移令臺內留琛與司馬楊暾守東府賊尋攻陷
城放兵殺害琛被擒未至死賊求得之轝至闕
下求見僕射王克領軍朱异嚴送莊嚴寺療治之明年
讓之涕泣而止賊復轝送進會稽復
臺城不守琛逃歸鄉里其年冬為賊所害
執琛送出都以為金紫光祿大夫後遇疾卒年
六十九琛所撰三禮講疏五經滯義及諸儀法
凡百餘篇子諔太清初自儀同西昌侯椽出為
巴山太守在郡遇亂卒

陳吏部尚書姚察云夏侯勝有言曰士患不明
經術經術明取青紫如拾地芥耳朱异賀琛並
起微賤以經術逢時致於貴顯符其言矣而异
遂徼寵幸任事居權不能以道佐君苟取容媚
及延寇敗國是巳异之由禍難既彰不明其罪至
於身死寵賂猶弗加賞亦斯濫失於勸
沮何以為國君子是以知太清之亂能無及是乎

元法僧
元樹
元願達
王神念　楊華
羊侃　子鷟
羊鴉仁

元法僧魏氏之支屬也其始祖道武帝父鍾葵
江陽王法僧仕魏歷光祿大夫後為使持節都
督徐州諸軍事徐州刺史鎮彭城普通五年魏
室大亂法僧遂擁鎮稱帝誅鋤異己立諸子為
王部署將帥欲遠議匡復既而魏亂稍定將討法
僧法僧懼乃遣使歸款請為附庸高祖許焉授
侍中司空封始安郡公邑五千戶及魏軍既通
法僧請還朝時方事招攜撫悅降附賜法僧甲第
甚加優寵時朝道中書舍人朱异迎之既至
女樂及金帛前後不可勝數法僧以在魏既之日

久處疆場之任每因寇掠殺戰甚多求兵自衛
詔給甲仗百人出入禁闥大通二年加冠軍將
軍中大通元年轉車騎將軍四年進太尉領金
紫光祿其年立為東魏主不行仍授使持節散
騎常侍驃騎大將軍開府同三司之儀郢州刺
史大同二年徵為侍中太尉領軍師將軍薨時
年八十三二子景隆仲普通中隨法僧入朝
景隆封沌陽縣公邑千戶出為持節都督廣越
交桂等十三州諸軍事平南將軍平越中郎將

廣州刺史中大通三年徵侍中安右將軍四年
為征北將軍徐州刺史封彭城王不行俄除侍
中度支尚書太清初又為使持節都督廣越交
桂等十三州諸軍事征南將軍平越中郎將廣
州刺史行至雷首遇疾卒時年五十八景仲大通三年
增封并前為二千戶仍賜女樂一部出為持節
都督廣越等十三州諸軍事宣惠將軍平越中
郎將廣州刺史大同中徵侍中左衛將軍兄景

梁書傳三十三 二 五葉

隆後為廣州刺史侯景作亂以景仲元氏之族
遺信誘之許秦為主景仲乃舉兵以下應景會
西江督護陳霸先與成州刺史王懷明等起兵
攻之霸先徇其眾曰朝廷以元景仲與賊連從
謀危社稷今使曲江公勃為刺史鎮撫此州眾
聞之皆棄甲而散景仲乃自縊而死
　元樹字君立亦魏之近屬也祖獻文帝父咸
陽王樹仕魏為宗正卿爾朱榮亂以天監八
年歸國封為鄴王邑二千戶拜散騎常侍普通

三十五

■梁書傳三十三 三 元女ハ

六年應接元法僧還朝遣使持節郢司霍三
州諸軍事雲麾將軍郢州刺史增封并前為三
千戶討南蠻平之加散騎常侍安西將軍又
增邑五百戶中大通二年徵侍中鎮右將軍四
年為使持節鎮北將軍都督北討諸軍事加鼓
吹一部以伐魏攻魏譙城拔之會魏將獨孤如
願來援遂圍樹城陷被執發憤卒於魏時年四
十八子貞大同中求隨魏使崔長謙至鄴葬父
還拜太子舍人太清初侯景降請元氏咸屬願

奉為主詔封員為咸陽王以天子之禮遣還

會景敗而返

元願達亦魏之支庶也祖明元帝父樂平王願達仕魏為中書令司州刺史普通中大軍比伐攻義陽願達舉州獻款詔封樂平公邑千戶賜甲第女樂仍出為使持節散騎常侍都督湘州諸軍事平南將軍湘州刺史中大通二年徵侍中太中大夫朝左將軍大同三年卒時年五十七

梁書傳三十三

起家州主簿稍遷潁川太守遂據郡歸款魏軍至與家屬渡江封南城縣侯邑五百戶頃之除安成內史又歷武陽宣城內史皆著治績還除大僕卿出為持節都督青冀二州諸軍事信武將軍青冀二州刺史神念性剛正所更州郡必禁止淫祠妖巫時青冀二州東北有石鹿山臨海先有神廟妖惑百姓遠近祈禱糜費極多及神念至使令毀撤風俗遂改普通中大舉比伐徵為右衛將軍六年遷使持節散騎常侍爪牙將

軍右衛如故遘疾卒時年七十五詔贈本官衡州刺史兼給鼓吹一部諡曰壯神念少善騎射既老不衰嘗於高祖前手執二刀楯左右交度馳馬往來冠絕群伍時復有楊華者能作鷲軍騎並一時妙捷高祖深歡賞之子孫業仕至太僕卿卒贈信威將軍青冀二州刺史鼓吹一部

次子僧辯別有傳

勇力容貌雄偉魏胡太后逼通之華懼及禍乃率其部曲來降胡太后追思之不能已為作楊白華歌辭使宮人晝夜連臂蹋足歌之辭甚悽惋為華後更西界征伐有戰功歷官太僕卿太子左衛率封益陽縣侯太清中侯景亂華欲立志節妻子為賊所擒遂降之卒於賊

梁書傳三十三

楊華武都仇池人也父大眼為魏名將華少有

羊侃字祖忻泰山梁甫人漢南陽太守續之裔也祖規宋武帝之臨徐袞酒從事大中正會薛安都舉彭城降北規由是陷魏魏授衛將軍營州刺史父祉魏侍中金紫光祿大夫侃少

而現偉身長七尺八寸雅愛文史博涉書記尤
好左氏春秋及孫吳兵法弱冠隨父在梁州立
功魏正光中稱帝仍為別將時秦州羌有莫遮念生
者據州及稱帝仍遣其弟天生率眾攻陷岐州
遂寇雍州俛為偏將隸賈顯往討之潛身巡
漑伺射天生應弦即倒其眾遂潰以功遷
節征東大將軍東道行臺領太山太守進爵鉅
平侯初其父每有南歸之志常謂諸子曰人生
安可久淹異域汝等可歸本東朝俛至是將舉
河濟以成先志兗州刺史羊敦俛從兄也密知
之據州拒俛乃率精兵三萬龍之弗尅仍築十
餘城以守之朝廷賞授一與元法僧同遣羊鴉
仁王弁率軍應李元履運給糧仗魏帝聞之
使授俛驃騎大將軍司徒太山郡公長為兗州
刺史俛斬其使者以徇魏人大駭令僕射于暉
率眾數十萬及高歡尒朱陽都等相繼而至圍
俛十餘重傷殺甚眾柵中矢盡南軍不進乃夜
潰圍而出且戰且行一日一夜乃出魏境至渣

六

口眾尚萬餘人馬二千四將入南士卒並竟夜
悲歌俛乃謝曰卿等懷土理不能見隨幸適去
留於此別異因各拜辭而去俛以大通三年至
京師詔授使持節散騎常侍都督瑕丘諸討諸
軍事安北將軍徐州刺史并其兄默及三弟忱
給元皆拜為刺史尋進俛都督瑕丘諸軍事
出頓日城會將軍青異二州刺史中大通四年詔為
節雲麾將軍陳慶之失律俺進其年詔以為持
使持節都督瑕丘諸軍事安北將軍兗州刺史

隨太尉元法僧北討法僧先啟云與俛有舊願
得同行高祖乃召俛問方略具陳進取之計
高祖因曰知卿願與太尉同行俛曰臣拔迹遐
朝常思効命然會貫未曾願與太尉同行人雖
謂臣為吳南人已呼臣為虜今臣願與法僧同行
是羣類逐非止有乘素心亦使匈奴輕漢高
祖曰朝廷謂俛今要須與虜行乃詔以為大軍司馬
高祖謂俛曰軍司馬廢來已久此段為卿置之
行次官竹元樹又於譙城喪師軍寵入為卿侍中

五年封高昌縣侯邑千戶六年出為雲麾將軍

晉安太守閩越俗好反亂前太守莫能止息俊至討擊斬其渠帥陳稱吳滿等於是郡內蕭

清莫敢犯者頃之微太子左衛率大同三年車駕幸樂遊苑俊預宴時少府奏新造兩刃稍成

長丈四尺圍一尺三寸高祖因賜俊試之又製武宴詩三十韻以示俊即席應詔高祖覽曰

吾聞仁者有勇今見勇者有仁可謂鄭魯遺風

【梁書傳三十三】　八

英賢不絕六年遷司徒左長史八年還都官尚書時尚書令何敬容用事與之並省未嘗遊造

有宦者張僧胤候俊俊曰我林非闇人所坐竟不前之時論美其貞正九年出為使持節壯武

將軍衡州刺史太清元年徵為侍中會大舉北伐仍以俊為持節冠軍監作韓山堰事兩旬堰

立俊勸貞陽侯乘水攻彭城不納既而魏揆大至俊頻勸乘可擊旦日又勸出戰

並不從俊乃率所領出頓堰上及衆軍敗俊結

陳徐還二年復為都官尚書侯景反攻陷歷陽

高祖問俊討景之策俊曰景反迹已見或容未突宜急據採石令邵陵王襲取壽春或容不得

前退失巢窟烏合之衆自然瓦解進者謂景未事時景既卒至百姓競入公私軍人爭入武庫

敢便逼京師遂寢其策俊率千餘騎頓覽國門景至新林追俊入城王都督城內諸軍

俊乃區分防疑皆以宗室間之軍人復次第自取器甲所司不能禁俊命斬數人方得止及

【梁書傳三十三】　九

賊逼城衆皆恟懼俊偽稱得射書云邵陵王西昌侯已至近路衆乃少安賊攻東掖門縱火甚

盛俊親自距抗以水沃火火滅引弓射殺數人賊乃退加侍中軍師將軍有詔送金五千兩銀

萬兩絹萬匹以賜戰士俊辭不受部曲千餘人並私加賞賚賊為尖頂木驢攻城城矢石所不能

制俊作雉尾炬施鐵鏃以油灌之擲驢上焚之俄盡賊又東西兩面起土山以臨城城中震駭

俊命為地道潛引其土山不能立賊又作登城

樓高十餘丈欲臨射城內侃
必倒可卧而觀之不勞設備及軍動果倒衆皆
服焉賊既嶺攻不捷乃築長圍朱异張縮議欲
出擊之高祖以問侃侃曰不可賊多日攻城既
能下故立長圍欲引城中降者耳今擊之出人
若少不足破賊若多則一旦失利自相騰踐門
隘橋小必大致挫此乃示弱非馭王威也不
從遂使千餘人出戰未及交鋒墜風退走果以
爭橋赴水死者太半初侃長子䖟爲景所獲執以
來城下示侃侃謂曰我傾宗報主猶恨不足豈
復計此一子幸汝早能殺之數日復來侃謂死
鷟焉日久以汝爲死猶復在邪吾以身許國誓死
行陣終不以爾而生進退因引引射之賊感其
忠義亦不之害也景遣儀同傅士哲呼侃與語
曰侯王遠來問訊天子何爲閉距不時進納尚
書國家大臣宜啓朝廷侃曰侯將軍弃士之後
歸命國家重鎮方城懸相任寄何所患苦忽致
稱兵今驅烏合之卒至王城之下虐馬飲淮矢

集帝室豈有人臣而至於此吾荷國重恩當禀
承謝侯王以梀大逆耳不能妄受浮說開門揖盜
幸謝侯王早自爲所士哲又曰侯王事君盡節
不爲朝廷所知正欲面啓至尊以除姦佞既居
戎放故帶甲來朝何謂作逆侃曰聖上臨馭四海
將五十年聰明叡哲無幽不照有何姦佞而得
在朝欲飾其非寧無詭說且侯王親舉白刃以
向城闕事君盡節正若是邪士哲無以應乃曰
在此之日久把風獻每恨平生未獲披敘願去
戎服得一相見侃爲之免冑士哲瞻望久之而
去其爲比人所欽慕如此後大雨城內土山崩
賊乘之垂入苦戰不能禁侃乃令多擲火爲火
城以斷其路徐於裏築城賊不能進十二月遘
疾卒于臺內時年五十四詔給東園秘器布絹
各五百匹錢三百萬贈侍中護軍將軍鼓吹一
部侃少而雄勇旅力絕人所用弓至十餘石嘗
於兗州堯廟蹋壁直上至五尋橫行得七跡泗
橋有數石人長八尺大十圍侃執以相擊悉皆

破碎偏性豪傷後善音律自造採蓮掉歌兩曲甚
有新致姬姜侍列窮極奢靡有彈箏人陸太喜者
鹿角爪長七寸儛人張淨琬腰圍一尺六十時
人咸推能掌中儛又有孫荊玉能及腰帖地衛
得席上王籤救歌人王娥兒東宮亦賚歌者
屈偶之並妙盡奇曲一時無對初赴衛州於兩
艒艒起三間通梁水齋飾以珠玉加之錦繡盛
設帷屏列女樂乘潮解纜臨波置酒緣塘傍
水觀者填咽大同中魏使陽斐與偏在比嘗同

【梁書列傳三十三】　三千八

學有詔令偏延斐同宴眉客三百餘人器皆金
玉雜寶奏三部女樂至夕侍婢百餘人俱執金
花燭偏不能飲酒而好賓客交遊終日獻酬同
其醉醒性寬厚有器局聲南還室連口置酒有
客張孺才者醉於船中失火延燒七十餘艒所
燔金帛不可勝數偏聞之都不挂意命酒不輟
孺才慙懼自逃匿偏慰諭使還待之如舊第三

十二

子鷗

鷗字子鵬隨偏臺內城陷■■於陽平侯■呼還

待之甚厚及景敗鷗窘圍之乃隨其東走景於
松江戰敗惟餘三舸下海曾景倦書
寢鷗語海師此中何處有蒙山汝但聽我處分
遂直向京口至胡豆洲景大喜將依之鷗乃走入
使向京口景欲透水鷗抽刀斫之景乃走入船
中以小刀抉船鷗以稍入刺殺之世祖軍事明
持節通直散騎常侍都督青冀二州諸軍事明
威將軍青州刺史封昌國縣公邑二千戶賜錢

〔梁書傳三十三〕　十三

五百萬米五千石布絹各一千匹又領東陽太
守征陸納加散騎常侍平峽中除西晉州刺史
破郭元建於東關遷使持節信武將軍東晉州
刺史承聖三年西魏圍江陵鷗赴援不及從王
僧愔征蕭毅於嶺表聞太尉僧辯敗乃還為候
瑱所破於豫章遇害時年二十八
羊鴉仁字孝穆普通中率兄弟自魏歸圍封廣晉
仕郡為主簿太山鉅平人也少驍果有膽力
縣侯征伐青齊間累有功績稍遷貞外散騎常

侍歷陽太守中大通四年為持節都督譙諸
軍事信威將軍譙州刺史大同七年除太子左
衛率出為持節都督南北司豫楚四州諸軍事
輕車將軍北司州刺史侯景降詔鵶仁督士州
刺史桓和之仁州刺史湛海珍等精兵三萬趨
懸瓠應接景仍為都督豫司淮冀殷應西豫等
七州諸軍事司豫二州刺史鎮懸瓠會侯景敗
於渦陽魏軍漸逼鵶仁恐糧運不繼遂還北司
上表陳謝髙祖大怒責之鵶仁懼又頓軍於淮

上及侯景反鵶仁率所部入援太清二年景既
背盟鵶仁乃與趙伯超及南康王會理共攻賊
於東府城反為賊所敗臺城陷鵶仁見景為景
所留以為五兵尚書鵶仁常思奮發謂所親曰
吾以凡流受寵朝廷音無報效以答重恩社稷
傾危身不能死偷生苟免以至于今若以此終
沒有餘憤因遂泣下見者傷焉三年出奔江陵
其故部曲數百人迎之將赴江陵至東莞為故
北徐州刺史苟伯道諸子所害

史臣曰髙祖革命受終光期寳運威德所漸翼
不懷來其皆徇難投身前後相屬元法僧之徒
入國並降恩遇位重任隆擊鍾鼎食矣而羊
佩鵶仁值太清之難並竭忠奉國俱則臨危不
撓鵶仁守中義殞命可謂志烈等扵鈞心均鐵石古
之殉節斯其謂乎

列傳第三十三　梁書三十九

羊佩傳弁其兄黙及三弟悅紿元皆拜為刺史
悅南史作忱未知孰是

司馬褧
　到洽
　劉顯
　劉之遴　弟之亨
　許懋

散騎常侍姚　思廉　撰

司馬褧字元素河內溫人也曾祖純之晉大司農高密敬王祖讓之貟外常侍父變善三禮仕齊官至國子博士褧少傳家業強力專精手不釋卷其禮文所涉書略皆遍觀沛國劉瓛為儒者宗嘉其學深相賞好少與樂安任昉善亦推重焉初為國子生起家奉朝請稍遷王府行參軍天監初詔通儒治五禮有司舉褧治嘉禮除尚書祠部郎中是時創定禮樂褧所議多見施行除步兵校尉兼中書通事舍人褧學尤精於事數國家吉凶禮儀當世名儒明山賓賀瑒等疑不能斷皆取決焉累遷正貟郎鎮南諮議參軍

兼舍人如故遷尚書右丞出為仁威長史長沙內史還除雲騎將軍兼御史中丞頃之即真十六年出為宣毅南康王長史行府國丹石頭戍軍事歉雖居外官有敕預文德武德二殿長名問訊不限日十七年遷明威將軍晉安王長史未幾卒王命記室庚肩吾集其文為十卷所撰嘉禮儀注一百十二卷

到溉字茂灌彭城武原人曾祖彥之宋驃騎將軍祖仲度驃騎江夏王從事中郎父坦齊中書郎溉少孤貧與弟洽俱聰敏有才學早為任昉所知由是聲名益廣起家王國左常侍轉後軍法曹行參軍歷殿中郎出為建安內史還中書郎兼吏部太子中庶子湘東王諮為會稽太守以溉非直為輕車長史行府郡事高祖敕王曰到溉非直為汝師開有進止每須詢訪遭母憂居喪盡禮闋猶蔬食布衣者累載除通直散騎常侍御史中丞太府卿郡官尚書鄞州長史江夏太守加招遠將

軍入為左民尚書溉身長八尺美風儀善容止
所益以清白自脩性又率儉不好聲色虛室單
牀傍無姬侍自外車服不事鮮華冠履十年
一易朝服或至穿補傳呼清路示有朝章而
已頃之坐事左遷金紫光祿大夫俄授散騎常
侍侍中國子祭酒溉素謹厚特被高祖賞與每
與對棊從夕達旦溉第山池有奇石高祖戲與
賭之并禮記一部溉並輸焉未進高祖謂曰卿
曰卿謂到溉所輸可以送未溉斂板對曰臣既

事君安敢失禮高祖大笑其見親愛如此後因
疾失明詔以金紫光祿大夫散騎常侍就第養
疾溉家門雍睦兄弟特相友愛初與弟洽常
居一齋溉洽卒後便捨為寺因斷腥羶終身蔬食
別營小室朝夕從僧徒禮誦高祖每月三置淨
饌恩禮甚篤蔣山有延賢寺者溉家世創立故
生平公俸咸以供焉性又不好交游
惟與朱异劉之遴張縉同志友密及臥疾家園
門可羅雀崔三君每歲時常鳴騶枉道以相存問

置酒叙生平極歡而去臨終託張劉勒子孫以
薄葬之禮卒時年七十二詔贈本官有集二十
卷行於世時以溉洽兄弟比之二陸故世祖
詩曰魏世重雙丁晉朝稱二陸何如今兩到復
似淩寒竹子鏡字圓照安西湘東王法曹行參
軍太子舍人早卒鏡字蓋早聰慧起家著作
佐郎歷太子舍人宣城王主簿太子洗馬尚書
殿中郎嘗從高祖幸京口登北顧樓賦詩蓋受
詔便就上臨見以示溉曰蓋定是才子翻恐卿從

來文章假手於蓋因溉連珠曰研磨墨以騰
文筆飛毫以書信如飛蛾之赴火豈焚身之可
吝必毫年其已及可假之於少蓋其見知賞如
此除丹陽尹丞太清亂赴江陵卒
劉顯字嗣芳沛國相人也父朅晉安內史顯幼
而聰敏當世號曰神童天監初舉秀才解褐中
軍臨川王行參軍俄署法曹顯好學博涉多通
任昉嘗得一篇缺簡書文字零落諸人莫
能識者顯云是古文尚書所刪逸篇昉檢周書

果如其說昉因大相賞異丁母憂服闋尚書令
沈約命駕造焉於坐策顯經史十事顯對其九
約曰老夫昏忘不可受策雖然聊試數事不可
至十也顯問其五約對其二陸倕聞之歎曰劉
郎可謂差人雖吾家平原詣張壯武王粲詣伯
唶必無此對其為名流推賞如此及約為太子
少傅乃引為五官掾俄兼廷尉正五兵尚書傳
昭掌著作撰國史引顯為佐九年始革選尚書五
都選顯以本官兼吏部郎又除司空臨川王外
兵參軍遷尚書儀曹郎嘗為上朝詩沈約見而
美之時約郊居宅新成因命子書人題之於壁
出為臨川王記室參軍建康平復入為尚書儀
曹侍郎兼中書通事舍人出為秣陵令又除驃
騎鄱陽王記室兼中書舍人累遷步兵校尉中
書侍郎舍人如故顯與河東裴子野南陽劉之
遴吳郡顧協連職禁中遞相師友時人莫不慕
之顯博聞強記過於裴人獻古器有隱
起字無能識者顯案文讀之無有滯礙考校年

月一字不差高祖甚嘉焉遷尚書左丞除國子
博士出為宣遠岳陽王長史行國事未拜遷鎮
雲麾邵陵王長史尋陽太守大同九年王遷時
郢州除平西諮議參軍加戎昭將軍其年卒時
年六十三友人劉之遴啟皇太子曰之遴嘗聞
夷叔柳惠不逢仲尼一言則西山餓夫東國黜
士名豈施於後世信哉生有七尺之形終為一
棺之土不朽之事寄目懷珠抱玉有歿世
而名不稱者可為長太息斯痛於斯竊痛友人
沛國劉顯韞櫝藝文研精覃奧聰明特達出類
拔羣閣棺郢都歸魂有日須鑴墓板之遴已略
撰其事行今輒上呈伏願鴻慈降茲睿藻榮其
枯骴以慰幽魂挺質空桑吐聲分器見重播樂
誌銘曰皦皦弱挺冒昧塵聞戰慄無地乃蒙令為
名誰其均之美有髦士禮著幼年業明壯齒傳
飲典墳研精名理一見弗忘過目則記若訪賈
達如問伯始穎脫斯出學優而仕議獄既佐芸
蘭乃握搏鳳池水推羊太學內參禁中外相藩

營返魄況況況■舟白馬向郊丹旆並華野埃典
伏山雲輕重呂掩書墳揚歸玄家蘭其戒行
途窮王龍弱葛方施叢柯曰栱壇柳蕤春禽奠
歛龕長空常暗陰泉獨湧衬彼故坐流芬相踵
顧有三子蓁荏臻臻早著名
對笑哭沈約任昉見而異之起家寧朔王簿吏部
士諡文範先生之遊八歲能屬文十五舉茂才
劉之遴字思貞南陽人也父虬齊國子博
南陽劉之遴學優未仕水鏡所宜甄權瞻即辟
尚書王瞻嘗候任昉值之遊在坐昉謂瞻曰此

三七　梁書傳三十四　七

為太學博士時張稷新除尚書僕射託昉為讓
表昉令之遴代作操筆立成昉曰荊南秀氣果
有異才後仕必當過僕御史中丞樂藹即之遊
舅憲臺奏彈皆之遴焉遷平南行參軍尚
書起部郎延陵令荊州治中太宗臨荊州仍遷
宣惠記室之遴篤學明審博覽羣籍時劉顯
章稜並強記之遴毋與討論咸不能過也還除

通直散騎侍郎兼中書通事舍人遷正員郎尚
書右丞荊州大中正累遷中書侍郎鴻臚卿復
兼中書舍人出為征西鄱陽王長史南郡太守
高祖謂曰卿母年德並高故卿衣錦還鄉盡
榮養之理後轉為西中郎湘東王長史太守如
故之遴後轉府嘗丁母憂服闋遷秘書監領
後果損臂遂臨此郡廬忽夢
袁泉謂曰卿當為折臂即居此中之遊
步兵校尉出為郢州行事之遴恩不願出固辭

三四曲　梁書傳三十四　八

高祖手敕曰朕聞妻子具孝衰於親爵祿具忠
衰於君卿既內足理忘奉公之節遂為有司
可免父之為太府卿都官尚書太常卿之遴好
古愛奇在荊州聚古器數十百種有一器似甌
可容一斛上有金錯字時人無能知者又獻古器四
鏤銘云建平二年造其第二種銅鴟夷榼二
種於東宮第一種鏤銅鴟夷榼二枚兩耳有銀
鏤銘云秦容成侯適楚之歲造其第三種二
枚有篆銘云秦容成造其第三種
外國澡灌一口銘云元封二年龜茲國獻其第

四種古製裂滦盤一枚銘云初平二年造時鄱陽
嗣王範得班固所上漢書皆墨本獻之東宮皇太
子令之遊與張纘到溉陸襄等參校異同之遊
具異狀十事其大略曰案本漢書稱永平十六
年三月二十一日巳酉郎班固上而今本無上
書年月日字又案古本敘傳號爲中篇今本
稱爲敘傳又今本敘傳載班彪事行而古本去
稚生彪自有傳又今本相合爲次總成三十八卷入今本外
爲次而古本敘及表志列傳不相合
戚在西域後古本外戚次帝紀下又今本高五
子文三王景十三王武五子宣元六王雜在諸
傳秩中古本諸王悉次外戚下在陳項傳前又
今本韓彭英盧吳述玄信惟餓隸布爲侯王古本述
亦狗盜芮尹江湖雲化爲侯王實惟彭英
玄淮陰毅起龍驤又古本第三十七卷解音釋
爲侯王雲毅剟周章邦之傑子實惟彭英化
義以助雅詁而今本無此卷之遊好屬文多學
古體與河東裴子野沛國劉顯常共討論書

籍因爲交好是時周易尚書禮記毛詩並有高祖
義疏惟左氏傳尚闕之遊乃著春秋大意十科
氏十科三傳同異十科合三十事以上之高祖大
悅詔答之曰所撰春秋義比事論書辭微旨遠
編年之教言闡義繁丘明傳洙泗之風公羊穀
西河之學鐸椒之解不追瑕立之說無取繼踵
胡毋仲舒云盛伺穀梁千秋最篤張蒼之傳
左氏賈誼之龔荀卿源本分鑣指歸殊致詳略
紛然其來舊矣昔在弱年乃經研味一從遺置
迨將五紀兼晚冬暴促機事罕暇夜分求衣未追
搜括須待夏景試取推尋若溫故可求別所
問也太清二年侯景亂之遊避難還鄉未至卒
於夏口時年七十二前後文集五十卷行於世
之亨字嘉會之遊少有令名舉秀才拜太
學博士稍遷爲中書通事舍人步兵校尉司農
卿又代兄之遊爲安西湘東王長史南郡太守
在郡有異績數年卒於官時年五十荊土至今
懷之不忍斥其名號爲大南郡小南郡云

許懋字昭哲高陽新城人魏鎮北將軍允九世
孫祖珪宋給事中著作郎桂陽太守父勇惠齊
太子家令懋幼孤性至孝居父憂執
喪過禮篤志好學為州黨所稱十四入太學受
毛詩旦領師說而覆講座下聽者常數十百
人因撰風雅比興義十五卷盛行於世尤曉故
事稱為儀注之學起家後軍豫章王行參軍轉法
曹茂才遷驃騎大將軍儀同中記室文惠太子
聞而召之侍講于崇明殿除太子步兵校尉求

〔梁書傳三四〕〔十一〕〔三万三十〕

諮議兼著作郎待詔文德省時有請封會稽禪
國山者高祖雅好禮因集儒學之士草封禪儀
將欲行焉而懋以為不可因建議曰臣案舜幸岱
宗是為巡狩而鄭引孝經鈎命決云封于太山
考績柴燎禪平梁甫刻石紀號此緯書之曲說非
正經之通義也依白虎通云封者言附廣也禪
友善僕射江柘甚推重之號為經史笥天監初
更部尚書范雲舉懋參詳五禮除征西鄱陽王

者言成功相傳也若以禪授為義則禹不應傳
啟至桀十七世也湯又不應傳外景至紂三十
七世也又禮記云三皇禪奕奕為盛意者古義以
禪亭亭特立獨起於身也三王禪梁甫連延不
絕父沒子繼也若謂三皇伏羲謂古義以
伏羲神農黃帝是為三皇伏羲禪奕奕封太山禪云
黃帝封太山禪亭亭皆不禪奕奕而云盛意則
無所寄矣若謂五帝禪奕奕封太山禪云
顓頊封泰山禪云云帝嚳封泰山禪云云堯封

〔梁書傳三四〕〔十二〕〔三万卅〕

太山禪云云舜封太山禪云亦不禪亭亭若
合黃帝以為五帝者少昊即黃帝子又非獨立
之義矣若謂三王禪梁甫連延不絕父沒子繼
者禹封太山禪云云王封太山禪社首傳
書如此異平禮說皆道聽所得失其本文假使
三王皆禪梁甫則有揖讓之懷或欲禪倪或欲
傳子義既矛盾理必不然又七十二君夷吾所
世之義禪梁甫者是為封太山禪梁甫則有傳
記此中世數裁可得二十餘主伏羲神農女媧

大庭栢皇中央栗陸驪連赫胥尊盧混沌昊英
有巢朱襄葛天陰康無懷黃帝少昊顓頊高辛
堯舜禹湯文武周間乃有共工霸有九州非
帝之數云何得有七十二君封禪之事且燧人
以前至周之世未應有君臣前封太山禪云云
王檢升中刻石燧人伏羲神農三皇結繩而治
第十六主云何得在伏羲神農三皇結繩而治
書契未作未應有鐫文告成且無懷氏伏羲後
吾又曰惟受命之君然後得封禪周成王非受

命君云何而得封太山禪社首神農與炎帝是
一主而云神農封太山禪云云炎帝封太山禪云
云分為二人妄亦甚矣若是聖主不須封禪若
是凡主不應封禪當是齊桓欲行此事管仲知
其不可故舉怪物以屈之也秦始皇登太山中
坂風雨暴至休松樹下封為五大夫而事不遂
漢武帝宗信方士廣召儒生皮弁搢紳射牛行
事獨與霍嬗俱上既而子侯暴卒厥足用傷
至魏明使高堂隆撰其禮儀聞隆沒歡息曰天

不欲成吾事高生捨我亡也晉武太始中欲封
禪乃至太康議猶不定竟不果行皓遣司
空董朝兼太常周處至陽羨封國山此朝君子
有何功德不思古道而欲封禪者不出正經惟左傳
說禹會諸侯於塗山執玉帛者萬國亦不謂為
封禪鄭玄有參柴之風不能推尋正經專信緯
候之書斯為謬矣蓋禮云因天事天因地事地
因名山升中于天因吉土享帝于郊燔柴岱宗
即因山之謂矣故曲禮云天子祭天地是也又

祈穀一報穀一禮乃不顯祈報地文則有樂
記云大樂與天地同和大禮與天地同節和故
百物不失節故祀天祭地百物不失者天生之
地養之故知地亦有祈報是則一年三郊天三
祭地周官有貟立方澤者總為三事郊祭天地
故小宗伯云兆五帝於四郊此即月令迎氣之
郊也舜典有歲二月東巡狩至于岱宗夏南秋
西冬北五帝一周若為封禪何其數也此為

九郊亦皆正義至如大旅於南郊者非常祭也
大宗伯國有大故則旅上帝月令云仲春玄鳥
至祀于高禖有大禖亦非常祭故詩云玄鳥
無子并有雩禱亦非常祭禮云雩禜水旱也
是為合郊天地有三特郊天有九非常祭又有
三孝經云宗祀文王於明堂以配上帝禮云禘
祭有三惟大禘祀不在此數大傳云王者禘其
明堂雖是祭天而不在郊是為天祀有十六地
祖之所自出以其祖配之異於常祭以故云大
於時祭案繫辭云易之為書也廣大悉備有天
道焉有地道焉有人道焉兼三才而兩之故六
六者非他三才之道也乾彖云大哉乾元萬物
資始乃統天雲行雨施品物流形大明終始六位
時成此則應六年一祭坤元亦爾誠敬之道盡
此而備至於封禪非所敢聞高祖嘉納之因推
演檦議稱制旨以答請者由是遂傳十年轉太
子家令宋齊舊儀郊天祀帝皆用袞冕至天
監七年檦始請造大裘至是有事於明堂儀注

猶去服袞冕檦駁去禮去大裘而冕祀昊天上
帝亦如之良由天神尊遠須貴誠賀今泛祭五
帝理不容文改服大裘自此始也又雩祭燔
求陰陽應各從其類今雩祭燔柴以火祈水豈
不思故也按周宣雲祭燔柴經無其文先儒
以為疑檦答曰雩祭天下祭地並奠其幣物以
不宗毛注去上祭天下祭地並奠其幣物以
此而言為旱而祭五帝必應燔柴者今明堂之
燔柴之說若以祭五帝此又是不見有
禮又無其事且禮又去埋少牢以祭時時之功是
五帝此又是不用柴之證矣普雩之禮在南方正
陽位有乖求神而已移於東實柴之禮猶未革
請停用柴其牲牢等物悉從坎瘞以符周宣雲
漢之說並從之詔並從之諸禮儀多刊正以足疾出
為始平太守政有能名加散騎常侍轉天門太
守中大通三年皇太子召諸儒參錄長春義記
四年拜中庶子是歲卒時年六十九撰述行記
四卷有集十五卷

陳吏部尚書姚察曰司馬褧儒術博通到漑文
義優敏顯懋之遜強學汲洽並職經便歡景應對
左右斯蓋嚴朱之任焉而漑之遷遂至顯貴蚤
拾青紫然非遇時焉能致此仕也

列傳第三十四

梁書四十

列傳第三十五　　梁書四十一

王規　　劉毅　宗懍　　散騎常侍

王承

褚翔

蕭介　從父兄洽

褚球

劉孺　弟覽　遵

劉潛　弟孝勝　孝威　孝先

殷芸　蕭幾

姚　思廉　撰

王規字威明琅邪臨沂人祖儉齊太尉南昌文
憲公父騫金紫光祿大夫南昌安侯嗣每見必
為之流涕稱曰孝童叔父暕亦深器重之常曰
此兒吾家千里駒也年十二五經大義並略能
丁所生母憂居喪有至性太尉徐孝嗣規八歲以
通既長好學有口辯州舉秀才郡迎主簿起家
秘書郎累遷太子舍人安右南康王主簿太子
洗馬天監十二年改構太極殿功畢規獻新殿

賦其辭甚工拜秘書丞歷太子中舍人司徒左
西屬從事中郎晉安王諱出為南徐州高選僚
屬引為雲麾諮議參軍父之出為新安太守父
憂去職服闋襲封南昌縣侯除中書黃門侍郎
敕與陳郡殷鈞琅邪王錫范陽張緬同侍東宮
俱為昭明太子所禮湘東王時為京尹與朝士
宴集屬規為酒令規從容對曰目江左以來未
有茲舉特進蕭琛金紫傅昭在坐並謂為知言
普通初陳慶之比代剋復洛陽百僚稱賀規退
曰道家有二忌非為功難成功難也羈遊魂為

無援深入寇境而復失宋武竟無成功我孤軍為
禍階矣俄而王師覆沒其識達事機多如此
類六年高祖於文德殿規餞廣州刺史元景隆詔
羣臣賦詩同用五十韻規援筆立奏其文又美
高祖嘉焉即日詔為侍中大通二年出為貞威將軍
書俄領步兵校尉中大通三年遷五兵尚
驃騎晉安王長史其年王立為皇太子仍為吳

郡太守主書茹珍宗家在吳前守宰皆傾意附
之是時珍宗假還規遇之甚薄珍宗還都密奏
規云不理郡事俄徵為左民尚書吏民千餘
人詣闕請留表三奏上不許尋以本官領右軍
將軍未拜復為散騎常侍太子中庶子領步兵
校尉規辭疾不拜於鍾山宗熙寺築室居焉大
同二年卒時年四十五詔贈散騎常侍光祿大
夫賻錢二十萬布百匹諡曰章皇太子出臨哭
與湘東王諱令曰威明昨宵奄復殂化甚可痛

傷其風韻遒正神峯標映千里絕迹百尺無枝
文辯縱橫才學優贍跌宕之情彌遠濠梁之氣
特多斯實俊民也一爾過隙求歸長夜金刀復
芒長淮絕澗冬中已傷劉子今茲寒暑復
悼王生俱往之傷信非虛說規集後漢眾家異
同注續漢書二百卷文集二十卷子褒字子漢
七歲能屬文外祖司空袁昂愛之謂賓客曰此
兒當成吾宅相弱冠舉秀才除祕書郎太子舍
人以父憂去職服闋襲封南昌侯除武昌王文

學太子洗馬兼東宮管記遷司徒屬祕書丞出
為安成內史太清中庋景陷京城江州刺史當
陽公大心舉州附賊賊轉冠南中襄猶據郡拒
守大寶二年世祖命徵襄轉赴江陵既至以為忠
武將軍南平內史俄遷吏部尚書侍中承聖二
年遷左僕尚書右僕射仍參掌選事又加侍中其年
遷左僕射參掌如故三年江陵陷入于周襄
幼訓以誡諸子其一章云陶士衡曰昔大禹不
委尺璧而重寸陰文士何不誦書武士何不馬
射若乃玄冬脩夜朱明未日肅其居處崇其牆
仍門無糅雜坐闕號呶以之求學則仲尼之門
人也以之為文則賈生之外堂也古者盤盂有
銘几杖有誡進退循焉俯仰觀焉文王之詩曰
必於是君子之言歎儒家則鼎俎奇而邊
靡不有初鮮克有終立身行道終始若一造次
殺君南面而臣北面天地之義尊甲等差吉凶
豆偶陰陽之義也道家則隳支體黜聰明棄義
絕仁離形去智釋氏之義見苦斷習證滅循道

明因辨果偶成聖斯雖為教等差而義歸汲
引吾始平幼學及于知命既崇周孔之吾之
老釋之談江左以來斯業不墜沈能脩之吾之
志也初有沛國劉瓛南陽宗懍與襄俱為中與
佐命同參帷幄
劉瓛字仲寶晉丹陽君真長七世孫也少方正
有器局自國子禮生射策高第為寧海令稍
遷湘東王記室參軍又轉中記室大清中庋景
亂世祖承制上流書檄多委瓛焉瓛亦竭力盡
忠其甚蒙賞過歷尚書左丞御史中丞承聖二
遷吏部尚書國子祭酒餘如故
宗懍字元懍八世祖承晉宜都郡守屬永嘉東
挑子孫因居江陵焉懍少聰敏好學晝夜不倦
鄉里號為童子學士普通中為湘東王府兼記
室轉刑獄仍掌書記歷臨汝建成廣晉等令後
又為世祖荊州別駕及世祖即位以為尚書郎
封信安縣葰邑二千戶累遷吏部郎中五兵尚
書吏部尚書承聖三年江陵沒與瓛俱入于周

王承字安期僕射暕子七歲通周易選補國子
生年十五射策高第除祕書郎歷太子舍人以父憂去職
康王文學邵陵王友太子中舍人以父憂去職
服闋復為中舍人累遷中書黄門侍郎兼國子
博士時骨腠貴遊咸以文學相尚罕以經術為
業惟承獨好之發言吐論造次儒者在學訓諸
生述禮易義中大通五年遷長兼侍中俄轉國
子祭酒承祖儉及父曄嘗為此職三世為國師
前代未之有也當世以為榮父之出為戎昭將

軍東陽太守為政寬惠吏民悅之視事未幾卒
於郡時年四十一謚曰章子承性簡貴有風格
時右衛朱异當朝用事每休下車馬常填門時
有魏郡申英好危言高論以忤權右常指异門
曰此中輻輳皆以利性能不至者惟有大小王
東陽小東陽即承弟穉也當時惟承兄弟及褚
翔不至异門時以此稱之
褚翔字世舉河南陽翟人曾祖淵齊太宰文簡
公伯祖澄齊室祖蓁太常穆子弘向字景政年數

歲父毋相繼亡沒向哀毀若成人者親表異
之既長淹雅有器量高祖踐祚選補國子生起
家祕書郎還太子舍人尚書殿中郎出為安成
內史還除太子洗馬中舍人累遷太尉從事中
郎黄門侍郎鎮右豫章王長史兼國子
侍中向風儀端麗眉目如點每公庭就列為眾
所瞻望焉為大通四年出為寧遠將軍北中郎廬
陵王長史三年卒官外兄嵩慰量酒歸月下風清琴上論

曰弘治推華子嵩
者以為擬得其人翔初為國子生舉高第父
憂服闋除祕書郎累遷太子舍人宣城王主簿
中大通五年高祖宴華林園別詔翔與王
訓為二十韻詩限三刻成翔於坐立奏高祖
即曰轉宣城王文學俄遷為之時論美焉為文
學加曰王二等故以翔超為之時論美焉出為
義興太守翔在政潔己省繁苛去浮費百姓更生
之郡之西亭有古樹積年枯死翔至郡忽更生
枝葉百姓咸以為善政所感及秩滿吏民詣闕

請之敕許焉尋徵為吏部郎去郡百姓無老少
追送出境涕泣拜辭翔居小選公允不為請屬
易意號為平允俄遷侍中頃之轉散騎常侍領
羽林監侍東宮出為晉陵太守在郡未幾以公
事免俄復為散騎常侍侍東宮太清二年遷守
吏部尚書其年冬侯景圍宮城翔於圍內丁母
憂以毀卒時年四十四詔贈本官翔少有孝性
為侍中時母疾篤請沙門祈福中夜忽見戶外
有異光又聞空中彈指及曉疾遂愈或以翔精
誠所致焉

蕭介字茂鏡蘭陵人也祖思話宋開府儀同三
司尚書僕射父惠蒨齊左民尚書介少穎悟有
器識博涉經史兼善屬文齊永元末釋褐著作
佐郎天監六年除太子舍人八年遷尚書金部
郎十二年轉主客郎出為吳令甚著聲績湘
東王聞介名思與之遊處處表請之普通三年乃以
介為湘東王諮議參軍大通二年除給事黃門
侍郎大同二年武陵王為揚州刺史以介為府

長史在職清白為朝廷所稱高祖謂何敬容曰
蕭介甚貧可處以一郡敬容未對高祖曰始興
郡頃無良守嶺上民頗不安可以介為之由是
出為始興太守介至任宣布威德境內肅清七
年徵為少府卿尋加散騎常侍會侍中闕選司
舉王筠等四人並不稱旨高祖謂朱异曰我門中久無
此職宜用蕭介為之介博物強識應對左右多
所匡正高祖甚重之遷都官尚書每軍國大事
必先詢訪於介為高祖謂朱异曰端右之材也
中大同二年辭疾致事高祖優詔不許終不肯
起乃遣謁者僕射魏祥就拜光祿大夫太清中
疾篤景於渦陽敗走入壽陽高祖敕防主韋黯聞
之介聞而上表諫曰臣抱患私門竊聞侯景以
渦陽敗績隻馬歸命陛下不悔前禍復敕容納
臣聞山人之性
丁原以事董卓終誅董而為賊劉牢反王恭以
歸晉還背晉以構妖何者狼子野心終無馴狎
之性養獸之喻必見飢噬之禍侯景獸心之種

鳴鏑之類以凶狡之才荷高歡翼長之遇位喬
台司任居方伯然而高歡壎土未乾即還反噬
逆力不遂乃復逃死關西宇文不容故復投身
於我陛下前者所以不逆細流正欲以屬國降
胡以討匈奴冀獲一戰之效耳今既士師失地
直是境上之匹夫陛下愛匹夫而棄與國之好
臣竊不取也若國家猶待其更為之晨歲暮之
效臣竊惟侯景必非歲暮之臣棄鄉國如脫屣
背君親如遺芥豈知遠慕聖德為江淮之純臣

三百三十　梁書傳三十五　〔十〕　頼良

事跡顯然無可致藏一隅尚其如此觸類何可
具陳臣朽老疾侵不應輒干朝政但楚囊將死
有城郢之忠衛魚臨亡亦有屍諫之節臣忝為
宗室遺老敢忘劉向之心伏願天慈少恩危苦
之語與高祖省表歡息卒不能用介性高簡少交
遊惟與族兄琛從兄眅素及洽從弟淑等文酒
賞會時人以比謝氏烏衣之遊初高祖招延後
進二十餘人置酒賦詩藏盾以詩不成罰酒一斗
眅飲盡顏色不變言笑自若介染翰便成文無加

點高祖兩美之曰藏盾之飲蕭介之文即席之
美世年七十三卒於家第三子兔初以兼散騎
常侍聘魏還為太子中庶子後至光祿大夫
洽字宏稱介從父兄也父惠基齊吏部尚書
重名前世洽幼敏悟年七歲誦楚辭略上口及
長好學博涉亦善屬文齊永明中為國子生舉
明經起家著作郎遷西中郎外兵參軍天監
初為前軍鄧陽王主簿尚書
舍人出為南徐州治中既近畿重鎮史數千人

三百　梁書傳三十一　〔十二〕　沈約　郎遷太子中

前後居之者皆致巨富洽為之清身率職饌遺
一無所受妻子不免飢寒還除司空從事中郎
為建安內史坐事免久之起為護軍長史北中
郎諮議參軍遷太府卿司徒臨川王司馬普通
初拜貞外散騎常侍洽兼御史中丞以公事免
之為通直散騎常侍少有才思高祖令製
泰大愛敬二寺剎下銘其父亦善美高祖遷散騎
常侍出為招遠將軍臨海太守為政清平不尚
威猛民俗便之還拜司徒左長史父教撰富堂

堰碑辭亦贍麗六年卒官時年五十五有詔出
舉哀賻錢二萬布五十四集二十卷行於世
褚球字仲寶河南陽翟人高祖叔度宋征虜將
軍雍州刺史祖曖太宰外兵參軍父績太子舍
人並尚宋公主球少孤貧篤志好學有才思尋
建平王景素元徽中誅滅惟有一女得存其故
吏何昌寓王思遠聞球清立以此女妻之因為
軍曲江公主簿出為溧陽令在縣清白資公俸
之延譽仕齊起家征虜行參軍俄署法曹遷右

而已除平西主簿天監初遷太子洗馬散騎侍
郎兼中書通事舍人出為建康令母憂去職以
本官起之固辭不拜服闋除北中郎諮議參軍
俄遷中書郎復兼中書通事舍人除雲騎將軍
累兼延尉光祿卿舍人如故遷御史中丞球性
公強無所屈撓在憲司甚稱職普通四年出為
北中郎長史南蘭陵太守入為通直散騎常侍
領羽林監七年遷太府卿頃之遷都官尚書中
大同中出為仁威臨川王長史江夏太守以疾

不赴職改授光祿大夫未拜復為太府卿領步
兵校尉俄遷通直散騎常侍秘書監領著作遷
司徒左長史常侍著作如故自魏孫禮晉荀組
以後台佐加貂始有球也尋出為貞威將軍輕
車河東王長史南蘭陵太守入為散騎常侍領
步兵尋表致仕詔不許俄復拜光祿大夫加給
事中卒官時年七十
劉孺字孝稚彭城安上里人也祖勔宋司空忠
昭公父悛齊太常敬子孺幼聰敏七歲能屬文

年十四名父喪毀瘠骨立宗黨咸異之服闋叔
父瑱為義興郡攜以之官常置坐側謂賓客曰
此兒吾家之明珠也既長美風彩性通和雖家
人不見其喜慍本州召迎主簿起家中軍法曹
行參軍時鎮軍沈約聞其名引為主簿常與遊
宴賦詩大為約所嗟賞累遷太子舍人中軍臨
川王主簿太子洗馬尚書殿中郎出為太末
令在縣有清績還除晉安王友轉太子中舍人
孺少好文章性又敏速嘗於御坐為李賦受詔

號為稱職大通二年遷散騎常侍三年遷左民
尚書領步兵校尉中大通四年出為仁威臨川
王長史江夏太守加貞威將軍五年為寧遠將
軍司徒左長史未拜改為都官尚書領右軍將
軍大同五年守吏部尚書其年出為明威將軍
晉陵太守在郡理為吏民所稱七年入為侍
中領右軍其年復為吏部尚書以母憂去職居
喪未朞以毀卒時年五十九謚曰孝子孺少與
從兄苞孝綽齊名苞早卒孝綽數坐免黜位並

便成文不加點高祖甚稱賞之後侍宴壽光殿
詔羣臣賦詩時孺與張率並醉未及成高祖取
孺手板題戲之曰張率東南美劉孺雒陽才攬
筆便應就何事久遲回其見親愛如此轉中書
郎兼中書通事舍人頃之遷太子家令餘如故
出為宣惠晉安王長史領丹陽尹丞遷太子中
庶子尚書吏部郎出為輕車湘東王長史領會
稽郡丞公事免頃之起為王府記室散騎侍郎
兼光祿卿累遷少府卿司徒左長史御史中丞

三三六

不高惟孺貴顯有文集二十卷子劦著作郎早
卒孺二弟覽遵

覽字孝智十六通老易歷官中書郎以所生母
憂廬于墓再朞口不嘗鹽酪茶止噉乾布家人
患其不勝喪中夜爲宣哭莫氏於牀下噉因暖氣得
睡旣覺知之號慟歐血高祖聞其有至性敕數省
視之服闋除尚書左丞性聰敏尚書令史七百
人一見並記名姓嘗居官清正無所私姊夫御史
中丞褚湮從兄吏部郎孝綽在職頗通贓貨覽
劾奏並免官孝緄怨之嘗謂人曰犬噬行路覽
噬家人出為始興內史治郡尤勵清節還復為
左丞卒官

遵字孝陵少清雅有學行工屬文起家著作郎
太子舍人累遷安右宣惠雍二府記室甚
見賓禮轉南徐州治中王後爲雍州引爲安
北諮議參軍帶郎縣令中大通二年王立爲皇
太子仍除中庶子遵自隨藩及在東宮以舊恩
偏蒙寵遇同時莫及大同元年卒官皇太子深

悼惜之與遵從兄陽羡令孝儀令曰賢從中庶
奄至殞逝痛可言乎其孝友淳深立身貞固内
含玉潤外表瀾清美譽嘉聲流於士友言行相
符終始如一文史該富琢琰爲心辭章博贍玄
黃成来旣以鳴謙表性又以難進自居未嘗造
請公卿締交榮利是以新沓莫之寧杜武之
知自阮放之官野王之職栖遲門下已踰五載
同僚已陟後進多升而怡然清靜不以少多爲
念確爾之志亦何易得西河觀寶寶東江獨步書
籍所載必不是過吾昔在漢南連翻書記及喬
朱方從容坐首良辰美景清風月夜鷁舟乍動未
鷺徐鳴未嘗一日而不追隨一時而不會遇酒闌
耳熱言志賦詩校覆忠賢權揚文史益者三友此
實其人及弘道下邑未申善政而能使民結去思
野多馴雉此威鳳一羽足以驗其五德比在春
坊載獲申晤博望偶而此子溘然實多節文之
科所賴故人時相媲偶而此子溘然實可嗟痛之
惟與善人此爲虛說天之報施豈若此乎想卿

痛悼之誠亦當何已往矣奈何投筆惆悵五内
欲爲誌銘并爲撰集其才用今者吝爲銘爲集何益旣
揚吹歔使得騁其才用今者吝爲銘爲集何益旣
往故爲痛惜之情不能已已耳
劉潛字孝儀秘書監孝綽弟也幼孤與兄弟相
勵勤學並工屬文孝綽常曰三筆六詩三即孝
儀六孝也天監五年舉秀才王入爲中撫
王法曹行參軍随府益州兼記室王入爲中撫
軍轉主簿遷尚書殿中郎敕令制雍州平等
金像碑文甚宏麗王安王譯出鎮襄陽引爲安
北功曹史以毋憂去職王立爲皇太子孝儀美令
關仍補洗馬遷中全已出爲戎昭將軍陽美令
其有稱績權爲建康令大同三年遷中書郎以
公事左遷西諮議參軍兼散騎常侍使還
復除中書郎頃之權兼司徒右長史又兼御
長史行彭城琅邪二郡事累遷尚書左丞嘗御
史中丞在職彈糾無所顧望善時稱之十年出
爲伏波將軍臨海太守是時政網踈闊百姓多

不遵禁孝儀下車宣示條制勵精綏撫境內

會然風俗大革中大同元年入守都官尚書未

清元年出為明威將軍豫章內史二年疾景寇

京邑孝儀遣子勵帥郡兵三千人隨前歷陽太

史韋粲入援三年宮城不守孝儀為前衡州刺

史韋粲人過三年大寶元年病卒時年六十七

孝儀為人寬厚內行尤篤必先諮史奧妻子朝

儀事易嫂甚謹家內巨細必先諮史奧妻子朝

夕供事未嘗失禮世以此稱之有文集二十卷

十八

行於世第五弟孝勝歷官邵陵王法曹湘東王

安西主簿記室尚書左丞出為信義太守公事

免久之復為尚書右丞兼散騎常侍聘魏還為

安西武陵王紀長史蜀郡太守太清中疾陷中

京師紀僭號於蜀以孝勝為尚書僕射承聖中

隨紀出峽口兵敗被執下獄世祖宥之起為

司徒右長史第六弟孝威初為安北晉安王法

曹轉主簿以母憂去職服闋除太子洗馬累遷

中舍人庶子率更令並掌管記大同九年自雀

集東宮孝威上頌其辭甚美太清中遷中庶子

兼通事舍人及疾景寇亂孝威於圍城得出隨

司州刺史柳仲禮西上至安陸遇疾卒第七弟

孝先武陵王法曹主簿王遷益州隨府轉安西

記室承聖中與兄孝勝俱隨紀軍出峽口兵敗

至江陵世祖以為黃門侍郎遷侍中兄弟並善

五言詩見重於世文集值亂今不具存

殷芸字灌蔬陳郡長平人性倜儻不拘細行然

不妄交遊門無雜客勵精學博洽羣書幼而

十九

盧江何憲見之深相歎賞永明中為宜都王行

參軍天監初為西中郎主簿後軍臨川王記室

七年遷通直散騎侍郎兼中書通事舍人十年

除通直散騎侍郎兼尚書左丞又兼中書舍人

遷國子博士昭明太子侍讀西中郎豫章王長

史領丹陽尹丞累遷通直散騎常侍祕書監司

徒左長史普通六年直東宮學士省大通三年

卒時年五十九

蕭幾字德玄齊曲江公遙欣子也年十歲能屬

支早孤有第九人並皆稚小幾思愛篤睦聞於
朝野性溫和與物無競清貧自立好學善草隸
書湘州刺史楊公則曲江之故吏也每見幾幾謂
人曰康公此子可謂桓靈寶出及公則卒幾為
之誄時年十五沈約見而奇之謂其舅蔡撙曰
昨見賢甥楊平南諫文不減希逸之作始驗康
公積善之慶釋褐著作佐郎盧陵王文學尚書
殿中郎太子舍人掌管記遷庶子中書侍郎尚
書左丞末年專尚釋教為新安太守郡多山水
持其所好適性遊履遂為之記卒于官子為宇
元專亦有文才仕至太子舍人永康令
史臣曰王規之徒俱著名譽既逢休運才用各
展美矣蕭洽當涂之制見偉辭人劉孝儀兄弟
並以文章顯君子知梁代之有人焉

梁書傳三十五　二十

散騎常侍姚　思廉　撰

臧盾　弟厥
傳岐

臧盾字宣卿東莞莒人高祖壽宋左光祿大夫
祖潭之左民尚書父未甄博涉文史有才幹少
為外兄弟汝南周顒所知太尉祭酒領軍主簿
所奉即齊武帝入齊歷太尉功曹史通直郎南
建安盧陵二王府記室前軍功曹史通直郎南
徐州中正丹陽尹丞高祖平京邑霸府建引為
驃騎刑獄參軍天監初除後軍諮議中郎南徐
州別駕入拜黃門郎遷右軍安成王長史少府
卿出為新安太守有能名還為太子中庶子司
農卿太尉長史丁所生母憂三年盧于墓側服
關除廷尉卿出為安成王長史江夏太守卒官
盾幼從徵士琅邪諸葛璩受五經通章句璩學
徒常有數十百人盾處其間無所狎比璩異之
歎曰此生重器王佐才也初為撫軍行參軍還

梁書傳三十六　一

尚書中兵郎盾美風姿善舉止每趨奏高祖甚
悅焉入兼中書通事舍人除安右錄事參軍舍
人如故盾有孝性隨父宿直於廷尉母劉氏在
宅夜暴亡左手中指忽痛不得寢及曉宅信果
報凶問其感通如此服制未終父卒盾居喪
五年不出廬高祖嘉之兼中書舍人遷尚書左丞為
端以狀聞高祖璽書敕累遣抑譬服闋除丹陽
尹丞轉中書郎復兼中書舍人遷會稽郡丞羊
東中郎武陵王長史行府州國事領會稽郡

還除少府卿領步兵校尉遷御史中丞盾性公
彊居憲臺甚稱職中大通五年二月高祖幸同
泰寺開講設四部大會衆數萬人南越所獻馴
象忽忿於衆中狂逸乘輦羽衞及會皆駭散惟盾
與散騎郎裴之禮巋然自若高志懷忠密識有
詔加散騎常侍未拜又詔曰總一六軍非才勿
授御史中丞新除散騎常侍盾志懷忠密識用
詳慎當官平允處務勤恪必能緝斯戎政可兼
領軍常侍如故大同二年遷中領軍領軍管天

下兵要監局事多盾爲人歛贍有風力居職彌
警職事甚理天監中吳平侯蕭景居此職著聲
稱至是盾復繼之五年出爲仁威將軍吳郡太
守視事未暮以疾陳解拜光祿大夫加金章紫
綬七年疾愈復爲領軍將軍九年卒時年六十
六即日有詔舉哀贈侍中領軍如故諡曰忠子弟
器朝服一具衣一襲錢布各有差諡曰忠次子
博字獻卿亦以幹局稱初盾爲西中郎行參軍尚

書主客郎入兼中書通事舍人累遷正員郎鴻
臚卿舍人如故遷尚書右丞未拜出爲晉安太
守郡居山海常結聚通逃前二千石難募討捕
而出寇盜不止厭民復業商旅流通然爲政嚴
酷少恩而小事必加杖罰百姓謂之減獸凶黨皆懲
民小事必加杖罰百姓謂之減獸凶黨皆懲吏
陵王諮議參軍復兼舍人遷員外散騎常侍兼
司農卿舍人如故大同八年卒官時年四十八
厥前後居職所掌之局大事及詣闌臺廷尉所不

能決者敕並付厥辨斷精詳咸得其理厥卒
後有過闕登聞鼓訴者求付清臺舍人高祖曰臧
厥既亡此事便無可付其見知如此子操尚書
三公郎
傳歧字景平北地靈州人也高祖弘仁宋太常
祖琰齊世為山陰令有治能自縣擢為益州刺
史父顗天監中歷山陰建康令亦有能名官至
驃騎諮議歧初為國子明經生起家南康王宏
常侍遷行參軍兼尚書金部郎母憂去職居喪

盡禮服闋後疾廢久之是時政創北郊壇初起
歧監知繕築事畢除如新令縣民有因閻相毆
而死者死家訴郡郡錄其仇人考掠備至終不
引咎郡乃移獄於縣歧即命脫械以和言問之
便即首服法當償死會冬節至歧乃於其還家
使過期一日復繫獄自古至今有此於
今不可行歧曰其若負信縣令當坐主者勿憂
竟如期而反太守深相歎異遍以狀聞歧後去
縣民無老小皆出境拜送啼號之聲聞於數十

里至都除廷尉正入兼中書通事舍人遷寧遠
岳陽王記室參軍舍人如故出為建康令以公
事免俄復為舍人累遷安西中記室鎮南諮議
參軍兼舍人如故歧美容止博涉能占對大同
中與魏和親其使歲中再至常遣歧樓對焉太
清元年累遷太僕司農卿止農卿在禁省十
餘年機事密勿亞於朱异此年冬豫州刺史貞
陽侯蕭淵明率眾伐彭城兵敗陷魏二年淵明
遣使還述魏人欲更通和好敕有司及近臣定

議左衛朱异曰高澄此意當復欲繼好不奕前
和邊境且得靜寇息民於事為便議者並然之
歧獨曰高澄既新得志其勢非弱何事須和此
必是設間故令貞陽遣使令侯景自疑當以貞
陽易景意不安必圖禍亂今若許澄通和正
是墮其計中且彭城去歲喪師渦陽新復敗退
令便就和益示國家之弱若如愚意此和宜不
可許朱异等固執高祖遂從異議及遣和使侯
景果有此疑累啟請追使敕但依違報之至八

月遂舉兵反及十月入寇京師請誅朱异三年遷
中領軍舍人如故二月景於闕前通表乞割江
右四州安其部下當解圍還鎮敕許之乃於城
西立盟求遣宣城王出送岐固執宣城嫡嗣之
重不宜許遣石城公大款送之及與景盟詰城
中文武喜躍望得解圍岐獨言於衆曰賊舉兵
為逆未遂求和夷情獸心必不可信此和終為
賊所詐也衆並恠之及景背盟莫不歎服尋
有詔以岐勤勞封南豐縣侯邑五百戶固辭不
受宮城失守岐帶疾出圍卒於宅

陳吏部尚書姚察曰夫舉事者定於謀故草舉
無遺策信哉是言也傳岐識齊氏之偏和可謂
善於謀事是時若納岐之議太清禍亂固其不
作申子曰一言倚天下靡此之謂乎

列傳第三十六　　　　梁書四十二

散騎常侍謚　思廉　撰

韋粲
江子一　弟子四　子五
張嵊
沈浚
柳敬禮

韋粲字長蒨舊車騎將軍叡之孫北徐州刺史放
之子也有父風好學壯氣身長八尺容貌甚偉

初為雲麾晉安王行參軍署法曹遷外兵參
軍兼中兵時潁川庾仲容吳郡張率前輩知名
與粲同府竝忘年交好及王遷鎮雍州隨轉記
室兼中兵如故王立為皇太子粲遷步兵校尉
入為領直父丁父憂去職尋起為招遠將軍
復為領直服闋襲爵永昌縣侯並如故粲以舊
諮議累遷太子僕右衛率領直並如故
恩任寄絅密雖居職屢徙常帶領直衛頗擅威名誕
僭不為時輩所平右衛朱异嘗於酒席謂色謂

巳作領軍面向人中大同十一年遷通直散騎常侍未拜出爲持節督衡州諸軍事安遠將軍衡州刺史皇太子出餞新亭執粲手目與卿不爲久別太清元年粲至廬陵聞侯景作逆便簡閱部下得精卒五千馬百匹倍道赴援至豫章奉命報云賊巳出橫江粲即就内史劉孝儀共謀之孝儀曰必期如此當有別敕豈可輕信單使安相驚動或恐不然時孝儀置

梁書傳三十七 二頁

酒粲怒以杯孤地曰賊巳渡江便逼宮闕水陸俱斷何暇有報假令無敕豈得自安韋粲今日何情飲酒即馳馬出部分將發會江州刺史當陽公大心遣使要粲粲乃馳往見大心曰上游蕃鎮江州去京最近殿下情計實宜在前但中流任重當須應接不可闕鎮今直且張聲勢移鎮溢城遣偏將賜隨於事便足大心然之遣其柳昕帥兵二十人隨粲粲惡留家累於江州以輕舸就路至南洲粲外弟司州刺史柳仲禮

亦帥步騎萬餘人至橫江粲即送糧仗贍給之并散私金帛以賞其戰士先是安比將之高與其長王範亦自合肥遣西豫州刺史裴之高與其長子嗣帥江西之眾赴京師屯於張公洲待上流諸軍至是時之高遣船渡仲禮與合軍進屯王游苑粲建議推仲禮爲大都督報下流眾軍裴之高自以年位耻居其下不決粲乃抗言於眾曰今何須我復鞭板累日不決粲乃抗言於眾曰今者同赴國難義在除賊所以推柳司州者政以

梁書列傳三十七 三

久捍邊疆先爲侯景所憚且士馬精銳無出其前若論位次柳在粲下語其年齒亦少於粲直以社稷之計不得論今日形勢貴在將和若人心不同大事去矣裴公朝之舊齒年德已隆豈應復挾私情以沮大計粲請爲諸君解釋之乃單舸至之高營切讓之曰前諸將之議豫州意所未同即二宮危逼猾寇滔天臣子當戮力同心豈可自相矛楯豫州必欲立異鋒鏑便有所歸之高垂泣曰吾荷國恩榮自應帥先士卒顧

恨襄老不能効命企望柳使君共平凶逆謂眾
議已從無俟老夫耳若必有疑當剖心相示於
是諸將定議仲禮方得進軍次新亭賊列陣於
中興寺相持至晚各解歸是夜仲禮入賊營部
分眾軍旦曰將戰諸將慮將各有攄守令眾頓
青塘當石頭中路眾慮賊必爭之頗
國節下善旦重其宜不可致有虧憂仲禮曰青塘
以為憚謂仲禮曰一官才非禦侮直欲以身徇頗
立柵迫近淮渚欲以糧儲船乘盡就泊之此足大

事非兄不可若疑兵少當更差軍相助乃使直
閤將軍劉叔胤師助眾帥所部水陸俱進時值
昏霧軍人迷失道比及青塘夜已過半壘柵至
曉未合景登禪靈寺門閣望眾營未立便率銳
卒來攻軍副王長茂勸據柵待之眾不從令軍
主鄭逸逆擊之命劉叔胤以水軍截其後叔胤
畏懦不敢進逸遂敗賊乘勝入營左右牽眾避
賊眾不動猶叱子弟力戰兵死略盡遂見害時
年五十四眾子尼及三弟助警構從弟昂皆戰

死親戚死者數百人賊傳眾首並闕下以示城內
太宗聞之流涕曰社稷所寄惟在韋公如何不
幸先死行陣詔贈護軍將軍世祖平侯景追諡
曰忠貞弁追贈助警構及尼皆中書郎昂首外
散騎常侍眾長子藏字君理歷官尚書三公郎
太子洗馬東宮領直殿晷至帥丘屯西華門城
陷奔江州收舊部曲擾豫章平為其部下所害
江子一字元貞濟陽考城人也晉散騎常侍統
之七世孫父法成天監中秦朝請子一少好學

有志操以家貧闕養因蔬食終身起家王國侍
郎朝請啟求觀書祕閤高祖許之有敕直華林
省其姑夫右衛將軍朱异權要當朝休下之日
賓客輻湊子一未嘗造門其高潔如此稍遷尚
書儀曹郎出為曲阿令比皆著美績除通直
散騎侍郎出為戎昭將軍南津校尉弟弟四歷
尚書金部郎大同初遷右丞兄弟性並剛烈子
四自右丞上封事極言得失高祖甚善之詔尚
書詳擇施行焉為左民郎沈烔少府丞顧璵嘗奏

事不允高祖厲色呵責之子四乃趨前代烔等
對言甚激切高祖怒呼縛之子四據地不受高
祖怒亦殆乃釋之猶坐免職及侯景反攻陷歷
陽自橫江將渡子一帥舟師千餘人於下流欲
邀之其副董桃生家在江北因赴京師賊亦尋
至子一路還南洲復收餘衆步道赴京師賊亦
一乃退還南洲復收餘衆步道赴京師
一無所用太宗云賊圍未合猶可出盪若營柵
一固無所用武請與其弟子四子五帥所領百
餘人開承明門桃賊許之子一乃身先士卒抽

戈獨進臺賊夾攻之從者莫敢繼子四子五見
事急相引赴武並見害詔曰故戎昭將軍通直
散騎侍郎南津校尉江子一前尚書右丞江子
四東宮直殿主帥子五禍故有聞良以矜惻死
事加等抑惟舊章可贈子一給事黃門侍郎子
四中書侍郎子五散騎侍郎侯景平世祖又追
贈子一侍中諡義子子四黃門侍郎諡毅子子
五中書侍郎諡列子子一續黃圖及班固九品
并辭賦文筆數十篇行於世

張嵊字四山鎮北將軍稷之子也少力雅有志
操能清言父臨青州為土民所害嵊感家禍終
身蔬食布衣手不執刀刃州舉秀才起家秘書
郎累遷太子舍人洗馬司徒左西掾中書郎出
為永陽內史還除中軍宣城王司馬尋陽太守
又出為鎮南湘東王長史尋陽太守太清二年
年徵為太府卿俄遷吳興太守太清二年大同元
圍京城史中丞沈浚遠難東歸嵊往見而謂曰
賊臣憑陵社稷危恥正是人臣効命之秋今欲
牧集兵力保據貴鄉若天道無靈忠節不展雖
復及死誠亦無恨浚曰郡雖小伙士卒繕築城壘
敢不從固勸嵊舉義於是收集士卒繕築城壘
時邵陵王東奔至錢唐聞之遣板授嵊征東將
軍加秩中二千石嵊曰朝廷危迫天子蒙塵本
日何情復受榮號嵊曰若早降附當還以郡相
破義興遣使說嵊命斬其使仍遣軍主王雄等帥兵
復加爵賞嵊命斬其使仍遣軍主王雄等帥共

於體潰逆擊之破神茂仍茂退走庾景聞神茂
敗乃遣其中軍
以擊嶷嶷退走庾景
所敗退歸賊騎乘勝焚柵柵內眾軍皆土崩嶷
乃釋戎服坐於聽事賊曙之以刃終不為屈乃

精兵一萬人助為神茂

軍開府儀同三司諡曰忠貞子
沈浚字叔源吳興武康人祖憲齋敬騎常侍齊
餘人時年六十二賊平世祖追贈侍中中衛將
戢嶷以送景景刑之於都市子弟同遇害者十

梁書傳三十七

史有傳浚少博學有才幹歷山陰吳建康令並
有能名入為中書郎尚書左丞庾景遇京城遷
御史中丞足時外援並至庾景表請求和詔許
之既盟景知城內疾疫後庾妾計遷疫不去數
日皇太子令浚詣景所景曰即已向熱非復行
時十萬之軍何由可去還欲立効朝君可見
為申聞浚曰將軍此論意在得城城內兵糧尚
支百日將軍儻損內盡國家援軍外集十萬之
眾將何所資而反設此言欲脅朝廷邪景橫刀

八　何

於滕膊目此之浚正色責景曰明公親是人臣
舉兵向闕聖主申恩赦過已共結盟口血未竟
而有翻背沈浚六十之年且天子之使死生有
命當畏逆臣之刀乎不顧而出景曰是真司直
也然密銜之又破張嶷之孫父津太子詹
求浚以害之

柳敬禮開府儀同三司慶遠之孫父津太子詹
事敬禮與兄仲禮皆少以勇烈知名起家著作
佐郎稍遷扶風太守庾景渡江敬禮率馬步三
千赴援至郢據青溪埭與景頻戰恆先登陷陳

梁書傳三十七

其者威名臺城沒敬禮與仲禮俱見於景景遺
仲禮經略上流敬禮為質以為護軍景餞仲
禮於後渚敬禮密謂仲禮曰景今來會敬禮抱
之兄拔佩刀便可斫殺敬禮死亦無所恨仲禮
壯其言許之及酒數行敬禮目仲禮仲禮見備
衛嚴不敢動計遂不果會景征晉熙敬禮與南
康王會理共謀襲其城剋期將發建安庾蕭賁
知而告之遂罷此言

史臣曰若夫重於生前典垂詰斯蓋先哲之

九

古君子知梁代之有忠臣焉

子之徒捐軀徇節赴死如歸英風勁氣籠罩今

事必不可兼得寧捨生而取義至如張嵊二三

所責也故孟子稱生者我所欲義亦我所欲二

列傳第三十七　　　　　梁書四十三

列傳卷第三十八　　散騎常侍姚　思廉　撰　梁書四十四

太宗十一王　世祖二子

太宗王皇右生衰太子大器南郡王大連陳淑

容生潯陽王大心左夫人生南海王大臨安陸

王大春謝夫人生大雅張夫人生新興

王大莊包昭華生西陽王大鈞范夫人生武寧

王大威褚脩華生建平王大球陳夫人生義安

王大昕朱夫人生綏建王大摯自餘諸子本書

不載

潯陽王大心字仁恕幼而聰朗善屬文中大通

四年以皇孫封當陽公邑一千五百戶大同元

年出為使持節都督郢南北司定新五州諸軍

事輕車將軍郢州刺史時年十三太宗以其幼

恐未達民情戒之曰事無大小悉委行事纖毫

不須措懷大心雖不親州務發言每合於理衆

皆驚服七年徵為侍中兼石頭戍軍事太清元

年出為雲麾將軍江州刺史二年侯景寇京邑

大心招集士卒遠近歸之衆至數萬與上流諸

軍赴援宮闕三年城陷上甲侯蕭韶南奔宣密

詔加散騎常侍進號平南將軍大寶元年封溥

陽王邑二千戶初歷陽太守莊鐵以城降侯景

既而又奉其母來奔大心以鐵舊將厚為其禮

軍旅之事悉以委之仍以為豫章內史侯景數

遣軍西上寇抄大心頓令鐵擊破之賊不能進

時鄱陽王範率衆棄合肥屯于柵口待援兵總

集欲俱進大心聞之遣要範西上以湓城處之

廩餼甚厚與勠力共除禍難會莊鐵據豫章反

大心令中兵參軍韋約等將軍擊之鐵敗績又

乞降鄱陽世子嗣先與鐵遊處因稱其人才略

必不全其首領嗣請援之乃遣將軍徐嗣徽

率精甲五千往救鐵夜襲破韋約等營大心聞

之大懼於是二藩疊起人心離阻景將任約略

地至于湓城大心遣司馬韋質拒戰敗績時帳

下猶有勇士千餘人咸說曰既無糧儲難以守

固若輕騎往連州以圖後舉策之上者也大心

未決奉其母陳淑容曰即日聖御年尊儲宮萬福

汝又奉違顔色不念拜謁關庭且吾已老而欲

遠涉險路糧儲不給當謂孝子乎終不行因撫

胥慟哭大心乃止遂與約和二年秋遇害時年

二十九

南海王大臨宇仁宣大同二年封寧國縣公邑

一千五百戶少而敏慧年十一遣左夫人憂哭

泣毀瘠以孝聞後入國學明經射策甲科拜中

書侍郎遷給事黃門侍郎十一年為長兼侍中

出為輕車將軍琅邪彭城二郡太守侯景亂為

使持節宣惠將軍軍時議者皆勸收外財物擬

督城南諸軍事新亭俄又徵還屯端門都

賜大臨獨曰物乃賞士而牛可犒軍命取牛得

千餘頭出為饗士大寶元年封南海郡王

邑二千戶出為使持節都督揚南徐二州諸軍

事安南將軍揚州刺史又除安東將軍吳郡太

守時張彪起義於會稽吳入陸，令公穎川庚孟
鄉等勸大臨走投彪大臨曰彪若成功不資我
力如其挑敗以我說焉為不可往也二年秋遇害
于郡時年二十五
南郡王大連字仁靖少俊爽能屬文舉止風流
雅有巧思妙達音樂兼善丹青又同二年封臨
城縣公邑一千五百戶七年與南海王俱入國
學射策甲科拜中書侍郎十年高祖幸朱方大
連與兄大臨並從高祖問曰汝等皆騎不對曰
乘馬及為答謝詞又甚美高祖佗日謂太宗曰
昨見大臨大連風韻可愛足以慰吾老年還給
事黄門侍郎轉待中將軍兼石頭戍軍事大清元
年出爲使持節輕車將軍東揚州刺史俄景入
寇京師大連率眾四萬來赴及臺城淺援軍散
復還楊州賊田領羣聚當數萬來
攻大連命中兵參軍張彪擊部刊之大寶元年封

爲南郡王邑二千戶景仍遣其將趙伯超劉神
茂來討大連設備以待之會將留異以城應賊
大連棄城走至信安爲賊所擭獲景以爲輕車
將軍行揚州事遷平南將軍江州刺史大連既
迫冠手恒思逃竄乃與賊約曰吾不
預爲候我存七但聽鍾響欲簡與相見因得亡
逸賊亦信之事未果二年秋遇害時年二十五
安陸王大春字仁經少博涉書記天性孝謹體
兒孃偉腰帶十圍大同六年封西豐縣公邑一
千五百戶拜中書侍郎後爲寧遠將軍知石頭
戍軍事俄景內冠大春奔京口隨邵陵王入援
戰于鍾山景所獲京城既陷大寶元年封東揚
陸郡王邑二千戶出爲使持節雲麾將軍東揚
州刺史二年秋遇害時年二十二
瀏陽公大雅字仁風大同九年封瀏陽縣公邑
一千五百戶少聰警美姿儀特爲高祖所愛太
清三年京城陷賊已乘城大雅猶命左右格戰
賊至漸衆乃自縋而下因發憤感疾薨時年十七

新興王大莊字仁禮大同九年封高唐縣公邑
一千五百戶大寶元年封新興郡王邑二千戶
嘗為使持節都督南徐州諸軍事宣毅將軍南
徐州刺史二年秋遇害時年十八
西陽王大鈞字仁輔性厚重不妄戲弄年七歲
高祖嘗問讀何書對曰學詩因命諷誦音韻清
雅高祖因賜王羲之書一卷大寶元年封西陽
郡王邑二千戶出為宣惠將軍丹陽尹二年監
揚州將軍如故至秋遇害時年十三

武寧王大威字仁容美風儀眉目如畫大寶元
年封武寧郡王邑二千戶二年出為信威將軍
丹陽尹其年秋遇害時年十三
建平王大球字仁玟大寶元年封建平郡王邑
二千戶性明惠夙成初侯景圍京城高祖素歸
心釋教每發弘願恒云若有衆生應受諸苦悉
願身代當時大球年甫七歲聞而驚謂母曰官
家尚爾兒安敢辭乃六時禮佛亦云凡有衆生
應復苦報志大球代受其苦早慧如此二年出為

輕車將軍兼石頭戍軍事其年秋遇害時年
十一
義安王大昕字仁朗年四歲母陳夫人卒便哀
慕毀頓有若成人及高祖崩大昕奉慰太宗嗚
咽不能自勝左右見之莫不掩泣大寶元年封
義安郡王邑二千戶二年出為寧遠將軍琅邪

彭城二郡太守未之鎮遇害時年十一
乃歎曰大丈夫會當滅虜屬婀娜驚梅其曰
綏建王大摯字仁瑛幼雄正有膽氣及京城陷
元年封綏建郡王邑二千戶二年為寧遠將軍
勿妄言禍將及大摯笑曰偭至非由此言大寶
遇害時年十歲
世祖諸男徐妃生忠壯世子方等王夫人生貞
惠世子方諸其敗懷太子方矩本書不載所
生別有傳夏賢妃生敬帝餘諸子並本
書無傳
忠壯世子方等字實相世祖長子也母曰徐妃
少聰敏有俊才善騎射左長巧思性愛林泉特

會高祖欲見諸王長子世祖遣方等入侍方等
欣然升舟冀免憂辱行至靈水值候景亂世祖
召之方等啓曰昔申生不愛其死方等必死無
生世祖歡息知無還意乃配步騎一萬使
援京都賊每來攻方等必身當矢石宮城陷方
等歸荊州收集士馬甚得衆和世祖始歡其能
方等又勸修築城柵以備不虞既成樓雉相望
周回七十餘里世祖觀之甚悅入謂徐妃曰若
更有一子如此吾復何憂徐妃不答垂泣而退

〈梁書傳三十八〉　八

聞之又忌方等益懼故述論以申其志焉
好散遠嘗著論曰人生處世如白駒過隙耳一
壺之酒足以養性一簞之食足以怡形生在蓬
蒿死葬溝整充棺槨何以異茲吾嘗夢爲魚
因化爲鳥當其夢也何樂如之及其覺也何憂
斯類良由吾之不及魚鳥者遠矣故魚鳥飛浮
任其志性吾之進退恒存掌握與手懼觸搖足
恐墮初徐妃以嫉妬失寵方等意不自安世祖
屢耳

行事防遏下流時世祖遣徐文盛督衆軍與侯
景將任約相持未決方諸恃文盛在近不恤軍
政日與鮑泉蒲酒爲樂候景知之乃遣其將宋

軍以自副又出爲郢州刺史鎮江夏以鮑泉爲
沒世祖謂之曰莒州何以興因拜爲中撫
鋒生世祖特爲所愛母王氏又有寵及方等敗
幼聰警博學明老易善談玄風彩清越辭辯
貞惠世子方諸字智相世祖第二子母王夫人

及靜住子行於世

〈梁書傳三十八〉　九

之方等注范曄後漢書未就所撰三十國春秋
將軍揚州刺史諡曰忠壯世子并爲招魂以哀
世祖聞之不以爲感追思其才贈侍中中軍
率軍逆戰方等擊之軍敗遂溺死時年二十二
死無二死而獲所吾豈愛生及至麻溪河東王
二萬南討方等臨行所親曰吾此段出征必
方等乃乞征之世祖許焉拜爲都督率精卒
以自危時河東王爲湘州刺史父不受督府之令
世祖愈忿之因疏其穢行牓于六閤方等入見益

子仙率輕騎數百從閒道襲之屬風雨晦冥公子
仙至百姓奔告方諸與鮑泉猶不信曰徐文盛
大軍在下慮安得來始命閉門賊騎已入城遂
陷子仙執方諸以歸王僧辯軍至蔡洲景遂害
之世祖追贈侍中大將軍諡曰貞惠世子
史臣曰太宗世祖諸子雖開土宇運屬亂離
既拘冠賊多殞非命嗚呼可嗟矣

王僧辯

散騎常侍姚　思廉　撰

王僧辯字君才右衛將軍神念之子也以天監
中隨父來奔起家為湘東王國左常侍王為丹
陽尹轉府行參軍王出守會稽兼中兵參軍事
王為荊州仍為中兵在限內時武寧太守尋遷振遠
將軍廣平太守秩滿還為王府中錄事參軍如
故僧辯討平之遷貞威將軍武寧太守尋遷振遠
故王被徵為護軍僧辯兼府司馬王為江州仍
陳雲旗將軍司馬守盜城俄監安陸郡無幾而
還尋為新蔡太守循帶司馬將軍如故王除荊
州為貞毅將軍府諮議參軍事賜食千人代柳
仲禮為竟陵太守政號雄信將軍屬矦景发王
命僧辯假節勒督舸師一萬兼糧饋赴援至
京都宮城陷浚天子蒙塵僧辯與柳仲禮兄弟
及趙伯超等牛□膝於景然後入朝□景悉收其
軍實而厚加綏撫未幾遣僧辯歸于竟陵於是

梁書傳三十九　一

倍道兼行西就世祖世祖承制以僧辯爲領軍
將軍及荊湘疑貳軍師失律世祖又命僧辯及
鮑泉統軍討之分給兵糧剋日就道時僧辯以
竟陵部下猶未盡來意欲待集然後上頓謂
鮑泉曰我與君俱受命南討而軍容君此計將
安之泉曰旣稟廟筭邀驍勇事等沃雪何所
多慮僧辯曰不然君之所言故是文士之常談
耳河東少有武幹兵刃又逼新破軍師養銳待
敵自非精兵一萬不足以制之我竟陵甲士猶

經行陣已遣召之不久當及雖期日有限猶可
重申欲與卿共入言之望相佐也泉曰成敗之
寒繫此一行遲速之宜終當仰聽世祖性嚴忌
微聞其言以爲遷延不肯去稍已含怒及僧辯
將入謂泉曰我先發言君可見泉又許之及
見世祖世祖迎問曰卿已辦乎何日當發僧辯
其對如向所言世祖大怒按劍屬聲曰卿憚行
邪因起入內泉震怖失色竟不敢言須更遣左
右數十人收僧辯旣至謂曰卿拒命不行是欲

同賊今唯有死耳僧辯對曰僧辯食祿旣深憂
責實重今日就戮豈敢懷恨但恨不見老母世
祖因斫之中其左髀流血至地僧辯悶絶久之
方蘇即送付廷尉并收其子姪並皆繫之會岳
陽王軍襲江陵人情播擾未知其備世祖遣左
右徃獄問計於僧辯其陳方略登卽赦爲
城內都督俄而岳陽奔退而鮑泉力不能剋
沙世祖乃命僧辯代之數泉以十罪遣舍人羅
重歡領齊伏三百人與僧辯俱發旣至遣通泉

云羅舍人被令送王竟陵來泉甚愕然顧左右
曰得王竟陵助我經略賊不足平俄而重歡齋
令書先入僧辯從齋伏繼進泉方拂席而待
之僧辯旣入僧辯而坐曰鮑卿卿有罪令泉卽
我書卿勿以故意見待因語重歡出今泉卽下
地鏁卿側僧辯仍部分將帥并力攻圍遂平
湘土還復領軍將軍候景浮江西寇定州刺史
僧辯爲大都督率巴州刺史淳于量定州刺史
杜龕冝州刺史王琳郴州刺史裴之橫等俱起

西陽軍次巴陵，聞郢州已沒，僧辯因據巴陵城。世祖乃命羅州刺史徐嗣徽、武州刺史杜崱並會僧辯于巴陵。景既陷郢城，兵衆益廣，徒黨甚銳，將進寇荊陝，乃使偽儀同丁和統兵五千守夏首，宋子仙前驅一萬，造巴陵。景悉衆繼進。於是緣江戍邏，望風請服，賊拓邏至于隱磯。僧辯悉上江渚米糧，並沈公私船於水。及賊前鋒次江口，僧辯乃分命衆軍濟江，輕騎至城下。偃旗卧鼓，安若無人。翌日，賊衆濟江，乘城固守，下問城內是誰。答曰：是王領軍。賊曰：語王領軍，事勢如此，何不早降？僧辯使人答曰：大軍但向荊州，此城自當非礙。僧辯百口在人掌握，豈得便降。賊騎既去，俄爾又來，曰：我王已至，王領軍何為不出與王相見邪？僧辯不答。頃之，又執王珣等至于城下，珣為書誘說城內。景帥師樓艦並集北寺，又分入港中，治道廣設氊屋，耀軍城東壟上，芟除草萊，開八道向城，遣五十棚頭肉薄苦攻。城內同時鼓譟，矢石雨下，殺賊既多，

（梁書傳三十九　四）

賊乃引退。世祖又命平北將軍胡僧祐率兵下援僧辯。是日賊復攻巴陵水步十處，鳴鼓吹脣，肉薄斫上，城中放木擲火，礌石殺傷甚多。至後賊退，乃遣一吏起長柵繞燒城，大列舸艦，以樓船攻水城西南。又遣人渡洲岸，引牛柯推殺墓車填塹，引障車臨城，二日方止。賊又於艦上豎木桔橰，聚茅置火，以燒水柵。風勢不利，自焚而退。既頻戰挫衂，賊帥任約為陸法和所擒，景乃燒營夜遁。旋軍夏首。世祖策勳行賞，以僧辯為征東將軍、開府儀同三司、江州刺史，封長寧縣公。於是世祖命僧辯即率巴陵諸軍沿流討景。師次郢城，步攻魯山，魯山城主支化仁，景之騎將也，率其黨力戰，僧辯衆軍大破之，化仁乃降。僧辯渡兵攻郢，郢城主宋子仙、時靈護率衆三千，開門出戰，又大破之，生擒靈護，斬首千級。子仙衆退據倉門，帶江阻險，衆軍攻之，頻戰不剋。景既聞魯山、巴陵敗沒，郢鎮復失，羅城乃率餘

（梁書傳三十九　五）

衆倍道歸據建業子仙等
城身還就景遣僧辯僞許之命給船百艘以老其
意子仙謂為信然浮舟將發僧辯會杜龕率精
勇千人攀堞而上同時鼓譟掩至倉門水軍主
宋遙率樓船暗江四面雲合子仙行戰行走至
于曰楊浦乃大破之生擒子仙送江陵即率諸
軍進師九水賊僞儀同沈希榮等因扶江州刺史臨城公
城及僧辯軍至希榮等因扶江州刺史臨城公
棄城奔走世祖加僧辯侍中尚書令征東大將

〔六〕

軍給鼓吹一部仍令僧辯且頓江州須衆軍齊
集得時更進頃之世祖命江州衆軍悉同大舉
僧辯乃表皇帝凶問于江陵仍率大將百餘
人連名勸世祖即位將欲進軍又重奉表雖未
見從並蒙優答事見本紀僧辯於是發自江州
直指建業乃先命南兗州刺史侯瑱率銳卒輕
舸襲南陵鵲頭等戍至即剋之先是陳霸先率
衆五萬出台南江則軍五千行至瀹口霸先倜
儻多謀策名蓋僧辯僧辯畏之既至瀹口與僧

辯會于白茅洲登壇盟誓霸先為其文曰賊臣
族景凶羯小胡逆天無狀姦造惡違背我恩
義破掠我國家毒害我生民殘毀我社廟我高
祖武皇帝靈聖聰明光宅天下勤勞北庶亭育
萬民如我考妣五十所載哀景凶以窮見歸全景
將戮之景何怨我百姓於景非次之榮我高
祖蹴朝廷鋸牙郊甸殘食合靈剋肝觕趾不厭
其快曝骨林戸不謂為酷高祖菲食卑宮春秋

〔七〕

九十屈志疑威憤終賊手六行皇帝溫嚴恭默
不守鴻名何有復加忍毒皇枝繼抱已
上緫功以還窮何極既屠且鯉豈有率土
之濱謂謂為王臣食人之禾以歙人之水忍聞此痛
而不悼心況臣僧辯霸先等荷稱國藩湘東
王臣諱泣血街哀之寄摩頂至足之恩世受先
朝之德身當將帥之任而不能瀝膽抽腸共誅
姦逆雪天地之痛報君父之仇則不可以稟靈
含識戴天履地今日相國至孝玄感靈武斯發

已破賊徒獲其元帥正
辯與臣霸先協和將帥
奉相國嗣膺鴻業以主
一賞臣僧辯等不推已
宗廟百神之靈共誅共
共事不相欺負若有違
歃血共讀盟文皆淚下霑
襟辭色慷慨及王師
讓物先身帥衆則天地
戾明神殛之於是升壇
郊祭前途若有一功

次于南洲賊帥矦子鑒等率步騎萬餘人於岸
挑戰又以艨舺千艘並載土兩邊悉八十棹棹

手皆越人去來趣襲捷過風電僧辯乃庵細船
皆令退縮悉使大艦夾泊兩岸賊謂水軍欲退
爭出趣之衆軍乃棹大艦截其歸路鼓譟大呼
合戰中江賊悉赴水僧辯即督諸軍公流而下
進軍于石頭之斗城景自出與王師大戰於石頭
上築五城拒守矦景自出與王師大戰於石頭
城北霸先謂僧辯曰醜虜遊魂貫盈已稔通誅
送死欲為一決我衆寡宜分其勢即遣彊弩
二千張攻賊西面兩城仍使結陣以當賊僧辯

在後塵軍而進復大破之虜其禪略闊景戰敗以
石頭城降僧辯引軍入據之景之退走朱
方於是景降兵散兵走告僧辯僧辯令衆入據臺
城其夜軍人採椒失火燒太極殿及東西堂等
時軍人鹵掠居民肆剝士庶民為其執縛者祖
衣不免盡驅遍居京邑剝民以求購贖自石頭至于東
城緣淮劚甊裴之橫率精甲五千東入討景僧
辯令王琳裴之橫率二十餘聲震響京邑於是百姓失望僧
牧賦黨王偉等二十餘人送于江陵偽行臺道

伯超自吳松江降於矦瑱瑱時送至僧辯僧辯
謂伯超曰趙公卿荷國重恩遂復同逆今日之
事將欲何如因命送江陵伯超既出僧辯顧坐
客曰朝廷傾覆我所復人之興慶亦復何常賓客
稷既歡功德之用命僧辯罷然乃諮答曰此乃聖上
前稱擧帥之用命老夫雖濫叨戎首何力之有
威德是逆冦悉平京都剋定世祖即帝位以僧
辯為冠進授鎮衛將軍司徒加班劔二十人改封
辯功

求寧郡公食邑五千戶侍中尚書令鼓吹並如
故是後湘州賊陸納等攻破衡州刺史丁道貴
於淥口盡收其軍實率洪稚又自零陵率衆出
空靈灘稱助討納朝廷未達其心深以為應乃
遣中書舍人羅重歡徵僧辯為都督杜崱等衆軍發于建業宣
豐侯循南征僧辯因督杜崱等衆軍發于建業
師次巴陵詔僧辯為都督東上諸軍事霸先為
都督西上諸軍事分為東西都督而俱南討焉時
辯不受故世祖詔僧辯先讓而霸先讓僧
納等下據車輪夾岸為城前斷水勢士卒驍猛
皆百戰之餘僧辯憚之不與輕進於是稍作連
城以逼賊賊見不敢交鋒並懷懦怠僧辯因其
無備命諸軍水步攻之親執雄鼓以誠進止於
是諸軍競出大戰於車輪與驃騎徇并力苦攻
陷其二城賊大敗步走歸保長沙驅逼居民入
城拒守僧辯僧辯追躡乃命築豐圍之悉令諸軍廣
建圍柵僧辨出坐蓐上而自臨視賊望識僧辨
知不設備賊當與石藏本賢明等乃率銳卒千人

十一

開門擁出蒙楯直進逕趨僧辯時遣人與賊交
侍左右帶甲衛者止百餘人因下騎大呼衝突僧辯尚
戰李賢明乘鎧馬從者十餘騎大呼衝突僧辯因
據胡牀不為之動於是指揮勇敢遂獲賢明因
即斬之賊乃退歸城內初陸納阻兵內逆以王
琳為辭朝廷未之許也武陵王擁衆上流外駭
軍並進未之許也武陵王擁衆上流外駭
懼世祖乃遣僧辯和解之至是湘州平僧辯旋于
江陵因被詔會衆軍西討督師二萬與龕出

天居寺錢行俄而武陵敗績僧辯自枝江班師
于江陵旋鎮建業是月居少時後回江陵齊主
高洋遣郭元建率衆二萬大列舟艦於合肥將
謀襲建業又遣其大將邢景遠步大汗薩東方
老等率衆繼之時陳霸先鎮建康既聞此事馳
報江陵世祖即詔僧辯次于姑孰即留鎮焉
先命豫州刺史矦瑱率精甲三千人築壘於東
關以拒北冠徵吳郡太守張彪其與太守裴之
橫會瑱於關因與北軍戰大敗之僧辯率衆軍

十二

振旅于建業承聖三年二月甲辰詔曰贊俊遂賢稱于秦典自上安下聞之漢制所以仰協台曜俯佐弘圖使持節侍中司徒尚書令都督揚南徐揚三州諸軍事鎮衛將軍揚州刺史永寧郡開國公僧辯器宇凝深風格詳遠行為士則言表身文學貫九流武該七略頃歲征自西祖東師不疲勞民無怨讟王業艱實我朝險宜其變此中台膺上將寄之經野匡我朝獻加太尉車騎大將軍餘悉如故頃之丁毋太夫人憂世祖遣侍中謁者監護喪事策謚曰貞敬太夫人夫人姓魏氏神念以天監初董率徒衆據東關退保合肥灊湖西因嬰以為室生僧辯性甚安和善於綏接家門內外莫不懷之初僧辯下獄夫人流涕徒行將謝罪世祖不懌相見時貞惠世子有寵於世祖軍國大事多關領焉夫人往詣閤自陳無訓涕泗鳴咽衆並憐之及僧辯免出夫人深責勵辯色俱嚴云人之事君惟須出忠烈非但保祐當世亦乃慶流子孫

及僧辯赳稍禮京功盡天下夫人恒自謙損不以富貴驕物朝野咸稱之謂為明哲婦人也及既薨殞甚見愍悼且以僧辯勳業隆重故禮加焉靈柩將歸建康文遺詔者至舟潰弔祭命尚書左僕射王襃為其文曰維世基武子族懋陽元金相比映王德齊溫既稱女則纂循婦言書圖鏡覽辭章討論教貽祖豆剖及平原楚發將兵孟軻成德靈忠資敬自家刑國顯允其儀惟民之則反命師旅儷我戎補茲衰職奄有龜蒙母由子貴童爾斯崇嘉命先集寵章所隆居高能降處貴思沖慶善始榮兼令終崦嵫飫夕兼葭早秋奔駒難返衡濤詎留肯寵門而西顧過夏首而東浮越三宮之遄岳經三江之泒流鬱鬱增嶺浮雲蔽蔽歎滔滔江漢逝如斯銘旌故桃宇毀遺碑即虛舟而設奠想祖魏之有知鳴呼哀哉其年十月西魏相襲泰遣兵及岳陽王衆合五萬將襲江陵世祖遺主書李膺徵僧辯於建業為大都督荊州刺史

別敕僧辯云黑泰背盟忽便舉斧國家猛將多
在下流荊陝之眾悉非勁勇公宜率虓虎星言
就路倍道兼行赴倒懸之急也僧辯因命豫州刺史
庱璡等為前軍兗州刺史杜僧明等為後軍庚
分既畢乃謂鷹云泰兵驍猛與爭銳眾軍若
集吾便直指漢江截其後路凡千里饋糧尚有
饑色況賊越宮車晏駕及敬帝初即梁上位
俄而京城陷沒漢江截其後此孫臏剋龐消時也
僧辯預樹立之功承制進驃騎大將軍中書監

〖梁書傳三十九〗　十四

都督中外諸軍事錄尚書與陳霸先參謀討伐
時齊圭高洋又欲納貞陽疾淵明以為梁嗣因
與僧辯書曰梁國不造禍難相仍侯景傾蕩建
業武陵擁弓巴漢卿志格玄穹精貫白日戮力
齊心芟夷逆醜凡在有情莫不嗟尚況我隣國
緝事言前而西冠承間復相掩襲梁主不能固
守江陵殞身乃眷宗柘王師未及便已降敗士民小
大皆畢冠虜乃睠南顧憤歎盈懷鄉臣子之情
念當鯁裂如聞權立支于號令江陰年甫十餘

極為沖貌梁墨未已員荷諒難祭則衛君攻由
寡氏幹弱枝疆終古所忌朕以天下為家大道
濟物以梁國淪滅有懷舊好存七捄墜義在今
辰扶危嗣事非長伊德故貞辰梁武猶子長
沙之亂以望堪保金陵故置為梁主納於
風馳助掃兇逆清河王岳前教荊城扶送江表雷動
彼國便部上黨王渙總攝羣將扶送江左
既不相及憤惋良深恐及西冠乘流復蹕我
今轉次漢口與陸居士相會卿宜悁我良規屬

〖梁書傳三十九〗　十五

彼羣帥部分舟艫迎接本王鳩勒勁勇并心一
力西羌烏丸合本非勍冠直是湘東怯弱致此淪
胥今者之師何往不剋善建良圖副朕所望也
貞陽承齊遣送屆壽陽貞陽前後頻與僧辯
書論還國繼統之意僧辯不納及貞陽高渙至
于東關散騎常侍裴之橫率眾拒戰敗績僧辯
因遂謀納貞陽仍定君臣之禮啟曰自泰兵冠
陝臣便譽赴援纜及下舡荊城陷沒即遣劉周
入國具表丹誠左右勳豪初並同契周既多時

論參差未甚決定始得疾瑒信示西冠權景宣
書今以真跡上呈觀視將帥恣欲同泰若一朝
仰遺大國臣不辭灰粉悲梁祚未絕中興若願
陛下便事濟江仰藉皇齊之威憑陛下至聖之
略樹君以長雪報可期社稷再輝死且非丟請
押別使曹冲馳表齊都續啟事以聞伏遲拜奉
在促貞陽答曰姜高至枉示具公忠義之懷家
國喪亂于今積年三后蒙塵四海沸天命元

梁書傳三十九　　十六

輔臣救本朝弘濟艱難建武宗祏至於丘園板
築尚想來儀公室皇枝豈不虛遲聞孤還國理
會高懷但近再命行人或不宣具公既詢謀卿
士訪逮藩維泝洄往來理旬月使乎屆止殊
副所期便是再立社稷桃曾不相愧近我梁國億兆黎
庶咸蒙此恩社稷示其可否答對驕凶殊駭聞
頻遣信裝之擴處示其可否
囑上黨王陳兵見衛欲敘安危無識之徒忽然
逆戰前旌未舉即自披猖驚悼之情彌以傷惻

上黨王深有孤嗟不傳首級更蒙封樹飾棺槨
殯務從優禮祗仁朝大德信感神民方仰藉皇威
敬憑元宰討逆賊於咸陽所示權景宣書上流諸將本
叶力克定邦家覽所示權景宣書上流諸將在於
有忠略棄親尚讎庶當不刪防奸定亂終在於
公全且頓東關更待來信未知水陸何處見迎
夫建國立君布在方策羣帥同謀必匪攜貳則齊
公之忠節上感蒼旻致奕言誓以無克翰旗側
師及斾言入曹冲奉表齊都即押送也渭橋之

梁書傳三十九　　十七

下惟遲叙言沪水之陽預有號懼僧辯又重啟
曰貞外常侍羌女高還奉敕伏貞動止大齊仁義
之風曲被隣國災救難申此大獻皇家枝戚
莫不榮荷謹遣曰正第七息顯所生劉弁弟子世
實由彼充質遣左民尚書周弘正至歷陽奉
珍往彼充質
迎艦舻浮江逆流一龍之渡清宮冊候六傳奉
入萬國傾心同榮晉文之友三善克宣方流宋

業成昭之德自古希傳沖質之免何代無此孤
身當否運志不圖生忽荷不世之恩仍致非常
之舉自惟歷薄兢懼已深若建承華本歸皇胄
心口相誓惟擬晉安如或虛言神明所殛臨令
所示深遂本懷戢慰之情無寄言象但公憂
勞之重既稟齊恩忠義之情豈不相感及梁貳華夷
兆庶豈不懷風宗廟明靈豈不相感正爾迴施
仍向歷陽所期質累便望來彼衆軍不渡已著
盟書斯則大齊聖主之恩規上黨英王之然諾

昌之議國祚既隆社稷有奉羣臣竭節報厚
施于大齊勠力展愚效忠誠於陛下今遣吏部
尚書王通奉啓以聞僧辯因求以敬帝爲皇太
子貞陽又答曰王尚書通至復以敬帝爲皇
弟世珍以表誠質其悉憂國之懷復以庭中玉
樹掌內明珠無累貿懷志在勴守皇家寧非
社稷弘濟我邦家懇歡之賢嗣守皇家寧非襄晉安王
東京貽厥世道喪亂宜立長君以其蒙尊難可承
民望但世道喪亂宜立長君以其蒙尊難可承

〈梁書傳三十九　十八〉

得原失信終不爲也惟是延延相見使使在不賒御國
非延觸曰豲咽僧辯使送質于郢貞陽求渡衞
士三千僧辯應其爲變止受散卒千人而已并
遣龍舟法駕往迎貞陽至同會于江寧浦貞陽既踐偽位
流不敢就岸後乃同會于江寧浦貞陽既踐偽位
佐仍授僧辯大司馬領太子太傅揚州牧餘悉
如故陳霸先時爲司空南徐州刺史惡其翻覆
與諸將議因自京口舉兵十萬水陸俱至襲于石頭
建康於是水軍到僧辯常處于石頭城是日正

視事軍人已踰城北而入南門又馳白有兵來僧
辯與其子頠遽走出閤左右心腹尚數十人衆
軍悉至僧辯計無所出乃踚南門樓乞命拜諸
霸先因命縱火焚之方共頠下就執霸先曰我
有何辜公欲與齊師賜討又曰何意全無防
備僧辯曰委公北門何謂無備兩夜斬之長子
頠承聖初歷官至侍中初僧辯平建業遺霸先
守京口都無備防顗慮以爲言僧辯不聽竟及
於禍西魏冦江陵世祖遺顗報城內諸軍事剡

〈梁書傳二十九　十九〉

城陷顒隨王琳入齊為音陵郡守齊遣琳鎮
壽春將圖江左陳既平淮南軹閒琳死
乃出郡城南登高冢上號哭一慟而絕顒弟顗
少有志節恒隨從世祖及荊城陷覆後沒于西魏
史臣曰自矦景冦逆世祖據有上游以全楚之
兵委僧辯將率之任及剋平禍亂功亦著焉在
平蕩勳當上台之賞敬帝以高祖貽厥之重世
祖繼體之尊洎渚宮淪覆理膺寶祚僧辯位當
將相義存伊霍乃受賀齊師傍立支庶苟欲行
夫忠義何忠義之遠矣樹國之道旣虧謀身之
計不足自致殲滅悲矣

散騎常侍姚　思廉　撰

胡僧祐
徐文盛
杜崱　兄岸　弟幼安
　　　兄子龕
陰子春

胡僧祐字願果南陽冠軍人少勇決有武幹仕
魏至銀青光祿大夫以大通二年歸國頻上封
事高祖器之拜假節超武將軍文德主帥使成
項城城陷復沒于魏中大通元年陳慶之送魏
北海王元顥入洛陽僧祐又得還國除南天水
天門二郡太守有善政性好讀書不解緝綴然
每在公宴必賦詩文辭鄙俚僞多被謝譏僧祐
怡然自若謂已實工矣代伐愈甚世祖令僧祐為鎮
西錄事參軍矦景亂西沮蠻反世祖令僧祐討
之使盡誅其渠帥僧祐諫忤旨下獄大寶二年
矦景冦荆圍巴陵世祖乃引僧祐
於獄拜為假節武猛將軍封新市縣侯令赴援

僧祐將發謂其子曰汝可開兩門一門擬
朱門擬白吉則由朱門凶則由白門吾不捷不歸
也世祖聞而壯之至揚浦景遣其將任約率銳
卒五千據白塘遏以待之僧祐由別路西上約
謂畏己而退急追之又於南安牛口呼僧祐曰
吳兒何為不早降走何處去和至乃與之言
引却至赤砂亭會陸法和至於僧祐不與之言潛
大破之擒約送于江陵及景聞之遂逃世祖以
僧祐為侍中領軍將軍徵還荊州承聖二年進

為車騎將軍開府儀同三司餘悉如故 西魏寇
至以僧祐為都督 東諸軍事魏軍四面起攻
百道齊舉僧祐親當矢石晝夜督戰獎勵將士
明於賞罰眾皆感之咸為致死所向摧殄賊莫
敢前俄而中流矢卒時年六十三世祖聞之馳
往臨哭於是內外惶駭城遂陷

徐文盛字道茂彭城人也世仕魏為將父慶之
天監初率千餘人自北歸款未至道卒文盛仍
統其眾稍立功績高祖嘉其優寵之大同末以為

持節督寧州刺史先是州在僻遠所管羣蠻
不識教義貪欲財賄劫盜相尋前後刺史莫能
制文盛推心撫慰示以威德夷獠感之風俗遂
改太清二年聞國難乃召募得數萬人來赴世
祖嘉之授以持節散騎常侍左衛將軍秦南
秦沙東益巴比巴六州諸軍事督眾軍東下
至武昌遇侯景將任約遂與相持久之世祖又命
護軍將軍尹悅平東將軍杜幼安巴州刺史王

珣等會之並授文盛節度擊任約於貝磯約大
敗退保西陽文盛進據蘆洲又與相持侯景聞
之乃率大眾西上援之西陽文盛不敢戰諸
將咸曰景水軍輕進又其饑疫可因此擊之必
大捷文盛不許文盛妻石氏先在建鄴至是景
載以還文盛深德景遂密通信使都無戰心
眾咸憤怨杜幼安宋簉等乃率所領獨進要景
戰大破之復其舟艦以歸會景密遣騎從閒道
襲陷郢州軍中兇懼遂大潰文盛奔還荊州世

祖仍以為城北面都督又聚贓汙甚多世祖大
怒下令責之數其十罪除其官爵文盛既失兵
權私懷怨望世祖聞之以下獄時任約被擒與
文盛同禁文盛謂約曰汝何不早降令我至此
約曰門外不見卿馬跡使我何遽得降文盛無
以答遂死獄中

杜崱京兆杜陵人也其先自北歸南居於雍州
之襄陽子孫因家焉曾祖靈啓齊給事中父懷寶
少有志節常邀際會高祖義師東下隨南平王

梁書傳四十　四　余

偉留鎮襄陽天監中稍立功績官至驍猛將軍
梁州刺史大同初魏梁州刺史元羅舉州內附
懷寶後進督華州所部武興氐王楊紹叔
反懷寶擊破之五年卒於鎮崱懷寶第七子
崱幼有志氣居鄉里以膽勇稱釋褐盧江驃騎
府中兵參軍世祖臨荊州仍參幕府後為新興
太守太清二年隨岳陽王來襲荊州世祖以崱
之有舊密邀之崱乃與兄岸弟幼安兄子龕等
夜歸于世祖世祖以為持節信威將軍武州刺

史俄遷宣毅將軍領鎮蠻護軍武陵內史枝江
縣庶邑千戶今隨王僧辯東討庾景至巴陵會
黃來攻數十日不剋而適加侍中左衛將軍進
爵為公增邑五百戶仍隨僧辯追景至石頭與
賊相持橫嶺及戰景親率精銳左右衝突崱從
嶺後橫截之景乃大敗東奔晉陵崱入據城景
平加散騎常侍持節督江州諸軍事江州刺史
增邑千戶是月齊將邢元建攻秦州刺史嚴超
遠於秦郡王僧辯令崱赴援陳霸先亦自歐陽

三八州　梁書傳四十　五　北朝

來會與元建大戰於土林霸先令彊弩射元建
眾郗崱因縱兵擊大破之斬首萬餘級生擒千
餘人元建收餘眾　遁時世祖執王琳於江陵
其長史陸納等遂於長沙反世祖徵崱與王僧
辯討之承聖二年及納等戰於車輪大敗陷其
二壘納等走保長沙崱等圍之後納降崱又
與王僧辯西討武陵王於硤口至即破平之於
是旋鎮遘疾卒詔曰崱京兆舊姓元凱苗裔家傳
學業世載忠貞自驅傳江渚政號廉能推轂淺

源虔是聞清靜奄致殞喪惻愴于懷可贈車騎將
軍加鼓吹一部論曰武尚則兄弟九人兄嵩矜兄俱及
嶷獻岸及弟幼安並知名當世

岸字公衡少有武幹好從橫之術太清中與則
同歸世祖世祖以為持節平北將軍梁州刺
史封江陵縣侯邑二千戶岸因諸襲襄陽世祖
許之岸乃晝夜兼行先往攻其城不剋岳陽至
遂走保其兄獻於南陽獻時為南陽太守岳陽
尋遣攻陷其城岸及獻俱遇害

幼安性至孝寬厚雄勇過人太清中與兄則同
歸世祖世祖以為雲麾將軍西荊州刺史封華容
縣侯邑二千戶令與平南將軍王僧辯討河東
王譽於長沙平之又命率精甲一萬助左衛將
軍徐文盛東討侯景至貝磯遇景將任約來逆
遂與戰大敗之斬其儀同此羅子通景將任約相持
趙威方等傳首江陵乃進軍大舉因與景相持
別攻武昌等拔之景渡蘆洲上流以壓景大盛幼
安與眾軍攻之景大敗盡復其舟艦會景密遣

龍驤陷郢州執刺史方諸軍等以歸人情大駭徐文
盛由漢口遁歸眾軍大敗幼安遂降于景景殺
之以其多反覆故也

龕則第二岑之子少驍勇善用兵亦太清中
與諸同歸世祖世祖以為持節忠武將軍郎
州刺史盧陵縣侯邑二千戶與叔幼安俱隨王僧
辯討河東王之又隨僧辯下繼徐文盛等至
巴陵聞侯景龕盧陷郢州西上將至乃與僧辯等
守巴陵以待之景至圍之數旬不剋而遁邊太

府卿安北將軍督定州諸軍事定州刺史加通
直散騎常侍增邑五百戶仍隨僧辯追景至江
夏圍其城景將宋子仙棄城遁龕追至楊浦生
擒之大寶三年眾軍至姑熟景將侯子鑒逆戰
龕與陳霸先王琳等率其黨會戰龕與眾軍奮擊
大破景景遂東奔論功為最授平東將軍東揚
州刺史益封一千戶承聖二年又與王僧辯討陸
納等於長沙降之又征武陵王於西陵亦平之
至于石頭景親率其精銳龍與眾軍奮擊

後江陵陷齊納貞陽侯以紹梁嗣以龕為震州
刺史口天興太守又除鎮南將軍都督南豫州諸
軍事南豫州刺史溧陽縣侯給鼓吹一部又加
散騎常侍鎮東大將軍會陳霸先襲陷京師執
王僧辯殺之龕僧辯之壻也為吳興太守以霸
先飫非賓素兵又猥雜在軍府目都不以霸先
經心及為本郡毋又以法繩其龕乃據吳興以距之霸

先衙之切齒及僧辯敗龕乃懼吳與以距之遣
軍副杜泰攻陳蒨於長城反為舊所敗霸先乃
遣將周文育討龕龕令從弟北叟出距又為文
育所破走義興霸先親率衆圍之會齊將柳達
摩等襲秦京師霸先遂選與齊人連和龕聞齊
兵還乃降遂遇害

陰子春字幼文武威姑藏人也晉義熙末曾祖
襲隨居宋高祖南遷至南平因家焉父智伯與高
祖隣居少相友善嘗入高祖
五色因攞高祖手曰公後必大貴非人臣也天
下方亂安著生者其在君乎高祖曰幸勿多言

是情好轉密高祖每有求索如外府焉及高祖
踐阼官至梁東二州刺史子春天監初起家宣
惠將軍西陽太守普通中累遷至明威將軍南
梁州刺史又遷信威將軍都督梁秦華三州諸
軍事梁秦二州刺史太清二年討峽中叛蠻平
之徵為左衛將軍王僧辯攻邵陵王於郢州平
子春隨領軍將軍徐文盛東討侯景至貝磯與
之又與左衛將軍徐文盛東討侯景至貝磯與

景遇子春力戰恒冠諸軍頻敗景值郢州陷沒
初奉朝請歷尚書金部郎後入周撰瓊林二十卷
史臣曰胡僧祐勇幹有聞塞旗破敵者數矣及
拾軀徇節殞身王事雖古之忠烈何以加焉徐
文盛始立功績不能終其成名為不義也杜崱
識機變之理知向背之宜加以身屬典軍頻珍
冠逆勳庸顯著卒為中興功臣義哉

列傳第四十

梁書四十七　　　　　思廉　撰

孝行

滕曇恭
沈崇傃
荀匠
庾黔婁
吉翂
甄恬
韓懷明
劉曇淨
何烱
庾沙彌
江紑
劉霽
褚脩
謝藺

梁書傳四十一　　　　二

經云夫孝德之本也此生民之爲大有國之所

先賤高祖創業開基飭躬化俗達淳弊之風以革
孝治之術斯著每發絲綸遽加旌表而比
屋軍說俗之譽潛晦成風俗列踰臺之迹彰
於視聽蓋無幾焉今採綴以備遺逸云爾
滕曇恭豫章南昌人也年五歲母楊氏患熱思
食寒瓜土俗所不產曇恭歷訪不能得銜悲哀
切俄值一桑門遺曇恭一瓜曇恭拜謝因捧瓜以告其
有兩瓜分一相遺曇恭拜訪桑門莫知所在及父母卒曇
母舉室驚異尋訪桑門莫知所在及父母卒曇

梁書傳四十一　　　　二

恭水漿不入口者旬日感慟嘔血絕而復蘇隆
冬不著繭絮蔬食終身每至忌日思慕不自堪
晝夜哀慟其門外有冬生樹二株時忽有神光
自樹而起俄見佛像及夾侍之儀容光顯著旬
門而入曇恭家人大小咸共禮拜父之刀滅遠
近道俗咸傳之太守王僧虔度引曇恭爲功曹固
辭不就王僉時隨僧度行風俗
年陸璉奉使巡行風俗表言其狀曇恭有子三
人皆有行業時有徐普濟者長沙臨湘人居喪

未及蕈而隣家火起延及其舍普濟號慟伏棺
上以身蔽火隣人往救之熬炙已悶絕累日方
蘇宣城宛陵有女子與母同床襄母為猛獸所
搏女號叫挚獸獸毛盡落行十數里獸乃棄之
女抱母還猶有氣經時乃絕太守蕭琛購焉表
言其狀有詔旌其門閭

沈崇傃字思禮吳興武康人也父懷明宋兗州刺
史崇傃在歲丁父憂哭踊過禮及長傭書以養母
焉齊建武初起家為奉朝請永元末遷司徒行參

軍天監初為前軍鄱陽王參軍事三年太守柳惔
辟為主簿崇傃從憚到郡還迎其母母卒崇傃
以不及侍疾將欲致死水漿不入口晝夜號哭
旬日殆將絕氣兄弟謂之曰殯葬未申遽自毀
滅非全孝之道也崇傃之瘲所不避兩雪倚墳
哀慟每夜恒有猛獸來望之有聲狀如歎息者
家貧無以遷窆乃行乞經年始獲葬焉既而
于墓側自以初行喪禮不備復以葬後更治服
三年父食麥屑不啜鹽酢坐卧於單薦因虛腫

三十八　梁書傳四十二　三　南史作參

不能起郡縣舉其至孝高祖聞即遣中書舍人
慰勉之乃下詔曰前軍沈崇傃少有志行居喪
蹈禮齋制不終未得大斂自以行乞淹年哀典
多闕方欲以來慕之晨更為舞蕚之始雖離情
可稱禮有明斷可便令除釋擢補太子洗馬雄
彼門閭敦敎風教崇傃奉詔釋服而涕泣如居
喪固辭不受宜苦自陳讓經年乃得為來寧令
自以祿不及養恒恨愈甚哀思不自堪至縣卒
時年三十九

荀匠字文師潁陰人也晉大保勗九世孫祖瓊
年十五復父仇於成都市以孝聞宋元嘉末渡
淮起武陵王義慶中兵元凶弑逆贈外散騎
侍郎父法超齊中興末為安復令卒於官凶問
至匠號慟氣絕身體皆冷至夜乃蘇既而奔喪
每宿江渚商旅皆不忍聞其哭聲服未闋兄斐
起家為鬱林太守征僚賊望舟投水傍人赴救僅而得
喪還匠迎于豫章望舟投水傍人赴救僅而得
全既至家貧不得時葬居父憂并兄服歷四年

三十九　梁書傳四十一　四　中悊

不出廬戶自括髮後不復櫛沐晨夕皆禿落哭無

時聲盡則繼之以泣目皆爛形體枯頓皮骨

裁連雖家人不復識郡縣以狀言高祖詔遣中

書舍人為其除服擢為豫章王國左常侍匠雖

即吉遺額逾甚外祖孫謙誡之曰此職顯汝以孝治

天下汝行過古人故發明詔擢汝此職非唯君

父之命難也乃拜竟以毀卒於家時年二十一

庾黔婁字子貞新野人也父易司徒主簿徵不

起有高名黔婁少好學多講孝經未嘗失色

於人南陽高士劉虬宗測並歎異之起家本州

主簿遷平西行參軍出為編令治有異績先是

縣境多獸暴黔婁至獸皆渡往臨沮界當時以

為仁化所感齊永元初除屖陵令到縣未旬易

在家遘疾黔婁忽然心驚舉身流汗即日棄官

歸家家人悉驚其忽至時易疾始二日醫云欲

知差劇但嘗糞甜苦易泄痢黔婁輒取嘗之味

轉甜滑心逾憂苦至夕每稽顙北辰求以身代

俄聞空中有聲曰徵君壽命盡不復可延汝誠

禱既至止得申至月末及晦易亡黔婁居喪

過禮廬于冢側和帝即位將起之鎮軍蕭穎冑曹

手書敦譬黔婁固辭服闋除西臺尚書儀曹郎

梁臺建鄧元起為益州刺史表黔婁為府長史

巴西梓潼二郡太守及成都平城中珍寶山積

元起悉分與僚佐惟黔婁一無所取元起惡其

異衆厲聲曰長史何獨爾為黔婁示不違之請

書數篋尋除蜀郡太守在職清素百姓便之元

起死于蜀部曲皆散殯殮擯持要撫

歸鄉里還為尚書金部郎遷中軍表記室參軍

東宮建以本官侍皇太子讀甚見知重詔室與太

子中庶子殷鈞到洽國子博士明山賓

等遞日為太子講五經義選散騎侍郎荊州大

中正卒時年四十六

吉翂字彥霄馮翊蓮勺人也世居襄陽翂幼有

孝性年十一遭所生母憂水漿不入口殆將滅

性親黨異之天監初父為吳興原鄉令為奸吏

所誣遂詣廷尉翂年十五號泣衢路祈請公卿行人見者皆為隕涕其父理雖清白耻為吏訊乃虛自引咎罪當大辟翂乃撾登聞鼓乞代父命高祖異之敕廷尉蔡法度曰吉翂請死代父義誠可嘉但其幼童未必自能造意卿可嚴加脅誘取其款實法度受敕還寺盛陳徽纆備列官司厲色問翂曰爾求代父死敕已相許便應伏法然刀鋸至劇審能死不且兩童孺志不及此必為人所教姓名是誰可具列答若有悔異亦相聽許翂對曰囚雖蒙弱豈不知死可畏憚顧諸弟稚藐唯囚為長不忍見父極刑自延視息所以內斷胸臆上干萬乘今欲殉身不測委骨泉壤此非細故奈何受人教邪明詔聽許不異登仙豈有回貳法度知翂至心有在不可屈撓乃更和顏誘語之曰主上知尊侯無罪行當釋亮觀君神儀明秀足稱佳童今若轉辭幸父子同濟奚以此妙年苦求湯鑊翂對曰凡鯤鮞螻蟻尚惜其生況在人斯豈願齏粉但以父

掛深劾必正刑書故思殺身以冀延父命令瞑目引領以聽大戮情殫慮盡無復餘言翂初見囚獄掾依法備加桎梏法度矜之命脫其二械更令著一小者翂弗聽曰翂求代父死死罪之囚唯宜增益豈可減乎竟不脫械法度具以奏聞高祖乃宥其父翂免父後丹陽尹王志求其在廷尉故事并請鄉邑欲於歲首舉充純孝之選翂曰異哉王尹何量翂之薄乎夫父辱子死斯道固然若翂有靦面目當其此舉則是因父買名一何甚乎固辭不受翂年十七應辟為本州主簿出監萬年縣攝官蒞事風化大行自雍還至郢湘州刺史柳惲復召為主簿後鄉人裴儉丹陽尹丞臧盾揚州中正張仄連名薦翂以為孝行純至明通易老敕付太常旌舉初翂以父陷罪因成惡疾後因發而卒

甄恬字彥約中山無極人也世居江陵祖欽之長寧令父標之州從事恬年七歲喪父哀感有若成人家人矜其小以肉汁和飯飼之恬不肯食

年八歲問其母恨生不識父遂悲泣累日忽若
有見言其形貌則其父也時以為孝感家貧養
母常得珍羞及居喪廬於墓側恓恓有鳥玄雜
色集於廬樹恬哭則鳴哭止則止又有白雀栖
宿其廬州將始興王憺表其行狀詔曰朕虛已
欽賢寤寐疾想詔彼羣岳務盡搜揚恬既孝行
殊異聲著邦壤俗以益彰宜加旌賞以厲風俗
義同親臨見可旌表室閭加以爵位恬官至安南
行參軍

韓懷明上黨人也客居荊州年十歲母患屍疰
每發輒危殆懷明夜於星下稽顙祈禱時寒甚
切忽聞香氣空中有人語曰童子母須憂永差
無勞自苦未曉而母豁然平復鄉里異之十五
喪父幾至滅性負土成墳贈助無所受與
鄉人郭麐俱師事南陽劉虯虯嘗一日廢講獨
居涕泣母亦亡矣懷明竊聞其故虯家人答云是外祖亡
日時虯母亦亡矣韓生無虞丘之恨矣家貧常肆力以
養親虯歎曰韓生無虞丘之恨矣家貧常肆力以

供甘脆嬉怡膝下朝夕不離母側母年九十一
以壽終懷明水漿不入口一旬號哭不絕聲有
雙白鳩巢其廬上字乳馴狎若家禽焉服釋乃
去既除喪蔬食終身衣令衣無改天監初刺史始
興王憺表言之州累辟不就卒于家

劉曇淨字元光彭城呂人也祖元真淮南太守
居都得罪父曇歷詣朝士乞哀懇惻甚至遂
以孝聞曇卒有父風解褐安成王國左常
侍父卒於郡曇淨奔喪不食飲者累日絕而又
蘇勉母哭輒嘔血服闋因毀瘠成疾會有詔士姓
各舉四科曇淨以兄未為縣因以讓兄乃除安
為海寧令曇淨以兄未為縣因以讓兄乃除安
西行參軍父亡後事母尤淳至身營
委人母疾衣不解帶及母亡水漿不入口者殆
一旬母喪權瘞藥王寺時天寒曇淨身衣單布
廬於瘞所晝夜哭泣不絕聲哀感行路未及春
而卒

何炯字士光廬江灊人也父撝太中大夫炯年

十五從兄胤受業一暮並通五經章句爛然白晳
美容貌從兄求點每稱之曰叔每神清弘治膚
清今觀此子復見衛杜在目烱常慕恬退不樂
進仕從叔昌寓復謂曰求點皆已高蹈汝無宜復
爾且君子出處亦各一途年十九解褐揚州主
簿舉秀才累遷王府行參庫尚書兵庫部二曹
郎出為永康令以和理稱以父疾經旬衣不解帶
內記室遷治書御史以父疾經旬形貌頓改及父卒號慟不
頭不櫛沐由藉地腰虛腳腫竟以毀卒

絕聲枕由藉地腰虛腳腫竟以毀卒
庚沙彌潁陰人也晉司空冰六世孫父佩玉輔
國長史長沙內史宋昇明中坐沈攸之事誅沙
彌時始生年至五歲所生母為製采衣輒不肯
服母問其故流涕對曰家門禍酷用是何為既
長終身布衣蔬食起家臨川王國左常侍遷中
軍田曹行參軍嫡母劉氏寢疾沙彌晨昏侍側
衣不解帶或應鍼灸輒以身先試之及母亡水
漿不入口累日終喪不解衰經不出廬戶晝夜

號慟隣人不忍聞墓在新林因有旅松百餘株
自生墳側族兄都官尚書詠表言其狀純孝
之舉高祖召見嘉之以補歙令所生母憂喪還都濟
王參軍事隨府會稽復丁所生母憂喪還都丹
浙江中流遇風船將覆沒沙彌抱柩號哭俄而
風靜蓋孝感所致服闋除信威刑獄參軍兼丹
陽郡
　　　　　　　　累遷寧遠錄事參軍轉司馬出為

長城令卒

江紑字含潔濟陽考城人也父蒨先祿大夫紑
幼有孝性年十三父蒨眼紑侍疾將暮月衣不
解帶夜夢一僧云患眼者飲慧眼水必差及覺
說之莫能解者紑第三叔祿與草堂寺智者法
師善往訪之智者曰無量壽經云慧眼見真能
渡彼岸舊乃因智者搭同夏縣界牛此里舍
為寺乞賜嘉名敕荅云純臣孝子往往感應晉
世顏含遂見冥中送藥近見智者知卿第二息
感夢云慧眼水慧眼則是五眼之一號若欲造
寺可以慧眼為名及就劊造泄故井井水清冽

異於常泉依夢取水洗眼及糞藥稍覺有瘳因
此遂差時人謂之孝感南康王為南州召為迎
主簿絛性靜好老莊玄言尤善佛義不樂進仕
及父卒絛廬于墓終日號慟不絕聲月餘卒
劉霽字士烜平原人也祖乘民宋冀州刺史父
聞慰齊工貟郎霽年九歲能誦左氏傳宗黨咸
異之十四居父憂有至性每哭輒嘔血家貧與
弟杳敬相篤勵學既長博涉多通天監中起家
奉朝請稍遷宣　晉安王府參軍兼限內記室

出補西昌相入為尚書主客侍郎未幾除海鹽
令霽前後宰二邑並以和理著稱還為建康正
非所好頃之以疾免尋除建康令不拜母明氏
寢疾霽年巳五十衣不解帶者七旬誦觀世音
經數至萬遍夜因感夢見一僧謂曰夫人筭盡
君精誠篤至當相申延後六十餘日乃卒
廬于墓精致哀慟過禮常有雙白鶴馴翔廬側
阮孝緒致書抑譬霽思慕不已服未終而卒時
年五十二著釋俗語八卷文集十卷弟杳在文

士傳敬在處士傳
褚脩吳郡錢唐人也父仲都善周易為當時最
天監中歷官五經博士脩少傳父業兼通孝經
論語善尺牘屬文章初為湘東王國侍郎稍
遷輕車湘東府行參軍並兼國子助教武陵王
為揚州引為宣惠參軍限內記室脩性至孝父
喪毀瘠過禮因惠冷氣及丁母憂水漿不入口
二十三日氣絕復蘇每號慟嘔血遂以毀卒

謝藺字希如陳郡陽夏人也晉太傅安八世孫
父經中郎諮議參軍藺五歲每父母未飯乳媼
欲令藺先飯藺曰此兒既不覺飢彊食終不進舅阮
孝緒聞之歎曰此兒在家則曾子之流事君則
藺生之匹因名之曰藺稍受以經史過目便能
諷誦孝緒每曰吾家賜元也及丁父憂晝夜號
慟毀瘠骨立母阮氏常自守視譬柳之服闋後
吏部尚書蕭子顯表其至行擢為王府法曹行
參軍累遷外兵記室參軍時甘露降士林館藺
獻頌高祖嘉之因有詔使製北兗州刺史蕭楷

德政碑又奉令製宣城王奉述中庸頌太清元
年遷散騎侍郎兼散騎常侍使於魏會景舉
地入附境上交兵蘭母慮不得還感氣卒及蘭
還入境爾夕夢不祥旦便投殮馳歸氣既至號慟
對悲慟殭勸以飲粥漿不入口親友慮之終不能進
經月餘日因夜臨而卒時年三十八蘭所製詩
賦碑頌數十篇
史臣曰孔子稱毀不滅性教民無以死傷生也
故制喪紀爲之節文高柴仲由伏膺聖教曾參
閔損慶恭孝道或水漿不入口泣血終年豈不
知劍鉅痛深蓼莪慕切所謂先王制禮賢者俯
就至如立吳終於毀滅若劉曇淨何烱江紑謝
蘭者亦二子之志歟

列傳第四十一　　　　梁書四十七

列傳第四十二　　　　梁書四十八

散騎常侍姚　思廉　撰

儒林
　　伏曼容
　　何佟之
　　范縝
　　嚴植之
　　賀瑒
　　司馬筠
　　卞華
　　崔靈恩
　　孔僉
　　盧廣
　　沈峻　太史叔明
　　孔子袪
　　皇偘

漢氏承秦燔書大弘儒訓太學生徒動以萬數
郡國黌舍冘采皆充滿學於山澤者至或就列

肆其盛也如是漢末喪亂其道遂衰魏正始以
後仍尚玄虛之學為儒者蓋寡時荀顗摯虞之
徒雖刪定新禮改官職未能易俗移風自是中
原橫潰衣冠殄盡江左草創日不暇給以迄于
宋齊國學時或開置而勸課未博建之不及十
年蓋取文具其於弘獎勸課其弗及也忽諸鄉里
莫或開館公卿罕通經術朝廷大儒獨學而弗
肯養眾後生孤陋擁經而無所講習三德六藝
其廢久矣高祖有天下深愍之詔曰二漢登
賢莫非經術服膺雅道名立行成魏晉浮蕩
儒教淪歇風節罔樹抑此之由朕日昃思
聞俊異收士得人實惟酌獎可置五經博士各
一人廣開館宇招內後進於是以平原明山賓
吳興沈峻建平嚴植之會稽賀瑒補博士各主
一館館有數百生給其餼廩其射策通明者即
除為吏十數月間懷經負笈者雲會京師又選
遣學生如會稽雲門山受業於盧江何胤分遣

博士祭酒到州郡立學七年又詔曰建國君民
在教為首砥身礪行由乎經術朕肇基明命光
宅區宇雖耕耘雅業傍闕藝文而成器未廣志
本猶闕非以鎔範貴遊納諸軌度思欲式敦譚
齒國家刑政今聲訓所漸戎夏同風宜大啟庠
斅博延胄子務彼弘獎此三德使陶鈞遠被
微言載表於是皇太子皇子宗室王侯始就業
焉高祖親屈輿駕釋奠先師先聖申之以讌
語勞之以束帛濟濟洋洋為大道之行也如
是其伏曼容之范縝有舊名於世為時儒
者嚴植之賀瑒等首膺茲選今並綴為儒林
傳云
伏曼容字公儀平昌安丘人曾祖滔晉著作郎
父胤之宋司空主簿曼容早孤與母兄居南
海少篤學善老易倜儻好大言常云何晏疑易
中九事以吾觀之晏了不學也故知平叔有所
短聚徒教授以自業為驃騎行參軍宋明帝好
周易集朝臣於清暑殿講詔曼容執經曼容素

美風采帝恒以方軌叔夜使吳人陸探微畫叔
夜像以賜之遷司徒參軍兼鎮為丹陽尹請為
江寧令入拜尚書外兵郎外明末為輔國長史
南海太守齊初為通直散騎侍郎承明初交為太
子率更令侍皇太子講衛將軍王儉深好
令與河內司馬憲吳郡陸澄共撰喪服義既成
又欲與之定禮樂會儉薨遷中書侍郎大司馬
諮議參軍出為武昌太守建武中入拜中散大

〔四〕 〔昴〕

夫時明帝不重儒術曼容舊宅在瓦官寺東施高
坐於聽事有賓客輒升高坐為講說生徒數
十百人梁臺建以曼容舊儒召拜司馬出為臨
海太守天監元年卒官時年八十二為周易毛
詩喪服集解老莊論語義子昀在良吏傳

何佟之字士威廬江灊人豫州刺史憚六世孫
也祖劭之宋貞外散騎常侍父歆齊奉朝請佟
之少好三禮師心獨學彊力專精手不輟卷讀
禮論三百篇略皆上口時太尉王儉為時儒宗
雅相推重起家揚州從事仍為總明館學士頻

還司徒車騎參軍事尚書祠部郎齊建武中為
鎮北記室參軍侍皇太子講領丹陽邑中正時
步兵校尉劉瓛徵士吳苞皆已卒京邑碩儒唯
佟之而已佟之明習事數當時國家吉凶禮則
皆取決焉佟之歷步兵校尉尋
遷驃騎諮議參軍轉司馬永元末初拜鎮騎將
軍高祖踐阼尊重儒術以佟之
之常集諸生講論義攻攻不息中興初為尚書左丞是
時百度草創佟之依禮定議多所襃益天監二

〔梁書傳四十二〕 〔五〕 〔五欽〕

年卒官年五十五高祖甚悼惜將贈之官故事
左丞無贈官者特詔贈黃門侍郎儒者榮之所
著文章禮義百許篇子朝隱朝晦
范縝字子真南鄉舞陰人也晉安北將軍注六
世孫祖璩之中書郎父濛早卒縝少孤貧事母
孝謹年未弱冠聞沛國劉瓛聚衆講說始往從
之卓越不羣而勤學甚屬
門下積年去來歸家恒芒屩布衣徒行於路瓛
門多車馬貴游縝在其門聊無恥愧既長博通

經術尤精三禮性質直好危言高論不為士友所安唯與外弟蕭琛善琛名曰口辯每服縝簡諧起家齊寧蠻主簿累遷尚書殿中郎永明年中與魏氏和親朝廷遣縝通聘好特簡才學之士以為行人縝及從弟雲蕭琛琅邪顏幼明河東裴昭明相繼縝為宜都太守母憂去職歸居于南州義軍至縝墨絰

梁書傳四十二　六　劉仁

來迎高祖與縝有西邸之舊見之甚悅及建康城平以縝為晉安太守在郡清約資公祿而已視事四年徵為尚書左丞縝去還雖親戚無所道唯餒餇前尚書令王亮徙廣州亦常郎舊相友至是亮被擯弃在家縝自迎王師為在權軸既而所懷未滿亦常快快故私相親結以橋時去後竟陵王子良精信釋教而縝盛稱無佛子良問曰君不信因果世間何得有富貴何得有貧賤縝荅曰人之生譬如一樹花同

發一枝俱開一蔕隨風而墮自有拂簾幌墜於茵席之上自有關籬牆落於溷糞之側墜茵席者殿下是也落糞溷者下官是也貴賤雖復殊途因果竟在何處子良不能屈深怪之縝退論其理著神滅論曰或問予云神滅何以知其滅也荅曰神即形也形即神也是以形存則神存形謝則神滅也問曰形者無知之稱神者有知之名知與無知即事有異神之與形理不容一形神相即非所聞也荅曰形者神之質神者形

梁書列傳四十二　七　必明

之用是則形稱其質神言其用形之與神不得相異也問曰神故非質用質故非用不得為異其義安在荅曰名殊而體一也問曰名既已殊體何得一荅曰神之於質猶利之於刀形之於用猶刀之於利利之名非刀也刀之名非利也然而捨利無刀捨刀無利未聞刀沒而利存豈容形亡而神在問曰刀之與利或如來說人之質無知也人然何以言之木之質無知也人之質有知也人既有如木之質而有異木之知豈非木有一人

— 373 —

有二邪荅曰異言乎人若有如木之質以為
形又有異木之知以為神則可如來論也今人
之質質有知也木之質無知也人之質非木
質也木之質有知也安有如木之質而復有
異木之質哉問曰人質所以異木質者以其
有知耳人而無知之與木何異荅曰人無無知
之質猶木之無知之形也問曰死者之形骸豈非無知
之質邪荅曰是無知之質也問曰若然者人果有如
木之質而有異木之知矣荅曰死者如木而無
異木之知生者有異木之知而無如木之質也
問曰死者之骨骼非生形之骨骼非生人之形
非死形死形之非生形區已革矣安有生人之
形骸而有死人之骨骼哉問曰若生人之形骸
非死者之骨骼則應不由生者
之形骸不由生者則此骨骼從何而至
此邪荅曰是生者之形骸變為死者之骨骼也
問曰生者之形骸雖變為死者之骨骼豈不從
生而有死則知死體猶生體也荅曰如因榮木

變為枯木之質寧是榮木之體問曰榮體
變為枯體枯體即是榮體絲體變為縷體
即是絲體有何別焉荅曰若枯即是榮榮即是
枯應榮時凋零枯時結實也又榮木不應變為
枯枯木不應變為榮榮枯是一何故而
枯後變榮要先榮後枯何也絲縷之義亦同此破
綿歷未已枯無所復變也絲縷之義亦同此破
問曰生形之謝便應豁然都盡何故方受死形
欻而生者必欻而滅漸而生者必漸而滅而
生者飄驟是也欻而生者必欻而滅漸而生者
物之理也問曰形即是神者手等亦是神邪
皆是神之分也問曰若皆是神分神既能慮
手等亦應能慮荅曰手等亦應能有痛癢之
知而無是非之慮也問曰痛癢之慮與是非之
是慮淺則為痛癢深則為是非荅曰知即
是慮淺則為痛癢深則為是非問曰若爾
知而無是非之慮復有是非之慮何得二問曰若爾應有二
此邪荅曰人體惟一神何得有二問曰若爾應有二
為一人是非痛癢雖復有異亦總為一神矣問

曰是非之慮不關手足當關何處荅曰是非之
意心器所主荅曰心器是五藏之心非邪邪荅曰
是也問曰五藏有何殊別而心獨有是非之慮
乎荅曰七竅亦復何殊而司用不均問曰是非之慮
無有能慮者是以心為慮本問曰慮何故寄於眼
無方何以知是心器所主荅曰五藏各有所司
分邪問曰慮體無本故可寄之於眼分眼目有本
不假寄於佗分也荅曰眼何故有本而慮無本荅
等分中荅曰慮可寄於眼分何故不寄於耳

三五四　梁書傳四十二　十　王程

無本於我形而可偏寄於異地亦可張甲之情
寄王乙之軀本景之性託趙丁之體然乎哉不
然也問曰聖人形猶凡人之形而有凡聖之殊
故知形神異矣荅曰不然金之精者能昭礦者
不能昭有能昭之精金寧有不昭之礦又豈
故知聖人之神而寄凡人之器亦無凡人之神而
有聖人之神邪是以八采重瞳勛華之容龍顏馬
口軒皞之狀形表之異也比干之心七竅列角
伯約之膽其大若拳此心器之殊也是知聖人

定分每體絕常區非惟道革羣生乃亦形超萬有
凡聖均體所未敢安問曰子夫聖人之形必異
於凡者敢問陽質類似仲尼項籍似大舜項孔
陽智革形同其均何邪荅曰珉玉陽貌似玉而非玉難
非實心器不均故宜爾苠問曰凡聖同於心器
類似鳳而非鳳物誠有之人故宜雖有之殊形而
器不一可也貞其極理無有二而且殊貌無餘文
異狀神不伴色於此益明矣荅曰聖同於心器
形不必同也猶馬毛而齊逸王異色而均美

三五六　梁書傳四十三　十二　何兼

是以晉棘荊和等償連城驛騄盜驪俱致千里
問曰形神不二既聞之矣形謝神滅理固宜然
敢問經云為之宗廟以鬼饗之何謂也荅曰聖
人之教然也所以弭孝子之心而属薄之意
神而明之此之謂矣問曰伯有被甲邪荅曰妖怪茫茫
或存或亡彊死者衆不皆為鬼彭生伯有何獨
能然乍為人豕未必齊鄭之公子也問曰易稱
故知鬼神之情狀與天地相似而不違又曰載

三七五

鬼一軍其義云何苔曰有命為有獸為飛走之別也有人為有鬼為幽明之別也人滅而為鬼鬼滅而為人則未之知也問曰知此神滅有何利用邪苔曰浮屠害政桑門蠹俗風驚霧起馳蕩不休吾哀其弊思拯其溺夫竭財以赴僧破產以趨佛而不恤親戚不憐窮匱者何良由厚我之情深濟物之意淺是以圭撮涉於貧友吝情動於顏色千鍾委於富僧歡意暢於容髮豈不以僧有多稱之期友無遺秉之報務施關於周急歸德必於在己又惑以茫昧之言懼以阿鼻之苦誘以虛誕之辭欣以兜率之樂故捨逢掖襲橫衣廢俎豆列餅鉢家家棄其親愛人人絕其嗣續致使兵挫於行間吏空於官府粟罄於惰遊貨殫於泥木所以姦宄弗勝頌聲尚擁惟此之故其流莫已其病無限若陶甄稟於自然森羅均於獨化忽焉自有恍爾而無夫天理各安其性小人甘其壟畝君子保其恬素耕而食食不可窮也蠶而衣

衣不可盡也下有餘以奉其上上無為以待其下可以全生可以匡國可以霸君用此道也此論出朝野諠譁子良集僧難之而不能屈鎮在南累年追還京既至以為中書郎國子博士卒官文集十卷子霄字長卿傳父業學起家太學博士霄有口辯大同中常兼主客郎對接北使還平西湘東王諮議參軍侍宣城王讀出為鄱陽內史卒於郡

嚴植之字孝源建平秣歸人也祖欽宋通直散騎常侍植之少善莊老能玄言精解喪服孝經論語及長徧沿鄭氏禮周易毛詩左氏春秋性淳孝謹厚不以所長高人少遭父憂因菜食二十三載後得風冷疾乃止齊永明中始起家為廬陵王國侍郎還廣漢王國右常侍王誅國人莫敢視植之獨奔哭手營殯殮徒跣送喪墓所為起家葬畢乃還當時義之建武中遷貞外郎散騎常侍尋為康樂矦相在縣清白民吏稱之天監二年板後軍騎兵參軍事高祖詔求通儒

治五禮有司奏植之治凶禮四年初置五經博
士各開館教授以植之兼五經博士植之館在
潮溝生徒常百數植之講五館生徒兼博士七年
餘人六年遷中撫軍記室兼五軍植之講生徒必至聽者千
卒於館時年五十二植之自疾後便不受廪俸
妻子困之既卒喪無所寄生徒爲市宅乃得成
襄爲植之性仁慈好陰德雖在闇室未嘗怠也
少嘗山行見一患者植之間其姓名不能荅載
與俱歸爲診醫藥六日而死植之爲棺殯殮之

三百廿二　▲梁書列傳四十二　十四　朱梁二

卒不知何許人也字緣柵塘行見患人臥塘側
植之下車問其故云姓黃氏家本荊州爲人傭
債疾既危篤船主將發弃之于岸植之心惻然
戴還治之經年而黃氏差請終身充奴僕以報
厚恩植之不受遺以資糧遣之其義行多如
此撰凶禮儀注四百七十九卷
賀瑒字德璉會稽山陰人也祖道力善三禮仕
宋爲尚書三公郎建康令瑒少傳家業舊時沛
國劉巘爲會稽府永見瑒深器異之嘗與俱造

吳郡張融指瑒謂融曰此生神明聰敏將來當
爲儒者宗璀還薦之爲國子生舉明經揚州祭
酒俄兼國子助教歷奉朝請太學博士太常丞
遭母憂去職天監初復爲太常博士有司舉治賓
禮召見說禮義羨高祖恭禮舊事時高祖方創定
禮樂瑒所建議多見施行七年拜步兵校尉領
五經博士九年遇疾遣殿醫省問卒千館時年
四年初開五館以瑒兼五經博士別詔爲皇太
子定禮撰五經義羨瑒恭禮兼五經博士時高

三百廿　▲梁書列傳四十二　十五　朱梁二

實禮儀注一百四十五卷瑒於禮尤精館中生
徒常百數弟子明經對策至數十人二子革字
文明少通三禮及長偏治孝經論語毛詩左傳
起家晉安王國侍郎兼太學博士侍湘東王讀
敕於永福省爲邵陵湘東武陵三王講禮稍遷
湘東王府行參軍尚書儀曹郎尋除秣陵令
遷國子博士於學講授生徒數百人出爲西
中郎湘東王諮議參軍帶江陵令王初於府置

眾前後再監南平郡為民吏所德尋加員威將
軍兼平西長史南郡太守革性又不常懍貪祿
代耕不及養在荊州歷其為郡縣所得俸秩不及
妻孥專擬還鄉造寺以申感思大同六年卒官
時年六十二弟季亦明三禮歷
兼中書通事舍人累遷步兵校尉中書黃門郎
兼著作

司馬筠字貞素河內溫人晉驃騎將軍燕烈王

〔三○十五〕 ▲梁書列傳四十二 十六 朱袋二

承七世孫祖亮宋司空從事中郎父端齊奉朝
請筠孤貧好學師事沛國劉瓛瓛彊力專精深為
瓛所器異既長博通經術尤明三禮齊建武中
起家奉朝請選王府行參軍天監初為本州治
中除暨陽令有清績入拜尚書祠部郎七年安成
太妃陳氏薨江州刺史安成王季荊州刺史始
興王憺並以慈母薨京巴喪祭無主舍人周捨議以賀彦先
太妃薨京巴喪祭無主詔不許還橋本任而
稱慈母之子不服慈母之黨婦又不從夫而服

慈姑小功服無從故也庶蔚之云非徒子不從
母而服其黨孫又不從父而服其慈由於斯而言
慈祖母無服明矣尋門內之哀不容自同於常
按父之祥禪子並受弔制今二王諸子宜以成服
日單衣一日為位受弔制曰二王在遠宜以成服
攝祭事捨又曰禮云縞冠玄武子姓之冠則世
子衣服宜異於常可著細布衣縞為領帶三年
不聽樂又禮及春秋庶母不世祭蓋謂無王命
者耳吳太妃既朝命所加得用安成禮秩則當

〔三○三十〕 ▲梁書列傳四十二 十七 朱長二

祔廟五世親盡乃毀陳太妃命數之重雖則不
異慈孫既不從服廟食理無傳祀子孫止此是
會經文高祖五服制皇子慈母之服筠
議宋朝五服制按曾子服訓養母禮依庶孫慈已
宜從小功之制按皇子服問云子游曰喪內有慈母
歟孔子曰非禮也古者男子外有傅內有慈母
君命所使教子也若國君之子不服則王者之子不
國君之子也君之子不服則王者之子不
服可知又喪服經云君子子為庶母慈已者傳
稱

曰君子者貴公子也鄭玄引內則三母止施
於卿大夫以此而推則慈母之服上不在五等
之嗣下不逮三士之息儻其服者止卿大夫尋
諸侯之子尚無此服況乃施之皇子謂宜依禮
刊除以反前代之惑高祖以爲不然曰禮言慈
母凡有三條一則嫡妻之子妾子無母使妾養之慈
養之命爲母服以三年喪服齊衰章所言慈
母是也二則嫡妻之子無母使妾養之無爲母之慈撫隆
至雖均乎慈愛但妾無子者
恩深事重故服以小功喪服小功章所以不直
言慈母而云庶母慈已者明異於三年之慈母
也其三則子非無母正是擇賤者視之義同師
保而不無慈愛故亦有慈母之名師保既無其
服則此慈母其次爲慈母其次爲保母此其明文
使爲子師其次爲慈母其次爲保母此其明文
此言擇諸母若此三母非謂擇取其兄
者則是長妾長妾之禮實有殊加何容次妾生
弟之母也何以知之若是兄弟之母何其先有子

字乃退成保母斯不可也又有多兄弟之人於
義或可若始生之子便應三母俱關邪由是推
之內則所言諸母是謂三母非兄弟之母明矣
子游所問自是師保是謂三母非兄弟之母明矣
故夫子得有此對豈非師保之慈母無服之證
已後人致謬此之由經言君子者此雖起
於大夫明大夫猶爾自斯以上彌應不異故傳
古君子者貴公之子也總言曰貴則無所不
包經傳互文相顯發則知慈加之義通乎大夫
以上矣宋代此科不乖禮意便加除削良是所
疑於是鈞等請依制改定嫡妻之子母服役爲父
妾所養服之五月貴賤並同以爲永制累遷王
府諮議參軍知左丞事壽除尚書左丞出爲鄱陽
內史卒官子壽傳父業明三禮大同中歷官尚
書祠部郎出爲曲阿令
卜華字昭立濟陰冤句人也晉驃騎將軍忠貞
公壼六世孫父倫之齡事中華幼孤貧好學年

十四召補國子生，通《周易》。既長，徧治五經，與平原明山賓、會稽賀瑒同業友善。起家齊豫章王國侍郎，累遷奉朝請、征西行參軍。天監初，遷臨川王參軍事，兼國子助教，授轉安成王功曹參軍，兼五經博士。聚徒教授，涉有機辯，說經析理，為當時之冠。江左以來，鍾律樂學，至華乃通焉。遷尚書儀曹郎，出為吳令，卒。

崔靈恩，清河武城人也。少篤學，從師徧通五經，尤精三禮、三傳。先在北，仕為太常博士。天監十

梁書傳四十二 二十 十

三年歸國，高祖以其儒術，權拜員外散騎侍郎，累遷步兵校尉，兼國子博士。靈恩聚徒講授，聽者常數百人。性拙朴，無風采，及解經析理，其有精致，京師舊儒鹹重之。尤好其學者，遂著《左氏條義》以明服、杜之助。孔氏尤好其學。先習左傳服解，不為江東所行，及改說杜氏解者，遂著《左氏條義》以明服、杜之短，因作《申杜難服》以苔靈恩，世並行焉。僧誕，會稽餘姚人，以《左氏》教授，聽者亦數百人，其該通義例，當時莫及。先之時，有助教虞僧誕，又精杜學，因會稽姚人以左氏教授。

是儒者論天，互執渾、蓋二義。論蓋不合於渾，論渾不合於蓋，靈恩立義，以渾蓋為一焉。出為明威將軍、桂州刺史，還除國子博士。靈恩集注《毛詩》二十二卷，《集注周禮》四十卷，制《三禮義宗》四十七卷、《左氏經傳義》二十二卷、《左氏條例》十卷、《公羊穀梁文句義》十卷。

孔僉，會稽山陰人。少師事何胤，通五經，尤明三禮、《孝經》、《論語》，講說並數十編，生徒亦數百人。歷

梁書傳四十二 二十二 十

官國子助教，三為五經博士，遷尚書祠部郎，出為海鹽、山陰二縣令。僉儒者不長政術，在縣無績。太清亂，卒於家。子儆，亦涉文學，官至太學博士。僉兄子元素，又善三禮，有盛名，早卒。

盧廣，范陽涿人，自古晉司空從事中郎謐之後也。少明經，有儒術。天監中歸國，初拜員外散騎侍郎，出為始安太守，坐事免。頃之，起為折衝將軍，兼國子博士，編講。也諧役死，弗閱之亂，晉舊族謐有後為廣配千兵北伐，還拜步兵校尉，兼國子博士，編講。

五經時此來人儒學者有崔靈恩孫詳蔣顯並
眾徒講說而音辭鄙拙惟廣言論清雅不類此
人僕射徐勉兼通經術深相賞好尋遷員外散
騎常侍博士如故出為信武桂陽嗣王長史尋
陽太守又為武陵王長史太守如故卒官
沈峻字士嵩吳興武康人家世農夫至峻好學
與舅太史叔明師事宗人沈麟士門下積年晝
夜自課時或睡寐輒以杖自擊其篤志如此麟
士卒後乃出都編遊講肆遂博通五經尤長三

禮初為王國中尉稍遷侍郎並兼國子助教時
吏部郎陸倕與僕射徐勉書薦峻曰五經博士
廣季達須換計公家必欲詳擇其人凡聖賢可
講之書必以周官立義則周官一書實為羣經
源本此學不傳多歷年世此人孫詳蔣顯亦經
聽習而音革楚夏故學徒不至惟助教沈峻特
精此書比日時聞講肆羣儒劉嵒沈宏能之
徒並執經下坐面受業莫不歎服人無閒言
第謂宣即用此人命其專此一學周而復始使

聖人正典廢而更興累世絕業傳於學者勉從
之奏峻兼五經博士於館講授聽者常數百人
出為華容令還除員外散騎侍郎乃復兼五經博
士時中書舍人賀琛奉敕撰梁官乃啟峻及孔
子祛補西省學士助撰錄書成入兼中書通事
舍人出為武康令卒官子文阿傳父業尤明左
氏傳太清中自國子助教為五經博士傳峻業
者又有吳郡張及會稽孔子云官皆至五經博
士尚書祠部郎太史叔明吳興烏程人吳太史

慈後也少善莊老兼治孝經禮記其三玄尤精
解當世冠絕每講說聽者常五百餘人歷官國
子助教邵陵王綸好其學及出為江州攜叔明
之鎮王遷郢州又隨府所至輒講授江外人士
皆傳其學焉大同十三年卒時年七十三
孔子祛會稽山陰人少貧好學耕耘樵採常
懷書自隨投閒則誦讀勤苦自勵遂通經術尤
明古文尚書初為長沙嗣王侍郎兼國子助教
講尚書四十編聽者常數百人中書舍人賀琛

受敕撰梁官啟子祜為西省學士助撰錄書成
兼司文侍郎不就父之兼主客郎舍人學士如
故累遷湘東王國侍郎常侍貟外散騎侍郎又
雲麾　江公記室奏軍轉兼中書通事舍人舞遷
步兵校尉舍人如故高祖撰五經講疏及孔子
正言專使子祜檢閱群書以為義證事音救子
祛與右衛朱异左丞賀琛於士林館遞日執經
累遷通直正貟郎舍人如故中大同元年卒官
時年五十二子祜凡著尚書義二十卷集注尚
書三十卷續朱异集注周易一百卷續何承天
集禮論一百五十卷

皇侃吳郡人也青州刺史皇象九世孫侃少好
學師事賀瑒精力專門盡通其業九明三禮孝
經論語起家兼國子助教於學講說聽者數百
人撰禮記講疏五十卷書成奏上詔付祕閣頃
之召入壽光殿講禮記義高祖善之拜貟外散
騎侍郎兼助教如故性至孝常日限誦孝經二
十編以擬觀世音經丁母憂解職還鄉里平西

邵陵王欽其學厚禮迎之倨至因慼心疾大
同十一年卒於厚首時年五十八所撰論語義
十卷與禮記義並見重於世學者傳焉

陳吏部尚書姚察曰昔叔孫通講論馬上桓榮
精力凶荒既逢平定自致光寵若夫崔伏何嚴
互有焉曼谷佟之講道於齊李不為時改賀瑒
嚴植之之徒遭梁之崇儒重道咸至高官稽古
之力諸子各盡之矣范縝墨經徽倖不遂其志
宜哉

列傳第四十二

散騎常侍姚　思廉　撰

文學上

到沆
丘遲
劉苞
袁峻
庾於陵　弟肩吾
劉昭
【梁書列傳四十三】　二
何遜
鍾嶸
周興嗣
吳均

昔司馬遷班固書並為司馬相如傳相如不預
漢廷大事蓋取其文章尤著也固又為賈鄒枚
路傳亦取其能文傳焉范氏後漢書有文苑傳
所載之人其詳已其然經禮樂而緯國家通古
今而述美惡非文者大可也是以君臨天下者莫

不敦悅其義縉紳之學咸貴尚其道古往今來
未之能易高祖聰明文思光宅區寓旁求儒雅
詔採異人文章之盛煥乎俱集每所御幸輒命
羣臣賦詩其文善者賜以金帛詣闕庭而獻賦
頌者或引見焉當時其在位者則到沆約江淹任昉東
海王僧孺吳郡張率等或入直文德通讌壽光
皆後來之選也約淹昉僧孺率以功迹別以論今
綴到沆等文兼學者至太清中人為文學傳云
【梁書列傳四十三】　二
到沆字茂瀣彭城武原人也曾祖彥之宋將軍
父撝齊五兵尚書沆切聰敏五歲時攜於屏風
抄古詩沆請教讀一遍便能諷誦無所遺失
既長勤學善屬文工篆隸美風神容止可悅齊
建武中起家後軍法曹外兵參軍天監初遷征虜主
簿高祖初臨天下收拔賢俊甚愛其才東宮建
以為太子洗馬時文德殿置學士省召高才碩
學者待詔其中使校定墳史詔沆通籍焉時高
祖讌華光殿命羣臣賦詩獨詔沆為二百字二

丘遲字希範吳興烏程人也父靈鞫有才名仕齊官至太中大夫遲八歲便屬文靈鞫常謂氣骨似我黃門郎謝超宗徵士何點並見而異之及長州辟從事舉秀才除太學博士遷大司馬行參軍遭父憂去職服闋除西中郎參軍累遷殿中郎以母憂去職服除後為驃騎主簿錄事參軍高祖平京邑霸府開引為驃騎主簿甚被禮遇時勸進梁王及珠禮皆遲文也高祖踐柞拜散騎侍郎俄遷中書　侍郎領吳興邑中正

刻使成沉於坐立奏其父文甚美從以洗馬管東宮書記散騎省優策文三年詔以沉為尚書郎在職清能或以才高妙者為侍郎以沉為殿中曹侍郎沉從父見凝洽並有才名時皆相代為殿中當世榮之四年遷太子中舍人沉為人不自代不論人長短樂安任昉南鄉范雲皆友善其年遷丹陽尹丞以疾不能劇職事詔賜錢二軍五年卒官年三十高祖甚傷惜焉詔賜錢二萬布三十四所著詩賦百餘篇

梁書列傳四十三　三

待詔文德殿時高祖著連珠詔羣臣繼作者數十人遲文最美天監三年出為永嘉太守在郡不稱職為有司所糾高祖愛其才寢其奏四年中軍將軍臨川王宏北伐遲為諮議參軍記室時陳伯之在此與魏軍來距遲以書喻之伯之遂降還拜中書郎遷司徒從事中郎七年卒官時年四十五所著詩賦行於世

劉苞字孝嘗彭城人也祖勔宋司空父憺齊太子中庶子苞四歲而父終及年六七歲見諸父常泣時世叔父悛繪等顧貴苞母謂其畏懼怒之苞對曰早孤不及有識聞諸父多相似故心中欲悲無有佗意因而歔欷母亦慟甚初苞父母及兩兄相繼亡沒悉屬座焉苞年十六始移墓所經營改葬不資諸父未幾而皆畢繪常歎服之少好學能屬文起家司徒法曹行參軍不就天監初以臨川王妃弟故自征虜主簿仍遷王中軍功曹累遷尚書殿部侍郎丹陽尹丞太子太傅丞尚書　殿中侍郎南徐州治中以

梁書列傳四十三　四

公事免父之為太子洗馬掌書記侍講壽光殿

自高祖即位引後進文學之士苞及從兄孝綽

從弟孺同郡到溉溉弟洽從弟沉吳郡陸倕張

率並以文漢見知多預讌坐雖仕進有前後其

賞賜不殊天監十年卒時年三十臨終呼友人

南陽劉之遴託以喪事務從儉率苞居官有能

名性和而直與人交面折其罪退稱其美情無

所隱士友咸以此歎惜之

梁書列傳四十三　五

袁峻字孝高陳郡陽夏人魏郎中令渙之八世

孫也峻早孤篤志好學家貧無書每從人假借

必皆抄寫自課日五十紙紙數不登則不休息

訥言語工文辭義師剋京邑都陽王恢東鎮破

岡峻隨王知管記事天監初都陽王參軍高祖雅

侍郎從鎮京口王遷郢州以峻為其漢麗可觀

好辭賦時獻文於南闕者相望焉

或見賞擢六年除員外散騎侍郎直文德學士高祖嘉

焉賜東帛除貞外散騎侍郎又奉敕與陸倕各製新

史記漢書各為二十卷又奉敕與陸倕各製新

關銘辭亦多不載

庾於陵字子介散騎常侍黔婁之弟也七歲能

言玄理既長清警博學有才思齊隨王子隆為

荊州召為王簿使與謝朓宗夬抄撰羣書子隆

代還又以為送故主簿子隆與史獨留經理喪事

吏畏避莫有至者唯於陵與行參軍兼記室永元

始安王遙光為撫軍引為行參軍兼記室初為建康

末除東陽遂安令為民吏所稱天監初為建康

獄平遷尚書工部郎待詔文德殿出為湘州別

梁書列傳四十三　六

駕遷驃騎錄事參軍兼中書通事舍人俄領南

郡邑中正拜太子洗馬舍人如故舊事東宮官

屬通為清選洗馬掌文翰尤其清者近世用人

皆取甲族有才望時於陵與周捨捨擢充職高

祖曰官以人而清豈限以甲族時論以為美俄遷

散騎侍郎改領荊州大中正出為宣毅晉安王長史

郎舍人中正立如故出為宣毅晉安王長史

陵太守行府州事以公事免復起為通直郎尋

除鴻臚卿復領荊州大中正卒官時年四十八

肩吾字子慎八歲能賦詩特為兄於陵所友愛
初為晉安王國常侍仍遷王宣惠府行參軍自
是每王徙鎮肩吾常隨府歷王府中郎雲麾參
軍鎮兼記室參軍中大通三年王為皇太子兼
東宮通事舍人除安西湘東王錄事參軍俄以
本官領荊州大中正累遷中錄事諮議參軍太
子率更令中庶子初太宗在藩雅好文章士時
肩吾與東海徐摛吳郡陸杲彭城劉遵劉孝儀

儀弟孝威同被賞接及居東宮又開文德省置
學士肩吾子信攜子陵吳郡張長公比地傳弘
東海鮑至等充其選齊永明中文士王融謝朓
沈約文章始用四聲以為新變至是轉拘聲韻
彌尚麗靡復踰於往時太子與湘東王書論
之曰吾輩亦無所遊賞止事披閱性既好文時
復短詠雖是庸音不能閣筆有慚枚速更同
態比見京師文體懦鈍殊常競學浮疏爭為闡
緩玄冬脩夜思所不得既殊比興正背風騷若

夫六典三禮所施則有地吉凶嘉賓外用之則有
所未聞吟詠情性反擬內則之篇操筆寫志更
摹酒誥之作遲遲春日翻學歸藏湛湛江水遂
同大傳歷吾既拙於為文不敢輕有掎摭但以當世
之作歷方古之才遠則楊馬曹王近則潘陸為
是則古文為非若昔賢可稱則今體宜棄又
顏謝而觀其遺辭用心了不相似若以今文為
盡善則未之敢許又時有效謝康樂裴鴻臚文
者亦頗有惑焉何者謝客吐言天拔出於自然

時有不拘是其糟粕裴氏乃是良史之才了無
篇什之美是寫學謝則不屆其精華但得其
冗長師裴則蔑絶其所長惟得其短謝故巧
不可階裴亦質不宜慕故胸馳臆斷之侶好名
忘實之類方分肉於仁獸逞羽毛於鄒鄲入鮑
忘臭效尤致禍決羽生豈三千之可及伏膺
裴氏懼兩唐之不傳故王微金銑以為拙目所
嗤巴人下里更合郢中之聽陽春高曲凾而不和妙
聲絕而不尋竟不精討錙銖較量文質有異巧

心終愧妍手是以握瑜懷玉之士瞻鄭邾而知退
章甫翠履之人望閩鄉而歎息詩既若此筆又
如之徒以煙墨不言受其驅染紙札無情任其搖
襞甚矣哉文之橫流一至於此近世謝朓沈
約之詩任昉陸倕之筆斯實文章之冠冕述作
之楷模張士簡之賦周升逸之辯亦成佳手難
可復遇文章未墜必有英絕領袖之者非弟而
誰每欲論之無可與語吾子建一共商榷辯茲
清濁使如涇渭論茲月旦類彼汝南朱丹既定

【梁書傳四十三】　九

雌黃有別使夫懷鼠知慚濫竽自恥譬斯袁紹
畏見子將同彼盜牛遙羞王烈相思不見我勞
如何太清中庶景寇陷京都及太宗即位以貞
吾爲度支尚書時上流諸蕃竝據州柜景景矯
詔遣肩吾使江州喻當陽公大心大心尋舉州
降賊肩吾因逃入建昌界父之方得赴江陵未
幾卒文集行於世
劉昭字宣卿平原高唐人晉太尉寔九世孫也
祖伯龍居父憂以孝聞宋武帝敕皇太子諸王

竝往弔慰官至少府鄉父彪齊征虜晉安王記
室昭幼清警七歲通老莊義既長勤學善書
文外兄江淹早稱賞天監初起家奉朝請累遷
比行參軍王中軍臨川記室初昭伯父肜集眾
豫章王中軍尚書倉部郎尋除無錫令歷位爲宣惠
書注于寶晉紀爲四十卷至昭又集後漢同異
以注范曄書世稱博悉遷通直郎出爲剡令卒官
集注後漢一百八十卷幼童傳十卷文集十卷
于縚字言明亦好學通三禮大同中爲尚書祠

【梁書傳四十三】　十

部郎尋去職不復仕縚弟緩字含度少知名歷
官安西湘東王記室時西府盛集文學緩居其
首除通直郎俄遷鎮南湘東王中錄事復隨府
江州卒
何遜字仲言東海郯人也曾祖詢天宋御史中
丞祖翼員外郎父詢齋太尉中兵參軍遜八歲
能賦詩弱冠州舉秀才南鄉范雲見其對策大
相稱賞因結忘年交好自是一文一詠雲輒嗟
賞謂所親曰頃觀文人質則過儒麗則傷俗其

能含清濁中　今古見之何生矣沈約亦愛其文
嘗謂遜曰吾每讀卿詩一日三復猶不能已其
為名流所稱如此天監中起家奉朝請遷中衛
建安王水曹行參軍兼記室王愛文學之七日
與遊宴及遷江州遜猶掌書記還為安西成
王參軍事兼尚書水部郎母憂去職服闋除仁
威盧陵王記室復隨府江州未幾卒東海王僧
孺集其文為八卷初遜文章與劉孝綽並見重
於世世謂之何劉世祖著論論之云詩多而能

者沈約少而能者謝朓何遜時有會稽虞騫工
為五言詩名與遜相埒官至王國侍郎其後又
有會稽孔翁歸濟陽江避並為南平王大司馬
府記室翁歸亦工詩遜避為博學有思理更注
語孝經二人並有文集
鍾嶸字仲偉潁川長社人晉侍中雅七世孫也
父蹈齊中軍參軍嶸與兄岏並好學有思
理嶸齊永明中為國子生明周易衛軍王儉領
祭酒頗賞接之嶸本州秀才起家王國侍郎遷

撫軍行參軍出為安國令永元末除司徒行參
軍天監初制度雖革而日不暇給乃言曰來
元肇亂坐弄天尉動非即戎官以賄就揮一金
而取九列寄片札以招六校都塞市郎將填
素族士人自有清貫而因斯受爵一宜削除以
懲僥競若更姓寒人聽極其門品不當因軍遂
濫清級若僑雜傖楚應在綏附正宜嚴斷祿力

絕其妨正直乞虛號而已謹竭愚忠不恤衆口敢
付尚書行之遷中軍臨川王行參軍衡陽王元
簡出守會稽朝記室專掌文翰時居士
何胤築室若邪山山發洪水漂拔樹石此室獨
存元簡命嶸作瑞室頌以旌表之辭甚典麗選
西中郎晉安王記室嶸嘗品古今五言詩論其
優劣名為詩評其序曰氣之動物物之感人故
搖蕩性情形諸舞詠欲以照燭三才輝麗萬有
靈祇待之以致饗幽微藉之以昭告動天地感

鬼神莫近於詩昔南風之辭卿雲之頌厥義夐矣夏歌曰鬱陶乎予心楚謠云名余曰正則雖詩體未全然是五言之濫觴也逮漢李陵始著五言之目矣古詩眇邈人代難詳推其文體固是炎漢之制非衰周之倡也自王楊枚馬之徒辭賦競爽而吟詠靡聞從李都尉迄班婕妤將百年間有婦人焉一人而已詩人之風頓已缺喪東京二百載中唯有班固詠史質木無文及建安曹公父子篤好斯文平原兄弟鬱為文棟劉楨王粲為其羽翼次有攀龍託鳳自致於屬車者蓋將百計彬彬之盛大備於時矣爾復陵遲衰微訖於有晉太康中三張二陸兩潘一左勃爾復興踵武前王風流未沫亦文章之中興也永嘉時貴黃老尚虛談於時篇什理過其辭淡乎寡味爰及江表微波尚傳孫綽許詢桓庾諸公皆平典似道德論建安風力盡矣先是郭景純用俊上之才創變其體劉越石仗清剛之氣贊成厥美然彼眾我寡未能動俗逮義熙中

謝益壽斐然繼作元嘉初有謝靈運才高辭盛富豔難蹤固已含跨劉郭陵轢潘左故知陳思為建安之傑公幹仲宣為輔陸機為太康之英安仁景陽為輔謝客為元嘉之雄顏延年為輔斯皆五言之冠冕文辭之命世也夫四言文約意廣取效風騷便可多得每苦文繁而意少故世罕習焉五言居文辭之要是眾作之有滋味者也故云會於流俗豈不以指事造形窮情寫物最為詳切者耶故詩有六義焉一曰興二曰比三曰賦文已盡而意有餘興也因物喻志比也直書其事寓言寫物賦也宏斯三義酌而用之幹之以風力潤之以丹采使味之者無極聞之者動心是詩之至也若專用比興患在意深意深則辭躓若但用賦體患在意浮意浮則文散嬉成流移文無止泊有蕪漫之累矣若乃春風春鳥秋月秋蟬夏雲暑雨冬月祁寒斯四候之感諸詩者也嘉會寄詩以親離群託詩以怨至於楚臣去境漢妾辭宮或骨橫朔野或魂逐

飛蓬或負戈外戍或殺氣雄邊塞客衣單霜閨
淚盡又士有解珮出朝一去忘反女有揚蛾入
寵再盻傾國兄斯種種感蕩心靈非陳詩何以
展其義非長歌何以釋其情故曰詩可以羣可
以怨使窮賤易安幽居靡悶莫尚於詩矣故辭
人作者罔不愛好今之士俗斯風熾矣能勝衣
甫就小學必甘心而馳騖焉於是庸音雜體各
為家法至於骨髓子弟耻文不逮終朝點綴分
夜呻吟獨觀謂為警策衆視終淪平鈍次有
輕蕩之徒笑曹劉為古拙謂鮑照羲皇上人謝
朓今古獨步而師鮑照終不及日中市朝滿學
謝朓劣得黃鳥度青枝徒自并於高聽無涉於
文流矣嶸觀王公搢紳之士每博論之餘何嘗
以詩為口實隨其嗜欲商榷不同淄澠並汎朱
紫相奪喧譁競起準的無依近彭城劉士章俊
賞之士疾其淆亂欲為當世詩品口陳標榜其文
未遂嶸感而作焉昔九品論人七略裁士校以
賓實誠多未值至若詩之為技較爾可知以類

【梁書傳四十三】

十五

推之殆同博弈方今皇帝資生知之上才體沈
鬱之幽思文麗日月學究天人昔在貴遊已為
稱首況八紘既掩風靡雲蒸抱玉者連肩握珠
者踵武固以眺漢魏而頓晉宋者矣其中諒
非農歌轅議敢致流別嶸之今錄庶周遊於閭
里均之於談笑耳一唱之卒官岷字長兵曹至府
參軍建康平著二氏史傳十卷岷字季堅永嘉新
丞天監十五年敕學士撰徧略嶸亦預焉兄弟
並有文集

周興嗣字思纂祭陳郡項人漢太子太傅堪後也
高祖凝征西府參軍宜都太守興嗣世居姑
熟年十三遊學京師積十餘載遂博通記傳善
屬文蚤步自姑熟投宿逆旅夜有人謂之曰子
才學邁世初當見識貴臣卒被知英主言終不
測所之齊隆昌中侍中謝朏為吳興太守唯與
興嗣談文史而已及罷郡還因大相稱薦本州
舉秀才除桂陽郡丞太守王巖素相賞好禮之
甚厚高祖革命興嗣奏休平賦其文甚美高祖

【梁書傳四十三】

十六

嘉之拜安成王國侍郎直華林省其年河南獻

儛馬詔與嗣與待詔沈約張率爲賦高以興

嗣爲工貟外散騎侍郎進直文德壽光省是

時高祖以三橋舊宅爲光宅寺敕與嗣與陸倕

各製寺碑及成俱奏高祖用興嗣所製者自是

銅表銘柵塘碣北伐檄次韻王羲之書千字竝

除新安郡丞秩滿復爲貟外散騎侍郎佐撰國史

使興嗣爲文每奏高祖輒稱善加賜金帛九年

十二年遷給事中撰史如故與嗣兩手先患風疽

【梁書傳四十三　十七】

是年又染癘疾左目盲高祖撫其手嗟曰斯人

也而有斯疾也手疏治疽方以賜之其見惜如

此任昉又愛其才常言曰周興嗣若無疾旬日

當至御史中丞十四年除臨川郡丞十七年復

爲給事中直西省左衞率周捨奉敕注高祖所

製歷代賦啓居注職儀敎等百餘卷文集十卷

實錄皇德記起

吳均字叔庠吳興故鄣人也家世寒賤至均好

學有俊才沈約嘗見均文頗相稱賞天監初柳

悰爲吳興召補主簿日引與賦詩均文體清拔

有古氣好事者或戱之謂爲吳均體建安王偉

爲揚州引兼記室掌文翰王遷江州補國侍郎

兼府城局還除奉朝請先是均表求撰齊春秋

書成奏之高祖以其書不實使中書舍人劉之

遴詰問所撰竟支離無對敕付省焚之坐免職

尋有敕召見使撰通史起三皇訖齊代均草本

紀世家功已畢唯列傳未就普通元年卒時年

五十二均注范曄後漢書九十卷著齊春秋三

【梁書傳四十三　十八】

十卷廟記十卷十二州記十六卷錢唐先賢傳

五卷續文釋五卷文集二十卷先是有廣陵高

癸濟陽江洪少頃祉唐永明中

贈衞軍王倓詩爲倓所賞及領丹陽尹褧奐

孝廉天監初厲管中軍臨川王參軍出爲晉陽

令坐事繫治作鏤魚賦以自況其文甚工後遇

敕獲免頃之卒洪亦爲建陽令坐事死繫官至王

國侍郎亦有文集

列傳第四十三

梁書四十九

散騎常侍姚　思廉　撰

文學下

劉峻
劉沼
謝幾卿
劉勰
王籍
何思澄
劉杳
謝徵
臧嚴
伏挺
庾仲容
陸雲公
任孝恭
顏協

梁書列傳四十四　二

劉峻字孝標平原平原人父琅宋始興內史峻
生䍦月毋攜還鄉里宋泰始初青州陷魏峻年
八歲為人所略至中山中山富人劉實愍峻以

東帛贖之教以書學魏人聞其江南有戚屬更
從之桑乾峻好學家貧寄人廡下自課讀書常
燎麻炬從夕達旦時或昏睡爇其髮既覺復讀
終夜不寐其精力如此齊永明中從桑乾得還
自謂所見不博更求異書聞京師有者必往祈
借清河崔慰祖謂之書淫時竟陵王子良博招
學士峻因人求為子良國職吏部尚書徐孝嗣抑
而不許用為南海王侍郎不就至明帝時蕭遙
欣為豫州引峻為府刑獄禮遇甚厚欣卒父之

梁書列傳四十四　二

不調天監初召入西省與學士賀蹤典校秘書
峻兄孝慶時為青州刺史峻請假省之坐私載
禁物為有司所奏免官安成王秀好峻學及遷
荊州引為戶曹參軍給其書籍使抄錄事類名
曰類苑未及成復以疾去因游東陽紫巖山築室
居焉爲山栖志其文甚美高祖招文學之士有
高才者多被引進擢以不次峻率性而動不能隨
眾沉浮高祖頗嫌之故不任用峻乃著辨命論
以寄其懷曰主上嘗與諸名賢言及管輅歎其

有奇才而位不達時有在赤墀之下預聞斯議
歸以告余余謂士之窮通無非命也故謹述大
目因言其畧云臣觀管輅天才英偉珪璋特秀
實海內之髦傑豈曰小祝之流而官止少府
丞年終四十八天之報施何其寡歟然則高才
而無貴仕饗鬻而居大位自古所歎莫知
而已矣故性命之道窮通之數天閟絪緼紛緼

其辯仲任蔽其源子長闡其惑至於褐冠甕牖
必以玄天有期鼎貴高門則曰唯人所召談談
讓咋異端俱起蕭遠論其本而不暢其流子玄
語其流而未詳其本嘗試言之曰夫通生萬物
則謂之道生而無主謂之自然自然者物見其
然不知所以然同焉皆得不知所以得鼓動陶鑄
而不爲功庶類混成而非其力生之無茎毒之
心死之豈虐劉之志墜之淵泉非之化確乎純平一
漢非其悅蕩乎大平萬寶以之化確乎純平一
化而不易則謂之命命也者自天之命也定於
冥非終然不變鬼神莫能預窣哲不能謀觸山

之力無以抗倒日之誠弗能感短則不可緩之
於寸陰長則不可急之於箭漏至德未能踰上
智所不免是以放勛之代浩浩襄陵天乙之時
燋金流石文公蹠其尾宣尼絕其糧顏回敗其
叢蘭毌耕歌芟荑叔歟歟淑媛之言子興團
藏倉之訢聖賢且猶若此而況庸庸者乎至於伍負
浮屍馮都尉皓骸於郎署君山鴻漸於
長沙馮起權迅翮於風次此豈才不足而
高雲敬通鳳起權迅翮於風次此豈才不足而

行有遺哉近代有沛國劉瓛瓛弟璡並一時之
秀士也瓛則關西孔子通涉六經循循善誘服
膺儒行璡則志烈秋霜心貞玉質亭亭高竦不
雜風塵皆毓德於衡門立聲於天地而官有
微於侍郎位不登於執戟相繼徂落宗祀無饗
因斯兩賢以言古則昔之玉質金聲英髦秀達
皆擯斥於當年韞奇才而莫用候草木以共凋
與麋鹿而同死膏塗平原骨填川谷湮滅而無
聞者豈可勝道哉此則宰衡之與皂隸容彭之

沈本葉第六十八九行下十二字原從朗此殿本補

與殤子孺頓之與 襄陽文之與敦洽咸得之
於自然不假道於才智故曰死生有命富貴在
天其斯之謂矣然命體周流變化非一或以先號
後笑或始吉終凶或不召自來或因人以濟交
錯紛紜循環倚伏非可以一理徵非可以一途
驗而其道密微以致靈亦德人而成衆壁天王之晃
以聞必御物以司職而惑者觀湯武之龍躍謂龍
漉任自宮以司職而惑者挺生謂英客擅奇響視彭
亂在神功聞孔墨之

梁書傳四十四 [五]

韓之豹變謂螯猛致人聲見張桓之朱綬謂明
經拾青紫豈知有力者運之而趨平故言而非
命有六藏焉余請陳其梗槩夫麾顏膩哆噍
顧纇形之異也朝秀辰終龜鶴千歳年之殊也
聞言如響智目叔麥神之辨也固知三者定乎
造化榮辱之境獨曰由人是知二五而未識於
十其藏一也龍犀日角帝王之表河目龜文公
庆之相撫鏡知其將刑壓紐顯其膺錄星虹樞
電昭聖德之符夜哭聚雲榱與王之瑞皆兆發

於前期澳汗於後葉若謂驅貔獸奮尺釖入紫
微升帝道則未達寘寘之情未測神明之數其
蔽二也空桑之里變成洪川歷陽之都化為魚其
蔽鼃歸師居漢卒睢河鰓其流秦人坑趙士沸聲
若雷電電火炎崐岳磔石與琬琰俱焚嚴霜夜零
蕭艾與芝蘭共盡雖游夏之英才伊顔之殆庶
焉能抗之哉其蔽三也或曰明月之珠不能無
顙夏后之璜不能無考故亞伯死於縣長卿
卒於園令才非不傑也主非不明也而碎結綠

梁書傳四十四 [六]

之鴻輝殘懸黎之夜色抑尺之量有短哉若然
者主父偃公孫弘對策不升第歷說而不入牧
豕淄原見棄州部設令忽如過隙淹死霜露其
為詬恥當豈崔馬之流乎及至開東閣列五鼎電
照風行聲馳海外窜立前愚而後智先非而終是
將榮悴有定數夫命有至極而謬生妍堂其蔽
四也夫虎嘯風馳龍與雲屬故重華立而元凱
升辛受生而飛廉進然則天下善人少惡人多
闇主衆明君寡而芟黑猶不同器異氣烏不接罘異是

使渾沌撟扤踵武雲吉室之上仲容庭毀壞耕耘嚴
石之下橫謂毀興在我無繫於天其蔽五也彼
戎狄者人面獸心宴安鴆毒以誅殺為道德以
蒸報為仁義雖大風立於青丘躁金齒奮於華野
比其狼戾貪饕何足踰自金行不競天地版蕩左
帶沸唇乘間電發遂覆瀍洛傾五都居先王
之桑梓窮名號於中縣與三皇競其泯黎淫
角其區寓種落繁熾尢牧神州嗚呼福善禍淫

徒虛言耳豈非否泰相傾盈縮遞運而汨之以
人其蔽六也然所謂命者死生焉貴賤焉貧富
焉理亂焉禍福焉此十者天之所賦也愚智善
惡此四者人之所行也夫神非辯禹均朱均
才絓中庸在於所習是以素絲無恒玄黃代起
鮑魚芳蘭入而自變故季路學於仲尼厲風霜
之節楚穆謀於潘崇成悖逆之禍而商臣之惡
盛業光於後嗣仲由之善不能息其結纓斯則
邪正由於人吉凶存乎命或以鬼神害盈皇天
輔德故宋公一言法星三徙殷帝自翦千里來

靈善惡無徵未洽斯義且干公高門以待封嚴
母掃墓以望喪此君子所以自疆不息也如使
仁而無報奚為修善立名乎斯徑廷之辭也夫
聖人之言顯而晦微而婉幽遠而難聞河漢而
不極或立教以進庸惰或言命以窮性靈積善
餘慶立教也鳳鳥不至言命也今以其片言辯
其要趣何異乎夕死之類而論春秋之變哉且
荊昭德音月雲不卷周宣祈雨珪璧斯蕃于叟

種德不遂勸華之高延年殘獲未其迹東陵之酷
為善一為惡均而禍福異其流廢興殊其迹蕩
蕩上帝豈如是乎詩云風雨如晦雞鳴不已故
善人為善焉正有息哉夫食稻粱進芻豢衣狐貉
襲冰紈觀窈眇之奇伎聽雲和之琴瑟此生人
之所急非有求而為也修道德習仁義敦孝悌
立忠貞漸禮樂之腴潤蹈先王之盛則此君子
之所務非有求而為也然則君子居正體道樂
天知命明其無可奈何識其不由智力逝而不
召來而不距生而不喜死而不感瑤臺夏屋不

能悦其神土室編運未足憂其慮不无詘於富
貴不遑遑於所欲豈有史公董相不遇之支乎
論成中山劉沼致書以難之凡再反以峻並為申
析以荅之會劉沼卒不見峻後報者乃為書以
序之曰劉疾既有斯難值余有天倫之感餘論蘊
之致也尋而此君長逝化為異物緒言
而莫傳或有自其家得而示余者悲其音徽未

沫而其人已亡青簡尚新而宿草將列波電謝而秋菊春
知涕泗之無從雖陳駟不留尺波電謝而秋菊春
蘭英華靡絕故存其梗槩更酬其旨若使墨翟
之言無爽宣室之談有徵冀東平之樹荆威陽
而西靡蓋山之泉聞弦歌而赴節但懸劔空壟
有恨如何其論文多不載峻又嘗為自序其略
曰余自比馮敬通而有同之者三異之者四何
則敬通雄才冠世志剛金石余雖不及之而節
其亮慷慨此一同也敬通值中興明君而終不試
用余逢命世英主亦擯斥當年此二同也敬通
有忌妻至於身操井曰余有悍室亦令家道

梁書傳四四　九

轗軻此三同也敬通當更始之世手握兵符躍
馬食肉余自少迄長戚戚無懽此一異也敬通
有子仲文官成名立今也禍同伯道永無血胤
此二異也敬通膂力方剛老而益壯余有犬馬
之疾溘死無時此三異也敬通雖□□□□而
填溝壑而為名賢所慕其風流烈□芬芳久而
彌盛余聲塵寂漠世不吾知魂魄一去將同秋草
此四異也所以自力為敘遺之好事云峻居東
陽遘人士多從其學普通三年卒時年六十

門人謚曰玄靖先生

劉沼字明信中山魏昌人六代祖學晉驃騎州
軍沼幼善屬文既長博學仕齊起家奉朝請冠
軍行參軍天監初拜後軍臨川王記室參軍秣
陵令卒

謝幾卿陳郡陽夏人曾祖靈運宋臨川內史父
超宗齊黃門郎並有重名於前代幾卿幼清辯
當世號曰神童後超宗坐事徙越州路出新昌
渚幾卿不忍辭訣遂投赴江流左右馳救得不

梁書傳四四　十

沈溺及居父憂哀毀過禮　服闋召補國子生齊
文惠太子自臨策試謂祭酒王儉曰幾卿本長
玄理今可以經義訪之儉承旨發問幾卿隨事
辨對辭無滯者文惠大稱賞焉儉謂人曰幾卿超
宗為不死矣既長好學博涉有文采起家齊章
王國常侍累遷車騎行參軍相國祭酒晉安王主簿
為寧國令入補尚書殿中郎太尉安王豫章
天監初除征虜鄱陽王記室尚書三公侍郎尋
為治書侍御史舊郎官轉為此職者世謂為南

奔幾卿頗失志多陳疾臺事略不復理從文為散
騎侍郎累遷中書郎國子博士尚書左丞幾卿
詳悉故實僕射徐勉每有疑滯多詢訪之然性
通脫會意便行不拘朝憲嘗預樂遊苑宴不得
醉而還因詣道邊酒壚停車褰幔與車前三騎
對飲時觀者如堵幾卿處之自若後以在省署
夜著犢鼻褌與門生登閣道飲酒酣嘩為有司
斜奏坐免官尋起為國子博士俄除河東太守
秩未滿陳疾解尋除太子率更令遷鎮衛南平

王長史會晉通六年詔遣領「軍將軍西昌侯蕭深
藻督眾軍北代幾卿啟乞承行攉為軍師長史加
威戎將軍軍至渦陽退敗幾卿坐免官居宅時
白楊石井朝中交好者載酒從之賓客滿坐時
左丞庚仲容亦免歸二人意志相得遊肆情誕
縱或乘露車歷遊郊野既醉則執鐸挽歌不屑
物議湘東王在荆鎮與書慰勉之幾卿答曰下官
尋惠渥遭南浦卷迹東郊望日臨風瞻言佇立仰
自奉遺宴遊漾桂棹於清池席落英於曾

岨蘭香兼御羽觴競集側聽餘論沐浴玄流濤
波之辭懸河不足譬春藻之辭麗文無以匹莫
不相顧動容服心勝口不覺春日為遙更謂脩
夜為促嘉會難常搏雲易遠言念如昨忽焉素
秋恩光不遺善謔遠降因事罷歸豈云栖
理就一壓田家作苦實符清誨乃金羈商官
無假玉璧為資徒以老使形踈疾令心阻沈滯
箖簟彌歷七旬夢幻俄頃真寰傷狂念竟知無益
思自祛遣尋理淵意即以任命為膏酥擘鏡照

形飜以支離代萱樹故得仰慕徽猷求言前哲
鬼谷深栖與高舉縣名屠肆發迹關市其人
緬邈餘流可想若令亡者有知寧不縈悲玄壤
恨隔芳塵如其逝者可作必當昭被光景懍同
遊豫使夫一介老圃得造虛心未席去日已踈
涕零幾卿雖不持檢操然於其頼懷私戒德竊用
早卒其子藻幼孤幾卿撫養甚至及藻成立歷
清官公府祭酒主簿皆幾卿獎訓之力也世以

此稱之幾卿未及序用病卒文集行於世
劉勰字彥和東莞莒人祖靈真宋司空秀之弟
也父尚越騎校尉勰早孤篤志好學家貧不婚
娶依沙門僧祐與之居處積十餘年遂博通經
論因區別部類錄而序之今定林寺經藏勰所
定也天監初起家奉朝請中軍臨川王宏引兼
記室遷車騎倉曹參軍出為太末令政有清績
除仁威南康王記室兼東宮通事舍人時七廟
饗薦已用蔬果而二郊農社猶有犧牲勰乃表

言郊宜與七廟同改詔付尚書議依勰所陳
遷步兵校尉兼舍人如故昭明太子好文學深
愛接之初勰撰文心雕龍五十篇論古今文體
引而次之其序曰夫文心者言為文之用心也
昔涓子琴心王孫巧心心哉美矣故用之焉
古來文章以雕縟成體豈取騶奭之群言雕龍也
夫宇宙緜邈黎獻紛雜拔萃出類智術而已歲
月飄忽性靈不居騰聲飛實制作而已夫肖貌
天地稟性五才擬耳目於日月方聲氣乎風雷

其超出萬物亦已靈矣形甚草木之脆名踰
石之堅是以君子凱世樹德建言豈好辯哉不
得已也予齒在踰立嘗夜夢執丹漆之禮器隨
仲尼而南行旦而寤怡然而喜大哉聖人之
難見也迺小子之夢歟自生人以來未有如
夫子者也敢讚聖旨莫若注經而馬鄭諸儒弘
之已精就有深解未足立家唯文章之用實經
典枝條五禮資之以成六典因之致用君臣所
以炳煥軍國所以昭明詳其本源莫非經典而

去聖久遠文體解散辭人愛奇言貴浮詭飾羽尚畫文繡鞶帨離本彌甚將遂訛濫蓋周書論辭貴乎體要尼父陳訓惡乎異端辭訓之異宜體於要乎是撝筆和墨乃始論文詳觀近代之論文者多矣至如魏文述典陳思序書應瑒文論陸機文賦仲治流別弘範翰林各照隙鮮觀衢路或臧否當時之才或銓品前修之文或沉摯雅俗之旨或撮題篇章之意魏典密而不周陳書辯而無當應論華而疎略陸賦巧而碎亂流別精而少功翰林淺而寡要又君山公幹之徒吉甫士龍之輩汎議文意往往間出並未能振葉以尋根觀瀾而索源不述先哲之誥無益後生之慮蓋文心之作也本乎道師乎聖體乎經酌乎緯變乎騷文之樞紐亦云極矣若乃論文叙筆則囿別區分原始以表末釋名以章義選文以定篇敷理以舉統上篇以上綱領明矣至於割情析采籠圈條貫摛神性圖風勢苞會通閱聲字崇替於時序褒貶於才略怊悵於

知音耿介於程器長懷序志以馭羣篇下篇以下毛目顯矣位理定名彰乎大易之數其為文用四十九篇而已夫鈴釰一文爲易彌綸羣言爲難難復輕采毛髮深極骨髓或有曲意密源以近而遠辭所不載亦不勝數矣及其品評成文有同乎舊談者非苟異也理自不可同也同之與異不屑古今摩肌分理唯務折衷案轡繆文雅之場而環絡藻繪之府亦幾乎備矣但言不盡意聖人所難識在瓶管何能矩矱茫茫往代既沉予聞眇眇來世儻塵彼觀既成未爲時流所稱勰自重其文欲取定於沈約時貴盛無由自達乃負其書候約出于之於車前狀若貨鬻者約便命取讀大重之謂爲深得文理常陳諸几案然勰爲文長於佛理京師寺塔及名僧碑誌必請勰製文有敕與慧震沙門於定林寺撰經證功畢遂啟求出家先燔鬢髮以自誓敕許之乃於寺變服改名慧地未朞而卒文集行於世

王籍字文海琅邪臨沂人祖遠宋光祿勳父僧
祐齊驍騎將軍籍七歲能屬文及長好學博涉
有才氣樂安任昉見而稱之嘗於沈約坐賦詠
得燭甚工為約賞焉末為冠軍行參軍累遷外兵
記室天監初除安成王主簿尚書三公郎廷尉正
歷餘姚錢塘令並以放免久之除輕車湘東王諮
議參軍隨府會稽郡境有雲門天柱山籍嘗遊之
或累月不反至若邪溪賦詩其略云蟬噪林逾
靜鳥鳴山更幽當時以為文外獨絕還為大司
馬從事中郎遷中散大夫尤不得志遂徒行市
道不擇交遊湘東王為荊州引為安西府諮議
參軍世帶作塘令不理縣事日飲酒人有訟者鞭
而遣之少時卒文集行於世子碧亦有文才先
籍卒

何思澄字元靜東海郯人父敬叔齊征東錄事
參軍從祖杭令思澄少勤學工文辭起家為南康
王侍郎累遷安成王左常侍兼太學博士平南安
成王行參軍兼記室隨府江州為遊廬山詩沈

汲古閣第八九行第九至十二字原版據明北監本補

約見之大相稱賞自以為弗逮約郊居宅新構
閣齋因命工書人題此詩於壁傅昭常請思澄
制釋奠詩并序又典國禋略勉舉思
太子詹事徐勉舉學士十人華林撰遍略勉舉思
澄等五人以應選遷治書侍御史宋齊以來此
職稍輕天監初始重其選車前依尚書二丞給
三騶執盛印青囊舊事御史理印綬在前故也
父之遷秣陵令青囊猶設故即以還之除安西湘
東王錄事參軍兼舍人如故時徐勉周捨以才

具當朝立好思澄學常遞日招致之昭明太子
薨出為黟縣令遷除官惠武陵王中錄事參軍
卒官時年五十四文集十五卷初思澄與宗人
遜及子朗俱擅文名時人語曰東海三何子朗
最多思遜官至治書朗字世明早有才思
工清言周捨每與共談服其精理嘗為敗家賦
擬莊周馬棰其文甚工世人語曰人中爽爽何
子朗歷官員外散騎侍郎出為固山令卒時年二
遜思澄音譯謂宜在已此言誤耳如其不然故當歸

十四文集並行於世

劉杳字士深平原平原人也祖乘人宋冀州刺
史父聞慰齊東陽太守有清績在齊書良政傳
杳年數歲戚士明僧紹見之撫而言曰此兒實
爲太學士宣惠像音十二行參軍杳少好學博
綜羣書沈約任昉以下每有遺忘皆訪焉嘗
於約坐語及宗廟犧樽約云鄭玄立荅張逸謂爲畫
鳳皇尾沙娑然今無復此器則不依古杳曰此

言未可按古者樽彝皆刻木爲鳥獸鑿頂及
背以出內酒頃魏世魯郡地中得齊大夫子尾送女
器有犧樽作犧牛形晉永嘉賊曹嶷於青州發
齊景公冢又得此二樽形亦爲牛象二爲奇皆古
之遺器知非虛也約大以爲然約又云何承天
纂文奇博其書載張仲師及長頸王事此何出
杳曰仲師長尺二十唯出論衡長頸是毗騫王
朱建安扶南以南記云吾來至今不死約即取
三書尋檢一如杳言約郊居宅時新構閣齋

杳爲贊二首并以所撰文章呈約約即命工書
人題其贊千壁仍報杳書曰生平愛嗜不在人
中林壑之懷多與事太等曰生東郊匪云止息政
復少閒遠徵懷清曠紆宇東郊匪云止息政
復頗寄風心時得佇倚仲長遊居之地休璉所
述之美望妍富事義畢舉句韻之間光影相照
便覺此地自然十倍故知麗辭之益其事弘多
輒當置之閣上坐卧嗟覽別卷諸篇並爲名製

又山寺既爲警策諸賢從時復高奇解顧愈疾
義兼乎此遲比叙會更申析其所爲約所賞如
此又在任昉坐有人餉昉樷酒而作樷字昉問
杳此字是不杳對曰葛洪字苑作木旁若昉又
曰酒有千日醉當是虛言杳云桂陽程鄉有千
里酒遺忘之至家而醉亦其例也昉大驚曰吾自
當遺忘不憶此杳云出楊元鳳所撰置郡事元
鳳是魏代人此書仍載其賦云三重五品商溪撰
里時即檢楊記言皆不差王僧孺被敕撰譜訪
朱異安

— 401 —

杳血脈所因杳桓譚新論云太史三世表旁
行邪上並效周譜以此而推當代周代僧孺歡
曰可謂得所未聞周捨又問杳答曰起書官著紫荷
臺棄贊筆云契臺竟何所出杳答曰張安世傳曰持
云棄棄裹也近臣簪筆以待顧問范岫撰字書
音訓又訪杳焉其博識彊記皆此類也尋佐周
餘人詣闕請留敕許焉杳以疾解還除雲麾

【梁書傳四十四】　二十一

晉安王府參軍詹事徐勉舉杳及顧協等五人
入華林撰徧略書成以本官兼廷尉正又以足
疾解因著林庭賦王僧孺見之歎曰郊居以後
無復此作普通元年復除建康正遷尚書駕部
郎數月徙著儀曹郎僕射勉以臺閣文議專委
杳正焉出為餘姚令在縣清潔人有饋遺一無所
受湘東王發敎褒稱之還除宣惠湘東王記
室參軍母憂去職服闋復為王府記室兼東宮
通事舍人大通元年遷步兵校尉兼舍人如故

昭明太子謂杳曰酒非卿所好而爲酒厨之職
政爲不愧古人耳俄有敕代裴子野知著作郎
事昭明太子薨新宮建舊人例無停者敕
仍除杳爲仍注太子稱爲博求僕射何敬
特留杳焉爲平西湘東王須先經中書
容奏轉杳爲王府諮議高祖歸賦軍兼
舍人知著作如故遷爲尚書左丞大同二年卒
官時年五十杳治身清儉無所嗜好性不自
伐不論人短長及親釋氏經常行慈忍天監十

【梁書列傳四十二】　二十二

【虞陵八年輔刺】

七年自居母憂便長斷腥膻持齋蔬食及臨終
遺命斂以法服載以露車藉葬隨得一地
容棺而已不得設靈祭酹其子遵行之杳自
少至長多所著述撰要雅五卷楚辭草木疏一
卷高士傳二卷東宮新舊記三十卷古今四
部書目五卷並行於世
謝徵字玄度陳郡陽夏人高祖景仁宋尚書左
僕射祖稚宋司徒主簿父璟少與從叔朓俱知
名齊竟陵王子良開西邸招文學璟亦預焉隆

昌中為明帝驃騎諮議參軍領記室遷中書郎
晉安內史高祖平京邑為霸府諮議梁臺黃門
郎天監初累遷司農卿祕書監左民尚書明威
將軍東陽太守高祖用為侍中固辭年老求金
紫未序會疾卒徵幼聰慧瑾異之常謂親從曰
此兒非常器所憂者壽若天假其年吾無恨矣
既長美風采好學善屬文初為安西安成王法
曹遷尚書金部三公二曹郎豫章王記室兼
書舍人遷除平北諮議參軍兼鴻臚卿舍人如

【梁書列傳四十四】　二十三

故徵與河東裴子野沛國劉顯同官友善子野
嘗為寒夜直宿賦以贈徵徵為感友賦以酬之
時魏中山王元略還北高祖餞於武德殿高祖
三十韻限三刻成徵二刻便就其辭甚美高祖
再覽焉又為臨汝疾淵猷制放生文亦見賞於
世中大通元年以父喪去職續又丁母憂詔起
為貞威將軍還攝本任服闋除尚書左丞三年
昭明太子薨高祖立晉安王諱為皇太子詔出
詔唯召尚書左僕射何敬容宣惠將軍孔休源

及徵三人與議徵時年尚輕而任遇已重四
年累遷中書郎鴻臚卿舍人如故六年出為此
中郎豫章王長史南蘭陵太守大同二年卒官
時年三十七友人琅邪王籍集其文為二十卷

臧嚴字彥威東莞人也曾祖壽宋左光祿祖
疑齊尚書右丞父陵後軍參軍嚴幼有孝性居
父憂以毀聞孤貧勤學行止書卷不離於手初
為安成王侍郎轉常侍從叔未甄之又作七
之官於塗作屯遊賦任昉見而稱之

【梁書傳四十四】　二十四

辭亦富麗性孤介於人間未嘗造請僕射徐勉
欲識之嚴終不詣遷冠軍行參軍侍湘東王讀
累遷王宣惠輕車府參軍兼記室嚴於學多所
讀記九精漢書諷誦略皆上口王嘗自執四部
書目以試之嚴自甲至丁卷中各對一事并作
者姓名遂無遺失其博洽如此王遷荊州隨府
轉西中郎安西錄事參軍歷監義陽武寧郡
任皆蠻左前郡守常選武人以兵鎮之嚴獨以
數門生單車入境羣蠻悅服遂絕寇盜王入為

石頭戍軍事除安右〇錄事王遷江州爲鎮南諮
議參軍卒官文集十卷
伏挺字士標父晄爲豫章内史在良吏傳挺幼
敏齠七歲通孝經論語及長有才思好屬文挺爲
五言詩善劾論體父友人樂安任昉舉秀才高祖爲
歎異常曰此子目下無雙齊末州舉秀才對策爲
當時第一高祖義師至挺迎謁於新林高祖見
之甚悅謂曰頗子引爲征東行參軍時年十八
天監初除中軍參軍事宅居在潮溝前宅講論
語聽者頗朝遷建康正俄以劾免父以入爲尚
書儀曹郎遷西中郎記室參軍累爲〇百陵武康
令罷縣選仍於東郊築室不復仕挺少有盛名
又善庶當世朝中勢素多與交遊故不能觀其
隱靖時僕射徐勉以疾假還宅致書責以觀其
意曰昔士德懷顧戀興數日輔嗣思友情篤一
旬故知深心所係世賤一世況復思怨隔山義
重知已道庇生人德弘覆蓋而朝野恐隔山川
邈殊雖咳唾時沾而顏色不親東山豈之歎豈

云旋復西風可懷魃能無思加以靜〇若廊廡顧
影莫酬秋風四起園林易色涼野寂寞寒蟲吟
叫懷抱不可直置情慮不能無託時四吟詠多踦
輙盈篇楊生沈鬱且猶覆蓋惠子五車半彌多踦
駁一日聊呈小文不期過賞還遠隆灘累牘無
的昔建不欲妄讚陳琳忍見嗤哂移事絶聞
奢餘論將不有累清談挺窋述草葉一仍成簡
翰紙絳字磨誦復無已徒恨許與過當有傷華
見藉以謳謠得之興牧仰承有事砭石仍成簡
通娛腸悅耳稍從攄拔洛宴處榮觀務在滌除紛
羅絲竹二列頓遣方大貿粲三梧僅存故以道變
區中情沖域外操彼絃誦資茲觀損道留佇之郗
粒念韓卿之辭縈睇相東都屬懷南丘帝道康軍
既有符下風雖云幸甚然則未喻雖復悠悠之人
走馬行郤由庚得所寅亮方有歸悠悠之人展氏
猶且攘袂浩浩白水窅方欲塞裳誰其克遂君
子拯物義非徇已思與赤松子遊誰其克遂
願驅之仁壽綏此多福雖則不言四時行矣

然後黔首有庇薦紳靡奪白駒不在空谷屠羊
豫蒙其賚豈不休哉豈不休哉昔杜真自閉深
室郎宗絕迹幽野難矣誠非所希井丹高潔相
如慢世尚復遊權門雍容鄉邑常謂此道為
泰一毋竊慕之方念擁篲延思以陳侍者請至展
隟無待邀求挺誠好屬文不會今世不能促節
局步以應流俗事等昌蒲謬彼偏嗜是用不羞
固陋無憚龍門昔敬通之賞景卿孟公之知仲
蔚止平通人猶稱盛美況在時宗彌為未易近

【梁書傳四十四】　二十七

以蒲輪勿用箋素多關聊効東方獻書丞相須
得善寫更請潤詞懍逢子庑比復削牘勉報曰
復覽來書累牘兼翰事苟出胸言簽語默事義
周悉意致深遠發函伸紙倍增憤歎卿雄州擢
秀弱冠外朝穿綜百家佃漁六學觀眸表其韶
慧視色見其英朗若魯國之名駒藐雲中之白
鶴及占顯邑試吏腰將有武城弦歌桐鄉謠
詠豈與卓魯斷斷同年而語邪方當見賞良能
有加寵授飾茲紳帶寔彼周行而欲遠慕卷舒

用懷愚智既知益之為累爰悟滿則辭免高蹈
風塵良所欽挹況以金商戒節素秋御序蕭條
林野無人相樂僵臥墳籍遊儒玄物我兼忘
寵辱誰滯誠乃歡羨用有殊同今逃聽識求
興懷窘宿白駒空谷幽人引領貧賤為恥鳥獸
難羣故當捐此薛蘿出從鵷鷺世祿承朝則不敢荒
寧力弱途遙愧心非一天下有道堯人何事得
因疲病念從閒逸若使車書混合尉候無營作

【梁書傳四十四】　二十八

樂制禮紀石封山然後乃返服衡門寔為多幸
但鳳有風欻邁茲虛眩瘠類士安贏同長孺簿
領沈廢臺閣未理娛耳爛腸因事而息非關欲
追松子遠慕留庚若乃天假之年自當靖林所
職擬非倫四良覺貴覽復循環爽爽為如失清
塵獨遠白雲飄蕩依然何極猥降書札示之文
翰覽復成誦流連縟紙昔仲宣才敏籍中郎而
表譽正平穎悟賴北海以騰聲埀古料今吾有
慚德懍成卷帙力為稱首無令獨耀隨掌空使

解人扼腕式間願見宜事掃門亦有來思赴其
懸榻輕苦魚網別當以薦城隘關之歡島日無懷
所選嘗蘇書不盡意挺後遂出仕尋除南臺治
書因事納賄當被推初挺懼罪遂出仕尋除南臺治
父之藏諸後遇救乃出大心寺禮挺因此還俗
州攜挺之鎮郢州好文義被恩禮留夏首久之
復隨王選鎮郢州客遊吳興吳郡族景亂中卒著
還京師太清中客遊吳興吳郡族景亂中卒著
通說十卷文集二十卷子知命先隨挺事邵陵

主掌書記亂中王於郢州奔敗知命仍下投族
景常以其父官途不至深怨朝廷遂盡心事景
景襲郢州圍巴陵軍中書檄皆其文也及景敗
位為中書舍人專任權寵勢傾內外景敗被執
送江陵於獄中幽死挺弟捶亦有才名先為邵
陵王所引歷為記室參軍
庾仲容字仲容潁川鄢陵人也晉司空冰六代
孫祖徽之宋御史中丞父潪齊邵陵王記室仲
容幼孤為叔父泳所養覬長杜絕人事專精篤

學書夜手不輟卷初為安西法曹行參軍泳時
已貴顯吏部尚書徐勉攝泳子晏嬰為宮僚泳
垂泣曰兄子幼孤人才粗可願以晏嬰所秉廻
之勉許焉因轉仲容為太子舍人遷安成王為
用之簿時平原劉孝標亦為府佐泳以彊學康令
主簿接遷晉安功史歷之除安成王中記室
所禮接皇太子以舊恩特降餞宴賜詩曰華
治縣並無異績多被劾免之除安康錢武康令
當出隨府吳子朝歌縣未若樊林舉置酒臨華
生陝陽道吳子朝歌縣未若樊林舉置酒臨華

殷時董榮之遷安西武陵王諮議參軍除尚書
左丞坐推糾不直免仲容博學少有盛名頗任
氣使酒好危言高論士友以此少之唯與王籍
謝幾卿情好相得二人時亦不調遂相追隨出為
縱謀飲不復持檢操人之復為諮議參軍出為
黟縣令及太清亂客遊會稽遇疾卒時年七十
四仲容抄諸子書三十卷文集二十卷衆家地理書二十卷
列女傳三卷文集二十卷並行於世
陸雲公字子龍吳郡人也祖閉川別駕父完寧

遣長史雲公五歲能誦論語毛詩九歲讀漢書略
能記憶從祖倕沛國劉顯質問十事雲公對無
所失顯歎異之既長好學有才思州里舉秀才累
遷宣惠武陵王平西湘東王行參軍雲公先制
太伯廟碑又與太守張纘罷郡經途讀其文歎
曰今之蔡伯喈也纘至都掌選言之於高祖召
兼尚書儀曹郎俄除著作郎累遷中書黃門郎並
知著作郎事即真入直壽光省以本官

掌著作雲公善吳聲棋常夜侍御坐武冠觸燭火
高祖笑謂曰燭燒卿貂高祖將用雲公為侍中
故以此言戲之也是時天淵池新製鯿魚形
闊而短高祖暇日常汎此舟在朝唯引太常劉
之遴國子祭酒到漑右衛朱异雲公時年位尚
輕亦預焉為其恩遇如此太清元年卒時年三十
七高祖悼惜之手詔曰給事黃門侍郎掌著作
陸雲公風尚優敏後進之秀奄然殂謝良以惻
然可剋日舉哀贈錢五萬布四十匹張纘時為
湘州與雲公叔襄兄晏子書曰都□□□王承賢兄

子賢弟黃門殞折非□□唯貴門喪寶實有識同
悲痛悼傷惜不能已已賢兄子賢弟神情早著
標令弱年經目所觀殆無再問懷橘抱奈稟
天情居坐列薪非因外獎學以聚之一等能
立問以辯之則師心獨寤始踰弱歲辭藝通洽
升降多士秀始隨禮過肩□□□□賞心樂事所寄
懷抱相得忘其年義朝遊夕宴□載于斯覩古
披文終晨展記慕平生知舊零落稍盡老夫記意
其歎幾何至若此生寧可多過多過賞心樂事所寄
伊人弟遷職蕭湘維舟洛汭將離之際彌見情
欵夕次帝郊迺涉信宿徘徊握手忍分岐路行
役數年羈病侵迫識慮惛悅久絕人世憑几口
授素無其功翰動若飛彌有多愧京洛遊故咸
成雲雨唯有此生音塵數嗣形迹之外不為遠
近隔情襟素之中豈以風霜改節客遊半紀志
切首立日望東歸更敢昔欵如何此別永求成異
世揮袂之初人誰自保但恐衰謝無復前期不
謂華齡方春摧質埋玉之恨撫事多情想引進

之情懷抱素篤友于之至兼深家寶每有此恤
當何可言臨白增悲言以無次雲公從兄才子亦
有才名歷官中書郎宣成王友太子中庶子廷
尉卿先雲公卒才子雲公文集竝行於世
任孝恭字孝恭臨淮人也曾祖農夫宋南
豫州刺史孝恭幼孤事母以孝聞精力勤學家
貧無書常崎嶇從人假借每讀一遍諷誦略無
所遺外祖丘亡與高祖有舊高祖聞其有才學
召入西省撰史初為奉朝請進直壽光省為司

一梁書傳四十四　　　　　　三十三

文侍郎俄兼中書通事舍人勅遣製建陵寺刹
下銘又啟撰高祖集序文竝富麗自是專掌公
家筆翰孝恭為文敏速受詔立成若不留意每
奏高祖輒稱善累賜金帛孝恭少從蕭寺雲法
師讀經論明佛理王是疏食持戒信受甚篤而
性頗自伐以才能尚人於時輩中多有勿勿
以此少之太清二年侯景寇逼眾六賊孝恭隸
蕭正德屯南岸及賊至正德舉眾入賊所攻城陷
赴臺臺門已開因本入東府尋為賊所攻城陷

見害文集行於世
顏協字子和琅邪
臨沂人也七代祖含晉侍中
國子祭酒西平靖
侯父見遠博學有志行初齊
和帝之鎮荊州也以見遠為錄事參軍及即位
於江陵以為治書侍御史俄兼中丞高爲欓
見遠乃不食發憤數日而卒高祖聞之曰我自
應天從人何預天下士大夫事而顏見遠乃至
於此也協幼孤養於舅氏少以器局見稱博涉
羣書工於草隸釋褐湘東王國常侍又兼府記

一梁書傳四十四　　　　　　三十四

室世祖出鎮荊州轉正記室時吳郡顧協亦在
蕃邸與協同名才學相亞府中稱為二協舅陳
郡謝暕卒協以有鞠養恩居喪如伯叔之禮議
者重焉文感家門事義不求顯達恒辭辟遊
於蕃府而已大同五年卒時年四十二世祖甚
歡惜之為懷舊詩以傷之其一章曰弘都多雅
度信乃含賓每貝鴻漸殊未昇上才淹下秩協所
撰晉仙傳五篇每月災異圖兩卷遇火湮滅有
二子之儀之推竝早知名之推承聖中仕至正

貟郎中書舍人

陳吏部尚書姚察曰魏文帝稱古之文人鮮能
以名節自全何哉夫文者妙發性靈獨拔懷抱
易邈等夷必興矜露大則凌慢侯王小則傲戲
朋黨速忌離說啓自此作若夫屈賈之流斥桓
馮之擯放豈獨一世哉蓋恃才之禍也羣士慓文
明之運摛豔藻之辭無樔鬱抑之虞不遭向時之
患美矣劉氏之論命之徒也命也者聖人罕言
歟就而必之非經意也

【梁書傳四十四】　三十五

處士

何點 弟胤　阮孝緒

陶弘景

諸葛璩

沈顗

劉慧斐

范元琰

劉訏

劉歊

庾詵

張孝秀

庾承先

【梁書傳四十五】　一　五才

易曰君子遯世無悶獨立不懼孔子稱長沮桀
溺隱者也古之隱者或恥聞禪代高讓帝王以
萬乘為垢辱之死亡而無悔此則輕生重道希
世閒出隱之上者也或託仕監門寄臣柱下居

易而以求其志亂汙而不愧其色此所謂大隱
隱於市朝又其次也或躶體佯狂賣藥絕世棄
禮樂以反道忍孝慈而不恤此全身遠害得大
雅之道又其次也然同不失語默之致有幽人
貞吉矣與夫沒身亂世爭利干時者豈同年而
語哉孟子曰今人之於爵祿得之若其生失之
若其死淮南子曰人皆鑒於止水不鑒於流潦
夫可以揚清激濁抑貪止競其惟隱者乎自古
帝王莫不崇尚其道雖唐堯不屈巢許周武不

梁書傳四十五　〔二〕

降夷齊以漢高肆慢而長揖黃熽光武按法而
折意嚴周自妚以來世有人矣有梁之盛繼紹
風猷斯乃道德可宗學藝可範故以備勵士篇云
何點字子皙盧江灊人也祖尚之宋司空父鑠
宜都太守鑠有風疾無故害妻坐法死點年
十一幾至滅性及長感家禍欲絕婚宦尚之彊
爲之婚琅邪王氏禮畢將親迎點累涕泣求執
本志遂得罷容貌方雅博通羣書善談論家
本甲族親姻多貴仕點雖不入城府而遨遊人

世不籍不帶或駕柴車躡草屩恣心所適致
醉而歸吳郡士大夫多慕從之時人號為通隱初累
亦隱居吳郡獸立山求卒點菜食不飲酒託于
三年要帶減半宋泰始末徵太子洗馬辭以東還
徵中書郎太子中庶子竝逼之初褚淵王儉
國張融會稽孔稚珪為築室焉園內有卞忠貞家
門園居之稚珪為築室焉

梁書傳四十五　〔三〕

植花卉於家側每飲必舉酒點
為宰相點謂人曰我作凡書贊云淵既世族儉
亦國華不頹男氏逭恤國家王儉聞之欲候點
知不可見乃止預章王疑命駕造點點從後門
遁去司徒竟陵王子良欲就見之點時在法輪
寺子良乃往請點角巾登席點少時嘗患渴痢
積歲不愈後在吳中石佛寺建講於講所晝寢
夢一道人形貌非常授九一捥夢中服之自此
而差時人以為淳德所感性通脫好施與遠近
致遺一無所逆隨復散焉嘗月行經朱雀門街有

自車後盜黜衣者見而不言傍有人擒盜與之
黜乃以衣施盜盜不敢受黜命告有司盜懼乃
受之催令急去黜雅有人倫識鑒多所甄拔知
吳興丘遲於幼童稱濟陽江淹於寒素來如其
言黜既老又娶國孔嗣女嗣亦隱者也黜雖
婚亦不與妻相見築別室以處之人莫論其意
也吳國張融少時篤學別室以處之人莫論其意
苓詩曰昔聞東都婚始為詩贈黜日惜哉何居
人病之及黜後婚融始為詩贈黜日惜哉何居

士薄慕邁荒娃黜亦病之而無以釋也高祖與
黜有舊及踐阼手詔曰昔因多取訪逸軫坐
脩竹臨清池忘今語古何其樂也覽別丘園十
有四載人事艱阻亦何可言自應運在天每思
相見密邇物色甚山阿嚴光排九重踐九等
談天人欲故舊有所不臣何傷於高文先以皮
弁謁子桓伯況以穀絹見文叔求之往策不無
前例今賜卿鹿皮巾等後數日望能入也黜以
巾褐引入華林園高祖甚悅賦詩置酒恩禮如

舊仍下詔曰前徵士何黜高尚其道志安容膝
脫落形骸栖志睿冥朕日昃想前哲況
親得同時而不與為政喉脣任切必俟邦良誠
望惠然屈居歔欷可徵為侍中辭疾不赴乃復
詔曰徵士何黜居貞物表繾心塵外夷坦之風
惟由自遠徃因素志顏申讜言眷彼子陵情兼
率此舊昔仲虞遇過俗受俸志不辭晉
祿此蓋前代盛軌徃賢所同可議加資給並出
在所日契資須太官別給既人高曜卿故事同

垣下天監三年卒時六十八詔曰新除侍中
何黜栖遲衡泌白首不渝奄至殞喪倍懷傷惻
何須內監經理又敕黜弟胤曰賢兄徵君弱冠
所須第一品材一具賻錢二萬布五十四喪事
可給

弗衣華首一操心遊物表不滯近跡脫落形骸
窘之遠理性情勝致遇興高文會酒德撫際
逾遠朕膺籙受圖思長聲教朝多君子既貴成
雅俗野有外臣宜弘此難進方賴清徽式隆大
業昔在布衣情期早著資以仲虞之秩待以

子陵之禮聽覽眼日角巾引見睿然汾射墊焉
有託一旦萬古良懷震悼卿友于純至親從從
亡借老之願致使反奪纏綿永恨伊何可任永
炎柰何點無子宗人以其從弟耿子遲往爲嗣
胤字子季點之弟也年八歲居憂哀毀若成人
既長好學師事沛國劉瓛受易及禮記毛詩又
入鍾山定林寺聽內與其業皆通而縱情誕節
時人未之知也唯瓛與汝南周顒深器異之起
家齊祕書郎遷太子舍人出爲建安太守爲

政有恩信民不忍欺每伏臘放囚還家依期而
返入爲尚書三公郎不拜遷司徒主簿注易又
解禮記於是背書之謂爲隱義累遷中書郎
員外散騎常侍太尉從事中郎司徒右長史給
事黃門侍郎太子中庶子領國子博士卅陽邑
中正尚書令王儉受詔撰新禮未就而卒又使
貞子良以讓胤乃置學士二十人佐胤撰錄永
特進張緒續成之緒又卒屬在司徒竟陵王子
明十年遷侍中領步兵校尉轉爲國子祭酒兼

林嗣位焉胤爲后族甚見親待累遷左民尚書領
驍騎中書令領臨海巴陵王師胤雖貴顯常懷
止足建武初巳築郊外號曰小山恒與學徒遊
處其內至是逐賣園宅欲入東山未及發聞謝
眺罷吳興郡不還胤恐之乃拜表辭職不待
報輒去明帝大怒使御史中丞表奏胤尋
有詔許之胤以會稽山多靈異往遊焉居若邪
山雲門寺初胤以一名一身山與小山亦曰東山永
胤又隱世號點爲大山胤爲小山亦曰東山永

元中徵太常太子詹事並不就高祖霸府建
引胤爲軍謀祭酒與書曰想恒清豫縱情林壑
致足懷也既內絕心戰外勞物役以道養和履
候無癸若邪檀美東匡山川相屬前世嘉賞是
爲樂士儻推選簿日無懷聲昔懷遇寅裙儒肆
聯關傾首東顧戴昌西悟言春對用成
屬以世道威夷仍離屯故投袟數千剡黥壘禍
實欲卧遊千載渔百氏一行爲吏此事遂乘
思得矚卷諮款寓情古昔夫豈不懷事與顧謝

君襟素託栖寄不近中居人世殆同隱淪既
俯拾青組又脫展朱黻但理存用捨義貴隨時
往識禍萌實為先覺超然獨善有識欽嗟今者
為邦貪賤咸恥好仁由己幸無凝滯比別具白
此未獲言今遣候承音息矯首還翰慰其引領
亂不至高祖踐阼詔為特進右光祿大夫手敕
曰吾獲當期運曆此樂推而顧己蒙昧於治
道雖復勉勞日昊思致隆平
方策自舉之用存平其人兼以世道澆暮爭詐

八一一　徐

繁起改俗遷風良有未易自非以儒雅弘朝高
尚軌物則沿流所至莫知其限山之與治身
獨善之與兼濟得失去取為用務多吾雖不學
頗好博古尚想高塵每懷擊節今世務紛亂憂
責是當不得不屈道嚴阿共成世美必望深達
往懷不吝濡足今遣領軍司馬王果宣旨諭意
遲面在近果至亂單衣鹿巾執經卷下牀跪受
詔書就席伏讀亂因謂果曰吾昔於齊朝欲陳
兩三條事一者欲正郊丘二者欲更鑄九品三

者欲樹雙闕世傳晉室欲立闕王丞相指牛頭
山云此天闕也是則未明立闕之意闕者謂之
象魏縣象法於其上浹日而收之象者法也魏
者當塗而高大貌也鼎者國所有國所先故王
孫滿斥言楚子頓盡圓丘國郊舊典不同南郊
祠五帝靈威仰之類圓丘祠天皇大帝北極大
星是也往代令之郊丘祠之巨失今梁德大
始不宜遂因前諂卿宜詣闕陳之果曰僕先儒
少豈敢輕議國典此當敬侯叔孫生耳亂曰卿

三五三十　九　中僧

詎不遺傳詔還朝拜表留與我同遊邪果愕然
曰古今不聞此例亂曰檀弓兩卷皆言物始自
卿而始何必有例果曰今君遂當逸然絕世猶
有致身理不亂曰卿但今事見推吾年已五十
七月食四斗米不盡何容得有官情昔荷聖王
眄識今又蒙旌賁其願詭關謝恩但比腰腳大
惡此心不遂耳果還以亂意奏聞有敕給白衣
尚書祿亂固辭又敕山陰庫錢月給五萬亂又
不受乃敕亂曰頃者學業淪廢儒術將盡閭閭

搢紳勦聞好事吾每思弘獎其風未移當晨興、
言為歎本欲屈卿暫出開導後生既屬殷
業此懷未遂延佇之勞戴盈夢想理舟虛席須
俟來秋所望惠然申其宿抱耳卿門徒中經明
行修厭數有幾且欲瞻彼堂堂實此周行便可
具以名聞副其勞望又日比歲學者殊為寡少
良由無復聚徒故明經斯廢每一念此為之慨
然卿居儒宗加以德素當敕後進有意向者就
卿受業想深思誨誘使斯文載興於是道何子
朗孔壽等六人於東山受學太守衡陽王元簡
深加禮敬月中常命駕式間談論終日胤以若
邪勢迫隘不容生徒乃遷秦望山山有飛泉
西起學舍即林成援因巖為堵別為小閣室寢
處其中躬自啓閉僮僕無得至者山側營田二
頃講隙從生徒遊之胤初遷將築室忽見二人
著玄冠容貌甚偉問胤曰君欲居此邪乃指一
處云此中殊吉忽不復見胤依其言而止焉尋
而山發洪水樹石皆倒拔唯胤所居室巋然獨

存元簡乃命記室參軍鍾嶸作瑞堂頌刻石以
旌之及元簡去郡入山與胤別送至都賜以錢
三里因日僕自棄人事交遊路斷自非降貴山
藪莫肯復望城邑此坡之遊於今絕矣執手涕
零何氏過江自晉司空允立葬吳西山胤家世
年皆不永唯祖尚之至七十二胤年登祖壽乃
移還吳作別山詩一首言甚悽愴至吳居虎丘
西寺講經論學徒隨之東境守宰經途者莫
不畢至胤常禁殺有虞人逐鹿徑來趨胤伏
而不動又有異鳥如鶴紅色集講堂馴狎如家
禽焉初開善寺藏法師與胤遇於秦望後還都
卒於鍾山其死日胤在般若寺見一僧授胤香
奩并函書云何居士言訖失所在胤開函乃
是大莊嚴論世中未有又於寺內立明珠柱乃
七日七夜放光太守何遠以狀啟昭明太子大通
三年卒年八十六先是胤疾妻江氏夢神人告
之曰汝夫壽盡既有至德應獲延期今當代之

毒藥見說焉俄得患而卒胤疾乃瘳至是胤夢一
神女并八十許人並衣帢行列至前俱拜胤下
覺又見之便命營凶具既而疾動因不自治胤
注百法論十二門隱義十卷禮記注周易十卷毛詩
總集六卷毛詩傳義十卷禮記注隱義二十卷禮詩
笾問五十五卷子撰亦不仕盧陵王辟為主簿
不就

采書傳四十五

阮孝緒字宗留尉氏人也父彥之宋太尉
從事中郎孝緒七歲出後從伯胤之胤之母周

十二

氏卒有遺財百餘萬應歸孝緒一無所納
盡以歸胤之姊琅邪王晏之母聞者咸嘆異之
幼至孝性沈靜雖與兒童遊戲恒以穿池築山
為樂年十三偏通五經十五冠而見其父彥之
誠曰三加彌算人倫之始宜思自勗以庶介躬
答曰願述松子於瀛海追許由於穹谷庶保促
生以免塵累自是屏居一室非定省未嘗出戶
家人莫見其面親友因呼為居士外兄王晏貴
顯屢至其門孝緒度之必至顛覆常逃匿不與

一相見曾食醬美問之云是王家所得便吐殘復
臨及晏誅其親戚咸為之懼孝緒曰親戚不當
何坐之及晏獲免義師圍京城寀貧無以爨僮
妾竊鄰人樵以繼火義孝緒知之乃不食更令撤屋
而炊所居室唯有一鹿林竹樹璨繞天監初御史
中丞任昉尋其兄履之欲造而不敢詣其歎其
室雖邇其人甚遠為名流所欲尚如此與天
郡范元琰並徵並不到陳郡袁峻謂之曰往者天
地閉賢人隱今世路已清而子猶遁可乎答曰

梁書傳四十五

十三

昔周德雖興夷齊不厭薇蕨漢道方盛黃綺無
聞山林為仁由己何關人世況僕非往賢之類
邪後於鍾山聽講母王氏忽有疾兄弟欲召之
母曰孝緒至性冥通必當自到果心驚而返
里嗟異之合藥須得生人參舊傳鍾山所出孝
緒躬曆幽險累日不值忽見一鹿前行孝緒感
而隨後至一所遂滅就視果獲此草母得服之
而瘳時皆歎其孝感所致時有善筮者張有道
遂念時皆歎其孝感所致時有善筮者張有道
謂孝緒曰見子隱跡而心難明自非考之龜

無以驗也及布卦既搆五爻曰此將爲咸應感
之法非嘉遁之兆孝緒曰安知後爻不爲上九
果成道卦有道之歡曰此謂肥遁遁無不利象應
德心迹并也孝緒曰雖獲遁卦而上九爻不發
升退之道便當高謝乃著高隱傳上百餘卷又
云天至道之本貴在無爲聖人之迹存乎拯弊
弊拯由迹迹用有乘於本本既無爲則道之
至然不垂其迹則世無以平不究其本則道實
交喪丘旦將存其迹故宜權晦其本老莊但明
其本亦宜深抑其迹迹既可抑數子所以有餘
本方見晦尼丘是故不足非得一士闕彼明
智體之徒獨懷鑒識然聖已極照反劃其迹
賢未居宗更言其本良由體玆本跡非聖不能
本實明理在賢可照若能拯彼抑揚
則孔莊之意其過半矣南平元襄王聞其名致
書要之不赴孝緒曰非志驕富貴但性畏廟堂
若使漫魔可驕何以異夫驥騄初建武末清溪

宮東門無故自崩大風拔東宮門外楊樹或以
問孝緒曰青溪皇家舊宅齊爲木行東者木位
今東門自壞木其衰矣鄱陽忠烈王妃孝緒之
姊王嘗命駕就之遊孝緒鑿垣而逃卒不肯
見諸甥歲時餽遺一無所納人或怪之答云非
我願始故不受也其恒所供養石像先有損壞
心欲治補經一夜忽然完復衆竝異之大同二
年卒時年五十八門徒諡其德行諡曰文貞處
士所著七錄等書二百五十卷行於世
陶弘景字通明丹陽秣陵人也初母夢青龍自
懷而出并見兩天人手執香爐來至其所已而
有娠遂産弘景幼有異操年十歲得葛洪神仙
傳書夜研尋便有養生之志謂人曰仰青雲觀
白日不覺爲遠矣及長身長七尺四寸神儀明
秀朗目疎眉細形長耳讀書萬餘卷善琴棋工
草隸未弱冠齊高帝作相引爲諸王侍讀除奉
朝請雖在朱門閉影不交外物唯以披閱爲務
朝儀故事多取決焉永明十年上表辭祿詔許

之賜以東帛及發公卿祖之於征虜亭供帳甚
盛軍馬填咽咸云宋齊已來未有斯事朝野榮
之於是止于句容之句曲山恒日此山下是第
八洞宮名金壇華陽之天周回一百五十里昔
漢有咸陽三茅君得道來掌此山故謂之茅山
乃中山立館自號華陽隱居始從東陽孫遊岳
受符圖經法徧歷名山尋訪仙藥每經澗谷必
坐臥其間吟詠盤桓不能已已時沈約為東陽
郡守高其志節景書要之不至弘景為人圓通
謙謹出處冥會心如明鏡遇物便了言無煩舛
有水輒覺建武中齊宜都王鏗為明帝所害其
夜弘景夢鏗告別因訪其幽冥中事多說祕異
因著夢記焉永元初更築三層樓弘景處其上
弟子居其中賓客至其下與物遂絕唯一家僮
得侍其旁特愛松風每聞其響欣然為樂有時
獨遊泉石望見者以為仙人性好著述尚奇異
顧惜光景老而彌篤尤明陰陽五行風角星算
山川地理方圓產物醫術本草箸帝代年歷又

嘗造渾天象云脩道所須非止史官是用義師
平建康聞議欲代弘景援引圖讖數處皆成梁
字令弟子進之高祖既早與之遊及即位後甚
禮遇篤書問不絕冠蓋相望天監四年移居積
金東澗濱深慕張良之為人云古賢莫比曾夢佛授其菩
提記名為勝力菩薩乃詣鄮縣阿育王塔自誓
受五大戒後太宗臨南徐州欽其風素召至後
堂與談論數日而去太宗甚敬異之大通初令
獻二刀於高祖其一名善勝一名成勝並為佳
寶大同二年卒時年八十五顏色不變屈申如
恒詔贈中散大夫諡曰貞白先生仍遣舍人監
護喪事弘景遺令薄葬弟子遵而行之
諸葛璩字幼玟琅邪陽都人世居京口璩幼
徵士關康之博涉經史復師事焉齊建武初
南徐州行事江祀薦璩於明帝曰璩安貧守道
悅禮敦詩未嘗投刺邦宰曳裾府寺如其簡
箸晉書稱璩有發擿之功方之壺遂齊建武

退可以揚清厲俗請辟爲議曹從事帝許之璩辭不去陳郡謝朓爲東海太守敎曰昔長孫東組降龍丘之節文舉北輔高通德之稱所以激貪立懦式揚風範處士諸葛璩高風所漸結轍前脩莫懷珠披褐翰五待價卅幽貞獨往不事王庾者邪聞事親有啜菽之歡就養寫蒌蒸之給享獨享萬鍾而志茲五秉可餉穀百斛天監中太守蕭琛刺史安成王秀鄱陽王恢並禮異莫爲璩丁母憂毀瘠煩累加存問服闋舉秀

才不就璩性勤於誨誘後生就學者日至居宅狹陋無以容之太守張次爲起講舍璩處身清正妻子不見喜慍之色且夕孜孜講誦不輟時人益以此宗之七年高祖敕問太守王份份即具以實對未及徵用是年卒於家璩所著文章二十卷門人劉歊集而錄之

沈顗字處默吳興武康人也父坦之齊都官郎顗幼清靜有至行慕黃叔度徐孺子之爲人讀書不爲章句箸述不尚浮華常獨處一室人

平見其面顗從叔勃貴顯齊世毎還吳與賓客填咽顗不至其門勃就見顗送迎不越於閫勃歎息曰五乃今知貴不如賤俄徵爲南郡王左常侍不就顗內行甚備毋弟孝友爲鄉里所稱慕永明三年徵著作郎建武二年徵太子舍人俱不赴永元二年又徵通直郎亦不赴顗素不治家產值齊末兵萊與家人并日而食或有餽其梁肉者閉門不受唯以樵採自資怡怡然恒不改其樂天監四年大舉北伐丁貝丁吳興

太守柳惲以顗從役揚州別駕陸任以書喻之憚大慈厚禮而遣之其年卒於家所箸文章數十篇

劉慧斐字文宣彭城人也少博學能屬文起家安成王法曹行參軍嘗還都途經尋陽遊於山過處士張孝秀相得甚歡遂有終焉之志因不仕居於東林寺又於山北搆園一所號曰離垢園時人仍謂爲離垢先生慧斐尤明釋典工篆隸在山手寫佛經二千餘卷常所誦者百餘

夜行道孜孜不怠遠近欽慕之太宗臨江
州遣以几杖論者云自遠法師没後將二百年
始有張劉之盛矣世祖及武陵王等書問不絕
大同二年卒時年五十九

范元琰字伯珪吳郡錢唐人也祖悅之大學博
士徵不至父靈瑜居父憂以毀卒元琰時童孺
哀慕盡禮親黨異之及長好學博通經史兼精
佛義然性謙敬不以所長驕人家貧唯以園蔬
為業嘗出行見人盜其菜元琰遽退走母問其
故具以實答母問盜者為誰答曰向所以退畏
其愧恥今啟其名願不泄也於是母子秘之或
有涉溝盜其筍者元琰因伐木為橋以渡之自
是盜者大慚一鄉無復草竊居常不出城市獨
坐如對嚴賓見之者莫不敦容正色沛國劉瓛
深加器異嘗表稱之齊建武二年始徵為安北
參軍事不赴天監九年縣令管慧辨上言義行
揚州刺史臨川王宏辟命不至十年王拜表薦
焉竟未徵其年卒于家時年七十

劉訏字彥度平原人也父靈真齊武昌太守訏
幼稱純孝數歲父母繼卒訏居喪哭泣孺慕幾
至滅性赴弔者莫不傷焉後為伯父所養事伯
母及昆姊孝友篤至為宗族所稱自傷早孤人
有誤觸其諱者未嘗不感結流涕乃還本州刺
史張稷辟為主簿訏聞而逃匿事息乃掛檄於
樹而逃訏善玄言尤精釋典因與族兄劉歊聽
講於鍾山諸寺因共卜築宋熙寺東澗有終焉
之志天監十七年卒於歊舍時年三十一臨終執
歊手曰氣絕便斂斂畢即埋靈筵一不須立勿
設饗杞無求繼嗣歊從而行之宗人至友相與
刊石立銘諡曰玄貞處士

劉歊字士光訏族兄也祖乘民宋冀州刺史父
聞慰齊正員郎世為二千石皆有清名歊幼有
識慧四歲喪父與羣見同處獨不戲弄六歲誦
論語毛詩意所不解便能問難十一讀莊子逍
遙篇曰此可解耳客因問之隨問而答竟有情

理家人每異之及長博學有文才不要不仕與
族弟許立隱居來志遨遊林澤以山水書籍相
娛而已常欲避人世以母老不忍遠離每隨兄
齋杳從宦少時好施務周人之急人或遺之亦
不距也父而歎曰受人者必報不則有愧於人
吾固無以報人豈可常有愧乎天監十七年無
何而箸革終論其辭曰死生之事聖人罕言之

矢孔子曰精氣爲物遊魂爲變兒神之情狀
與天地相似而不違其言約其旨妙其事隱其
意深未可以臆斷難得而精數聊肆狂瞽請試
言之夫形慮合而爲生魂質離而稱死合則起
動離得休寂當其動也人皆知其神及其寂也
物莫測其所趣皆知則不言而義顯莫測則逾
辯而理微是以勗華異見季札云骨肉歸於土魂氣
前達往賢生異見季札云骨肉歸於土魂氣
無不之莊周云氣無不之神有也死爲休息神
如或相反何者氣死爲休息尋此二説
無也原憲云夏后氏用明器示民無知也殺人

用祭器示人有知也周人兼用之示民疑也考
之記籍驗之前志有無之撰不可歷言若稽諸
內教判乎釋部則諸子之言可尋三代之禮無
越何者神爲生具死者神離此之禮而
即非彼具也雖死者不可復反而精靈遷變未
嘗滅絕當其離此之日識用廓然故夏后明器
示其弟反即彼之時魂靈知滅故殷人祭器
顯其猶存不存則同乎季札
有兼用之禮尼父發遊魂之唱不其然乎若厥

偏攜之論探中途之旨則不仁不智之譏於是
各得一隅無傷厥義說其實則亦無故周人
性也有知不獨存其形也神之於
逆旅之館耳反其死也神也形之於神
去此館何用存速朽得理也神已適彼神何所
禮樂之興出於澆薄俎豆綴兆生於浮弊施靈
祭祭則失理而姬孔之教不然者其有以乎蓋
莚陳棺椁設饋奠建丘壠蓋欲令孝子有追思

之地耳夫何補於已遷之神乎故上古衣之以
薪弃之中野可謂尊盧赫胥皇雄炎帝蹈於失
理哉是以子羽沈川漢伯方壙父黃壤士安
麻索此四子者得理也若從四子而遊
則平生之志得矣然積習生常難卒改革一朝
肆志儻不見從今欲翦截煩厚務存儉易進不
裸尸退異常俗不傷存者之念有合至人之道
孔子云歛首足形還葬而無槨斯亦貧者之禮
也余何陋焉且張奐止用幅巾王肅唯盥手足

三、三十　二十四

范冉殯畢便葬笑珍無設㙇几文度故舟為撣
子廉牛車載叔起誠絕墳壠康成使無卜吉
此數公者尚或如之況於吾人而當華泰今欲
騉歸景行以為軌則儻合中庸之道庶免徒費
之譏氣絕不須復魄盟洗而歛以一千錢市治
棺單故裙衫衣巾枕履此外送往之具棺中常
物及餘閒之祭二不得有所施世多信李彭之
言可謂惑矣余以孔釋為師差無此感歛記載
以露車歸於舊山隨得一地足為埏埳足容

棺不須博礦不勞封樹勿設祭饗勿置机筵無
用茅君之虛座伯夷之杯水其蒸嘗繼嗣言象
所絕事止余身無傷世教家人長幼內外姻戚
凡厥友朋婺及寓所咸願成余之志幸
明年疾卒時年三十二歛勿時嘗獨坐空堂有
一老公至門謂歛曰心力勇■能精心生但不

三、三十一　二十五

得父滯一方耳因彈指而去歛既長精心學佛
有道人釋寶誌者時人莫測也遇歛於興皇寺
驚起曰隱居學道清淨登佛如此三說歛未死
之春有人為其庭中栽柿歛謂兄子弇曰吾不
見此實介其勿言至秋而亡人以為知命親故
誄其行述諡曰貞節處士
便說字旁實新野人也幼聰警篤學經史百家
無不賅綜緯候書射棊筭機巧並一時之絕而
性託夷簡特愛林泉十畝之宅山池居半蔬食
弊衣不治產業嘗乘舟從田舍還載米一百五
十石有人寄載三十石既至宅寄載者曰君三
十斛我百五十石詫嘿然不言恣其取■隣人

有被誣爲盜者被治劾妄誣訴紛之乃以書質
錢二萬令門生詐爲其親代之酬備隣人獲免
謝訖訖高祖曰吾衿天下無辜當豈期謝也其行多如
此類高祖記室少典訖善雅推重之及起義署爲平
西府記室參軍訖不屈平生少所遊狎河東柳
憚欲與之交訖善能屈志方冀臨梅訖止
帶爲政所先雄賢求士夢行斯急新野庾
足栖退自事却掃經史文藝多所貫習潁川庾

承先學道黃老　　　涉釋敎並不競不營安茲枯
槁可以鎮躁敦俗訖可黃門侍郎承先可中書
侍郎勒州縣時加敦遺庶能屈志方冀鹽梅訖
稱疾不赴晚年尤導釋敎宅內立道場環
繞禮懺六時不輟誦法華經每日一徧後夜中
忽見一道人自稱願公容止甚異忽呼訖爲上行
先生授香而去中大通四年因晝寢忽驚覺曰
願公後來不可久住顏色不變言終而卒時年
七十八舉室咸聞空中唱上行先生已生彌陁

淨城矣高祖聞而下詔曰旌善衰行前王所敦
新野庾詵荊山珠玉江陵杞梓靜彼南廈圖有
名德獨貞苦節孤芳素履奄隨運往慨悵于懷
宜謚貞節處士以顯高烈訖所撰帝歷二十卷
易林二十卷續伍端休江陵記一卷晉朝雜事
五卷總抄八十卷行於世子曼倩字世華亦早
有令譽世祖在荊州辟爲主簿遷中錄事每出
世祖常目送之謂劉之遴曰荊南信多君子雖
美歸田鳳清屬桓階賞德標奇未過此子後轉

諮議參軍所箸喪服儀文字例莊老義疏注
算經及七曜歷術并所製文章凡九十五卷子
季子有學行承聖中仕至中書侍郎江陵陷隨
例入關

張孝秀字文逸南陽宛人也少仕州爲治中從
事史遭母憂服闋爲建安王別駕項之遂去職
歸山居于東林寺有田數十頃部曲數百人率
以力田盡供山衆遠近歸慕赴之如市孝秀性
通率不好浮華常冠穀皮巾躡蒲履手執并櫚

皮廛尾服寒食盛茗能臥於石博涉羣書專精釋典善談論工隸書凡諸藝能莫不明習普通三年卒時年四十二室中皆闇有非常香氣太宗聞其傷悼焉與劉慧斐書述其貞白云

〔梁書傳四十三〕

庚承先字子通潁川臨陵人也少沈靜有志操是非不涉於言喜慍不形於色人莫能窺也弱歲受學於南陽劉虬

〔二十八〕〔朱書〕

釋典靡不該悉九流七略咸所精練郡辟功曹不就乃與道士王僧鎮同遊衡岳晚以弟疾還鄉里遂居于士臺山鄱陽忠烈王在州欽其風味要與遊處又令講老子遠近名僧咸來赴集論難鋒起異端競至承先徐相酬答皆得所未聞忠烈王尤加欽重徵州主簿湘東王聞之亦板爲法曹參軍並不赴中大通三年廬山劉慧斐至荆州承先與之有舊往從之荆陝學徒因請承先講老子湘東王親命駕臨聽論議終日深相賞接留連月餘日乃還山王親祖道并贈篇什隱者美之其年卒時年六十

陳吏部尚書姚察曰世之諺處士者多云純盜虛名而無適用蓋有負其實者若諸葛璩之學術阮孝緒之簿閥其取進也豈難哉終於隱居固亦性而已矣

列傳處士第四十五　梁書五十一

〔二十三〕〔梁傳四十五〕〔二十九〕〔劉〕

散騎常侍姚
思廉
撰

止足

顧憲之

陶季直

蕭眎素

易曰亢之為言也知進而不知退知存而不知亡知
進退存亡而不失其正者其唯聖人乎傳曰知
足不辱知止不殆然則不知夫進退不達乎止足
殆辱之累甚月而至矣古人之進也以康世濟務
也以弘道屬俗也然其進也光寵夷易故愚夫之
所乾沒其退也苦節貞故庸曹之所已憚雖禍
敗危亡陳平耳目而輕舉高蹈寡乎前史張良為
功成身退病卧却粒比於樂毅范蠡至乎顯狠斯為
優矣其後薛廣德及二疎等去就以禮有可稱焉魚
晉書止足傳光論晉世丈士之避亂者殆非其人唯
阮思曠遺榮好遁遠殆辱矣朱書止足傳有羊欣王

微歲其流至晉時沛國劉瓛字子珪辭祿懷道
樓遲養志不戚戚於貧賤不汲汲於富貴儒行
之高者也梁有天下小人道消賢士大夫相招
在位其且力守志則當世罔聞時或有致事告
老或有基於少欲國史書之亦以為止足傳云
顧憲之字士思吳郡吳人也祖覬之宋鎮軍將
軍湘州刺史憲之未弱冠州辟議曹從事舉秀
才累遷太子舍人尚書比部郎撫軍主簿元徽
中為建康令時有盜牛者被主所認盜者亦稱
己牛二家辭理等前後令莫能決憲之至覆其
狀謂二家曰無為多言吾得之矣乃令解牛任
其所去牛逕還本主盜者始伏其辜發姦摘
伏多如此類時人號曰神明至於權要請託長
吏貪殘據法直繩無所阿縱性又清儉彊力為
政甚得民和故京師飲酒者得醇旨輒號為顧
建康言醇清且美焉遷車騎功曹晉熙王友齊
帝執政以為驃騎錄事參軍遷太尉西曹掾齊
高建為中書侍郎齊高帝即位除衡陽內史先

是郡境連歲疾疫死者太半棺木尤貴悉以
笙席裹之路傍憲之下車分告屬縣求其親黨
悉令殯葬其家人絕滅者憲各以公祿使綱
紀營護之又土俗山民有病輒云先人為禍皆
開冢剖棺水洗枯骨名為除祟憲曉諭為陳
生死之別事不相由風俗遂改時刺史王奐新
至唯衡陽獨無訟者乃歎曰顧衡陽之化至矣
若九郡率然吾將何事還為太尉中郎出
為東中郎長史行會稽郡事山陰人呂文度有

寵於齊武帝於餘姚立邸頗縱橫憲之至郡即
表除之文度後還葬母郡縣莫敢弔憲之不與
相聞文度深銜之卒不能傷也遷南中郎巴陵
王長史加建威將軍行婺州事時司徒竟陵王
於宣城臨成定陵三縣界立屯封山澤數百里
禁民樵採憲成固陳不可言甚切王答之曰
非君無以聞此德音即命無禁給事黃門
侍郎兼尚書吏部郎中宋世其祖覬之嘗為吏
部於庭植嘉樹謂人曰吾為憲之種耳至是憲

三 【楊仁】

之果為此職出為征虜長史行南兗州事遭母
憂服闋關中復除給事黃門侍郎領步兵校
尉未拜仍遷太子中庶子領吳邑中正出為寧
朔將軍臨川內史未赴改授輔國將軍晉陵太
守頃之遇疾陳解還鄉里永元初徵為廷尉不
拜除豫章太守義中興二年義師平建康高祖
舅姑尤孝父母欲奪而嫁之誓死不許憲之賜
以東帛表其節義中興二年義師平建康高祖
為揚州牧徵憲之為別駕從事史比至高祖已

受禪憲之風疾漸篤固求還吳天監二年就家
受太中大夫憲之雖累經宰郡資無擔石及歸
環堵不免飢寒八年卒於家年七十四臨終為制
以敕其子夫出生入死理均晝夜生既不知所
從來死亦安識所往延陵所云精氣上歸于天
骨肉下歸于地魂氣則無所不之良有以也雖
復茫昧難徵要若非妄百年之期迅若馳隙吾
今豫為終制瞑目之後念並遵行勿違吾志也
莊周澹臺達生者也王孫士安矯俗者也吾進

四 【楊仁】

不及達退無所矯常謂中都之制允理愜情衣
周於身示不達禮棺周於衣足以蔽臭入棺之
物一無所須載以輬車覆以蘢布為使人勿惡
也漢明帝天子之尊猶祭以杅水脯糒范史云
烈士之高亦喪自是親親之情禮奢寧儉其
可不節哀也喪易寧戚以寒水乾飯況吾甲庸之人其
致哀者有憑耳湖望祥忌可權安小牀暫設八
席唯下素饌勿用牲牢蒸嘗之祠貴賤罔替備
物難辦多致踈怠祠先人自有舊典不可有闕

自吾以下祠止用踈食果勿同於上世也示
令子孫四時不忘其親耳孔子云雖蔬菜羹瓜祭
必齊如也本貴誠敬豈求備物哉所著詩賦銘
讚并衡陽郡記數十篇
陶季直丹陽秣陵人也祖愍祖宋廣州刺史父
景仁中散大夫季直早慧愍祖甚愛異之愍祖
嘗以四函銀列置於前令諸孫各取季直時用
四歲獨不取人問其故季直曰若有賜當先父

伯不應度及諸孫是故不取愍祖奇之五歲
喪母哀若成人初母未病於外染本卒後家人
始贖季直之號慟聞者莫不酸感及長好學
淡於榮利起家桂陽王國侍郎北中郎鎮西行參
軍並不起時人號曰聘君父憂服闋尚書令劉
景領丹陽尹引為後軍主簿領郡功曹出為望
蔡令頃之以病免時劉景素重季直欲與之定策季直以
袁劉儒者必致顛殞固辭不起俄而景素等伏誅

齊初為尚書比部郎時褚彥回為尚書令與季
直素善頻以為司空司徒主簿委以府事彥回
卒尚書請曰文季是司馬道子諡恐其人非具美
不如文簡儉從之季直又請儉為彥回立碑終
始營護甚有吏節時人美之遷太尉記室參軍
出為冠軍司馬東莞太守在郡號為清和遷除
散騎侍郎領左衛司馬轉鎮西諮議參軍齊武
帝作相誅鋤異已季直不能阿意明帝頗忌之

乃出為輔國長史北海太守邊職上佐素士所
為之者或勸奉直造門致謝明帝既見留之
以為驍騎諮議參軍兼尚書左丞仍遷建安將
守政尚清靜百姓便之還為中書侍郎遷游擊將
軍兼廷尉梁臺建遷給事黃門侍郎常稱仕至
二千石始願畢矣無為務人間之事乃辭疾還
下遂不見此人十年卒于家時年七十五季直
鄉里天監初就家拜太中大夫高祖曰梁有天
素清苦絕倫又屏居十餘載及死家徒四壁子
孫無以殯斂聞者莫不傷其志焉
蕭眎素蘭陵人也祖思話宋征西儀同三司父
惠明吳興太守皆有盛名眎素早孤貧為叔父
惠休所收邮起家為齊司徒法曹行參軍遷著
作佐郎太子舍人尚書三公郎永元末為太子
洗馬梁臺建高祖引為中尉驃騎記室參軍天
監初為臨川王友復為太子中舍人丹楊尹丞
初拜高祖賜錢八萬眎素一朝散之親友又遷
司徒左西屬南徐州治中性靜退少嗜欲好學

能清言榮利不關於心喜怒不形於色在人間
及居職立任情通率不自矜高天然簡素士人
以此咸敬之及在京口便有終焉之志乃於攝
山築室會微為中書侍郎遂辭不就因還山宅
獨居屏事非親戚不得至其雛門妻太尉王儉
女又與別居遂無子八年卒親故迹其事行諡
曰貞文先生
史臣曰顧憲之陶季直引年者也蕭眎素則官
情鮮焉比夫懷祿躭寵婆娑人世則殊間矣

列傳第四十六

良吏

　庚蓽
　沈瑀
　范述曾
　丘仲孚
　孫謙
　伏暅
　何遠

散騎常侍姚
思廉　撰

〔梁書傳四十七〕

昔漢宣帝以為政平訟理其惟良二千石乎前
史亦云今之郡守古之諸侯也故長吏之職號
親民是以導德齊禮移風易俗成必由之齊
末氏亂政移羣小賦調雲起徭役無度守宰多
倚附權門互長貪虐培刻聚斂侵侮細民天
下搖動無所厲其手足昏昏及高祖在田知民疾苦及
梁臺建仍下寬息肩逮踐皇極躬臨庶事
於是四海之內始得息乃命輶軒以省方俗置肺
日昊聽政求民之瘼乃命輶軒以省方俗置肺

石以達窮民務加隱卹舒其急病元年始去貪
計丁為布身服浣濯之衣御府無文飾官掖不
過綾絁無珠璣錦繡太官撤牢饌每日膳菜蔬
飲酒不過三酌以儉先海內每選長吏務簡廉
平皆召見御前親勗治道始擢尚書殿中郎到
溉為建安內史在民侍郎劉懿為晉安太守既
等居官並以廉絜著又箸令小縣有能遷為大
縣大縣有能遷為二千石於是山陰令
治有異績以為長沙內史武康令何遠清公以

為宣城太守剖符為吏者往往承風焉若新野
庚蓽諸任職者以經術潤飾吏政或所居流惠
或去後見思蓋後來之良吏也良吏篇云
庚蓽字休野新野人也父深之宋應州刺史蓽
年十歲邁父憂居喪毀瘠為州黨所稱弱冠
為州迎主簿舉秀才累遷安西主簿尚書殿
中郎驃騎功曹史博涉羣書有口辯齊永明
中與親和親以華兼散騎常侍報使還拜散
騎侍郎知東宮管記事鬱林王即位廢掌中

書詔諧出為荊州別駕遷西中郎諮議參軍
復為州別駕前後綱紀皆致富饒華再為之清
身率下杜絕請託被疏食妻子不免饑寒明
帝聞而嘉焉手敕襄美州里榮之遷司徒諮議
參軍通直散騎常侍高祖平京邑霸府建國長史為
驃騎功曹行參軍事時承凋弊之後百姓凶荒所
稽郡丞行郡府事時承凋弊之後百姓凶荒所
在穀貴米至數千民多流散華撫循甚有治理
唯守公祿清節逾厲至有經日不舉火太守襄
陽王聞而饋之華謝不受天監元年卒停屍無
以殮樞仕不能歸高祖聞之詔賜絹百匹米五十
斛初華為西楚望族早歷顯官鄉人樂華有幹
用素與華不平互相競謗謗事齊豫章王疑疑
兗謗仕不得志自步兵校尉求助戍歸高祖踐阼時
華為州別駕益忽謗及高祖踐阼謗以西朝勳
為御史中丞華始得會稽行事既恥之多會職
事微有譴高祖以謗其鄉人也使宣旨誨之華
大憤故發病卒

沈瑀字伯瑜吳興武康人也叔父昶事宋建平
王景素昶素與景素謀反昶先去之及敗坐繫獄瑀詣
臺陳請得免坐罪由是知名起家州從事奉朝請
當陳諮承品尚書右丞昉謂瀰瀰與語及政事時建康
謂曰觀鄉才幹當居五吕此職司徒立竟陵王子良
聞瑀名引為府參軍領瑀瑀以法繩之衆憚其彊事
令沈瑀子特勢陵瑀瑀子良薨瑀復事
良甚相知賞家事皆以委瑀子良薨瑀復遍
刺史始安王遙光嘗被使上民丁速而無怨遍
獄事湖熟縣方山埭高峻冬月公私行侶以為
艱難明帝使瑀行治之瑀乃開四洪斷行客就
光謂同使曰爾何不學子沈瑀所為乃令車知州
作三日立辦揚州書佐歸許遙光遙使不肯就
作瑀鞭之三十書佐歸私行詐稱州使不肯就
不杖鞭汝惡復之果有詐明帝復使瑀築末亦山塘
所費減材官所量數十萬功瑀益喜言永泰元年
為建德令教民一丁種十五株桑四株柿及梨
栗女一牛之人咸歡悅頃之成林去官還京師

兼行選曹郎隨陳伯之軍至江州會義師圍
郢城瑒說伯之迎高祖伯之泣曰余子在都不
得出城不能不愛之瑒曰不然人情匈匈皆思
改計若不早圖衆散難合伯之遂與衆降瑒從
在高祖軍中初瑒在竟陵王家素與范雲善曾
末嘗就雲宿夢坐屋梁柱上仰見天中字曰范
氏宅至是瑒為高祖說之高祖曰余得不死此
夢可驗又高祖即位雲深薦瑒自暨陽令擢兼
尚書左丞時天下初定陳伯之表瑒催督運轉
軍國獲濟高祖以為能遷尚書駕部郎兼右丞
如故瑒族人沈僧隆照有吏幹高祖以納
之以毋憂去職起為振武將軍餘姚令縣大姓
虞氏千餘家請調如市後令長莫能絕自瑒
到非訟所通其有至者恐立之皆下以法繩之
縣南又有豪族數百家子弟縱橫遠相庇厚
自封植百姓甚患之瑒召其老者為石頭倉監
少者補縣僮皆號泣道路自是權右屏跡瑒初
至富吏皆鮮衣美服以自彰別瑒怒曰汝等下

梁書傳四十七 五 朱梓

縣吏何自擬貴人耶悉使著芒屬布侍立終
目足有蹉跌輒加楚捶瑒微時嘗目至此譬南瓦
器為富人所辱故因以報其志後王師比伐徵瑒
為建威將軍督運溽尋陽都水使者頃之遷
瑒廉白自守故得遂行於是士庶駭怨怨然
少府卿出為安南長史尋陽太守
蕭景宗疾篤瑒行府州事景宗卒仍為信威
曹景宗長史太守如故瑒性屈彊毋忤穎達
穎達銜之天監八年因入謁事辭又激厲穎達
穎達亦尋卒事遂不窮竟績乃布衣蔬食
過穎達亦尋卒事遂不窮竟績乃布衣蔬食
時年五十九多以為穎達害瑒為子績累訟之
而後已終不能傾側面從是日於路害瑒子
作色曰朝廷用君作行事耶瑒出謂人曰我死
絡其身
范述曾字子玄吳郡錢唐人也幼好學從餘杭
呂道惠受五經略通章句道惠學徒常有百
數獨稱述四旦曰此子必為王者師所序文惠太子
竟陵文宣王幼時高帝引述曾為之師友起家

梁書傳四十七 六 史

為守音熙王國侍郎齊初至南郡王國郎中令
遷尚書主客郎太子步兵校尉帶開陽令述曾
為人謇諤在宮多所諫爭太子雖不能全用然
亦弗之罪也竟陵王深相器重號為周舍時太
子在衛率沈約亦以述曾方汲黯以父母年老
乞還就養乃拜中散大夫明帝即位除游擊將
軍出為永嘉郡太守為政清平不尚威猛民俗便
之所部橫陽縣山谷嶮峻為逋逃所聚前後二
千石討捕莫能息述曾下車開示恩信見諸凶
黨繼負而出編戶屬籍者二百餘家自是商賈
流通居民安業在郡勵志清白不受饋明帝聞
甚嘉之下詔褒美焉微為游擊將軍郡送故
舊貲錢二十餘萬述曾一無所受始之郡不將家
屬及還理更無所荷者民無老少皆出拜辭號哭
聞十數十里東皆時拜中散大夫還鄉里高祖
踐阼乃輕舟出記詔關仍辭還奉主往莅永嘉治
大夫范述曾宜加禮秩以屬清操可太中大夫賜絹
身廉約

〔梁書傳四十七〕　七

二十四述曾生平得奉祿皆以分施及老遂壁
立無所資以天監八年卒時年七十九注易文
言者雜詩賦數十篇
丘仲孚字公信具興烏程人也少好學從祖靈
鞠有人倫之鑒常稱為千里駒也齊永明初選為
國子生舉高第未調還鄉里家貧無以貲乃
結墓溢為之計晝劫掠三具仲孚聰明有智略
召補主簿歷揚州從事太學博士于湖令有能
名太守呂文顯當時倖臣陵誣屬縣仲孚獨
不為之屈以父喪去職明帝即位起為列武將
軍曲阿令值會稽太守王敬則舉兵反乘朝廷
不備反問始至而前鋒已屆曲阿仲孚謂吏民
曰賊乘勝雖銳而烏合易離今若收船艦鑿
長崗埭瀉瀆水以阻其路得留數日臺軍必
至則大事濟矣齊敬則軍至值瀆涸果頓兵不得
進遂敗散仲孚以距守有功遷山陰令居職甚
有聲稱百姓為之謠曰二傅沈劉不如一丘前

〔梁書傳四十七〕　八　政

世傳琰父子沈憲劉玄明相繼宰山陰並有政
績言仲孚皆過之也亷未政亂頗有賕賄為有
司所舉將收之仲孚竊逃逆還京師詣闕
會赦得不治高祖踐阼復為山陰令仲孚長於
撥煩善適權憂吏民敬服號稱神明治為天下
第一起還軍騎長史長沙內史視事未暮徵為
尚書右丞遷左丞仍擢為衛尉卿恩任甚厚起
太守遷雲麾長史江夏太守行郢州州府事遭
雙闕以仲孚領大匠事畢出為安西長史南郡

母憂起攝職坐事除名復起為司空參軍俄還
豫章內史在郡更勵清節頃之卒時年四十八
詔曰豫章內史丘仲孚貞克舉大邦責以後效非
直悔吝云亡實政績克舉不幸殞喪良以傷
惻可贈給事黃門侍郎仲孚喪將還豫章老幼
號哭奉送車輪不得前仲孚為左丞撰皇典二
十卷南宮故事百卷又撰尚書具事雜儀行於
世焉

孫謙字長遜東莞莒人也少為親人趙伯符所

知謙年十七伯符為豫州刺史引為左軍行參
軍以治幹稱父憂去職客居歷陽躬耕以養弟
妹鄉里稱其敦睦宋江夏王義恭聞之引為行
參軍歷仕大司馬太宰二府出為句容令清慎
彊記縣人號為神明泰始初事建安王休仁
仁以為司徒參軍言之明帝擢為明威將軍巴
東建平二郡太守居三峽恒以威力鎮之謙
將述職敕募千人自隨謙曰蠻夷不賓蓋待之
失節耳何煩兵役以為國費固辭不受至郡布

恩惠心之化蠻獠懷之競餉金寶謙慰諭而一無
所納及掠得生口皆放還家俸秩出吏民者悉
原除之郡境翕然威信大著視事三年徵還為
撫軍中兵參軍元徽初遷梁州刺史辭不赴職
遷越騎校尉征北司馬府主簿建平王將軍稱兵
患謙左軍將軍齊初為寧朔將軍錢唐令治煩以
遷左軍直託事遣使京師作亂及建平誅兵
簡獄無繫四及去官百姓以謙在職不受餉以
進載縑帛以送之謙却不受每去官輒無私宅

常惜官空車廄居焉永明初為冠軍長史江夏
太守坐被代輒去郡繫尚方頃之免為中散大
夫明帝將廢立欲引謙為心膂使兼衛尉給甲
仗百人謙不願豫會輒散甲士帝雖不罪而
弗復任焉永元元年遷
大夫天監六年出為輔國將軍零陵太守已衰
老猶彊力為政吏民安之先是郡多虎暴謙至
絕迹及去官之夜虎即害居民謙為郡縣常勤
勸課農桑務盡地利收入常多於隣境九年以
年老徵為光祿大夫既至高祖嘉其清絜甚禮
異焉每朝見猶請劇職自效高祖笑曰朕使卿
智不使卿力十四年詔曰光祿大夫孫謙清絜
有聞白首不息高年舊齒宜加優秩可給親信
二十人并給扶謙自少及老歷二縣五郡所在
廉絜居身儉素布被莞
席夏日無幬帳而夜卧未嘗有蚊蚋人多異焉
年逾九十彊壯如五十者每朝會輒先衆到公
門力於仁義行已過人甚遠從兄靈慶嘗病寄

於謙出行還問起居靈慶曰向飲冷熱不
即時猶渴謙退遣其妻有彭城劉融者行乞疾
篤無所歸友人輿送謙舍謙開廳事以待之及
融死以禮殯葬之謙之用心自少及老如此
時年九十二詔賜錢三萬布五十匹高祖為舉
哀甚慟惜之謙從子廉辟官齊朝歷大
縣尚書右丞天監初沈約范雲等亦尤所結附凡
貴要毋食廉必日進滋膳皆手自煎調不辭勤
劇遂得為列卿御史中丞晉陵吳興太守時廣
陵高爽有險薄才客於廉廉委公文記爽嘗有
求不稱意乃為屐謎以喻廉曰刺鼻不知嚏蹋
面不知瞋齧齒作步數持此得勝人譏其不計
恥辱以此取名是也
伏暅字玄耀曼容之子也幼傳父業能言玄理
與樂安任昉彭城劉曇俱知名起家齊奉朝請
仍兼太學博士等除東陽郡丞秩滿為鄞令時
曼容已致仕故頻以外職劇暅令其得養焉齊

末始為尚書都官郎仍為衛軍記室參軍高
祖踐阼遷國子博士父憂去職服闋為車騎諮
議參軍累遷司空長史中書侍郎前軍將軍兼
五經博士與吏部尚書徐勉中書侍郎周捨總
知五禮事出為永陽內史在郡清潔治務安靜
郡民何貞秀等一百五十四人詣州言狀湘州刺
史以聞詔勘有十五事為吏民所懷高祖善之
徵為東陽太守在郡清恪如永陽時民賦稅不
登者輒以太守田米助之郡多麻苧家人乃至
無以為繝其屬志如此屬縣始新遂安海寧並
同時生為立祠徵為國子博士領江水校尉時
始興內史何遠累著清績高祖詔擢為黃門侍
郎俄遷信武將軍監吳郡眕自以名非軍素在遠
前為吏俱稱廉居家尋求假到東陽迎妹喪因留
不滿多託疾居宅自表解高祖詔以為豫章內史
會稽筑宅御史虞瞻奏曰臣聞失忠與信一心之
道以虧貌是情非兩觀之誅宜及未有陵犯名

教要貪君親而可緯經邦者也風聞豫章內
史伏眕去歲啟假以迎妹喪為解因停會稽不
去入東之始貨宅賣車以此而推則是本無還
意眕歷典二邦少貪免濁此自為政之本豈得
稱功常謂人才品望遠之右而遠以清公
見擢名位轉隆眕深誹怨形於辭色興居歎咤
寔稱失圖天高聽卑無私不照去年十二月二
十一日詔曰國子博士領江水校尉伏眕為政廉
平宜加將養勿使憲望致虧士風可豫章內史
豈有人臣奉如此之詔而不亡魂破膽歸罪有
司擢髮抽腸少自論謝而循奉傲然了無異色
眕識見所到足達此旨而買寵不解乃斯苟得
故以士流解體行路沸騰辯跡求心無一可恕
竊以眕跟蹀落餽三十餘年皇運勃興咸與維
始除舊布新濯之江漢一紀之間三世隆顯曾
不能少懷感激仰答萬分反覆拙謀成茲巧罪
不忠不敬於斯已及請以眕大不敬論以事詳
法應棄市刑輒收所近獄洗結以法從事如法

所稱賄即主臣謹案豫章內史臣伏賄含沮表
行藉悖成心語嘿一連次負敬兼盡幸屬昌曒權
以不次溪壑可盈志欲無滿要君東走宣曰止
足之歸負志解巾異乎激勵之致甘此脂膏孰
非荼苦佩玆龜組盍殊綸繼宜明風憲肅正簡
書臣等參議請以見事免賄所居官凡諸位任
一皆削除有詔勿治賄遂得就郡視事三年徵

年卒於郡時年五十九尚書右僕射徐勉為之
墓誌其一章曰東區南服愛結民昏相望伏闕
繼軌奏書或臥其轍或拔其車或圖其像或式
其間恩耿惜兔曷以尚諸賄父曼容與樂安
任瑤皆瞻於齊太尉王儉瑤子昉及賄並見知
頃之昉才遇稍盛齊末昉已為司徒右長史賄
猶滯於參軍事或其終也名位略相侔儉賄性
素車服麤惡外雖靜內不免心競故故見識於
時能推薦後來常若不及少年士子或以此依之
何遠字義方東海郯人也父慧炬齊尚書郎遠

釋賄江夏王國侍郎轉奉朝請永元中江夏王
寶玄於京口為護軍將軍崔慧景所奉入圍宮
城遠豫其事敗乃亡抵長沙宣武王王深保
匿焉遠求得桂陽王融保藏之既而發覺收捕
者至遠逾垣以免融及遠家人皆見執融遂遇
禍復潛散遠因降魏入壽陽見剌史王昶欲同
共聚衆欲迎高祖義師東昏黨聞之使捕遠等
義舉肅不能用乃求迎高祖蕭許之遣兵援送

得達高祖見遠謂張弘策曰何遠美丈夫
而能破家報舊德未易人也板輔國將軍隨軍
東下既破朱雀軍以為建康令高祖踐阼為步
兵校尉以奉迎勳封廣興男邑三百戶遷武將
軍後軍鄱陽王恢錄事參軍遠素善在府
盡其志力知無不為怏亦推心杖之恩寄甚密
頃之遷武昌太守遠本倜儻尚輕俠至是乃折
節為吏杜絕交遊餽遺秋豪無所受武昌俗皆
汲江水盛夏遠患水溫每以錢買民井寒水不

取錢者則捷水還之其佗事率多如此跡雖似
偽而能奏曲用意焉軍服尤弊素器物無銅漆江
左多水族其賤賤遠每食不過乾魚數片而已然
性剛嚴吏民多以細事受鞭罰者遂為人所訟
徵下廷尉被劾數十條當時士大夫坐法皆不
受立遠度已無贓就立三七日不款猶以私藏
禁仗遠除名後起為鎮南將軍武康令會屬縣諸
除淫祀正身率職民甚賴之太守王彬巡屬縣

【梁書四十七】【十七】朱書

縣盛供帳以待焉至武康遠獨設糗水而已彬
去遠送至土境進斗酒隻鵝為別彬戲曰卿禮有
過陸納將不為古人所笑乎高祖聞其能擢為
宣城太守自縣為近畿大郡近代未之有也郡
經寇抄遠盡心經理復舊名迹甚善年遷樹功將
軍始興內史時泉陵遼朗為桂州緣道劫掠
入始興界時草木無所犯遠在官好開途巷脩葺
牆屋民居市里城隍殿庫所過若營家焉田調以
俸錢並無所取歲暮擇民尤窮者充其租調以
此為常然其聽訟猶人不能過絕而性果斷民

不敢非畏而惜之所至皆生為立祠襄言治狀
高祖每優詔答焉天監十六年詔曰何遠前在
武康已著廉平後位二邦彌盡清白政先治道
惠留民愛雖古之良二千石無以過也宜升內
榮以顯外績可給事黃門侍郎遠即遷仍為仁
威長史頃之出為信武將軍監吳郡在吳郡為
細如子弟特為豪右所畏憚疾彊富如仇讎視貧
酒失遷東陽太守遠處職疾彊在東陽歲餘復為
受罰者所謗坐免歸遠耿介無私曲居人間絕

【梁書列傳四十七】【十八】楊氏

請謁不造詣遇貴賤書跡抗禮如一其所會遇
未嘗以顏色干人以此多為俗士所惡其清公
實為天下第一居數郡見可欲終不變其心妻
子饑寒如下貧者及去東陽歸家經年歲口不
言榮辱士類益以此多之其輕財好義周人之
急言不虛妄蓋天性也每戲語人云卿能得我
一妄語則謝卿以一縑衆共伺之不能記也後復
起為征西諮議參軍中撫司馬普通二年卒時
年五十二高祖厚贈賜之

陳吏部尚書姚察曰前史有循吏何哉世使然
也漢武役繁姦起循平不能故有奇酷誅戮以
勝之亦多怨濫矣梁興破觚爲圓斷雕爲樸教以
民以孝悌勸之以農桑於是姦黠化爲由余輕
薄變爲忠厚淳風已洽民自知禁堯舜之民比
屋可封信矣若夫酷吏於梁無取焉

列傳第四十七　　梁書五十三

列傳第四十八　　梁書五十

散騎常侍姚　思廉　撰

　　諸夷

　海南　　西北諸戎
　　東夷

海南諸國大抵在交州南及西南大海洲上相
去近者三五千里遠者二三萬里其西與西域
諸國接漢其徼外諸國自武帝以來
置日南郡其徼外諸國自武帝以來　開百越
　　　　　　　　　　　　　　　獻見後

經及傳聞則有百數十國因立記
國者蓋勘故不載史官及宋齊至者有十餘國
　　　　　　　　　　　　　　　通中

漢桓帝世大秦天竺皆由此道遣使
孫權時道宣化從事朱應中郎康泰　其所
　　　　　　　　　　　　　　　　　吳
　　　　　　　　　　　　　　　　茂實

始爲之傳自梁革運其奉正朔脩貢職航海歲
至踰於前代矣今採其風俗粗著者綴爲海南

傳云

林邑國者本漢日南郡象林縣古越裳之界也
伏波將軍馬援開漢南境置此縣其地縱廣可

六百里城去海百二十里去日南界四百餘里
北接九德郡其南界水步道二百餘里有西國
夷亦稱王馬援植兩銅柱表漢界處也其國有
金山石皆赤色其中生金金夜則出飛狀如螢
火又出瑇瑁貝齒沈木香吉貝者樹名也
其華成時如鵝毳抽其緒紡之以作布潔白與
紵布不殊亦染成五色織爲班布也沈木香土
人斫斷之積以歲年朽爛而心節獨在置水中
則沈故名曰沈香次不沈不浮者曰棧香也漢
末大亂功曹區逵殺縣令自立爲王傳數世其
後王無嗣立外甥范熊熊死子逸嗣晉咸
康三年逸死奴文篡立文本日南西捲縣夷帥
范稚家奴常牧牛於山澗得鱧魚二頭化而爲
鐵因以鑄刀鑄成文向石而呪曰若斫石破者
文當王此國因舉成斫石如斫石破者
之范稚常使之商賈至林邑因教林邑王作宮
室及兵車器械王寵任之後乃讒王諸子各奔
餘國及王死無嗣文僞於隣國迓王子置毒於

漿中而殺之遂脅國人自立舉兵攻旁小國皆
吞滅之有衆四五萬人時交州刺史姜莊使所
親韓戢謝稚前後監日南郡並貪殘諸國患之
穆帝永和三年臺遣夏侯覽爲太守侵刻史之甚
林邑先無田土貪日南地肥沃常欲以其屍祭天
是因民之怨遂舉兵襲日南殺覽臨觀以
留日南三年乃還林邑交州刺史朱藩後遣督
護劉雄戍日南文復屠滅之進寇九德郡殘害
吏民遣使告藩願以日南北境橫山爲界藩不
許又遣督護陶緩李衝討之文歸林邑尋復屯
日南五年文死子佛立猶屯日南征西將軍桓
溫遣督護滕畯九眞太守灌遂師交廣州兵討
之佛嬰城固守遠令畯盛兵於前遂師勁卒七
百人自後踰壘而入佛衆驚潰奔走遂追至林
邑佛乃請降哀帝昇平初復爲寇暴剌史溫放
之討破之安帝隆安三年佛孫須達復寇日南
執太守炅源又進寇九德執太守曹炳交趾太
守杜瑗遣都護鄧逸等擊破之即以瑗爲刺史

義熙三年須達復寇日南殺長史璵遣海邏督
護阮斐討破之斬獲甚眾九年須達復寇九真
行郡事杜慧期與戰斬其息交龍王甄知及其
將范健等生俘須達息邸能及虜獲百餘人自
璵卒後林邑無歲不寇日南九德諸郡殺傷甚
多交州遂致虛弱須達敵立其弟敵鎧
攜母出奔敵追恨不能容其母弟捨國而
天竺禪位於其甥國相藏麟固諫不從其甥既
立而殺藏麟驎子又殺之而立敵鎧同母異

父之弟曰文敵文敵後為扶南王子當根純所
殺大臣范諸農平其亂而自立為王諸農死子
陽邁立宋永初二年遣使貢獻以陽邁為林邑
王陽邁立子咄立篡其父復曰陽邁邁國俗居
處為閣名曰干闌門戶皆北向書樹葉為紙男
女皆以橫幅吉貝繞腰以下謂之干漫亦曰都
漫穿耳貫小鐶貴者著革屣賤者跣行自林邑
扶南以南諸國皆然也其王著法服加瓔珞如
佛象之飾出則乘象吹螺擊鼓罩吉貝纓以吉

貝為幡旗國不設刑法有罪者使象踏殺之其
大姓號婆羅門嫁娶必用八月女先求男由賤
男而貴女也同姓還相婚姻使婆羅門引婿見
婦握手相付咒曰吉利吉利以為成禮死者焚
之中野謂之火葬其寡婦孤居散髮至老國王
事尼乾道鑄金銀人像大十圍元嘉初陽邁侵
暴日南九德諸郡交州刺史杜弘文牙欲討
之聞有代乃止八年 ■冠 ■遣使貢獻而寇
交州刺史阮彌之遣 ■ 相 ■郡入四會浦口攻

區栗城不剋乃引還爾後 ■遣使討攻
盜不已二十三年使交州刺史檀和之振武將
軍宗愨伐之和之遣司馬蕭景憲為前鋒陽邁
聞之懼欲輸金一萬斤銀十萬斤還所略日南
民戶其大臣范扶龍大帥據區栗城景憲攻剋
成其北界區栗既拔乘勝逐進即剋林邑陽邁
金銀雜物不可勝計乘勝逐進即剋林邑陽邁
父子並挺身逃奔獲其珍異皆是未名之寶又
銷其金人得黃金數十萬斤和之後病死見胡

神為崇孝武建元大明中林邑王范神成累遣
長史奉表奉獻明帝泰豫元年又遣使獻方物
齊永明中范文贊累遣使貢獻天監九年文贊
子天凱奉獻白猴詔曰林邑王范天凱介在海
表乃心款至遠備職貢良有可嘉宜班爵號被
以榮澤可持節督緣海諸軍事威南將軍林邑
王十年十三年天凱累表貢獻普通七年王高式勝
子弼羠跋摩立奉表貢獻遣使獻方物俄而病死
遣使獻方物詔以為持節督緣海諸軍事綏
南將軍林邑王大通元年又遣使貢獻中大通
二年行林邑王高式律陀羅跋摩遣使貢獻詔
以為持節督緣海諸軍事綏南將軍林邑王六
年又遣使獻方物
扶南國在日南郡之南海西大灣中去日南可
七千里在林邑西南三千餘里城去海五百里
有大江廣十里西北流東入於海其國輪廣三
千餘里土地洿下而平博氣候風俗大較與林
邑同出金銀銅錫沈木香象牙孔翠五色鸚鵡

其南界三千餘里有頓遜國在海崎上地方千
里城去海十里有五王並羈屬扶南頓遜之東
界通交州其西界接天竺安息微外諸國往還
交市所以然者頓遜迴入海中千餘里漲海無
崖岸船舶未曾得逕過也其市東西交會日有
萬餘人珍物寶貨無所不有又有酒樹似安石
榴采其花汁停甕中數日成酒頓遜之外大海
洲中又有毗騫國去扶南八千里傳其王身長
丈二頭長三尺自古來不死莫知其年王神靈
國中人善惡及將來事王皆知之是以無敢欺
者南方號曰長頸王國俗有室屋衣服啖粳米
其人言語小異扶南有山出金金露生石上無
所限也國法刑罪人並於王前啖其肉國內不
受估客有住者亦殺而噉之是以商旅不敢至
王常樓居不血食不事鬼神其子孫生死如常
人唯王不死扶南王數遣使與書相報答常遺
扶南王純金五十人食器形如圓盤又如尾堕
名為多羅受五升又如椀者受一升王亦能作

天竺書書可三千言說其宿命所由與佛經相
似並論善事又傳扶南東界即大漲海海中有
大洲洲上有諸薄國國其東有馬五洲復東行漲
海千餘里至自然大洲其上有樹生火中洲行
近人剝取其皮紛績作布極得數尺以為手巾
與焦麻無異而色微青黑若小垢洿則投火中
復更精潔或作燈炷用之不盡扶南國俗本
躶體身被綫不制衣裳以女人為王號曰柳葉
年少壯健有似男子其南有徼國有事鬼神者

字混塡夢神賜之弓乘賈人舶入海混塡晨起
即詣廟於神樹下得弓便依夢乘船入海遂入
扶南外邑柳葉人衆見舶至欲取之混塡即張
弓射其舶穿度一面矢及侍者柳葉大懼舉衆
降混塡乃教柳葉穿布貫頭形不復露遂
治其國納柳葉為妻生子分王七邑其後王混
盤況以詐力開諸邑令相疑阻因舉兵攻并之
乃遣子孫中分治諸邑號曰小王盤況年九十
餘乃死立中子盤盤以國事委其大將范蔓盤

盤立三年死國人共舉蔓爲王蔓勇健有權略
復以兵威攻伐旁國咸復屬之自號扶南大王
乃治作大船窮漲海攻屈都昆九稚典孫等十
餘國開地五六千里次當伐金鄰國蔓遇疾遣
太子金生代行蔓姊子旃時為二千人將襲殺
蔓自立遣人詐金生而殺之旃死時有乳下兒
名長在民間至年二十乃結國中壯士襲殺旃
蔓大將范尋又殺長而自立更繕治國內起觀
閣遊戲之朝旦中晡三四見客民人以焦蕉龜

鳥為禮國法無牢獄有罪者先齋戒三日乃燒
斧極赤令訟者捧行七步又以金鐶雞卵投沸
湯中令探取之若無實者手即焦爛有理者則
不又於城溝中養鱷魚門外圍猛獸有罪者輒
以餧猛獸及鱷魚魚獸不食為無罪三日乃放
之鱷大者長二丈餘狀如鼉有四足嚎長六七
尺兩邊有齒利如刀劍常食魚遇得麞鹿及人
亦敢自蒼梧以南及外國皆有之吳時遣中郎
康泰宣化從事朱應使於尋國國人猶躶唯歸

人者貫頭秦應謂曰國中實佳但人裸露可怪
耳尋始令國內男子著橫幅橫幅今干漫也大
家乃截錦爲之貧者乃用布晉武帝太康中尋
始遣使貢獻韓帝外平元年王笴荷檀奉表獻
馴象詔曰此物勞費不少駐令勿送其後王憍
陳如本天竺婆羅門也有神語曰應王扶南憍
陳如心悅南至盤盤扶南人聞之舉國欣戴迎
而立焉復改制度用天竺法憍陳如死後王持
梨陀跋摩宋文帝世奉表獻方物齊永明中
闍邪跋摩遣使貢獻天監二年跋摩復遣使送
珊瑚佛像并獻方物詔曰扶南王憍陳如闍邪
跋摩介居海表世纂南服厥誠遠著重譯獻琛
宜蒙酬納班以榮號可安南將軍扶南王今其
國人皆醜黑拳髮所居不穿井數十家共一池
引汲之俗事天神天神以銅爲像二面者四手
四面者八手手各有所持或小兒或鳥獸或日
月其王出入乘象嬪侍亦然王坐則偏踞翹膝
垂左膝至地以白疊敷前設金盆香鑪於其上

國俗居喪則剃除鬚髮死者有四葬水葬則投
之江流火葬則焚爲灰燼土葬則瘞埋之鳥葬
則棄之中野人性貪吝無禮義男女恣其奔隨
十年十三年跋摩累遣使貢獻其年死庶子留
陀跋摩殺其嫡弟自立十六年復遣使貢獻五年復
奉表貢獻十八年跋摩累遣使送天竺笴檀瑞像婆
羅樹葉并獻火齊珠鬱金蘇合等香普通元年
中大通二年大同元年遣使獻方物五年復
遣使獻生犀又言其國有佛髮長一丈二尺詔
遣沙門釋雲寶隨使往迎之先是三年八月高
祖改造阿育王寺塔出舊塔下舍利及佛爪髮
髮青紺色衆僧以手伸之隨手長短放之則旋
屈爲蠡形案僧伽經云佛髮青而細猶如藕莖
佛三昧經云我昔在宮沐頭以尺量髮長一
丈二尺放已右旋還成蠡文則與高祖所得同
也阿育王即鐵輪王王閻浮提一天下佛滅度
後一日一夜役鬼神造八萬四千塔此即其一
也吳時有尼居其地爲小精舍孫綝尋毀除之

塔亦同泯吳平後諸道人復於舊處建立焉晉
中宗初渡江更修飾之至簡文咸安中使沙門
安法師程造小塔未及成而亡
修立至孝武太元九年上金相輪及承露其後
西河離石縣有胡人劉薩何遇疾暴亡而心下
猶暖其家未敢便殯經十日更蘇說云冥中
見錄向西北行不測遠近至十八地獄隨
輕受諸楚毒語云汝緣未盡若得活
可作沙門洛下齊城丹陽會稽並有阿育王塔
可往禮拜若壽終則不墮地獄語竟如隨高巖
忽然醒寤因此出家名慧達遊行禮塔次至丹
楊未知塔處乃登越城四望見長千里有異氣
色因就禮拜果是育王塔所屢放光明由是定
知必有舍利乃集衆就掘之入一丈得三石碑
並長六尺中一碑有鐵函函中又有銀函函中
又有金函盛三舍利及爪髮各一枚髮長數尺
即遷舍利近此對簡文所造塔西造一層塔十
六年又使沙門僧尚伽為三層即高祖所開者

也初穿土四尺得龍窟及昔人所捨金銀鐶釧
釵鑷等諸雜寶物可深九尺許方至石磉磉下
有石函函內有鐵壺以盛銀坩坩內有金鏤罌
盛三舍利如粟粒大圓正光潔函內又有琉璃
碗內得四舍利及髮爪爪髮並為沈香色
至其月二十七日高祖又到寺禮拜設
會大赦天下是日以金鉢盛水泛舍利其最小
者隱鉢不出高祖禮數十拜舍利乃於鉢內放
光旋回久之乃當鉢中而止高祖問大僧正慧
念今日見不可思議事不慧念荅曰法身常住
湛然不動高祖曰弟子欲請一舍利還臺供養
至九月五日又於寺設無㝵大會遣皇太子王
侯朝貴等奉迎是日風景明和京師傾屬觀者
百數十萬人所設金銀供具等物並留寺供養
并施錢一千萬為寺基業至四年九月十五日
高祖又至寺設無㝵大會竪二刹各以金罌次
王罌重盛舍利及爪髮內七寶塔中又以石函
盛寶塔分入兩刹下及王侯妃主百姓富室所

捨金銀鐶釧等珍寶充積十一年十一月二日
寺僧又請高祖於寺發般若經題爾夕二塔俱
放光明敕鎮東將軍邵陵王綸製寺大功德碑
文先是二年改造會稽鄮縣塔開舊塔出舍利
遣光宅寺釋敬脫等四僧及舍人孫照曁迎還
臺高祖禮拜竟即送還縣入新塔下此縣塔亦
是劉薩何所得也晉咸和中丹陽尹高悝行至
張侯橋見浦中五色光長數尺不知何怪乃令
人於光處掊視之得金像後未有光趺悝乃下車
載像還至長干巷首牛不肯進悝乃令馭人任
牛所之牛徑牽車至寺悝因留像付寺僧每至
中夜常放光明又聞空中有金石之響經一歲
捕魚人張係世於海口忽見有銅花趺浮出水
上係世取送縣以送臺乃施像足宛然合會
簡文咸安元年交州合浦人董宗之採珠没水
於底得佛光豔至咸安初歷三十餘年光趺始具
初高悝得像後西域胡僧五人來詣悝曰昔於

三、洲　梁書傳四十八　古　西　汪

天竺得阿育王造像來至鄴下值胡亂埋像於
河邊今尋竟失所五人嘗一夜俱夢見像曰己
出江東為高悝所得悝乃送此五僧至寺見像
歔欷涕泣像便放光照燭殿宇又尾官寺慧邃
欲摸寫像形寺主僧尚慮虧損金色遂曰若
能令像放光回身西向乃可相許慧邃便懇到
拜請其夜像即轉坐放光回身西向明旦便許
模之像趺先有外國書模有識者後有三藏郍
求跋摩識之云是阿育王為第四女所造也及
大同中出舊塔舍利敕市寺側數百家宅地以
廣寺域造諸堂殿并瑞像周回閑等窮於輪奐
為其圖諸經變並吳人張繇運手縣丹青之工
一時冠絕
盤盤國宋文帝元嘉孝武孝建大明中並遣使
貢獻大通元年其王使使奉表曰揚州閻浮提
明耀蒲目天子身心清淨亦復如是道俗濟濟
並蒙聖王光化濟度一切求作舟航臣聞之慶

三○二十九　梁書傳四十八　十五　浙成

善我等至誠敬禮常勝天子足下稽首問訊今
奉薄獻願垂哀受中大通元年五月累遣使賫
牙像及塔并獻沈檀等香數十種六月八月復貢
使送菩提國真舍利及畫塔并獻菩提樹葉詹
糖等香

丹丹國中大通二年其王遣使奉表曰伏承聖
主至德仁治信重三寶佛法興顯眾僧殷集法
事日盛威嚴整肅朝望國執慈愍蒼生八方六
合莫不歸服化隣諸天非可言喻不任慶善君

斬足見尊足謹奉送牙像及塔各二軀并獻火
齊珠古貝雜香藥等大同元年復遣使獻金銀
瑠璃雜寶香藥等物
干陁利國在南海洲上其俗與林邑扶南略同
出班布古貝檳榔檳榔特精好為諸國之極宋
孝武世王釋婆羅那憐陀遣長史竺留陀獻金
銀寶器天監元年其王瞿曇脩跋陀羅以四月
八日夢見一僧謂之曰中國今有聖王十年之
後佛法大興汝若遣使貢奉敬禮則土地豐樂

商旅百倍若不信我則境土不得自安脩跋陀
羅初未能信既而又夢此僧曰汝不信我當
與汝往觀之乃於夢中來至中國拜觀天子既
覺心異之陁羅本工畫乃寫夢中所見高祖容
質飾以丹青仍遣使并畫工奉表獻王盤等物
使人既至模寫高祖形以還其國比本畫則符
同焉因盛以寶函■加禮敬後跋陀死子毗邪
跋摩奉表曰常勝
天子陛下立十七年遣長史毗■■跋摩奉表曰常勝天子陛下諸佛世尊常樂安樂六通三達為世

間等是名如來應供正覺遺形舍利造諸塔像
莊嚴國土如須彌山邑居聚落次第羅蒲城郭
館宇如忉利天宮具足四兵能伏怨敵國土安
樂無諸患難人民和善受化正法慶無不通猶
處雷山流注雪水八味清淨百川洋溢周回屈
曲順趣大海一切眾生咸得受用於諸國土殊
勝第一是名震旦大梁揚郡天子仁廕四海德
合天心雖人是天降生護世功德寶藏救世大
悲為我尊生威儀具足是故至誠敬禮天子足

下稽首問訊奉獻金芙蓉雜香藥等願垂納受

普通元年復遣使獻方物

狼牙脩國在南海中其界東西三十日行南北

二十日行去廣州二萬四千里土氣物產與南

略同偏多饑沈婆律香等其俗男女皆袒而被

髮以古貝為干縵其王及貴臣乃加雲霞布覆

胛以金繩為絡帶金鐶貫耳女子則被布以瓔

珞繞身其國累塼為城重門樓閣王出乘象有

幡毦旗鼓罩孯台蓋兵衛甚設國人說立國以來

四百餘年後嗣襄弱王族有賢者國人歸之王

聞知乃加四執其鐐無故自斷王以為神因不

敢害乃斥逐出境遂奔天竺天竺妻以長女俄

而狼牙王死大臣迎還為王二十餘年死子婆

伽達多立天監十四年遣使阿撤多奉表曰大

吉天子足下離淫怒癡哀愍眾生慈心無量端

嚴相好身光明朗如水中月普照十方眉間白

毫其白如雪其色照曜赤如月光諸天善神之

所供養以垂正法寶梵行眾增莊嚴都邑城閣

十六

高峻如乾陀山樓觀羅列道途平正人民熾盛

快樂安穩著種種衣猶如天服於一切國為極

尊勝天王愍念群生民人安樂慈心深廣律儀

清淨正法化治供養三寶名稱宣揚布滿世界

百姓樂見如月初生譬如梵王世界之主人天一

切莫不歸依敬禮大吉天子足下猶如現前恭

承先業慶嘉無量今遣使問訊大意欲自往復

畏大海風波不達今奉薄獻願大家曲垂領納

婆利國在廣州東南海中洲上去廣州二月日

行國界東西五十日行南北二十日行有一百

三十六聚土氣暑熱如中國之盛夏穀歲再

熟草木常榮海出文螺紫貝有石名蚶貝羅初

採之柔軟及刻削為物乾之遂大堅彊其國人

披古貝如帊及為都縵王乃用班絲布以瓔珞

繞身頭箸金冠高尺餘形如弁綴以七寶之飾

帶金裝劍偏坐金高坐以銀蹬支足侍女皆為

金花雜寶之飾或持白毦拂及孔雀扇王出以

象駕輿輿以雜香為之上施羽蓋珠簾其導從

十九

孫瑋

吹螺擊鼓王姓憍陳如自古未通中國問其先
及年數不能記焉而言曰淨王夫人即其國女
也天監十六年遣使奉表曰伏承聖王信重三
寶興立塔寺校飾莊嚴周徧國土四衢平坦清
淨無穢臺殿羅列狀若天宮莊麗道從布滿左右都
人士女麗服光飾市廛豐富充積珍寶王法清
整無相侵奪學徒皆至三乘競集敷說正法雲
布雨潤四海流通會萬國長江眇漫清泠深
廣有生成資莫能消穢陰陽和暢炎厲不作大
梁揚都聖王無等臨覆上國有大慈悲子百萬
民平等忍辱親無二加以周窮無所藏積靡
不照燭如日之明無不受樂猶如淨月宰輔賢
良群臣貞信盡忠奉上心無異想伏惟皇帝是
我真佛是婆利國主令敬稽首禮聖王足下
惟願大王知我此心此心久矣非適今也山海
阻遠無緣自達今故遣使獻金席等表此丹誠
並日通三年其王頻伽復遣使珠貝智貝白鸚鵡

青蟲蟲蚊九鑒瑠璃器古貝螺林雜香藥等數十種
中天竺國在大月支東南數千里地方三萬里
一名身毒漢世張騫使大夏見邛竹杖蜀布國
人云市之身毒即天竺蓋傳譯音字不同
其實一也從月支高附以西南至西海至樂
越列國數十每國置王其名雖異皆身毒也
漢時羈屬月支其俗土著與月支同而卑濕暑
熱民弱畏戰弱於月支臨大江名新陶源出
崐崘分為五江總名曰恒水其水甘美下有真
鹽色正白如水精土俗出犀象貂羅瑇瑁火齊
金銀鐵金縷織成金皮罽細靡白疊好㲲氍毹
火齊狀如雲母色如紫金有光耀別之則薄如
蟬翼積之則如紗縠之重沓也其西與大秦安
息交市海中多大秦珍物珊瑚琥珀金碧珠璣
琅玕鬱金蘇合蘇合是合諸香汁煎之非自然
一物也又云大秦人採蘇合先笮其汁以為香
膏乃賣其滓與諸國賈人是以展轉來達中國
不大香也鬱金獨出罽賓國華色正黃而細與

芙蓉華裏被蓮者相似國人先取以上佛寺積
日香橋乃糞去之賈人從寺中徵雇以轉賣與
佗國也漢桓帝延熹九年大秦王安敦遣使自
日南徼外來獻漢世唯一通焉其國人行賈往
往至扶南日南交趾其南徼諸國人少有到大
秦者孫權黃武五年有大秦賈人字秦論來到
交趾交趾太守吳邈遣送詣權權問方土謠俗
論具以事對時諸葛恪討丹陽獲黝歙短人論
見之曰大秦希見此人權以男女各十人差吏

會稽劉咸送論咸於道物故論乃徑還本國漢
和帝時天竺一數遣使貢獻後西域反叛遂絕至
桓帝延熹二年四年頻從日南徼外來獻親普
世絕不復通唯吳時扶南王范旃遣親人蘇物
使其國從扶南發投拘利口循海大灣中正西
比入歷灣邊數國可一年餘到天竺江口逆水
行七千里乃至焉天竺王驚曰海濱極遠猶有
此人即呼令觀視國內仍差陳宋等二人以月
支馬四匹報旃遺物等還積四年方至其時吳

遣中郎康泰使扶南及見陳宋等具問天竺土
俗云佛道所興國也人民敦厖土地饒沃其王
號茂論所都城郭水泉分流繞于渠塹下注江
其宮殿皆雕文鏤刻街曲市里屋舍樓觀鐘鼓
音樂服飾香華水陸通流百賈交會奇玩珍瑋

恣心所欲左右嘉維合樂樂等十六大國去
天監武二三千里共尊奉之以為在天地之中
也天監初其王屈多遣長史竺羅達奉表曰伏
聞彼國據江傍海山川周固衆妙悉備莊嚴國
土猶如化城宮殿莊飾街巷平坦人民充滿歡
娛安樂王出遊四兵隨從聖明仁愛不害衆生
國中臣民循行正法大王仁聖化之以道慈悲
羣生無所遺弃常修淨戒式導不及無上法船
沉溺以濟百官氓庶受樂無恐諸天護持萬神
侍從天魔降服莫不歸仰王身端嚴如日初出
仁澤普潤猶如大雲於彼震旦最為殊勝臣之
所住國土首羅天守護令國安樂王王相承未
曾斷絕國中皆七寶形像泉妙莊嚴臣自俯檢

師子國天竺旁國也其地和適無多夏之異五
穀隨人所種不須節其國舊無人民止有鬼神
及龍居之諸國商估來共市易鬼神不見其形
但出珍寶顯其所堪價商人依價取之諸國人
聞其土樂因此競至或有停住者遂成大國晉
義熙初始遣獻此王像經十載乃至像高四尺二
寸五色炳潤形製殊特非人工此像歷晉宋
世在瓦官寺先有徵士戴安道手製佛像五
軀及顧長康維摩畫圖世人謂爲三絕至齊東
氏是遂致王像前截臂次取身爲變妻潘貴如作

如化王法臣名屈多弈世王種惟願大王聖體
和今以此國羣臣民庶山川珍重一切歸屬
五體投地歸誠大王使人竹達多由來忠信是
故今遣大王若有所須珍奇異物悉當奉送此
之境王便是大王之國王之法令善道悉當承
用願二國信使往來不絕此信返還願賜一使
具宣聖命備勑所宜款至之誠望不空返所白如
允願加採納今奉獻琉璃唾壺雜香古貝等物

鈙劍宋元嘉六年十二年其王刹利摩訶遣使
貢獻大通元年後王伽葉伽羅訶梨邪使奉表
曰謹白大梁明主雖山海殊隔而音信時通伏
承皇帝道德高遠覆載同於天地明照齊乎日
月四海之表無有不從方國諸王莫不奉獻以
表慕義之誠或泛海三年陸行千日畏威懷德
無遠不至我先王以來唯以脩德爲本不嚴而
治奉事正法道天下欣人爲善慶若已身欲與
大梁共弘三寶以慶化信選伏聽告敕今奉
薄獻願垂納受

東夷之國朝鮮爲大得箕子之化其器物猶
有禮樂云魏時朝鮮以東馬韓辰韓之屬世通
中國自晉過江泛海東使有高句驪百濟而宋
齊間常通職貢梁與又有加焉扶桑國在昔未
聞也普通中有道人稱自彼而至其言元本尤
悉故叐并錄焉

高句驪者其先出自東明東明本北夷橐離王
之子離王出行其侍兒於後任娠離王還欲殺

之侍兒曰前見天上有氣如大鷄子來降我因
以有娠王疑之後遂生男王置之豕牢家以口
氣噓之不死王以爲神乃聽收養長而善射王
忌其猛復欲殺之東明乃奔走南至淹滯水以
弓擊水魚鱉皆浮爲橋東明乘之得渡至夫餘
而王焉其後支別爲句驪種也其國漢之玄菟
郡也在遼東之東千里漢魏世南與朝
鮮穢貊東與沃沮北與夫餘接漢武帝元封四
年滅朝鮮置玄菟郡以高句驪爲縣以屬之句
驪地方可二千里中有遼山遼水所出其王都
於丸都之下多大山深谷無原澤百姓依之以
居食澗水雖土著無良田故其俗節食好治宮
室於所居之左立大屋祭鬼神又祠零星社稷
人性凶急喜冠拟其官有相加對盧沛者古鄒
加主簿優台使者皁衣先人等各有等級言
語諸事多與夫餘同其性氣有異本有五
族有消奴部慎奴部蘿奴部桂婁部本消奴部
爲王微弱桂婁部代之漢時賜衣幘朝服鼓吹

常從玄菟郡受之後稍驕不復詣郡但於東界
築小城以受之至今猶名此城爲幘溝婁溝婁
者句驪名城也其置官有對盧則不置沛者有
沛者則不置對盧其俗喜歌儛國中邑落男女
每夜羣聚歌戲其人絜清自憙善藏釀跪拜
申一脚行步皆走以十月祭天大會名曰東明其
公會衣服皆錦繡金銀以自飾大加主簿頭所
著似幘而無後其小加著折風形如弁其國無
牢獄有罪者則會議加評議殺之沒入妻子其
俗好淫男女多相奔誘已嫁娶便稍作送終之
衣其死葬有椁無棺好厚葬金銀財帛盡於
送死積石爲封列種松栢死妻婬其馬皆小便
登山國人尚氣力便弓矢刀子有鎧甲習戰鬪
沃沮東穢皆屬焉爲王莽初發高驪兵以伐胡不
欲行彊迫遣之皆亡出塞爲冠盜州郡歸咎於
句驪侯騶嚴尤誘而斬之王莽大悅更名高句
驪爲下句驪當此時爲庚矣光武八年高句驪
王遣使朝貢始稱王至殤安之間其王名宫數

冠遼東玄菟太守蔡風討之不能禁宮死子伯
固立順和之間復數犯遼東寇抄靈帝建寧二年
玄菟太守耿臨討之斬首虜數百級伯固乃降
屬遼東公孫度之雄海東也伯固與之通好伯
固死子伊夷摸立伊夷摸自伯固時已數寇
之破其國焚燒邑落胡亦叛伊夷摸伊夷摸
更作新國其後伊夷摸復擊玄菟與遼東
合擊大破之伊夷摸死子位宮立位宮有勇力

便鞍馬善射獵魏景初二年遣太傅司馬宣王
率衆討公孫淵位宮遣主簿犬加將兵千人助
軍正始三年位宮寇西安平五年幽州刺史
母丘儉將萬人出玄菟討位宮位宮將步騎二萬
人逆軍大戰於沸流位宮敗儉追至峴
懸車束馬登丸都山屠其所都斬首虜萬餘級
位宮單將妻息遠竄六年儉復討之位宮輕將
諸加奔沃沮儉使將軍王頎追之絕沃沮千餘
里到書爾慎南界刻石紀功又到丸都山銘不耐

城而還其後復通中夏晉永嘉亂鮮卑慕容廆
據昌黎大棘城元帝授平州刺史句驪王乙弗
利頻寇遼東廆不能制弗利死子釗代立康帝
建元元年慕容廆子晃率衆伐之釗與戰大敗
單馬奔走晃乘勝追至丸都焚其宮室掠男子
五萬餘口以歸孝武太元十年句驪復二郡方二
菟郡後燕慕容垂遣弟農伐句驪復二郡垂死
子寶立以句驪王安為平州牧封遼東帶方二
國正安始置長史司馬參軍官後略有遼東郡

至孫高璉晉安帝義熙中始奉表通貢職歷宋
齊並授爵位年百餘歲死子雲齊隆昌中以為
使持節散騎常侍都督營平二州征東大將軍
樂浪公高祖即位進雲車騎大將軍天監七年
詔曰高驪王樂浪郡公雲乃誠款著貢驛相尋
宜隆秩命式弘朝典可撫東大將軍開府儀同
三司持節常侍都督王並如故十一年十五年
累遣使貢獻十七年雲死子安立普通元年詔
安纂襲封爵持節督營平二州諸軍事寧東將

軍七年安卒子延立遣使貢獻詔以延襲爵中
大通四年六年大同元年七年累奉表獻方物
太清二年延卒詔以其子龔延爵位
百濟者其先東夷有三韓國一曰馬韓二曰辰
韓三曰弁韓辰韓有十二國馬韓有五十
四國大國萬餘家小國數千家總十餘萬戶百
濟即其一也後漸彊大兼諸小國其國本與句
驪在遼東之東晉世句驪既略有遼東百濟亦
據有遼西晉平二郡地吳自置百濟郡晉太元
中王須羲熙中王餘映宋元嘉中王餘毗並遣
獻生口餘毗死立子慶慶死子牟都立
子牟太齊永明中除太都督百濟諸軍事鎮東
大將軍百濟王天監元年進太號征東將軍尋
為高句驪所破衰弱者累年遷居南韓地普通
二年王餘隆始復遣使奉表稱累破句驪今始
與通好而百濟更為彊國其年高祖詔曰行都
督百濟諸軍事鎮東大將軍百濟王餘隆守藩
海外遠脩貢職延誠款到朕有嘉焉宜率舊章

【梁書傳四十八　　三十】

授茲榮命可使持節都督百濟諸軍事寧東大
將軍百濟王五年隆死詔復以其子明為持節
督百濟諸軍事綏東將軍百濟王號所治城曰
固麻謂邑曰檐魯如中國之言郡縣也其國有
二十二檐魯皆以子弟宗族分據之其人形長
衣服淨潔其國近倭頗有文身者今言語服章
略與高驪同行不張拱不申足則異呼帽曰
複衫袴曰褌其言參諸夏亦秦韓之遺俗云中
大通六年大同七年累遣使獻方物并請涅盤
等經義毛詩博士并工匠畫師等敕並給之太
清三年不知京師寇賊猶遣使貢獻既至見城
關荒毀並號慟涕泣戾景怒囚執之及景平方
得還國
新羅者其先本辰韓種也辰韓亦曰秦韓相去
萬里傳言秦世亡人避役來適馬韓馬韓亦割
其東界居之以秦人故名之曰秦韓其言語名
物有似中國人名邦弓為弧賊為寇行酒
為行觴相呼皆為徒不與馬韓同又辰韓王常

【梁書傳四十八　　三十一】

用馬韓人作之世相係辰韓不得自立爲王明
其流移之人故也恒爲馬韓所制辰韓始有六
國稍分爲十二新羅則其一也其國在百濟東
南五千餘里其地東濱大海南北與句驪
接魏時曰新盧宋時曰新羅或曰斯羅其國小
不能自通使聘普通二年王慕名秦始使使隨
百濟奉獻方物其俗呼城曰健牟羅其邑在內
曰啄評

二九四　梁書傳四六　三三　曁

麻作縑布服牛乘馬男女有別其官名有子賁
遺子禮襦曰尉解袴曰柯半靴曰洗其拜及行
與高驪相類無文字刻木爲信語言待百濟而
後通焉
倭者自云太白之後俗皆文身去帶方萬二千
餘里大抵在會稽之東相去絕遠從帶方至倭
循海水行歷韓國乍東乍南七千餘里始度一
海海闊千餘里名瀚海至一支國又度一海千

餘里名未盧國又東南陸行五百里至伊都國
又東南行百里至奴國又東行百里至不彌國
又南水行二十日至投馬國又南水行十日陸
行一月日至祁馬臺國即倭王所居其官有伊
支馬次曰彌馬獲支次曰奴往鞮民種禾稻紵
麻蠶桑織績有薑桂橘椒蘇出黑雉真珠青玉
有獸如牛名山鼠又有大蛇吞此獸蛇皮堅不
可斫其上有孔乍開乍閉時或有光射之中蛇
則死矣物産略與儋耳朱崖同地溫暖風俗不

二九四　梁書傳四八　三三　陸春

淫田女皆露紒冨貴者以錦繡雜采爲帽似中
國胡公頭用邊豆其死有棺無槨封土作
家人性皆嗜酒飲俗不知正歲多壽考多至八
十或至百歲其俗女多男少貴者至四五妻賤
者猶兩三妻婦人無婬妬無盜竊少諍訟若犯
法輕者没其妻子重則滅其宗族漢靈帝光和
中倭國亂相攻伐歷年乃共立一女子卑彌呼
爲王彌呼無夫壻挾鬼道能惑衆故國人立之
有男弟佐治國自爲王少有見者以婢千人自

待唯使一男子出入傳教令所處宮室常有兵
守衛至魏景初三年公孫淵誅後卑彌呼始遣
使朝貢魏以為親魏王假金印紫綬正始中卑
彌死更立男王國中不服更相誅殺復立卑彌
呼宗女臺與為王其後復立男王並受中國爵
命晉安帝時有倭王贊贊死立弟彌彌死立子
濟濟死立子興興死弟武齊建元中除武持
節督倭新羅任那伽羅秦韓慕韓六國諸軍事
鎮東大將軍高祖即位進武號征東將軍其南

三、卅三　梁書傳四十八　三十四　汪

有朱儒國人長三四尺又南黑齒國裸國去倭
四千餘里船行可一年至又西南萬里有海人
身黑眼白裸而醜其肉美行者或射而食之
文身國在倭國東北七千餘里人體有文如獸
其額上有三文文直者貴文小者賤土俗歡樂
物豐而賤行客不齎糧有屋宇無城郭有王所
居飾以金銀珍麗繞屋壍廣一丈實以水銀
雨則流于水銀之上市用珍寶犯輕罪者則鞭
仗犯死罪則置猛獸食之有枉則猛獸避而不

食經宿則赦之
大漢國在文身國東五千餘里無兵戈不攻戰
風俗並與文身國同而言語異
扶桑國者齊永元元年其國有沙門慧深來至
荊州說云扶桑在大漢國東二萬餘里地在中
國之東其土多扶桑木故以為名扶桑葉似桐
而初生如筍國人食之實如梨而赤績其皮為
布以為衣亦以為綿作板屋無城郭有文字以
扶桑皮為紙無兵甲不攻戰其國法有南北獄
若犯輕者入南獄重罪者入北獄有赦則赦南

三、二十四　梁書傳四十八　三十五　王

獄不赦北獄在獄者男女相配生男八歲為奴
九歲為婢罪人有罪
大會坐罪人於坑對之宴飲分訣若死別焉以
灰繞之其一重則一身屏退二重則及子孫三
重則及七世名國王為乙祁貴人第一者為大
對盧第二者為小對盧第三者為納咄沙國主
行有鼓角導從其衣色隨年改易甲乙年青景
丁年赤戊巳年黃庚辛年白壬癸年黑有牛角

長以角載物至勝二十斛車有馬車牛車鹿車
國人養鹿如中國畜牛以乳為酪有桑梨經年
不壞多蒲桃其地無鐵有銅不貴金銀市無租
佐其婚姻娶往女家門外作屋晨夕灑掃經年
而女不悅即驅之相悅乃成婚禮大抵與中
國同親喪七日不食祖父母喪五日不食兄弟
伯叔姑姊妹三日不食設靈為神像朝夕拜莫
不制縗経嗣王立三年不視國事其俗舊無佛
法宋大明二年罽賓國嘗有比丘五人游行至 三百三十三 〔梁書傳四十八〕 三十六

其國流通佛法經像教令出家風俗遂改慧深
又云扶桑東千餘里有女國容貌端正色甚潔
白身體有毛髮長委地至二三月競入水則任
娠六七月產子女人胷前無乳項後生毛根白
毛中有汁以乳子一百日能行三四年則成人
矣見人驚避偏畏丈夫食鹹草如禽獸鹹草葉
似邪蒿而氣香味鹹天監六年有晉安人渡海
為風所飄至一島登岸有人居止女則如中國
而言語不可曉男則人身而狗頭其聲如犬其食

有小豆其衣如布築土為墻其形圓其戶如
寶云
西北諸戎漢世張騫始發西域之迹甘英遂臨
西海或遣侍子或奉貢獻千時雖窮兵極武僅
而克捷比之前代其略遠矣魏時三方鼎跱目
事干戈晉氏平吳以後少獲寧息徒置戊己之
官諸國亦未賓從也呂光之涉龜茲亦
西域與江東隔礙重譯不交
猶蠻夷之伐蠻夷非中國之意也自是諸國分 三百六 〔晉書傳四十八〕 三十七 播昌

井勝貞強弱難得詳載明珠翠羽雖伣伺於後宮
蒲梢龍文希入於外署有梁受命其奉正朔而
朝關庭者則仇池宕昌高昌鄧至河南龜茲于
闐滑諸國焉綴其風俗云
河南王者其先出自鮮卑慕容氏初慕容奕洛
于有二子庶長曰吐谷渾嫡曰廆洛于卒廆嗣
位吐谷渾避之西上隴度枹罕
不肯還因遂西上隴度枹罕出涼州西南至赤
水而居之其地則張掖之南隴西之西在河之

南故以為號其界東至壘川西隣于闐北接高
昌東北通秦嶺方千餘里蓋古之流沙地焉之
草木少水潦四時恒有冰雪唯六七月雨霍其
盛若晴則風飄沙礫常敞光景其地有麥無穀
有青海方數百里放牝馬其側頗生駒土人謂
之龍種故其國多善馬有屋宇雜以百子帳即
穹廬也著小袖袍小口袴大頭長裙帽女子
披髮為辮其後吐谷渾孫葉延頗識書記自謂
曾祖奕洛干始封昌黎公五吾蓋公孫之子也

〔梁傳中八〕 三十一 平諒

以王父字為國氏因姓吐谷渾亦為國號至其
末孫阿犲始受中國官爵子弟子慕延宋元嘉
末自號河南王慕延死從弟拾寅立乃用書契
起城池築宮殿其小王並立宅國中有佛法拾
寅死子度易侯立易侯死子休留代立永明
中以代為使持節都督西秦河二州刺史梁興為征
西將軍代死子休運籌製爵位天監十三年遣
軍護羌校尉西秦河二州刺史梁彌進代為征
西將軍金裝馬腦鍾二口又表於益州立九層佛
使獻金裝馬腦鍾二口又表於益州立九層佛

寺詔許為十五年又遣使獻赤舞龍駒及方物
其使或歲再三至或再歲一至其地與益州隣
常通商賈民慕其利多往從之教其書記為方
辯譯稍桀黠矣普通元年又奉獻方物籌死
子呵羅真立大通三年詔以為寧西將軍護羌
校尉西秦河二州刺史真死子佛輔襲爵位其
高昌國闔氏為主其後為河西王沮渠茂虔弟
世子又遣使獻白龍駒於皇太子
無諱襲破之其王闐奕奔于芮芮無諱據之

三頁八 〔梁書傳 四八〕 三九 吳告

稱王一世而滅國人又立麹氏為王名嘉元魏
授車騎將軍司空公都督秦州諸軍事泰州刺史
金城郡開國公在位二十四年卒諡曰昭武王
子子堅使持節驃騎大將軍散騎常侍都督瓜
州諸軍事瓜州刺史河西郡開國公儀同三司
高昌王嗣位其國蓋車師之故地也南接河南
東連燉煌西次龜茲北隣敕勒置四十六鎮交
河田地高寧臨川橫截柳婆潯林新興由寧始
昌篤進白刀等皆其鎮名官有四鎮將軍及雜

號將軍長史司馬門下校郎中兵校郎通事舍
人通事令史諮議校尉主簿國人言語與中國
略同有五經歷代史諸子集面貌類高驪辮髮垂
之於背著長身小袖袍縵襠袴女子頭髮辮而
不垂著錦纈纓珞環釧姻有六禮其地高燥
備植九穀人多噉麨及羊牛肉出良馬蒲陶酒
石鹽多草木草實如蕪菁圓中絲如細纑蒲陶
壘子國人多取織以為布布其軟白交市用

三十三 梁書傳四十八 甲 吳志

為有朝烏者旦旦集王殿前為行列不畏人
出然後散去大同中子堅遣使獻鳴鹽蒲陶
良馬罷能等物

滑國者車師之別種也漢永建元年八滑從班
勇擊北虜有功更上八滑為部親漢侯自魏
晉以來不通中國至天監十二年其王厭帶
夷栗陀始遣使獻方物普通元年又遣使獻
黃師子白貂裘波斯錦等物七年又奉表貢獻
元魏之居桑乾也滑猶為小國屬芮芮後稍彊

大征其旁國波斯盤盤罽賓焉耆龜茲疏勒姑
墨于闐句盤等國開地千餘里土地溫暖多山
川樹木有五穀國人以麨及羊肉為糧其獸有
師子兩腳駱駝野驢有角人皆善射等小袖長
身袍用金玉為帶女人被裘頭上刻木為角長
六尺以金銀飾之少女兒弟共妻無城郭種
屋為居東向開戶其王坐金床隨太歲轉徙與妻
並坐接客無文字以木為契無職官
國胡為胡書羊皮為紙無職官事天神火神每

三十四 梁書傳四十八 四十一 沈思遠

日則出戶祀神而後食其跪一拜而止葬以
木為槨父母死其子截一耳葬訖即吉其言語
待河南人譯然後通
周古柯國滑旁小國也普通元年使使隨滑來
獻方物呵跋檀國亦滑旁小國也凡滑旁之國
衣服容貌皆與滑同普通元年使使隨滑來
獻方物胡蜜丹國亦滑旁小國也普通元年
使使隨滑使來獻方物白題國王姓支名羨檀
使其先蓋匈奴之別種胡也漢灌嬰與匈奴戰
穀其先蓋匈奴之別種胡也漢灌嬰與匈奴戰

斬白題騎一人今在滑國東去滑六日行西極
波斯土地出粟麥瓜菜食物略與滑同普通三
年遣使獻方物
龜茲者西域之舊國也後漢光武時其王名弘
為莎車王賢所殺滅其族賢使其子則羅為龜
茲王國人又殺則羅匈奴立龜茲貴人身毒為
王由是屬匈奴然龜茲在漢世常為大國所都
曰延城魏文帝初即位遣使貢獻晉太康中遣
子入侍太元七年秦主符堅遣將呂光伐西域至
龜茲龜茲王帛純載寶出奔光入其城城有
三重外城與長安城等室屋壯麗飾以琅玕金玉
光立帛純弟震為王而歸自此與中國絕不
通普通二年王屋瑞摩珠鄁勝遣使奉表貢獻
于闐國西域之屬也後漢建武末王俞為莎車
王賢所破徙為驪歸王以其弟君得為于闐王
暴虐百姓患之永平中其種人都末殺君得大
人休莫霸又殺都末自立為王霸死兄子廣得
立後擊虜莎車王賢以歸殺之遂為彊國西北

三十二　梁書傳四十八　里三　劉郢

諸小國皆服從其地多水潦沙石氣溫宜稻麥
蒲桃有水出玉名曰玉河國人善鑄銅器其治
曰西山城有屋室市井蒐蔬菜瓜果玉冠幘衣裳
胡公帽與妻並坐接客國中婦人皆辮髮衣裘
袴其人恭敬見則跪其跪則一膝至地書則以木
為筆札以玉為印國人得書戴於首而後開礼
魏文帝時王山習獻名馬天監九年遣使獻方
物十三年又獻波羅婆步鄣十八年又獻瑠璃
罌大同七年又獻外國刻玉佛
渴盤陀國于闐西小國也西隣滑國南接罽賓
國北連沙勒國所治在山谷中城周迴十餘里
國有十二城風俗與于闐相類衣古貝布其長
身小袖袍小口袴地宜小麥資以為糧多牛馬
駱駝羊等出好氈金玉王姓葛沙氏中大同元
年遣使獻方物
末國漢世且末國也勝兵萬餘戶共比丁零東
與白題漢世且末國也西與波斯接丈人剪髮著
氈帽小袖衣為

三六　梁書傳四十八　四十三　王裒

衫則開頸而縫前多牛羊騾驢其王安末深盤
普通五年遣使來貢獻
波斯國其先有波斯匿王者子孫以王父字為
氏因為國號國有城周迴三十二里城高四丈
皆有樓觀城內屋宇數百千閒城外佛寺二三
百所西去城十五里有土山山非過高其勢連
接甚遠中有就馬鳥噉羊土人極以為患國中有
優鉢曇花鮮華可愛出龍駒馬駮池生珊瑚樹
長一二尺亦有琥珀馬腦真珠玫瑰等國內不
以為珍市買用金銀婚姻法下聘訖女壻將數
十人迎婦壻著金線錦袍師子錦帽戴天冠婦
亦如之婦兄弟便來捉手付壻夫婦之禮於茲
永畢國東與滑國西及南俱與婆羅門國北與
汎慄國接中大通二年遣使獻佛牙
宕昌國在河南之東南益州之西北隴西之西
羌種也宋孝武世其王梁瓘忽始獻方物天監
四年王梁彌博來獻甘草當歸詔以為使持節
都督河涼二州諸軍事安西將軍東羌校尉河

梁書傳四十八　四十四　王週

涼二州刺史隴西公宕昌王佩以金章彌博死
子彌泰立大同七年復授以父爵位其衣服風
俗與河南略同
鄧至國居西涼州界羌別種也號白水羌此
將軍西涼州刺史宋文帝時王象屈跣遣使獻
馬天監元年詔以鄧至王象舒彭為督西涼州
諸軍事號安北將軍五年舒彭遣使獻黃耆四
百斤馬四匹其俗呼帽曰突何其衣服與宕昌同
武興國本仇池楊難當自立為秦王宋文帝遣
裴方明討之難當奔魏其兄子文德又聚眾於
盧宋因授以爵位魏又攻之文德奔漢中從弟
僧嗣又自立復成茄盧卒文德弟文庶立以弟
文洪為白水太守屯茄盧卒文世以為武都王武
興之國自於此矣難當族弟廣香又攻殺文度
自立為陰平王茄虒鎮主子275死子崇
祖立崇祖死子孟孫立齊永明中魏氏南梁州
刺史仇池公楊靈珍擁涇切山歸款以靈
珍為此梁州刺史仇池公文洪死以族人集始

梁書傳四十八　四十五　朱祥

三十

爲比秦州刺史武都王天監初以集始爲使持
節都督秦雍二州諸軍事輔國將軍平羌校尉
比秦州刺史武都王靈珍爲冠軍將軍始孫爲
假節都督沙州刺史仇池王集始死詔贈安沙州
位二年以靈珍爲持節督龍右諸軍事左將軍
北梁州刺史武都王定襲爵紹先死詔求率四千
軍比雍州刺史子定襲封爵紹先死子智慧立
户歸國詔許爲即以爲東益州其國東連秦嶺

大同元年剋復漢中智慧遣使上表求率四千
西接宕昌去宕昌八百里南去漢中四百里北
去岐州三百里東去長安九百里本有十萬户
世世分減其大姓有符氏姜氏言語與中國同
著鳥皁突騎帽長身小袖袍小口袴皮靴地植
九穀婚姻備六禮知書疏種桑麻出紬絹精布
蠟蜜椒等山出銅鐵
芮芮國蓋匈奴別種魏晉世匈奴分爲數百千
部各有名號芮芮其一部也自元魏南遷因擅
其故地無城郭隨水草畜牧以穹廬爲居辮髮

衣錦小袖袍小口袴深雍韉其地苦寒七月
流澌斯互河宋昇明中遣王洪軌始至其國共伐
魏齊建元元年洪軌始至其國王率三十萬
騎出燕然山東南三千餘里破丁零所破更爲小國而南
移其居天監中爲丁零復其舊土始築城
郭名曰木末城十四年遣使獻鳥貂裘普通元
年又遣使獻方物是後數歲二至焉大同七年
又獻馬一匹金一斤其國能以術祭天而致風

雪前對皎日後則泥潦橫流故其戰敗莫能追
及或於中夏爲之則暄而不雨問其故以暖云
史臣曰海南東夷西北戎諸國地窵邊商各有
疆域若山奇海異怪類殊種前古未聞往謀不
記故知九州之外八荒之表辭方物土真究其
極高祖以德懷之故朝貢歲至羡矣

列傳諸夷四十八　　　　　梁書五十四

散騎常侍姚思廉　撰

豫章王綜
武陵王紀
臨賀王正德
河東王譽

《梁書傳四十九》　一　王泳

豫章王綜字世謙高祖第二子也天監三年封豫章郡王邑二千戶五年出為使持節都督南徐州諸軍事仁威將軍南徐州刺史尋進號北中郎將十年遷都督郢司霍三州諸軍事雲麾將軍郢州刺史十三年遷安右將軍領石頭戍軍事十五年遷西中郎將兼護軍將軍又遷安前將軍丹陽尹十六年復為北中郎將南徐州刺史普通二年入為侍中鎮右將軍置佐史初其母吳淑媛自齊東昏宮得幸於高祖而生綜宮中多疑之者及淑媛寵衰意望遂陳疑似之說故綜懷之既長有才學善屬文高祖愛之以禮朝見不甚數綜怏怏不見知每出藩

淑媛怏怏隨之鎮至年十五六尚躶相嬉戲於前書夜無別內外咸有穢議綜在徐州政刑酷暴每又有勇力手制奔馬常微行夜出無期度每高祖有敕疏至輒怱志形於顏色羣臣莫敢言者怏於別室祠祭氏七廟又微服至曲阿拜齊明帝陵即為父子綜乃私發齊南兗州墓出骨臂血試之并殺一男取其骨試之皆有驗自此常懷異志四年出為使持節都督南兗州諸

《梁書傳四十九》　二

異五州諸軍事平北將軍南兗州刺史給鼓吹一部聞齊建安王蕭寶夤在魏資使人入北與之相知謂為叔父許舉鎮歸之會大舉北伐六年魏將元法僧以彭城降高祖乃令綜都督衆軍鎮于彭城與魏將安豐王元延明相持高祖以連兵既久慮有噩生乃敕綜懼南歸則無因復與寶夤相見乃與數騎夜本于延明魏以為侍中太尉高平公丹陽王邑七千戶錢三百萬布絹三千四雜彩千匹馬五十四羊五百

口奴婢一百人綜乃改名纘字德文追為齊東
昏聽斬衰於是有司奏削爵土絕屬籍改其姓
為悖氏俄有詔復之封廿六子直為永新族邑千
戶大通二年蕭寶夤在關隴據長安及綜自洛陽此
道將赴之為津吏所執魏人殺之時年四十九
初綜既不得志嘗作聽鍾鳴悲落葉辭以申其
志大略曰聽鍾鳴當知在客城參差不定難數歷

三

亂百愁生去聲聽鍾鳴曀徊誰憐傳漏
子辛苦建草臺聽鍾鳴聽聽非一所懷瑾握瑜
空擲去攀松折桂誰相許昔朋舊愛各東西譬
如落葉不更齊漂漂孤雁何所栖依依別鶴夜
半啼聽鍾鳴此何窮極二十有餘年淹留在
京域親明鏡罷容色雲悲海思徒揵抑其悲落
葉落葉悲人生譬如此零落不可持悲落葉落
葉云悲葉落葉連翻下重疊落葉飛從橫去不歸悲落
時還凡昔共根本無復一相關嘗時見者莫不悲之
武陵王紀字世詞高祖第八子也少勤學有文
才屬辭不好輕華甚有骨氣天監十三年封為

武陵郡王邑二千戶歷位寧遠將軍琅邪彭城
二郡太守輕車將軍丹陽尹出為會稽太守尋
以其郡為東揚州仍為刺史出為宣惠將軍中郎
將徵為侍中領石頭戍軍事改授宣惠將軍江
州刺史徵為侍中安西將軍益州刺史加鼓吹一
十三州諸軍事安西將軍益州刺史加授都督益梁等
部大同十一年授散騎常侍征西大將軍開府
儀同三司初天監中震太陽門成字曰紹宗梁

四

位唯武王解者以為武王者武陵王也於是朝
野屬意焉及太清中侯景亂紀不赴援高祖崩
後紀乃僭號於蜀改年日天正立子圓照為皇
太子圓正為西陽王圓滿竟陵王圓普南譙王
圓肅宜都王以巴西梓潼二郡太守永豐侯撝
為征西大將軍益州刺史封秦郡王僧辯
之永豐族撝歎曰王不免矣善人國之基也
今反誅之不亡何待又謂所親日昔桓玄年號

（上欄右半）

而玄之敗實在仲春今
年二月（天正在文下至四）上　其能久平太清五年夏
四月紀帥軍東下至四郡以討侯景為名圖
荊□聞西魏侵蜀遣其將南梁州刺史譙淹迴
軍赴援五月日西魏將尉遲迴師趣蜀州容
州刺史楊乾運以城降□之迴分軍據守即趣成
都丁丑紀命次于西陵舳艫翳川旌甲曜日軍容
甚盛世祖命護軍將軍陸法和於破口夾岸築
二壘鎮江以斷之時陸納未平蜀軍復逼物情

梁傳四十九
五

（上欄左半）

恇擾世祖憂之法和告急旬日相繼世祖乃拔
任約於獄以為晉安王司馬撤禁兵以配之并
遣宣猛將軍劉棻共邀西赴六月約築連城攻
絕鐵鑊世祖復於獄拔謝答仁為步兵校尉配
衆一旅上赴江和世祖與紀書曰皇帝敬問假
黃鉞太尉武陵王目九黎侵軼三苗寇擾天長
喪亂獷醜馮陵度劉聚魏棻離王室枕戈東
望泣血西浮殞愛子於二方無諸侯之八百身
被屬甲手貫流矢俄而風樹之酷萬恨始纏霜

（下欄右半）

露之悲百憂冥繼集护心飲膽志不圖全直以宗
社綴旒鯨觀未翦營營待旦冀行天罰獨運四
聰坐揮八柄雖復結壇待將塞帷納士拒赤壁
之兵無謀於魯肅燒烏巢之米不訪於荀攸才
智將殫金貝殆竭傍無寸險阻備嘗今遂得斬
塵經營四方專資一力方與岳牧同茲清靜隆
暑炎赫弟比何如文武具僚當有勞歟今遣散
騎常侍光州刺史鄭安忠指宣往懷仍令喻意

梁傳四十九
六

（下欄左半）

於紀許其還蜀專制岷方紀不從命報書如家
人禮更申紀將庾叡率衆綠山將規進取任約
謝答仁與戰破之既而陸納平諸軍竝西赴世
祖又與紀書曰其苦天智季月煩鼻流金爍石聚
蚊成雷封狐千里以茲玉體羈胡叛換吾年為一
顧我勞如何自獲醜馮陵羯胡行陣西
日之長屬有平亂之功膺此樂推事歸當璧儼
遣使平良所遲也如日不然於此投筆友于兄弟
分形共益兄弟瘦無復相代之期讓棗推梨

長罷懷愉之曰上林靜拱聞四鳥之哀鳴宣室
披圖嗟萬始之長逝心乎愛矣書不盡言大智
紀之別字也紀遣所署度支尚書樂奉業至于
江陵論和繻之計依前旨遷逃蜀世祖知紀必破
遂拒而不許景戎巴東民伺行昇徐子初等斬紀
碾口城土六公孫晃庚歛陷其二壘於是兩岸俱
答仁等因進攻庚歛紀及其第三子圓滿俱
城遂傾城將將樊猛獲紀及其第三子圓滿俱
殺之於礫口時年四十六有司奏請絕其屬籍

世祖許之賜姓饕餮氏初紀將僭號妖怪非一
其最異者內寢柏殿柱繞節生花其莖四十有
六靃靡可愛狀似荷花識者曰王敦杖花非佳
事也紀年號天正與蕭棟暗合僉曰天正字二人
也正字一止也棟紀僭號各一年而滅
臨賀王正德字公和臨川靖惠王第三子也少
麤險不拘禮節初高祖未有男養之為子及高
祖踐極便希儲貳後立昭明太子封正德為西
豐矦邑五百戶自此怨望恒懷不軌觀覦宸歷

觀辛災纏普通六年以黃門侍郎為輕車將軍
置佐史頃之遂逃奔于魏有司奏削封爵七年
又自魏逃歸高祖不之過也復其封爵仍除征
虜將軍山大通四年為信武將軍吳郡太守徵
為侍中撫軍將軍置佐史封臨賀郡王邑二千
戶又加左衛將軍而凶暴日甚招聚亡命族景
知其有離心乃密令誘說厚相要結遺正德書
曰今天子尊尊臣亂國憲章錯謬政令顛倒
以景觀之計曰必敗況大王屬當儲貳中被廢

辱天下羞至大寢所痛心在景愚忠能無忿慨今
四海業業秉心大王大王豆得顧此私情裏茲
億兆景雖不武實自奮顧王九副斯
誠歆正德覽書大喜曰大王矦景意暗與我同此天
替也遂許之及景至江淮遣西昌詐稱迎
獲以濟事嗬朝廷未知其謀猶道正德守朱雀
航景至正德乃引軍與景俱進智臺城沒復太清
子政年為正平元年景為丞相智臺城沒復太清
之號降正德為大司馬正德有怨言景聞之應

其為變矯詔殺之

河東王譽字重孫昭明太子第二子也普通二
年封枝江縣公大通三年改封河東郡王邑二
千戶除寧遠將軍石頭戍軍事出為琅邪彭城
二郡太守還除侍中輕車將軍置佐史出為南
中郎將湘州刺史未幾以景寇京邑譽率軍入
援至青草湖臺城沒有詔班師譽還湘鎮時世
祖軍于武城新除雍州刺史張纘密報世祖曰
河東起兵岳陽聚米共為不逞將襲江陵世祖

梁書傳四九　九

甚懼因步道間還遣諮議周弘直至譽所督其
糧眾譽曰各自軍府何忽隸人前後使三反譽
竝不從世祖大怒乃遣世子方等征之反為譽
所敗死又令信州刺史鮑泉討譽并與書陳示
禍福許其遷善譽不答修浚城池為拒守之計
謂鮑泉曰敗軍之將勢逼豈容譽勇欲前即前無所
多說泉進軍于石椑寺譽率師退逆擊之不利會已暮士
卒疲弊泉因出擊大敗之斬首三千級溺死者
泉進軍于橘洲譽又盡銳攻之不剋會已暮士

萬餘人譽於是焚長沙郭邑
泉度軍圍之譽幼而驍勇兼
有膽氣能撫循士卒甚得眾心及被圍既久城
個固後世祖又遣領軍將軍王僧辯代鮑泉攻
譽僧辯築土山以臨城內日夕苦攻矢石如雨
城中將士死傷者太半譽窘引僧辯入城譽
潰圍而出會其麾下將慕容華引僧辯入城譽
顧左右皆散遂被執謂守者曰勿殺我得一見
七官申此讒賊死亦無恨主者曰奉命不許途

梁書傳四九　十

斬之傳首荊鎮世祖反其首以葬焉初譽之將
敗也私引鏡照面不見其頭又見長人盖屋兩
手擾地瞰其齋又見白狗大如驢從城而出不
知所在譽甚惡之俄而城陷
史臣曰蕭正德立悖逆猖狂自致夷滅宜
矣太清之難宗屬庸蜀之資遂不勤王赴難
申臣子之節及賊景誅前方始起兵師出無名
成其罪舋禍嗚呼身當管蔡之誅蓋自貽哉

列傳第四十九　梁書五十一　五

散騎常侍姚　思廉　撰

侯景

侯景字萬景朔方人或云鴈門人少而不羈見
憚鄉里及長驍勇有膂力善騎射以選為北鎮
戍兵稍立功効魏孝昌元年有懷朔鎮兵鮮于
脩禮於定州作亂攻没郡縣又有柔玄鎮兵吐
斤洛周率其黨與復寇幽冀與脩禮相合眾十
餘萬後脩禮見殺部下潰散懷朔鎮將葛榮因
集之攻殺吐斤洛周盡有其眾謂之葛賊四
年魏明帝殂其后胡氏臨朝天柱將軍爾朱榮
自晉陽入洛誅其親屬葛賊南逼榮自恃
榮榮甚奇景即委以軍事會葛榮遍位
討命景先驅至河內擊大破之生擒葛榮以功
擢為定州刺史大行臺封濮陽郡公景自是威
名遂著頃之齊神武帝為魏相又入洛誅爾朱
氏景既後必叛降之仍為掠所得財寶比皆班賜將士故
虔馭軍嚴整然破

感為之用所同多捷總攬兵權與神武相亞魏
以為司徒南道行臺擁眾十萬專制河南及神
武疾篤謂子澄曰侯景狡猾多計反覆難知我
死後必不為汝用乃為書召景景知之應及
於禍太清元年乃遣其行臺郎中丁和上表
請降曰臣聞股肱體合則四海和平上下猜貳
則封疆幅裂故周邵同德越裳之貢來飛
離心諸疾所以背叛此蓋成敗之所由古今如
畫一者也臣昔與魏丞相高王比肩戮力共平
災釁舉扶危戴主匡弼社稷中興以後無復不從
天平及此有事先出攻城每陷野戰必殄筋力
消於鞍甲忠貞竭於寸心乘機運位階鼎輔
宜應翰墨一旦論此臣所恨義非死所牡士弗
何言死教罷節仰報時恩隕首流腸溫忠罔貳
為臣不愛命但恐忠無益耳而丞相既遭疾
患政出子澄澄天性險忌觸類猜諛諂諫迭進
共相構毀而部分未周界信眼昭名不顧忠梗
安危惟恐私門之不植甘言厚幣規滅忠梗其

父若殞將何賜容懼讒畏戮拒而不返遂觀兵
汝穎擁斾周韓乃與豫州刺史高成廣州刺史
郎椿襄州刺史齊州刺史李密兗州刺史李良東豫州刺史邢子才南兗州
刺史石長宣揚州刺史朱渾願揚州刺史樂恂比荊州
元征洛州刺史元神和等皆河南牧
刺史梅李曰比揚州刺史元神和
伯大州帥長各陰結私圖剋相影會秫馬潛戈
待時即發函谷以東瑕丘以西咸願歸誠聖朝
息宥有道戮力同心死無二志惟有青徐數州

〈梁書傳平〉 三

僅須折簡一驛走來不勞經略且臣與高氏釁
隙已成臨患賜徵前已不赴縱其平復終無合
理黃河以南臣之所職易同反掌附化不難舉
臣顧仰聰臣而唱若齊宋一平徐事燕趙伏惟
陛下天網宏開方同書軌聞茲寸款惟應霈然
丁和既至高祖召羣臣廷議尚書僕射謝舉及
百辟等詳哦皆云納族景非宜高祖不從是議而
納景及諸子神武卒其子澄嗣是為文襄帝高祖
乃下韶對景河南大將軍使持節董督河南

比諸軍畫平入行臺承制頗行如鄧禹故事給鼓
吹一部齊文襄遣大將軍慕容紹宗圍景於長
社景請求西魏為援西魏遣其五城王元慶等率
兵救之紹宗乃退景復請兵至汝水王元慶軍又夜
仁鴉仁遂遣長史鄧鴻率兵至汝水元慶軍又夜
遁於是豫縣瓠頭城求遣刺史以鎮之詔以羊
思建為殷州刺史鎮項城魏既新襄元帥景又
鴉仁為豫州二州刺史鎮項城魏
舉河南內附齊文襄處景與西南合從方為已

〈梁書傳平〉 四

患乃以書喻景曰盖聞位為大寶守之未易仁
誠重任終之實難或殺身成名或去食存信比
性命於鴻毛等節義於熊掌夫然者舉不失德
動無過事進不見惡退無謗言王與司徒契
闊夷險孤子相於偏所眷屬繾綣衿緗繆露
語義貫終始情存歲寒司徒自少及長從微至著
共相成生非無恩德既爵冠於鄉黨榮華被於親
容駟馬室饗萬鍾財利潤於鄉黨榮華被於親門
戚意氣相傾人倫所重感於知己義在忘軀者

為國士者乃以殞身之節饋必盡靈殘者便致扶
輪之效若然當同不能已況其重於此乎幸以故
舊之義欲持子孫相託方為秦晉之匹共成劉
范之親假使往在月易門來時移世易門無強陰家
有幼孤猶加辟里不遺分宅相濟無忘先德以恤
後人況聞負歌行歌便已狼顧大噬於名無所
成於義無所取不蹈忠臣之跡自陷叛人之衆為
力不足以自強勢不足以自保率烏合之衆為
黑刻之危西求救於黑秦南請援於蕭氏以孤

疑之心為首自氏之事入則秦人不容歸則吳人
不信當甲令相祝未見其可不知終父持此安歸
相推本心必不應彌當是不逞之人曲為口端
之說遂懷市獸之疑乃致投杼之感以炎耳比來舉
止事已可見人相疑誤想自覺知合門大小並
此事已可見人相疑誤想自覺知合門大小並
付司冦近者聊命偏師前驅致討南充揚州應
時克復即欲圣菜機長驅縣弧屬精新士馬彌盛內
圖方憑國靈龍驥奔行天罰與器械精新士馬彌盛內
外感德上下齊心三令五申可蹈湯火若使旗

鼓相望埃塵相接勢如沃雪事等注燃堂夫明者
去危就安智者轉禍為福當使我負人不使人
負我當開從善之門決改先迷之路今刷心盪
意除嫌去惡想猶致疑未便見信若能卷甲來
朝垂橐鞬還闕當授豫州刺史即使終君之世
所部文武卒成親好所不食言有如皦日君既
功名君門春屬可以無羞寵妻愛子亦送相還
仍為通家封函谷南向稱孤受制於人威名頓盡
不能東封函谷南向稱孤受制於人威名頓盡

空便兄弟子姪足首異門王垂髮戴白同之塗盡灰
聞者酸鼻舅見者寒心矧伊骨肉能無愧也孤子
今日不應方遣此書但見蔡遵道云司徒本無
歸崝之心深有悔禍之意聞西兵將至遣遵道
向崝中參其多少少則與其同力多則更為其
備又云房長史在彼之日垂欲遣書啟將
改過自新巳差本子龍仁垂欲發遣聞房已遠逐
復停此發未知違道此言為虛為實但既有所聞
不容不相盡吾吉凶之理想自圖之景報書曰

蓋聞立身揚名者義也在躬所審者生也苟事
當其義則節士不愛其軀刑罰斯舛則君子實
重其命昔微十發狂而去殷陳平懷智而背楚
者良有以也僕鄉曲布衣本乖藝用初逢天柱
賜奉帷幄之謀晚遇永熙榮身世以干戈之任出身
為國綿歷二紀犯危履難豈避風霜遂得躬被
衰衣口飡玉食富貴當年光榮身世何為一旦
舉族旆援將鼓而北面相抗者何哉寔以畏懼
危亡恐招禍寄捐軀非義身名兩滅故耳何者

七一

往年之暮尊王邁疾神不祐善祈禱莫廖逐使
壁幸擅威權閫寺肆詭惑上下相猜心腹離貳
僕妻子在宅無事見段叚康之謀莫知所以慮
潛入軍未審何故翼異異小心常懷戰慄有覬
目寧不自爽及廻師長杜希自陳狀簡書未達
斧鉞已臨旣卒恃雄耿然不顧運戟推鋒專欲
屠滅築圍堰水三板僅存舉目相看命懸晷刻
不忍死亡出戰城下禽獸惡死人倫好生送地

拘
非樂為也但尊王平昔見與比肩共獎帝
室雖形勢參差寒暑小異丞相司徒鷹行而已
福祿官榮目是天爵勞而後受理不相干欲求
吞噬何其謬也然竊人之財猶謂為盜恩私第
室相為不取今魏德雖衰天命未改祈於人當
何足關言賜示不能東封函谷受制於人當似
教僕賢良祭仲而襄季氏無主之國在禮未聞動
而不法何以取訓竊以分財養幼事歸令終捨
宅存孤誰云陳末復言僕眾不足以自強危如
累卵然紂有億兆夷人卒降十亂桀之百剋終

八

自無後潁川之戰即是殷寡啟聖亂危何苦況
德苟能忠信雖弱必彊殷覆
今梁道邑熙招攜以禮被我獸文廉之好爵方
欲苑五岳沔池四海掃夷穢以拯黎元東鯷甌
越西通沔隴吳楚翦勁帶甲千羣吳兵冀馬控
弦十萬兼所部義勇如林奮富義取威不期而
發大風振枯幹必推凝霜蔇落秋蕐自殞此
而為弱誰足稱彊又見誣兩端受疑二國斟酌

物情一何至此昔陳平背楚歸漢則王百里出
虞入秦斯霸蓋昏明由主用捨在時奉禮而行
神其庇也晉稱士馬精新剋日齊舉諕張形勝
指期盪滅竊以寒颸白露節候乃同秋風揚塵
馬首何異徒知北方之力爭未識西南之合從
苟欲徇意於前途不覺坑穿在其側若云去危
令歸正朔轉禍以脫網羅彼旣嗤僕之愚迷此
亦笑君之晦昧今已引二邦揚雄北討熊豹齊
奮剋復中原荊襄潁巳屬關右項城懸瓠亦

奉南朝幸自取之何勞恩賜然權變不一理有
萬途為君計者莫若割地兩和二分鼎峙燕衛
晉趙足相奉祿齊曹宋魯悉歸大梁使僕得輸
力南朝北敦姻婣之業各保疆界躬享歲時百
世之功君卒祖禰若驅農夫於隴畝抗勍敵
姓義寧四民安堵若首尾當鋒鏑於心腹縱太公
於三方避干戈於首尾當鋒鏑於心腹縱太公
為將不能獲存歸之高明何以剋濟復尋來書
云僕妻子悉拘司寇以之見要庶其可反當是

見疑褊心未識六趣何者昔王陵附漢母在不
歸太上囚楚乞哀自若伊妻子短而可介意
脫謂誅之有益欲止不能殺之無損徒復坑戮
家累在君何關僕也而遵道所傳頗亦非謬但
在縲絏恐不備盡重陳辭更論欵曲所望良
能述十二月景率軍圍譙城不下退攻城庸拔
翻為讎敵撫弦搦矢不覺傷懷裂帛還書知何
圖時惠報旨然昔與盟主事等琴瑟讒人閒之
之又遣其行臺左丞王偉左民郎中王則詣闕

獻策求諸元子弟立為魏主輔以北伐許之詔
遣太子舍人元貞為咸陽王須渡江即偽位
乘輿副御以資給之齊文襄又遣慕容紹宗追
景景退入渦陽馬尚有數千匹甲卒數萬人車
萬餘兩相持於渦北景食盡士卒並北人不
樂南渡其將暴顯等各率所部降於紹宗景軍
潰散乃與腹心數騎自峽石濟淮收散卒得
馬步八百人奔壽春臨州韋黯納之景啟求眨
削優詔不許仍以為豫州牧本官如故景旣據

壽春遂懷反叛屬城居民悉召募為軍士輒停責市估及田租百姓子女悉以配將卒又求錦萬匹為軍人袍領軍朱异議以御府錦署止充頒賞遠近悉不容以供邊城戍服請送青布以給之景得布悉用為袍衫因尚青色又以給之多不能精格請為東冶鍛工欲更營造敕並給之景自渦陽敗後貞陽庾淵明督眾軍圍彭拒絕先是豫州刺史貞陽侯淵明督眾軍圍彭城兵敗沒于魏至是遣使還述魏人請追前好

二年二月高祖又與魏連和景聞之懼馳啟固諫高祖不從爾後表疏跋扈言辭不遜鄱陽王範鎮合肥及司州刺史羊鴉仁俱啟景有異志領軍朱异曰景數百叛虜何能為役並抑不奏聞而逾加賞賜所以姦謀益果又知臨賀王正德怨望朝廷令要結正德許為內應八月景遂發兵反攻馬頭木柵太守劉神茂戍主曹璆等於是詔鄱州刺史鄱陽王範為南道都督北徐州刺史封山侯正表為北道都督

司州刺史柳仲禮為西道都督通直散騎常侍裴之高為東道都督同討景濟自歷陽步令開府儀同三司丹陽尹邵陵王綸持節董督眾軍向十月景留其中軍王顯貴守壽春城出軍偽向合肥遂襲譙州刺史趙伯超先開城降之進攻豐城庾泰高祖聞之遣太子家令王質率兵三千巡江遏防景進攻歷陽歷陽太守莊鐵遺之均率數百人夜斫景營不克均戰沒鐵遂降景蕭正德先遣大船數十艘偽稱載荻實以濟景

景至京口將渡廬王質為梗俄而質無故退景聞之尚未信也乃密遣覘之覘者曰質大喜曰吾事辦矣乃自採石濟馬數百匹兵千人京退可折江東樹枝為驗覘人如言而返景大喜師不之覺景即分襲姑熟執淮南太守文成庾寧遂至慈湖於是詔以揚州刺史宣城王大器為都督城內諸軍事都官尚書羊侃為軍師將軍以副焉南浦庾推守東府城西豐公大春守石頭城輕車長史謝禧守白下既而景至朱

崔航蕭正德先屯丹陽郡至是率所部與景合

建康令庚信率兵千餘人屯航北見景至航

徹航始除一舸遂棄軍走南塘遊軍復開航渡

景皇太子以所乘馬授王質配精兵三千使授

庚信質至領軍府與賊遇未陣便奔走景遣其儀同

至闕下西豐公大春棄白下城走景於是百道

于子悦攘之謝禧亦棄東西華諸門城中倉卒

攻城持火炬燒大司馬東西門景乘勝又

未有其備乃鑿門樓下水沃火久之方滅賊又

斫東掖門將開鑿門扇剌殺數人賊乃退

又登東宮牆射城內至夜太宗募人出燒東宮

東宮臺殿遂盡燒城西馬廄大府

寺明日景又作木驢數百攻城城上飛石擲之

所值皆碎破景苦攻不剋傷損甚多乃止攻築

長圍以絕內外啓求誅少府卿徐驎制局

率陸驗兼少府卿徐驎制局監周石珍等城內

亦射賞格出外有能斬景首授以景位并錢一

億萬布絹各萬匹女樂二部十一月景立蕭正

德為帝即偽位於儀賢堂改年旦正平初童謠

有正平之言故立二號以應之景自為相國天柱

將軍正德以女妻景又攻東府城設百尺樓

車鉤城堞盡落城門遂陷景使其儀同盧暉略率

數千人持長刀夾城門悉驅城內文武躶身而

出賊交兵殺之死者二千餘人南浦侯推是日

景又於城東西各起一土山以臨城內城內亦

作兩山以應之王公以下皆負土初景至便望

克定京師號令甚明不犯百姓既攻城不下人

心離阻又恐援軍總集衆必潰散乃縱兵殺掠

交尸塞路富室豪家恣意裒剝子女妻妾以配

軍營及築土山不限貴賤晝夜不息亂加毆捶

疲羸者因殺之以填山號哭之聲響動天地百

姓不敢藏隱並出從之旬日之間衆至數萬眾

儀同范桃棒密遣使送款乞降會事泄見殺至

是邵陵王綸率西豐六大春新渝安前譙州剌史趙百超

碻超武將軍安南鄉族驥

萬發自京口直據鍾山曰京黨大駭具舟艦咸欲
逃散分遣萬餘人距縚縚擊大破之斬首千餘級
旦日景後陳兵覆舟山北縚縚亦列陣以待之景
不進相持會日暮景引軍還南安侯駿率數十
騎挑之景迴軍與戰駿退時趙伯超陳於玄武

【梁書傳五十】 十五

湖北見駿急不赴乃率軍前走衆軍因亂遂敗
績縚奔京口賊盡 輜重器甲斬首數百級生
俘千餘人獲西豐公大春縚司馬莊丘惠達直
閣將軍胡子約廣陵令霍儁等來送城下徇之
遍云已擒邵陵王儁獨云王小小失利已全軍
還京口城中但堅守援軍尋至賊以刀毆之儁
言辭顏色如舊皆義而釋之是日都陽世子嗣
裴之高至後渚結營于蔡洲景分軍屯南岸
十二月景造諸攻具及飛樓橦車登城車登堞
車階道車火車並高數丈一車至二十輪陳於
關前百道攻城並用焉以火車焚城東南隅火
樓賊因火勢以攻城城上縱火悉焚其攻具賊

乃退又築土山以逼城城內作地道以引其土
山賊又不能立柵其攻具還入于柵材官將軍
宋嶷降賊因為立計引玄武湖水灌臺城城外
水起數尺闕前御街並為洪波矣又燒南岸民
居營寺莫不咸盡司州刺史柳仲禮衡州刺史
韋粲南陵太守陳文徹宣猛將軍李孝欽等皆
來赴援鄱陽世子嗣裴之高濟江仲禮營朱
崔航屯南裝之高營南苑韋粲營青塘陳文徹
孝欽屯丹陽郡鄱陽世子嗣營小航南並緣淮

【梁書傳五十】 十六

造柵及曉景方覺乃登禪靈寺門樓望之見韋
粲營壘未合先渡兵擊之粲拒戰敗績景斬粲
首徇于城下柳仲禮聞粲敗不遑貫甲與數十
騎馳赴之遇賊交戰斬首數百投水死者千餘
人仲禮深入馬陷泥亦被重創自是賊不敢濟
岸荊州刺史湘東王諱遣世子方等兼司馬吳
岸邵陵王綸與臨成公大連等自東道集于南
畢天門太守樊文皎下赴京師營于湘子岸前
高州刺史李遷仕前司州刺史羊鴉仁又率兵

縫至既而鄱陽世子嗣永安侯確羊鴉仁李遷
仕樊文皎率衆渡淮攻賊東府城前柵破之遂
結營于青溪水西立柵水東景遣其儀同宋子仙頓南平
王第綠水西立柵景遣其儀同宋子仙頓南平
十萬人相食者十五六初援兵至此岸百姓扶
老攜幼以俟王師竟得過淮便竟剝掠賊黨有
欲自拔者聞之咸止賊之始至城中纔得固守
平蕩之事期望援軍既而四方雲合衆號百萬
連營相持已月餘日城中疾疫死者太半景自

歲首以來乞和朝廷未之許至是事急乃覬焉
請割江右四州之地并求宣城王大器出送然
後解圍濟江仍許遣其儀同于子悅左丞王偉
入城為質中領軍傅岐議以宣城王嫡嗣之重
不容許之乃請石城公大款出送詔許焉遂於
西華門外設壇遣尚書僕射王克兼侍中上甲
鄉矦韶兼散騎常侍蕭瑳登壇與子悅王偉等登
壇共盟韶左衞將軍柳津出西華門下景出其柵
門與津遙相對刑牲歃血南兗州刺史南康嗣

王會理削青冀二州刺史湘潭矦退西昌矦世
子或率衆三萬至于馬邛州景慮北軍自白下
而上斷其江路請荊勤聚南岸教乃遣北軍進
江潭苑景頻攻掠永安矦趙威方頻隔柵見諸臣
云天子自與汝盟我終當遣汝乞召人城即當進
發救並召之景又啓云西岸信至高澄已得壽
春鍾離即以汝盟我經朝廷初彭城劉邈說景曰大
將軍頻兵已久攻城不拔今援衆雲集未易而

破如聞軍糧不支一月運漕路絕野無所掠嬰
兒掌上信在於今未若乞和後知援軍號令不一然
上者景然其言故請和而返此計之
無勤王之効又聞城中死疾轉多必當有應之者
景謀臣王偉又說曰王以人臣舉兵背叛圍守
宮闕已盈十旬遍辱妃主凌穢宗廟今日持此
何顏容身願王且觀其變景然之乃抗表曰臣
聞書不盡言言不盡意然則意非言不宣言非
筆不盡臣所以含慚蓄憤積不能默已者世其繾惟

陛下庸智在躬多才多藝昔世季龍翔漢沔
夷凶翦亂克雪宗怨然後踵武前王宅江表
憲章文武祖述堯舜兼屬國凌遲外無勍敵
故能西取華陵北封淮泗結好高氏輜軒相屬
疆場無虞十有餘載躬覽萬機勤勞治道刊正
南風而歎息也豈圖名與實爽聞見不同臣自
周孔之遺文訓釋真如之祕奧舂年長父本枝
盤石人君藝業苟美之與京臣所以踊躍一隅望
委質策名前後事跡從求表奏已具之矣不勝

憤懣後為陛下陳之陛下與高氏通和歲踰一
紀舟車徃復相望道路必將分災邮惡同休等
戚寧可納臣一介之服貞臣汝潁之地便絕好
河北檄雲高澄聘使未歸陷之獸口揚兵擊鼓
侵逼彭宋夫敵國相伐聞喪則止匹夫之交託
孤寄命豈有萬乘之主見利忘義若此者哉其
失一也陛下授以上將任以專征鍾茲榮車服弓
矢臣受命不辭實思報效方欲挂旆嵩華縣旌

冀趙劉夷蕩滌一匡宇內陛下勒服濟江告成
東岳使大采與軒黃等盛臣與伊呂比功無松
後昆流名竹帛此實生平之志也而陛下欲分
其功不能賜任使臣擊河北欲自舉徐方遣庸
懦之貞陽任驕貪之胡趙裁見旗鼓鳥散魚潰
慕容紹宗乘勝席卷渦陽諸鎮靡不棄甲疾
雷不及掩耳散地不可固全使臣失二也章顯
子為戮斯實陛下負臣之深其失二也章非臣
守壽陽四必無一旅苩岑容凶銳欲飲馬長江非臣

退保淮南其勢未之可測既而逃遁邊境獲寧
今臣作牧此州以為藩捍方欲收合餘燼勞來
安集勵兵秣馬剋申後戰封韓山之屍雪渦陽
之恥陛下喪其精魄無復守氣便信貞陽諼啟
復請通和臣頻陳疑閉不聽番覆若此童子
猶且著之況在人君二三其德其失三也夫畏
懦逗留畜有常法子玉小敗見誅於楚玉恢失
律受戮千漢貞陽精甲數刜器械山積慕容輕
兵眾無百乘不能拒抗身受囚執以帝之猶子

而面縛敵庭實宜絕其屬籍以興𓏸征鼓陛下
囚無追責怜其苟存欲以微臣規相貿易人君
之法當如是哉其失四也懸弧大藩古稱汝潁
臣舉州內附羊鴉仁固不肯入之既入之後無故
棄之陛下曾無嫌責使還居北司鴉仁棄之既
不爲罪臣得之不以爲功其失五也臣渦陽退
衄非戰之罪實由陛下君臣相與見誤乃還壽
州切齒歎恨內懷慙懼遂啓揚菩鴉仁欲反欲當有
春曾無悔邑祗奉朝廷掩惡揚善菩鴉仁自知有

形迹何所徵驗誣陷頓爾陛下曾無辯究黙而
信納豈有誣人莫大之罪而可嘿肩事主者乎
其失六也趙伯超拔自無能任居方伯惟漁獵
百姓多蓄士馬非欲爲國立功直是自爲富貴
行貨權幸徼買聲名朱异之徒積受金貝遂使
咸稱胡趙比昔關張誣掩天聽謂爲貞實韓山
之役女妓自隨裁聞敵鼓與妾俱逝不待貞陽
故隻輪莫返論其此罪應誅九族而納賄中人
還劇州任伯超無罪臣功何論賞罰詞無章何以

爲國其失七也臣御下素嚴無所侵物關市征
稅咸悉停原壽陽之民頗懷優復裝之悌等助
戍在彼憚臣檢制遂無故逃歸方受其浸潤之譖
下不責遠命離局又啓臣欲反陛
使何地自安其失八也臣雖才謝古人實頗更
事撫民率衆自幼至長少來運動多無遺策及
歸身有道鑿竭忠規每有陳奏恒被抑遏朱异
專斷軍旅周石珍總尸兵仗陸驗徐驎典司穀
帛皆明言求貨非令不行境外虛實定計於舍

人之省舉將出師責奏於主者之命臣無賄於
中故恒被抑折其失九也鄱陽之鎮合肥與臣
鄰接臣推以皇枝每相祗敬而嗣王庸怯虛見
備御臣有使命必加彈射或聲言臣反或啓臣
纖介招攜當須以禮忠烈何以堪於此哉其失
十也其餘條目不可具陳進退惟谷頻有表疏
言直辭強有忤龍鱗遂發嚴詔便見討襲重華
純孝猶逃凶父之杖趙盾忠賢不討殺君之賊
臣何親何罪而能坐受殲夷韓信雄桀亡項霸

漢末為女子所烹方悔蒯通之說臣每覽書傳
心常笑之豈容遵彼覆車而快陛下使臣之手
是以興晉陽之甲亂長江而直濟願得升赤墀
踐文石口陳枉直指畫臧否誅君側之惡臣清
國朝之粃政然後還守藩翰以保忠節實臣之
至願也三月朔旦城內以景違盟舉烽鼓譟於
是羊鴉仁柳敬禮鄱陽世子嗣進軍於東府城
北柵壘未立為景將宋子仙所襲敗績赴淮死
者數千人賊送首級於關下景又遣于子悅至
更請和遣御史中丞沈浚至景所景無去意浚
固責之景大怒即決石闕前水百道攻城晝夜
不息城遂陷於是悉虜掠乘輿服玩後宮嬪妾
收王侯朝士送永福省撤二宮侍衛使王偉守
武德殿于子悅屯太極東堂矯詔大赦天下自
為大都督中外諸軍事錄尚書其侍中使持
節大丞相王如故初城中積屍不暇埋瘞又有
已死而未斂或將死而未絕景悉聚而燒之臭
氣聞十餘里尚書外兵郎鮑正疾篤賊曳出焚

之死轉火中久而方絕於是援兵並散景矯詔
曰朕躬征鎮命幾危社稷賴丞相英發入輔
朕躬征鎮牧守可各復本任降蕭正德為侍中
大司馬百官皆復其職景遣董紹先率兵襲廣
陵南兗州刺史南康嗣王會理以城降先之景以
與湘潭侯退及前潼州刺史郭鳳同起兵將赴
援至是鳳謀以淮陰應景祗等力不能制並奔
于魏景以蕭弄璋為北兗州刺史州民發兵拒

之景遣廂公立子英直閤將軍羊海率眾赴援
海斬子英率其軍降于魏魏遂據其淮陰景又
遣儀同千子悅張大黑率兵入吳吳郡太守袁
君正迎降子悅等既至破吳中多所調發逼
掠子女毒虐百姓人莫不怨憤於是各立城
柵拒守是月景移屯西洲遣儀同任約為南道
行臺鎮姑熟五月高祖崩于文德殿初臺城既
陷景先遣王偉陳慶入謁高祖高祖日景今安
在卿可召來時高祖坐文德殿景乃入朝以甲

士五百人自衛帶劍升殿記高祖問曰卿在
戎日久無乃為勞景黙然之又問卿何州人而敢
至此乎景又不能對從者代對及出謂廂公王
僧貴曰吾常據鞍對敵矢刃交下而意氣安緩
了無怖心今日見蕭公使人自懾豈非天威難
犯吾不可再見之高祖雖外跡已屈而意猶忿
憤時有事奏聞多所譴却景深敬憚亦不敢過

景遣軍人直殿省内高祖問制局監周石珍曰
是何物人對曰丞相高祖乃謬曰何物丞相對
曰是丞相高祖怒曰是名景何謂丞相是後

梁書傳五十　二十五

每所徵求多不稱旨至於御膳亦被裁抑遂憂
憤感疾而崩景乃密不發喪殯于昭陽殿自
外文武咸知之二十餘日升梓宮於太極前
殿迎皇太子即皇帝位於是矯詔赦北人為奴
婢者箕收其力用焉又遣儀同來亮率兵攻宣
城宣城内史楊華誘亮斬之景復遣其將李賢
明討華華以郡降景遣儀同宋子仙等率衆東
次錢塘新城戍戴僧易據縣拒之是月景遣中

軍侯子鑒入吳軍收千于悅張大黑還京誅之
時東揚州刺史臨成公大連據揚州吳興太守張
嵊據郡自南陵以上皆各據守景制命所行惟
吳南以西南陵以此而已六月景以儀同郭元
建為尚書僕射北道行臺摠江北諸軍事鎮新
秦郡人陸緝戴文舉等起兵萬餘人殺景太守
蘇單于推前淮南太守文成庾寧為主以拒景
宋子仙聞而擊之緝等棄城走景乃分吳郡海
鹽胥浦二縣為武原郡至是景殺蕭正德於永

梁書傳五十　二十六

福省封元羅為西秦王元景龍為陳留王諸元
子弟封王者十餘人以柳敬禮為使持節大都
督隸大丞相參戎事景遣其中軍侯子鑒監行
臺劉神茂等軍東討破吳興執太守張嵊父子
送京師將軍景並殺之景以宋子仙為司徒任約為
領軍將軍爾朱季伯叱羅子通彭儁董紹先張
化仁于慶魯伯和紇奚斤史安和時靈護劉歸
義並為開府儀同三司是月郡陽嗣王範率兵
次栅口江州刺史尋陽王十八心要之西上景出

頓姑熟範將裴之悌夏矦威生以衆降景十一
月宋子仙攻錢塘戴僧易降景以錢塘為臨江
郡富陽為富春郡以王偉元羅迎為儀同三司
十二月宋子仙趙伯超萊城走遣劉神茂追擒之
州刺史臨成公大連萊城走遣劉神茂追擒之
景以裴之悌為使持節平西將軍合州刺史以
夏矦威生至見城邑丘墟於端門外號泣行路
見者莫不灑淚景聞之大怒送小莊嚴寺禁止
月旦濟使

不聽出入大寶元年正月景矯詔自加班劍四
十人給前後部羽葆鼓吹置左右長史從事中
郎四人前江都令祖晧起兵於廣陵景刺史又
董紹先推前太子舍人蕭勔為刺史又結魏人
為援馳檄遠近將以討景景聞之大懼即日率
矦子鑒馳孝出自京口水陸並集朱晧嬰城拒守景
攻城陷之景車裂晧以徇城中無少長皆斬之
以矦子鑒南兖州事是月景召宋子仙還京
口四月景以元思虔為東道行臺鎮錢塘以矦

子鑒為南兖州刺史文成矦曇寧於吳西鄉起兵
旬日之間衆至一萬率以西上景廂公孟振矦為
子榮擊破之斬寗傳首於景七月景以秦郡為
西兖州陽平郡為北兖州任約盧暉略攻晉熙
郡殺鄱陽世子嗣景以王偉為中書監任約時
軍襲江州刺史尋陽王大心盛率衆軍下武
昌拒約景又矯詔自進位為相國封太山等二
聞江州失守遣衛軍將軍徐文盛進軍

十郡為漢王入朝不趨讚拜不名劍履上殿如
蕭何故事景以柳敬禮為護軍將軍美諲義為
相國左長史徐洪為左長史沈
衆為右司馬是月景率舟師上皖口十月景盜殺
武林矦諮於廣莫門諮常出入太宗卧内景黨
不能平故害之景又矯詔曰蓋一縣象在天四時
取則於辰斗羣生育地萬物仰照於大明是以
垂拱當扆則八紘共貫負扆之圖正位則九域同歸
故乃雲名封禪代仙號齊君龍官人爵之后莫不啟符
河洛封禪代仙宗齊走四夷來判萬國逖聽虞夏

南向值天厭昏偽醜徒數盡龍豹應期風雲會
節相國漢王上德英姿蓋惟天授謨勇略出
自懷抱珠魚表應辰昂叶暉剖析六韜鈐鈇四
履騰文豹夔鳳集虬翔奮田翼無儀負圖而降爰
初秉律實先啟行奉茲廟筭古餘獷醜直以鼎
湖上征六龍晏駕干戈憗止九伐未申而惡稔
貫盈元殞斃弟洋繼逆續長六亂階異彼洋音
同茲荐食偷竊偽號心希舉父豐水君臣奉圖
乞援關河百姓泣血請師咸願承奉國靈思觀

南向值天厭昏偽醜徒數盡龍豹應期風雲會
節相國漢王上德英姿蓋惟天授謨勇略出
梁書傳五十
二十九

魏邦扇動華夷不供王職遂乃狼顧比侵馬首
揚鑣來塞同文胡天共軌不謂高澄跋扈虐劉
歸豐鳥庭入觀等涂山而比轍玄龜出洛白雉
圖立齊寓號和親空勞冠蓋我大梁膺符作帝出震
登皇齊寓號和親空勞冠蓋我大梁膺符作帝出震
年代周原不復歲實永久雖宋祖經略中原遠
穴伊濔獫狁孔熾巢栖咸洛自晉鼎東遷多歷
馬生郊惠懷失御胡塵犯蹕逐使犲狼肆毒侵
顧道彌新爰及商周未之或改遽幽屬不競戎

王化朕以寡昧篡戎卜武康拯堯然冀康禽跡
且夫車服以庸名因事著周師克殷膺揚創目
尚父漢征戎狄明友實姶慶況乃神規叡筭
耶乎難測大功懋績事絕言象安可以習彼常
名保有宇宙之號乎齊遣其將辛術圍陽平景
軍乃有宇固相國可加宇宙大將軍都督六合
諸軍事餘悉如故以詔文呈太宗太宗驚曰將
行臺郭元建率兵赴援術退徐文盛入資磧任
約率水軍逆戰文盛大破之仍進軍大舉□時
梁書傳五十
三十

景屯於皖口京師虛弱南康王會理及北兗州
司馬成欽等將襲之建安侯賁知其謀以告景
景遣收會理與其弟祈陽侯通理柳敬禮成欽
等並害之十二月景矯詔封貴竟陵王賞發
南康之謀也是月景虔起義於會稽攻破上虞
景太守蔡臺樂討之不能禁至是彪又破諸暨
永興等諸縣景遣儀同田遷趙伯超謝答仁等
東伐彪二年正月彪遣別將寇錢塘富春田遷
進軍與戰破之景以王克為太師宋子仙為太

保元羅爲太

郭元建爲　太尉張化仁爲司徒

任約爲司空于慶爲太子太師時靈護爲太子
太保紇奚斤爲太子太傅王偉爲尚書左僕射
索超世爲尚書右僕射北兗州刺史蕭邕等降
魏事泄景誅之是月世祖遣巴州刺史王珣等
於景三月景自率衆二萬西上援約四月景次
率衆下武昌助徐文盛率水軍邀戰大破之景訪知郢州
西陽徐文盛盛軍任約以西臺益兵告急
無備兵少又遣宋子仙率輕騎三百襲陷之執
刺史方諸行事鮑泉盡獲武昌軍人家口徐文
盛等聞之大潰奔歸江陵景乘勝西上次巴陵
遣領軍王僧辯率衆東下代徐文盛軍次巴陵
會景至僧辯因堅壁拒之景設長圍築土山盡
夜攻擊不克軍中疾疫死傷太半世祖遣任約
將軍胡僧祐率兵二千人救巴陵景聞遣任約
以精卒數千逆擊僧祐於南與居士陸法和退
據赤亭以待之約至與戰十八破之生擒約景聞
之夜遁以丁和爲郢州刺史又留宋子仙時靈護

【梁書傳五十】　三十一

等助和守以詆小化仁閒洪慶守魯山城景還京
師王僧辯乃率衆東下次漢口攻魯山及郢城
皆陷之自是衆軍所至皆捷景乃廢太宗念於
永福省作詔草山成逼太宗寫之至先皇念神器
之重思社稷之固歔欷鳴咽不能自止是日景
迎豫章王棟即皇帝位外太極前殿大赦天下
改元爲天正元年有回風自永福省吹其文物
皆倒折見者莫不驚駭初景既平京邑便有簒
奪之志以四方須定且未自立既巴陵失律江

【梁書傳五十】　三十二

郢喪師猛將外殲雄心內沮便欲僭大號遂
其姦心其謀臣王偉云自古移鼎必須廢立故
景從之其太尉郭元建聞之自秦郡馳還諫景
曰四方之師所以不至者以二宮萬福若遂
行弒逆結怨海內事幾一去雖悔無及王偉固
執不從景乃矯棟詔追尊昭明太子爲昭明皇
帝豫章安王爲安皇帝金華敬妃爲敬皇后豫
章國太妃王氏爲皇太后妃張氏爲皇后以劉
神茂爲司空徐洪爲平南將軍秦晃之王曄李

賢明徐永求徐珍國寶尹思合並為儀同三
司景以哀太子妃賜郭元建曰豈有皇太
子妃而降為人妾竟不與相見十月壬寅夜景
遣其衛尉彭儁王脩纂奉酒於太宗曰丞相以
陛下勞憂既久故令臣等奉進一觴太宗知其
將弒乃大酣飲酒既醉還寢脩纂以妃盛土加
於腹因崩焉斂用法服以薄棺密瘞於城北酒
庫初太宗久見幽繫朝士莫得接覲慮禍將及
常不自安惟合人殷不害後稍得入太宗指所
居殿謂之曰龐消當死此下又曰吾昨夜夢吞
土卿試為思之不害曰昔重耳饋塊卒反晉國
陛下所夢將符是乎太宗曰儻幽冥有徵冀斯
言不妄耳至是見弒實以土焉是月景司空東
道行臺劉神茂儀同尹思合劉歸義王曇雲魔
將軍桑乾王元頵等據東陽歸順仍遣元頵及
別將軍李占趙惠朗下據建德江口尹思合收景
新安太守元義孚其兵張彪攻永嘉永嘉太守
秦遠降彪十一月景以越伯超為東道行臺鎮

錢塘遣儀同田遷答謝仁等將兵東征神茂景
矯蕭棟詔自加九錫之禮置丞相以下百官陳
備物於庭忽有野鳥翔於景上赤足丹晴形似
山鵲賊徒悉駭競射之不能中景以劉勸戚霸
朱安王為開府儀同三司索九昇為護軍將軍
南兗州刺史庾子鑒獻白獐建康獲白鼠以獻
蕭棟歸之于景景又矯蕭棟詔追崇其祖為大
將軍考為丞相自加十有二旒建天子旌旗
尉北行臺如故景又矯蕭棟詔為南兗州刺史太
出警入蹕乘金根車駕六馬備五時副車置旄
頭雲罕樂奏八佾鍾虡宮懸之樂一如舊儀景
又矯蕭棟詔禪位於己於是南郊柴燎于天升
壇受禪文物並依舊儀以輦車牀載鼓吹橐駝
負犧牲輦上置筌蹄垂腳坐景所帶劍水精標
無故墮落手自拾之將登壇有兔自前殿而走俄
失所在又白虹貫日景還升太極前殿大赦改
元為太始元年封蕭棟為淮陰王幽于監省改
有司奏改警蹕為永吉避景名也改梁律為漢

律改左民尚書爲殿中尚書五兵尚書爲七兵
尚書直殿主帥爲直寢景三公之官動置十數
儀同尤多或匹馬孤行自執羈絆其左僕射王
偉請立七廟景曰何謂爲七廟偉曰天子祭七
世祖考故置七廟景曰前世吾不復憶惟阿爺
名標衆聞之咸竊笑焉景黨有知景祖名周者
自外悉是王偉制其名位以漢司徒侯霸爲始（諱敕太常具）
祖晉徵士侯瑾爲七世祖於是追尊其祖周爲
大丞相父標

爲元皇帝十二月謝答仁李慶等至建德改元
顏李占柵大破之執顏占送景景截其手足徇
之經日乃死景二年正月朔臨軒朝會景自巴
丘挫綱軍兵略盡恐齊人乘釁與西師掎角乃
遣郭元建率步軍趣小峴景率舟師向濡
須曜兵肥水以示武威王鑒至合肥攻羅城剋
之郭元建俄聞王師既近燒合肥百姓
邑居引軍退景子鑒保姑熟還廣陵時謝答
仁攻劉神茂神茂別將王華麗通迸據外營降

答仁劉歸義尹思合等懼各棄城走神茂孤危
復降答仁王僧辯至蕪湖蕪湖城主遁景
遣史安和宋長貴等率兵二千助子鑒景
追田遷等還京師是月景黨郭長獻馬駒生角
水戰不可與爭鋒徃年任約敗績爲此也若
得馬步一交必當可破汝但堅壁以觀其變子
鑒乃捨舟登岸閉營不出僧辯等遂停軍十餘
三月景徃姑熟巡視豎柵又誡子鑒曰西人善
日賊黨大喜告景曰西師懼之欲遁逸

不擊將失之景復命子鑒爲水戰之備子鑒乃
率步騎萬餘人渡洲并引水軍俱進僧辯逆擊
大破之子鑒僅以身免景聞子鑒敗大懼泣下
覆舟引衆以卧良久方起歎曰誤殺乃公僧辯
進軍次張公洲景以盧暉略守石頭紀奕廳守
捍國城悉逼百姓及軍士家累入臺城內僧辯
焚景水柵入淮至禪靈寺渚景大驚乃緣淮立
柵自石頭至朱雀航僧辯及諸將遂於石頭城
西步上連營立栅至于落星墩景大恐自率衆

庚申　素第七八九行第十四至十七字原版據湖北纸本補

子鑒幹慶史安和王僧貴等於石頭東北立柵
拒守使王偉索世呂季略守臺城宋長貴守
延祚寺遣掘王僧辯父墓剖棺焚屍王僧辯等
進營於石頭城北景列陣挑戰僧辯率眾奮
擊大破之侯子鑒等各棄軍走盧
暉略紇奚斤並以城降景既退敗不入宮自盧
散兵屯于闕下遂將逃竄王偉攬轡諫曰自古
豈有叛天子今宮中衛士尚足一戰寧可便走
棄此欲何所之景曰我在北打賀拔勝破葛榮
揚名河朔與高王一種人今來南渡大江取臺
城如返掌打邵陵王於北山破柳仲禮於南岸
皆乃所親見今日之事恐是天亡乃好守城我
當復一決耳仰觀石闕逡巡歎息久之乃以皮
囊盛二子挂馬鞍與其儀同田遷泥希榮等百
餘騎東奔王偉委臺城窟逸侯子鑒等奔廣陵
王僧辯遣侯瑱率軍追景囗京至晉陵劫太守徐
永還奔吳郡達次嘉興趙伯超擄錢塘拒之景
退還吳郡進松江而侯瑱軍構至景眾未陣皆

橐惛乞降景不能制乃與腹心數十人單舸走
推墮二子於水自滬瀆入海至壺洲前太子
舍人羊鯤殺之送屍于王僧辯傳首西臺曝屍
於建康市百姓爭取屠膾噉食焚骨揚灰曾羅
其禍者乃以灰和酒飲之及景首至江陵世祖
命梟之於市然後煮而漆之付武庫景長不蒲
七尺而眉目疎秀性猜忍好殺戮或先斬
手足割舌剝鼻經日方死曾於石頭立大舂碓
有犯法者皆擣殺之其慘虐如此自篡立後時
著白紗帽而尚被青袍或以牙梳插鬢狀上常
設胡牀及筌蹄著靴垂腳坐或匹馬遊戲於宮
內及華林園彈射烏鳥常有偶鵲鳴景惡
是鬱怏更成失志所居殿常有㹠鵂鳥鳴景惡
之每使人窮山野討捕焉普通中童謠曰青絲
白馬壽陽來後景果乘白馬兵皆青衣所
馬每戰將勝輒踴躍嘶鳴意氣駿逸其奔衄必
低頭不前初中大同中高祖嘗夜夢中原牧守
皆以地來降舉朝稱慶寤甚悅之旦見中書舍

人朱异說所夢異曰此豈宇內方一天道前見
其徵平高祖曰吾爲人少夢昨夜此良足慰
懷及太清二年景果歸附高祖欣然自悅謂與
神通乃議納之而意猶未決曾夜出視事至武
德閤獨言我家國猶若金甌無一傷缺今便受
對曰聖明御宇上應蒼玄北土遺黎誰不慕仰
地詎是事宜脫致紛紜非可擄河南十餘州分
爲無機會未達其心今旣黎庶朝且非天誘其衷
魏土之半輸誠送款遠歸聖朝

三百三十 【梁書傳五十】 三十九 【周鼎】

人獎其計原心審事殊有可嘉今若拒而不容
恐絕後來之望此誠易見願陛下無疑高祖深
納異言又信前夢乃定議納景及貞陽覆敗邊
鎮惟擾高祖固已憂之日吾今段如此勿作晉
家事平先是丹陽陶弘景嘗惢忞於華陽山博學多
識嘗爲詩曰夷甫任散誕平叔坐談空不意昭
陽殿化作單于宮大同末人士競談玄理不習
武事至是景果居昭陽殞天監中有釋寶誌曰
掘尾狗子自發狂當死未死齧人傷須臾之間

自滅亡起自汝際死三湘又曰山家小兒果擄
臂太極殿前作獸視掘尾狗子山家小兒皆候
狀景遂覆陷都邑毒害皇室大同太醫令朱籛
嘗直禁省無何夜夢犬羊各一在御坐覺而惡
之告人曰犬羊者非佳物也今擄御坐將有變
通道人者意性若狂飲酒噉肉不異凡等世間
遊行已數十載姓名莫能知初言隱伏
父乃方驗人泣呼爲闍梨景甚信敬之景嘗於

三百卅 【梁書傳五十】 四十

後堂與其徒共射時僧通在坐奪景已射景陽
山大呼云得奴已景後又宴集其黨又召僧通
僧通取肉搵鹽以進景問曰好不景答所恨太
鹹僧通曰不鹹則爛臭果以鹽封其屍王偉陳
留人少有才學景之表啓書檄皆其所製景旣
得志規幕篡奪皆偉之謀及囚送江陵烹於市
百姓有遭其毒者並割炙食之
史臣曰夫道不恆夷運無常泰斯則窮通有數
盛衰相襲時屯陽九蓋在茲焉若乃侯景小豎

主成此去亹悉駑率醜徒陵江直濟長戟強弩淪
霅復宮闕禍編宸極毒徧黎元肆其恣睢之心成
其貪墨盜之忍嗚呼國之將亡必降尼周漢豈曰人
事抑乃天時昔夷羿亂夏大戎厄周漢則莽卓
流災晉則致玄播禍方之羯賊有逾其酷悲夫

列傳第五十.

梁書五十六

太百十八　　梁書傳五十　　四十二　　考正

梁跋

北京圖書館藏梁書宋刊元補本凡四十卷亦
眉山七史之一此已全數影印原闕列傳第一
之四第十六第十九第三十六之三十九第四
十三四第四十九第五十又各卷間有闕葉均
以涵芬樓藏元明遞修本補闕今行世各本皆
校正其文字是本書必有校語今行世各本皆
無之獨是本紀第五列傳第七第十五第三
十三尚各存一條此皆在宋刊卷內其元明遞
修各卷卽原有之亦已亡佚無可考矣史有闕
文闕子所篇是本前後有墨丁三十六字格九
凡闕七十六字後出諸本補完無闕大都采自
南史然亦有不盡合者如列傳第四十二司馬
篤傳二王在遠諸子宜攝祭事句是本諸字墨
丁而南史則作世字第四十七良吏傳篇首故
長吏之職號為親民句是本為字墨丁而南史
則作日字蓋治平原刻紹興時已缺其眉山刊
後收合補綴文字庸有損蝕眉山刊行主其事
者度必於南史之外見有別本如上文諸之奧
世日之異同不能決為何字故甯從蓋
闕其有合於春秋傳疑之義可取也思廉論撰
是書成於貞觀之世因避唐諱故改丙為景改
虎為獸與武改淵為深書中各數十見明代重
刻乃復其初錢竹汀以明人擅改本文斥為不
學一若明以前本盡避唐諱者然以宋刊各卷
改之則本紀第二天監四年下丙午省鳳皇銜

一

書俟又十月丙午北伐五年下夏四月丙申廬
陵高昌之仁山獲銅劍二六年下十二月丙辰
尚書左僕射夏侯詳卒列傳第十一王珍國傳
十二月丙寅曰珍國引穰於衞尉府丙字均不
作景又本紀第五大寶三年下何必西瞻虎據
乃建王宮列傳第五張弘策傳虎據兩州參分
天下第八任昉傳嬿人倫於材虎第十一張齊
傳天監二年還爲虎賁中郎將第十四陳伯之
兄弟虎虎牙等虎牙封示伯之又遣信還都報虎牙
魏又虎牙爲魏人所殺第二十蕭琛傳琛乃著
虎皮靴策桃枝杖直造儉坐第三十一謝舉傳
徵士何胤自虎丘山赴之第三十四許懋傳依

梁跋

二

白虎通云封者言附廣也第四十七孫謙傳先
是郡多虎暴謙至絕迹及去官之夜虎卽害居
民虎字均不作獸與武又列傳第十四劉季連
傳太宰褚淵素善之又新城人帛養逐遂寧太
守譙希淵又子仲淵字欽回又送季連弟通直
郞子淵及季連二子使蜀第十五王志傳褚淵
爲司徒引志爲主簿褚淵謂僧虔曰第二十二夏
侯藥傳刺史蕭淵明引爲府長史淵明彭城戰
歿又淵明在州有四妾章於王阮並有國色淵
明沒魏其妾並還京第淵字均不作深此必非
思廉原文宋元刊本卽已如是其竄易不知始
於何時固不能專責明人也王鳴盛曰宋齊各
書唐人宋人皆未細校然則是書也其亦未能

免於是歟武英殿本卷首有曾鞏序諸本均不
載疑錄自二元豐類藁是本原闕故不補海鹽張
元濟

梁跋

三